Dr. Abraham Zaleznik ist Professor für Führungsfragen an der Harvard Business School. Seine Forschungsarbeit und seine Lehrtätigkeit auf den Gebieten Führung und Gesellschaftspsychologie genießen internationales Ansehen. Die American Psychoanalytic Association hat ihn als Professor für klinische Psychologie anerkannt. Er ist Autor und Mitautor von zwölf Büchern.

Dieses Buch wurde auf chlor- und säurefreiem Papier gedruckt.

Vollständige Taschenbuchausgabe Juni 1995
Droemersche Verlagsanstalt Th. Knaur Nachf., München
© 1990 für die deutschsprachige Ausgabe
Rudolf Haufe Verlag GmbH & Co. KG, Freiburg i. Br.
Titel der Originalausgabe »The Managerial Mystique«
Copyright © 1989 by Abraham Zaleznik, Inc. All rights reserved.
Published by arrangement with Harper & Row, Publishers, Inc.
Umschlaggestaltung Schlotterer & Partner, München
Druck und Bindung Elsnerdruck, Berlin
Printed in Germany
ISBN 3-426-79022-X

5 4 3 2 1

Abraham Zaleznik

Führen ist besser als managen

Aus dem Amerikanischen
von Erwin Schumacher

Inhalt

Vorwort 7

Einführung: Die Management-Mystik 9

Teil I: Argumente

1. Kapitel
   Die Führungslücke 19
2. Kapitel
   Management und Führung 33

Teil II: Eine Analyse

3. Kapitel
   Wie Manager denken 61
4. Kapitel
   Rationales Handeln und Denken und Effizienz . 87
5. Kapitel
   Kooperation 107
6. Kapitel
   Kontrolle 127
7. Kapitel
   Professionalismus 151
8. Kapitel
   Manager werden geformt 171

Teil III: Konsequenzen

9. Kapitel
   Übergewicht der Politik im Unternehmen 197

10. Kapitel
    Die Korruption der Macht 219

11. Kapitel
    Verschwommene Identität 245

12. Kapitel
    Streß und Macht 263

Teil IV: Genesung durch echte Führung

13. Kapitel
    Das Wesen der Führung 285

14. Kapitel
    Der persönliche Einfluß 305

15. Kapitel
    Die moralische Dimension 331

Teil V: Schlußfolgerungen

16. Kapitel
    Wie man Führung im Wirtschaftsleben
    wiederherstellt 361

Literaturverzeichnis 370

Namen- und Stichwortverzeichnis 379

Vorwort

Obwohl es schwierig ist, den genauen Zeitpunkt zu nennen, an dem ich dieses Buch zu schreiben begann, läßt sich ein Anfang zweifellos datieren. Es war die vom Magazin *Time* organisierte Konferenz über Führungsfragen in Washington, D.C. im Jahre 1977. Mein damaliger Vortrag gab Anlaß zu einer lebhaften Kontroverse. Er wurde anschließend überarbeitet und erschien dann in der *Harvard Business Review* unter dem Titel „Managers and Leaders: Are They Different? (Manager und Führer: Sind sie verschieden?) Ich bin den Redakteuren und Mitarbeitern von *Time* und *Harvard Business Review* für ihre Ermunterung und Kommentare dankbar.

Dankbar bin ich Maurice Segall, dem Vorstandsvorsitzenden und Hauptgeschäftsführer der Zayre Corporation, der einen ersten Entwurf las, ihn ausführlich kommentierte und mich bewog, ihn zu überarbeiten. Professor Edmund P. Learneds Beurteilung eines frühen Entwurfs versetzte mich in die Lage, das Manuskript mit anderen Augen und einem klareren Blick für meine Leserschaft zu überprüfen. Prof. C. Roland Christensen, ein jahrelanger Kollege und Freund, mit dem ich so manches Forschungsgebiet gemeinsam beackert und vierzig Jahre lang an der Harvard Business School gelehrt habe, brachte mich immer wieder auf den rechten Weg, wenn ich während meines Schreibens von ihm abgewichen war. Seine Kommentare zu meinem ersten Entwurf machten mich darauf aufmerksam, daß das Erzählen in der ersten Person eine Kunst ist, die ich nicht beherrsche, und daß eine gewisse Anonymität mich dazu befähigt, meine Gedanken klarer zu definieren.

Audrey Whitfield lektorierte einen ersten Entwurf. Nach ihrem berufsbedingten Umzug nach Kalifornien übernahm Tom Cameron das Lektorieren und leistete sachverständige Hilfe bei der Verbesserung der darauffolgenden Entwürfe des Manuskripts. Audrey und Tom gemeinsam mit Judy Kahn, einer für Harper & Row als freie Mitarbeiterin tätigen Lektorin, verdienen meine Bewunderung und meinen Respekt für ihre Hilfe bei der Überarbeitung des Buches. Zu Dank verpflichtet bin ich auch Elizabeth Altman und Sharon Kleefield für ihre Unterstützung bei den erforderlichen Nachforschungen. Von Dr. Altman, einer Forscherin der Entwicklung geistiger Vorstellungen, lernte ich viel über Modernisierung. Ihre Mitarbeit bei der gemeinsamen Untersuchung der Struktur von Ideen und Empfindungen, die dem Management großer Unternehmungen zugrunde liegen, war sehr wertvoll für mich.

Herzlichen Dank auch Susan McWade, Linda Bowers und Elaine Journey. Sie haben hart und lange daran gearbeitet, die erforderlichen Textänderungen im Textverarbeitungssystem unterzubringen. Besonders dankbar bin ich Elaine für die Weigerung, das Buch als abgeschlossen zu betrachten, ehe sie nicht die Korrekturfahnen gesehen hatte.

Harriet Rubin, ehemals Redakteurin bei Harper & Row, heute für Doubleday tätig, machte den Vertrag für dieses Buch und half mir mit der Durchsicht erster Entwürfe. Ich bin stolz, daß dieses Buch als „Edward Burlingame Buch" bei Harper & Row erscheint. Er ist ein klarsichtiger Herausgeber und ein aufrechter Mann.

Liebe und Dank auch für Bibs, Dori, Janet und neuerdings Daniel. Sobald Daniel alt genug sein wird, dieses Buch zu lesen, wird er hoffentlich erkennen, wie wichtig es für eine Familie ist, daß alle an einem Strang ziehen.

Wenn ich dieses Buch George Pierce Baker widme, dann ist das eine Anerkennung meiner Schuld nicht nur ihm gegenüber, sondern auch der Institution, die er liebt und der er so ausgezeichnet als Dekan gedient hat. Die Harvard Business School ist ein komplexer Ort, manchmal schwer zu ergründen, jedoch einzigartig in ihrer Hingabe an ihren Daseinszweck. Ich hoffe, der gegenwärtige Dekan John H. McArthur und meine Kollegen erkennen, daß der beste Weg, einer Institution zu dienen, darin besteht, Objektivität zu erlangen und kritisieren zu lernen. Die Anwendung beider Eigenschaften fällt schwer, vor allem, wenn eine Institution eine besondere Stellung in den Köpfen und Herzen der ihr ergebenen Mitglieder einnimmt.

Palm Beach, Florida, im Dezember 1988   *Abraham Zaleznik*

Einführung

Die Management-Mystik

Es gab einmal eine Zeit – da waren smarte Geschäftsleute gesunde Skeptiker. Neue Ideen nahmen sie *cum grano salis* auf, theoretischen Auseinandersetzungen gingen sie ganz allgemein aus dem Wege. Konfrontierte man sie mit einer Theorie, dann fragten sie: „Was nützt sie mir?" Für die Theorie um der Theorie willen hatten sie nur einen gelangweilten Blick.

Trotz einer im allgemeinen optimistischen und wohlwollenden Einstellung gegenüber positivem Denken betrachteten erfolgreiche Geschäftsleute Verkünder von Utopien mit argwöhnischen Augen. Sie erwarteten keine Perfektion (zumindest nicht in dieser Welt), obwohl sie Zukunftsvisionen hatten, die es lohnend erscheinen ließen, sich für sie einzusetzen und hart dafür zu arbeiten. Aufgrund der Lehren, die sie aus harten Erfahrungen zogen, lehnten diese Manager Radikalkuren ab und vertrauten darauf, daß Visionen durch Beharrlichkeit zur Realität werden. Ihr Rezept bestand darin, ein Problem nach dem anderen anzupacken, nichts zu überstürzen und auf das Beste zu hoffen, während man auf das Schlimmste vorbereitet war. Wahrscheinlich hat ein solcher Managertyp Murphy's Gesetz erfunden – wenn etwas so angelegt ist, daß es schiefgehen kann, tut es das auch. Für ihn entsprang das nicht einem Fatalismus, sondern diente als Mahnung, daß das Leben unvorhersehbar ist. Aus diesem Grunde erwartete ein Utopist auch selten, einen klugen Manager bekehren zu können. Doch die Zeiten haben sich geändert.

Der Betrachter heutiger Großunternehmen hat allen Anlaß, sich zu wundern. Mindestens einmal jährlich, wenn nicht häufiger, nehmen die leitenden Manager an einer „Klausur" teil, einem ‚workshop', einer Managementkonferenz oder anderen Zusammenkünften (wie immer man sie benennen will), um sich in die Managementmystik einweihen zu lassen. Das Tempo, in dem Nebenprodukte der Managementmystik – wie diese Zusammentreffen – beschworen werden, alles zu kurieren, was unser Geschäftsleben plagt, ist erstaunlich.

Diese Manager, die sich für zumindest potentielle, wenn nicht tatsächliche Führungspersönlichkeiten hielten, wurden zu professionellen Managern und nahmen die Mystik des Managens in sich auf. Während sie blind ihrer Karriere nachjagten, stolperten sie in die Falle, die Sigmund Freud als „Beeinflußbarkeit" identifiziert hat. Das ist ein mentaler Zustand, in dem Denken und Fühlen sich trennen und so die Kluft zwischen Verstand und Herz, zwischen Logik und gesundem Menschenverstand verbreitern.

Die Managementmystik hat eine nur recht lose Verbindung zur Realität. Im Rahmen ihrer Umsetzung in die Praxis forderte sie von den Managern, sich ganz auf Herstellungsverfahren, Strukturen, Rollen und indirekte Kommunikationsformen zu konzentrieren und dafür Ideen, Menschen und Gefühle außer acht zu lassen. Sie lenkte die Aufmerksamkeit von den Realitäten des Wirtschaftslebens ab, während sie zugleich diejenigen beruhigte und belohnte, die an die Mystik glaubten.

Wie sehr die Wirklichkeit durch das Wirken der Managementmystik entstellt wird, verdeutlicht ein Fall, in den General Motors verwickelt war. Der Käufer eines GM-Luxuswagens beschwerte sich über das nicht richtig funktionierende Getriebe seines Neuwagens. Man antwortete ihm, das Problem werde sich nach der entsprechenden Einfahrzeit von selbst lösen. Das geschah jedoch nicht. Der erzürnte Kunde mußte sogar das Getriebe auf eigene Kosten auswechseln lassen, weil die Garantiefrist während der Periode abgelaufen war, in der das Problem sich laut Angabe des Händlers von allein lösen sollte. Der Mechaniker, der den Wagen untersuchte, wies darauf hin, das ausgewechselte Getriebe werde keine sechs Monate funktionieren, weil es zu einem Kleinwagen gehöre und nicht zu dem großen Wagentyp des Kunden. So hatten also die General Motors Techniker ganz eindeutig Produktqualität und Zufriedenstellung des Kunden vernachlässigt, wahrscheinlich um ihre eigenen Planungsfehler zu vertuschen oder zusätzliche Ausgaben niedrig zu halten. Der Käufer brachte einen Schadenersatzprozeß wegen unzumutbarer Qualitätsminderung bei der ganzen Serie in Gang, und im Februar 1987 stimmte General Motors einem Vergleich zu, der die Firma $ 19,2 Millionen kostete.

Die Management-Mystik

Wenige Tage nach diesem Vergleich verkündete General Motors seine Absicht, bis zu 20 Prozent seiner Stammaktien mit einem geschätzten Wert von mehr als fünf Milliarden Dollar zurückzukaufen. Der Zweck dieser Rückkaufaktion lag auf der Hand: Der Preis der Aktie sollte durch Aufteilung der entstehenden Gewinne auf weniger Aktien gesteigert werden. Inzwischen hatte General Motors Marktanteile nicht nur an ausländische Konkurrenten verloren, sondern auch an Ford und Chrysler. Statt ein Programm mit verbessertem Produktdesign, mehr Qualität und höherem Wert zur Überwindung der Wettbewerbsschwäche anzubieten, entschied GM sich für eine rein finanzielle Lösung, um das Ansehen innerhalb der Gemeinschaft der Anleger aufzupolieren. Diese Lösung ist typisch für die Ideen der Managementmystik: Man tut etwas für die Form und hofft, daß substantielle Lösungen sich dann von selbst einstellen werden.

Die Malaise dieser Managementmystik hat fast jeden Sektor unserer Gesellschaft infiziert. Die Untersuchung der Challengerkatastrophe von 1986 hat Beweise dafür geliefert, daß der einstige amerikanische Erfindungsreichtum mit stetigem technologischen Fortschritt und steigender Produktivität nicht nur auf der Strecke geblieben ist, sondern, was vielleicht noch schlimmer ist, daß die Manager sich nicht darum kümmern. Techniker der Firma Morton Thiokol behaupteten, sie hätten sich in der Hierarchie der Manager nicht durchsetzen können, ihr Fachwissen über die Auswirkungen niedriger Temperaturen auf die Dichtungsringe des Raketenbrennstoffbehälters zu erläutern. Statt Verantwortung zu übernehmen, gehen Manager ihr aus dem Wege, und das nicht nur auf den unteren Organisationsstufen. Immer wenn sachliche Inkompetenz, verheerende politische Maßnahmen, Pfuscharbeit, unethisches und illegales Verhalten, erschöpfte Produktivitätsgrundlagen und verlorengegangene Wettbewerbvorteile die großen Organisationen infizieren wie ein Virus den Blutkreislauf, dann berufen sich deren oberste Leiter, unter ihnen sogar der Präsident der Vereinigten Staaten, darauf, daß sie von den Vorgängen in ihrer Umgebung nichts gewußt hätten.

Die Tower Commission untersuchte die Verwicklung des Nationalen

Sicherheitsrates in die Iran-Contra Waffenkäufe und gelangte dabei zu der Schlußfolgerung, an diesem Debakel[1] trage der „Stil" des Managements die Schuld. Der Ausschuß befaßte sich mit Fragen in bezug auf den sogenannten Managementstil des Einmischens und des Nichteinmischens und dessen Auswirkungen auf die Aktivitäten und die Verantwortung von Untergebenen. Stil ist ein oberflächlicher Aspekt und hat wenig zu tun mit den durch die Iran-Contra Affäre aufgeworfenen Fragen oder dem dabei deutlich gewordenen fehlerhaften Verhalten der heutigen Wirtschaftsführer. Bedeutsamer ist die Frage, wie Menschen, die Macht besitzen und ausüben, sich heute selbst charakterisieren, und ob sie aus dieser Selbsteinschätzung eine bestimmte Weltanschauung aufrechterhalten und verteidigen oder aber Zielsetzungen verändern und erweitern wollen.

Leitende Manager sind sich heute kaum der persönlichen Aspekte von Macht bewußt. Ohne dieses Bewußtsein jedoch gerät Macht auf einen falschen Weg, während die Ausübenden jede Verantwortung ablehnen. Manager, die darauf aus sind, die Welt um sich herum ihren eigenen Vorstellungen anzupassen, während sie auf der Karriereleiter nach oben klettern, sind eifrig bestrebt, sich vom modernen Management indoktrinieren zu lassen. Sie verzichten auf ihre Fähigkeit zu selbständigem Denken, eignen sich Schlagworte und Formeln an, statt die Kunst der Selbstprüfung zu entwickeln, die ihre persönliche Vorstellungskraft ebenso stimuliert wie sie das analytische Denken schärft.

In den fünfziger Jahren beschrieben David Riesman das „Andersausgerichtetsein" und William H. Whyte den „Organisationsmenschen".[2] Beide stellten eine fundamentale Veränderung der amerikanischen Psyche fest. Es besteht ein auffallender Unterschied zwischen der Lobpreisung des Individualismus durch Ralph Waldo Emerson und der modernen Idealisierung der „Teamarbeit", personifiziert durch so beliebte Persönlichkeiten wie den General und Präsidenten Dwight David Eisenhower oder die amerikanischen Astronauten. Ihr Wirkungskreis war zwar die breite Öffentlichkeit, jedoch ohne formale Bindung ans Geschäftsleben. Dennoch repräsentierten sie das neue Geschäftsbewußtsein, entstanden aus der von Alfred Sloan während der zwanziger Jahre entwickelten Methode der Unternehmensleitung, die nach dem Zweiten Weltkrieg zum Dogma der Geschäftspraktiken wurde. Diese Ära brachte beispiellosen Wohlstand, zugleich aber auch das Nachlassen der Fähigkeit der Wirtschaft, langfristig zu produzieren und zu konkurrieren.

Der wachsende Einfluß der Wirtschaftshochschulen, die in den sechziger Jahren Massen von Absolventen mit dem akademischen Grad des MBA entließen, trieb diejenigen in den Untergrund, die mit der Managementmystik nicht einverstanden waren. Erst nachdem der Watergate Skandal die entscheidenden Verzerrungen einer eng begrenzten Managementidee offenbart hatte, konnten abweichende Meinungen ihre Stimme erheben. Das Magazin *Time* richtete eine besondere Sparte für Führungsfragen ein[3] und schrieb u. a.: „Der Wirrwarr der sechziger und frühen siebziger Jahre hinterließ ätzende Rückstände von Apathie und Skepsis, die an allen größeren Institutionen nagten."[4] Laut Umfrageergebnissen ist das Vertrauen in den Kongreß, den Obersten Gerichtshof, die Wirtschaft und die Präsidenten der Universitäten seit der Mitte der sechziger und dem Beginn der siebziger Jahre deutlich gesunken.[5]

In Erweiterung seines speziellen Reports zum Thema Führung organisierte *Time* im September 1976 in Washington, D. C. eine Konferenz über Führungsfragen. Zweihundert junge Führungskräfte wurden eingeladen, „jene trügerische, undefinierbare und dennoch erkennbare Eigenschaft"[6] zu erörtern, die man Führung nennt und deren heutiger Zustand sich als deutlich lädiert erweist. Auch an vier Professoren erging die Einladung, bei dieser Konferenz zu analysieren, was ihrer Ansicht nach in den Vereinigten Staaten bezüglich der Führungskräfte schiefgelaufen war. Mein Beitrag wurde später von der *Harvard Business Review* unter dem Titel „Manager und Führer: Sind sie verschieden?"[7] veröffentlicht. Darin vertrat ich den Standpunkt, es bestehe durchaus ein Unterschied. Sie unterscheiden sich in ihren Interessen, ihrer Denkweise, ihrer Arbeit und ihren Interaktionen. Manager und Führer sind vor allem als Persönlichkeiten verschieden, haben zwischen Kindheit und Erwachsensein unterschiedliche Entwicklungen durchlaufen.

Bei dieser Konferenz rief eine bestimmte Idee eine besonders scharfe Kontroverse, jedoch auch besonderes Interesse hervor. Es wurde behauptet, einzelne Menschen entwickelten sich unter anderem dadurch zu Führern, daß sie während ihrer Entwicklung schmerzliche Konflikte meistern müßten. Im Gegensatz zu ihnen würden Managertypen nur selten mit Erfahrungen konfrontiert, die den Menschen im allgemeinen veranlassen, in sich hineinzuhorchen. Für Manager sei das Leben eine stetige Progression positiver Geschehnisse, das Ergebnis einer Situation der Sicherheit zu Hause, in der Schule, in der Gemeinschaft und bei der Arbeit. Führer dagegen seien Individuen, „die zweimal geboren werden". Sie hätten Erlebnisse überstanden, die zu einem Gefühl der Absonderung oder Entfremdung von ihrer Umgebung führten.[8] Demzufolge wandten sie sich nach innen, um anschließend mit einem neu geschaffenen, statt ererbten Identitätsgefühl wieder nach außen zu treten. Dieses Gefühl des Andersseins sei vielleicht eine notwendige Voraussetzung für die Befähigung zum Führen.

Auf Drängen von Gloria Steinem beschloß eine der Gruppen, die diesen Gedanken bei der Konferenz diskutierte, ihn durch Überprüfung eigener Erfahrungen zu testen. Dabei konnte fast jedes Mitglied der Gruppe über persönliche Erlebnisse berichten, die es veranlaßt hatten, bessere Kenntnis der persönlichen Identität zu suchen. Da war etwa das Ringen mit einem tyrannischen Vater, das die Beziehung zerbrechen ließ, oder der frühe Tod eines geliebten Elternteils, eine Krankheit oder irgendein anderes psychisches Geschehen, das zum Gefühl des Alleinseins führte.

Senator Bill Bradley beschrieb das Phänomen so:

> „Ich stamme aus einer Kleinstadt von 3000 Einwohnern in Missouri. Mein Vater war ihr lokaler Bankier. Deshalb eigne ich mich nicht für das Abe Lincoln Syndrom. Ob ich mich allein fühlte? Ja. Ich identifizierte mich mit keiner der Institutionen und keiner der Gruppen, der ich als Kind angehörte."[9]

Der seinerzeitige Gouverneur von South Dakota, Richard Kneip, beschrieb seine Erfahrung:

„Ich habe mich von meiner Familie stets abgesondert, war eines von neun Kindern. Mein Vater begann als Schuster und war ein sehr harter Mann. Damals bestand keine sehr liebevolle Beziehung zu ihm; in den vergangenen zehn Jahren stand mir jedoch niemand näher als mein Vater. In seinen letzten Lebensjahren wurde er weicher. Früher war er sehr bildungsfeindlich. Er warf mich die Treppe hinunter, als ich ihm sagte, ich wollte ein College besuchen, was er für Zeitverschwendung hielt, es sei denn, man wollte Arzt oder Rechtsanwalt werden."[10]

Man kann die Idee der Absonderung leicht mit Narzißmus verwechseln. Narzißmus ist eine krankhafte Veranlagung, bei der das Individuum unbewußt versucht, ein gespaltenes Ego durch Überbewertung der persönlichen Fantasie und Unterbewertung der realen Welt, darunter auch der Menschen, zu überwinden. In Übereinstimmung mit anderen Denkern behauptet der Historiker Christopher Lasch, eine ganze Generation könne von der Krankheit des Narzißmus infiziert werden. Junge Menschen reflektieren sie durch Überwertung des eigenen Vergnügens auf Kosten der Pflichten gegenüber anderen.[11]

Das für Führertypen typische Gefühl, anders als die anderen zu sein, unterscheidet sich vom Narzißmus. Ein Führer ist sich seiner Grenzen bewußt und unterscheidet zwischen inneren und äußeren Welten, zwischen Fantasie und Wirklichkeit, dem eigenen Ich und anderen Menschen. Bei karriere-orientierten Managern zeigt sich die Auswirkung des Narzißmus stärker als bei Führern. Bei allen Bemühungen, sich ihrer Umgebung anzupassen, achten Manager sehr darauf, sich ihre Identität und die Respektierung durch andere zu bewahren. Im Gegensatz dazu entspringt das Selbstvertrauen von Führerpersönlichkeiten der Erkenntnis, zu wissen, wer sie sind, sowie den Visionen, die sie zu Leistungen motivieren.

Bei genauem Nachdenken erkennt man, wie selten Führertum mit Geschäft assoziiert wird. Bei der von *Time* organisierten Konferenz waren Geschäftsleute unterrepräsentiert, eine paradoxe Situation angesichts der Tatsache, daß die Amerikaner eine Gesellschaft von Geschäftsleuten sind. Die Tatsache, daß Bücher über das Wirtschaftsleben neuerdings populär sind – von der Biographie des Lee Iacocca wurde über eine Million Exemplare verkauft – widerspricht nicht der Behauptung, daß in der volkstümlichen Meinung oder konventionellen Lehre Führertum und Geschäfte nicht zusammenpassen. Iacocca hat eine Geschichte von sehr menschlichem Interesse erzählt. Durchsetzt mit Klatsch über Henry Ford und dessen Trinkgewohnheiten, beschreibt sein Buch den Lebensweg des Sohnes eines italienischen Einwanderers, der es schließlich bis ganz nach oben schafft. Er überwindet alle Hindernisse, vor allem den Neid seines Chefs, und beweist seine Fähigkeit, eine im Koma liegende Firma zu übernehmen und ihr neues Leben einzuhauchen.[12] Das Buch erinnert so sehr an ein Horatio Alger Drama, daß Gerüchte aufkamen, der Autor könne Präsident der USA werden. Wenn ein Filmschauspieler das Land regieren kann, warum dann nicht auch ein Automobilhersteller?

Wenn Geschäftsleben und Führungseigenschaft in der Volksmeinung nicht assoziiert werden, so ist dies das Ergebnis der Anonymität, die in der Managementmystik gehegt und gepflegt wird. Es ist ein Ethos des Anti-Helden, das Teamarbeit über das Individuum stellt. In ihrer Team-Orientierung betrachtet die Managementmystik Kooperation als ein technisches Mittel, das zusammen mit vielen anderen hilft, Ziele zu erreichen, während man gleichzeitig das eigene professionelle Image verbessert. Es ist so weit gekommen, daß der Schwanz mit dem Hund wedelt. In unserer Besessenheit von Teamarbeit haben wir kollektiv zu erkennen versäumt, daß Individuen die einzige Quelle von Ideen und Energie sind.

Dieses Buch liefert eine kritische Bewertung der gegenwärtig in der Geschäftswelt praktizierten Managementmystik, wie sie auf unseren Wirtschaftshochschulen gelehrt wird. Es ruft dazu auf, Führertum neu zu entdecken, was darauf hinausläuft, dem Individuum seinen ihm zukommenden Platz als Quelle von Visionen und Antriebskräften wiederzugeben, die eine Organisation einzigartig machen können. Dieses Buch versucht, den menschlichen Charakter wieder in den Mittelpunkt der Bühne Geschäftswelt zu stellen.

Teil I
Argumente

Kapitel 1

Die Führungslücke

Das Geschäftsleben in Amerika ist vom Wege abgekommen, treibt ziellos in einem Meer von Mittelmäßigkeit des Managens, auf der Suche nach echter Führerschaft, um dem weltweiten wirtschaftlichen Wettbewerb begegnen zu können. Die amerikanische Wirtschaft war einst führend bei Innovationen in Technologien, Marketing und Herstellung. Heute hat sie Boden an die ausländische Konkurrenz verloren. Unsere eingesessenen (schmutzigen) Industrien, etwa die Stahlindustrie, sind dezimiert. Die für gesteigerte Produktivität entscheidende Werkzeugmaschinenindustrie ist hinter die japanischen und europäischen Konkurrenten zurückgefallen. Die Automobilindustrie hat ein Drittel ihres Marktanteils an Importeure abtreten müssen. Die Hersteller von elektronischen Verbrauchsgütern haben den Wettlauf um die Vorherrschaft verloren.

Die Dimensionen des Niedergangs sind beunruhigend. In seinem Report „U.S. Competitiveness in the World Economy"[1] bewertet Bruce Scott von der Harvard Business School den Niedergang anhand von Marktanteilen, Produktivität und Realeinkommen. Während der gesamten siebziger Jahre haben die Vereinigten Staaten Marktanteile, gemessen in Dollarwerten, verloren. Seit 1980 hat sich dieser Verlust fortgesetzt, gemessen am Umfang der Produktion wie am Dollarwert. Bei den Produktivitätssteigerungen rangieren die Vereinigten Staaten an letzter Stelle, vor allem im herstellenden Bereich. Schließlich weist Scott darauf hin, daß die realen Stundenlöhne für Arbeiter in den Vereinigten Staaten heute etwa dasselbe Niveau haben wie im Jahre 1973. In Japan haben die realen Stundenlöhne sich fast verdoppelt.

Die Ursachen dieses Rückgangs der Wettbewerbsfähigkeit sind komplex. An erster Stelle ist jedoch die Haltung des amerikanischen Managements zu nennen. Statt Innovationen zu fördern, haben die Vereinigten Staaten sich nach dem Zweiten Weltkrieg vor allem darauf eingestellt, technologische Entwicklungen in den ausgereiften Industriezweigen zu bewahren und zu nutzen, etwa bei der Erzeugung von Stahl, von Metallwaren, Werkzeugmaschinen und elektrischen Haushaltsgeräten. In den sechziger und siebziger Jahren legten die Manager weniger Wert auf die Herstellung und konzentrierten sich statt dessen auf oberflächliche Produktveränderungen und die Finanzierung, was die Qualität der Produkte verschlechterte. Im Grunde hat die amerikanische Wirtschaft ihren Wettbewerbsvorsprung dadurch verloren, daß sie sich auf Profite und Aktienpreise konzentrierte, statt Innovationen und langfristige Ziele zu fördern.

Das Schlimmste von allem ist vielleicht, daß die Vereinigten Staaten jetzt eine Schuldnernation sind und sich wie jedes andere Schuldnerland mit den ernsten Konsequenzen dieses Zustandes beschäftigen müssen. Bald wird es für uns ein böses Erwachen geben, mit der Erkenntnis, daß wir den Gürtel enger schnallen, sparen statt ausgeben und investieren statt konsumieren müssen. Außerdem müssen wir unsere Exporte zu neuem Leben erwecken, um das riesige Handelsdefizit auszugleichen, das im Jahre 1988 bei 140 Milliarden Dollar lag, nur 17,6 Prozent unter dem Defizit von 170 Milliarden im Jahre 1987.

In Zeiten wirtschaftlicher Krisen neigt man bei uns dazu, nach Washington zu blicken und von dort Führung zu erwarten. Die leitenden Persönlichkeiten in der Exekutive und im Kongreß pflegen jedoch langsam zu reagieren und die Nation in ihrem Schlaf zu belassen, bis die Krise mit voller Wucht ausbricht. Bis zu diesem Zeitpunkt muß die Wirtschaft selbst die Verantwortung für die Verschlechterung der amerikanischen Wettbewerbsposition übernehmen. Schließlich trug doch jemand die Verantwortung für die United States Steel Corporation, als sie es versäumte, sich technologisch zu erneuern und nach den fetten Nachkriegsjahren Produktivität zu ihrem Hauptziel zu machen. Irgend jemand war doch auch der Boss von General Motors und anderen Automobilfirmen, als diese Marktanteile an japanische Firmen abgaben. Und wieder andere leiteten die Konglomerate, die hin und her pendelten zwischen euphorisch gefeierten Akquisitionen und nüchter-

Die Führungslücke

ner Zerstückelung von Betrieben, die nicht in ihre strategischen Pläne paßten.

Man kann natürlich argumentieren, die Ursachen der Probleme der amerikanischen Industrie seien eher bei der Politik als beim Management zu suchen. Die Beziehungen zwischen den Sozialpartnern in den Vereinigten Staaten, etwa in der Automobilindustrie, sind stets feindselig gewesen. Während der blühenden Nachkriegsjahre übten Gewerkschaftsführer starken Druck aus und erreichten dadurch erhebliche Konzessionen in bezug auf Löhne und Zusatzleistungen. Damit wurde die Möglichkeit des Managements, Arbeit zu delegieren, eingeschränkt. Das Ergebnis waren übertrieben hohe Arbeitskosten im Vergleich mit Konkurrenten in Asien und Ländern wie der Bundesrepublik Deutschland. Als weniger entwickelte Länder wie Japan, Süd-Korea und Malaysia die Stufen zur Modernisierung in großen Sprüngen überwanden, nutzten sie die niedrigen Lohnkosten, um sich Wettbewerbsvorteile in Industrien wie Schiffsbau, Stahl und Elektronik zu verschaffen.

Ein zweites politisches Argument, mit dem man das Management von der Verantwortung für den Rückgang der Wettbewerbsfähigkeit freizusprechen versucht, gibt die Schuld der Außenpolitik der Vereinigten Staaten während der Ära nach dem Zweiten Weltkrieg. Infolge des Kalten Krieges wurden große Teile der Ressourcen für die Rüstung eingesetzt, sowohl für die Vorbereitung von Kriegen wie für die tatsächliche Kriegsführung. Die Außenpolitik unterstützte den Aufstieg der westdeutschen und der japanischen Industriemacht, zeigte Bereitschaft zur Vernachlässigung protektionistischer Maßnahmen zugunsten der Entwicklung dieser Volkswirtschaften und zum Nachteil der einheimischen Industrie. Manager von Unternehmen mit fortgeschrittenen Technologien, etwa die Hersteller von Halbleitern, haben sich nicht gescheut und scheuen sich auch heute nicht, die Regierung zu drängen, trotz traditioneller Freihandelsprinzipien Vergeltungsmaßnahmen zu ergreifen.

Zwar enthalten diese politischen Argumente einige Körnchen Wahrheit, doch übersehen sie die umfassenderen Ziele der Gesellschaft. Es wäre kurzsichtig, und man würde die nach dem Ersten Weltkrieg begangenen Fehler wiederholen, wollte man die amerikanische Volkswirtschaft dadurch stärken, daß man die anderen Staaten niederhält. Die führenden Unternehmer hätten mit entschlossenem Willen zur Produktivitätssteigerung mittels Forschung und Entwicklung neuer Produkte und Herstellungsverfahren reagieren müssen. Außer in den Hightech-Bereichen war die Reaktion genau gegensätzlich. Die Hersteller von Stahl, Automobilen sowie sonstige Topmanager der traditionellen Industrien behandelten ihre Unternehmen als „Milchkühe" und überließen anderen die Innovationen.

Auch um die Verbesserung der Beziehungen zwischen den Sozialpartnern und den Abbau der Feindschaft zwischen organisierter Arbeitnehmerschaft und dem Management bemühte man sich kaum. Die Kurzsichtigkeit der Arbeitnehmervertreter wurde durch das Fehlen einer weitsichtigen Perspektive beim Management mehr als wettgemacht. Es fiel damals leicht, Konzessionen zu machen, weil man die steigenden Kosten einfach auf den Verbraucher abwälzen konnte, der infolge der großzügigen Kreditpolitik in seinen Kaufgewohnheiten extravagant geworden war.

Die Flexibilität einer Führung zu unterschiedlichen Zeiten und unter unterschiedlichen Umständen zeigt sich vor allem in der Fähigkeit, Situationen aktiv statt passiv zu begegnen, widrige Verhältnisse zu überwinden und umzugestalten, sich ihnen anzupassen, statt nur auf sie zu reagieren. Das Versagen der Wirtschaft in den achtziger Jahren ist auf den Mangel an einer derartigen Führung und auf eine übermäßige Konzentration auf die falschen Tugenden der Managementmystik zurückzuführen.

Topmanager glauben irrtümlich, Managen und Führen seien Synonyme, und Management auf der Grundlage der Managementmystik sei gleichbedeutend mit Führung. Während der letzten vierzig Jahre haben Manager ihren ganzen Glauben auf Zahlen gesetzt. Sie haben nach bestimmten Arbeitsmethoden gemanagt und genau ausgeklügelte

Die Führungslücke

Strukturen geschaffen, um die anderen dazu zu bewegen, das Vorhersehbare zu tun. In Wahrheit jedoch sind Managen und Führen zwei sehr verschiedene Aktivitäten. Als Folge dieser Verwechslung sind die Unternehmen der gewerblichen Wirtschaft vom rechten Wege abgekommen.

Der Manager unterscheidet heute nicht mehr zwischen Form und Kreativität. Führung reicht weit hinaus über den allgemein akzeptierten Kenntnisstand, wie man einen Herstellungsprozeß managt. Der schöpferische Topmanager sucht seine Ziele in noch unerforschten Gebieten, wobei er vielleicht aus der Managementtheorie extrapoliert, sich von ihr jedoch nicht behindern läßt. Führung kann sich in einer Idee manifestieren, die so zwingend ist, daß sie die formale Struktur nötigt, sich entweder dauernd oder so lange zu verändern, bis die Idee zu Ende geführt ist. Führer lassen sich methodisch nicht festlegen. Sie überwinden Methoden, um schöpferische Ideen, Programme und Handlungen in die Tat umzusetzen.

Leider verleitet die Managementmystik Topmanager und sogar potentielle Führer zu einem falschen Sicherheitsgefühl – durch den Glauben, die Führung eines Unternehmens sei ähnlich der Aufsicht über ein Gewächshaus, wo man den Boden präpariert, das Saatgut pflanzt, Kunstdünger und Wasser zuführt und dann zuschaut, wie Mutter Natur ihre Magie auf die Flora wirken läßt. Diese Analogie hat jedoch einen Fehler: Selbst wenn die Leiter eines gewerblichen Unternehmens freundlich und fleißig sind, so arbeiten sie doch ohne das Zutun einer höheren Gewalt – einer Mutter Natur – die ihnen hilft, in stabilen wie in unvorhersehbaren Situationen schöpferische Veränderungen herbeizuführen. In dem Maße, wie man einer utopischen und trügerischen Managementmystik folgt, werden die Leistungen des Managements und die Unternehmensstrategien weiterhin stagnieren und abnehmen. Dringend notwendig wäre eine Wiedergeburt, ja eine Auferstehung kreativer Führungskraft zur Überwindung der gesunkenen Leistungskapazität des leitenden Managements in amerikanischen Unternehmen.

Harold Geneen, ehemals Vorstandsvorsitzender von ITT, liefert eine knappe Version der Managementmystik, wenn er schreibt: „Wer *ein* Unternehmen managen kann, der kann auch jedes beliebige andere managen."² In dieser Anschauung äußert sich das arrogante Vertrauen in die Mystik, von der die Mentalität leitender Manager beherrscht wird. Ein wenig mehr Einfühlungsvermögen würde sie bald den Zynismus erkennen lassen, den ihre Zuversicht bei den Untergebenen auslöst, die im praktischen Alltag das Unternehmen in Gang halten. Mr. Geneen hatte sicher keine Ahnung davon, daß viele Mitarbeiter von ITT ihren Arbeitgeber spöttisch „Internationales Dies und Das" nannten, worin sich die Verwirrung über die Art und Weise, wie das Unternehmen die Grundsätze der vom Hauptgeschäftsführer praktizierten Managementmystik in die Tat umsetzte, ausdrückte.

Bisher ist noch keiner Institution die Atrophie von Führungseigenschaften erspart geblieben. Präsident Carter erklärte 1979, die Nation leide an den Folgen einer „Führungskrise". Obwohl seine Erklärung überwiegend eine Kritik an der eigenen Person bedeutete (schließlich führte *er selbst* das Land), machte er alle Leiter von Organisationen für den Verlust an Vertrauen in die Autorität verantwortlich. Er gab die Schuld den Männern und Frauen, die an führender Stelle in Unternehmen, Regierung und im Bildungswesen tätig waren, statt unpersönliche gesellschaftliche, politische und wirtschaftliche Kräfte verantwortlich zu machen.

Sehen wir uns doch einmal das höchste Amt der Nation an. Eine ganze Generation von Amerikanern weiß über die Präsidentschaft der Vereinigten Staaten wenig mehr, als daß dort Abenteurertum, Inkompetenz, Verwirrung, aalglattes Verhalten, Sturheit und selbst Gesetzlosigkeit vorherrschen, neben Besessenheit vom eigenen Image und der öffentlichen Meinung. Das jüngste Debakel von Präsident Reagan in der Iran-Contra Affäre ist nur eine traurige Wiederholung der Inkompetenz im Weißen Haus, von der unsere Nation während des vergangenen Vierteljahrhunderts oder seit noch längerer Zeit heimgesucht wird.

Der ehemalige Generalstabschef der Armee, General Edward C. Meyer, erklärte, das Führungsideal bei den Soldaten verliere zunehmend an

Wert. Es habe sich vom Kommandieren zu bürokratischem Handeln verlagert.³ Gegenwärtig gebe es beim Militär zwei Laufbahnen, die eine bei der Truppe und die andere in Washington. Seiner Ansicht nach bewirkt dieses Laufbahndenken beim Offizierskorps, daß es sich vom Dienst bei der Truppe mit dem damit verbundenen Verantwortungsbewußtsein gegenüber Untergebenen und Vorgesetzten abwendet und auf Washington ausrichtet, wo sich Eigeninteresse und politisches Anpassen vermischen.⁴

Betrachten wir doch einmal das Bildungswesen auf allen Ebenen. Von der Grundschule bis zur Universität erzieht es zur Mittelmäßigkeit. Die Erzieher verlassen sich mehr auf Programme und Methoden als auf die Entwicklung persönlicher Führungsfähigkeit zur Bewahrung der Aktivität als Ziel wie im Handeln. Erziehung wurde zu einer schäbigen Übung degradiert, wie man andere Menschen unter Kontrolle halten kann, statt als schöpferische Aktivität Wißbegier, Forschen und Lernen zu fördern.⁵

Führung beruht auf einem ungeschriebenen Pakt, der Führer und Geführte in dieselbe moralische, intellektuelle und emotionale Hingabe an ein Ziel einbindet. Einst war dieser Pakt weit verbreitet, und wahrscheinlich gibt es ihn noch hier und da. Nach und nach wurde jedoch das Band, das Männer und Frauen heute in Organisationen verbindet, vor allem auf der akademischen Ebene und der des Managements, zu engstirnigem Selbstinteresse statt zu einem Gefühl für gegenseitige Verpflichtungen und Verantwortung.

Der Führungspakt verlangt Hingabe an die Organisation. Andrew Carnegie, Henry Ford, Pierre du Pont und Thomas Watson waren einmal seine Verkörperung. In neuerer Zeit wird er repräsentiert von Leuten wie Edwin Land, Walter Wriston, Kenneth Olson, Ross Perot, An Wang und Steven Jobs.

Sam Walton, Gründer der Wal-Mart Einzelhandelskette, gibt ein typisches Beispiel für einen Führungspakt. Sein persönliches Engagement im Warenvertrieb und Kundendienst ist ein Beispiel dafür, was er von seinen Untergebenen erwartet. Diesen Standard nicht einzuhalten, würde eine persönliche Niederlage und auch mangelnde wechselseitige Verpflichtung gegenüber der gemeinsamen Sache bedeuten.

Die Legitimität der Führung erwächst entweder aus der Tradition oder aus den persönlichen Eigenschaften des Führers. Tradition existiert in Monarchien, beim Militär und in religiösen Institutionen, weniger in rein säkularen und modernen Organisationen. Wer sich als Führer die volle Mitarbeit seiner Untergebenen im Wirtschaftsleben und in politischen Organisationen sichern will, muß außergewöhnliche Kompetenz oder andere von Untergebenen bewunderte Qualitäten demonstrieren. Besitzt er diese Fähigkeiten nicht und wird seine Rolle auch nicht durch Tradition gestützt, dann geht die Führungslegitimation langsam in die Brüche.

Die Präsidentschaft von Ronald Reagan liefert ein deutliches Beispiel dafür. Der Report der Tower Commission zeigt, daß er von Anfang an wenig Verständnis für die mit der Iran-Contra Affäre zusammenhängenden Probleme hatte. Statt dessen waren seine Handlungen von persönlichen Gefühlen beherrscht, von dem Wunsch, die Geiseln nach Hause zu bringen, koste es, was es wolle, und ohne Rücksicht auf damit verbundene Zweckmäßigkeiten. Wenn er häufig komplexe strittige Fragen zu apokryphen Anekdoten umformulierte, dann entsprach das seinem Wunsch, materiellen Streitfragen aus dem Wege zu gehen und statt dessen Management auf der Basis von Gefühlen zu betreiben. Garry Wills verglich Reagans Verhältnis zur Präsidentschaft mit der Produktion eines Films, mit dem Versuch, die Komplexitäten der Politik auf die Elemente eines Drehbuchs mit Happy End zu reduzieren.[6] Reagans Stil erinnert an Manager, die ihre Untergebenen lang und breit ermahnen, „ihr Bestes zu tun", selbst jedoch wenig zur Lösung von Problemen beitragen. Unter einem solchen laissez-faire Management pflegen Untergebene entweder chaotisch zu handeln oder ihr Bemühen um gute Leistungen aufzugeben.

Der stellvertretende Präsident einer herstellenden Firma beklagte sich bitter über das Versäumnis des Hauptgeschäftsführers, Warnungen über mangelhafte Methoden in der Datenverarbeitung seiner Firma zu beachten. Der Vizepräsident nutzte alle ihm zur Verfügung stehenden technischen Mittel, um die negativen Folgen dieses Zustands in Form verzögerter Lieferungen, schlechter Produktionsplanung und unausgewogener, wie auch überflüssiger Lagerhaltung aufzuzeigen. Der Hauptgeschäftsführer weigerte sich, etwas dagegen zu unternehmen und appellierte an seine Untergebenen, ihre Arbeit mit den ihnen zur Verfügung stehenden Mitteln zu tun. Als die Voraussagen Wirklichkeit wurden, hatte der Hauptgeschäftsführer bereits die Achtung seiner Untergebenen verloren. Sie überließen ihm die Lösung der Probleme, ohne ihn dabei aktiv zu unterstützen und mitzuwirken. In gewissem Sinne befreite seine Inkompetenz sie von ihrer Verpflichtung und Bindung an den Führungspakt.

Dieser Pakt fordert von Vorgesetzten und Untergebenen, für den Erfolg der Organisation ihr Bestes zu tun. Insbesondere sollte jedermann zur Stützung der Autorität beitragen. Dieses Prinzip liefert auch den Hintergrund zur Analyse der Iran-Contra Affäre durch die Tower Commission. Es impliziert nämlich, daß es die Pflicht der Untergebenen ist, ihr Verhalten dem Stil des Vorgesetzten anzupassen. So gelangt die Tower Commission zu der Feststellung: „Der persönliche Managementstil von Präsident Reagan legte seinen Hauptberatern besondere Verantwortung auf. In Kenntnis seines Stils hätten sie vor allem darauf achten müssen, wie diese Initiative zum Waffenverkauf entstand und sich fortentwickelte."[7] Die Tower Commission formulierte damit kein neues Prinzip zur Regelung der Beziehungen zwischen Vorgesetzten und Untergebenen. Es war vielmehr die Untersuchung eines ganz normalen Falles, bei dem es um die traditionelle Auffassung von Autoritätsbeziehungen ging.

Frederick Winslow Taylor, der „Vater des wissenschaftlichen Managements", hielt 1909 eine Vorlesung an der Harvard Business School. Dabei formulierte er etwas übertrieben den jedem Führungspakt zugrundeliegenden Anspruch. Er sagte seinen Studenten, ihr Job in einem Unternehmen bestehe darin, herauszufinden, was ihr Chef wolle, und ihm das dann genau so zu geben, wie er es wünsche. Er beschrieb an einem Beispiel, wie seine Bemühungen, die Wünsche des Chefs sogar noch zu übertreffen, ihn in Schwierigkeiten gebracht hatten. Das müsse zwar nicht bedeuten, daß Initiativen falsch seien, sollte jedoch zeigen, daß Konkurrenzverhalten gegenüber einem Vorgesetzten schaden kann.[8] Es mag heute sonderbar klingen, doch beinhaltet ein Führungspakt den Gedanken, daß man seine Vorgesetzten unterstützen und versuchen sollte, die Welt mit ihren Augen zu sehen. Darüber hinaus bedeutet dies, daß man Vorgesetzten nach besten Kräften bei der Ausübung ihrer Tätigkeit behilflich sein, und ihre Mängel durch fleißige Überkompensierung ihrer Schwächen ausgleichen soll.

Dieses Prinzip besagt, daß in einem Unternehmen alle in einem Boot sitzen und jeder mit seinen Vorgesetzten zum Wohle des Ganzen zusammenarbeiten muß. Im Rahmen des Paktes muß jede Generation für sich eine zentrale Frage lösen, und zwar nicht die, was Führung ist oder wo wir für heute oder morgen Führer finden. Es geht auch nicht darum, wie solche Führer auf ihre Verantwortung vorbereitet werden, sondern wie man ihnen folgt. Gefolgschaft erfordert eine besondere Geisteshaltung, zu der man die jüngere Generation erziehen muß.

Der im Bankhaus Lazard Frères für Investitionen zuständige Felix Rohatyn beschrieb in seiner Gedenkrede für André Meyer die Gefühle, die den Zusammenhalt zwischen Führer und Geführten festigen. Meyer war Rohatyns Mentor, Lehrer, Führer und möglicherweise auch Vaterfigur gewesen. Im Rahmen einer Gedenkstunde für Meyer am 12. Oktober 1979 in New York sagte Rohatyn mit vor Trauer brüchiger Stimme, er greife immer noch instinktiv zum Telefon, um mit Meyer zu sprechen. „Manchmal stelle ich mir vor, wie das Gespräch verlaufen und was er sagen würde. Doch ich kann nicht mehr sicher sein – er hat eine so furchtbare Leere hinterlassen..." Rohatyn schloß mit der Bemerkung: „Er war eine olympische Gestalt – Zeus, der Blitze schleudert. Und er war auch mein Lehrer. Er lehrte mich nicht nur, wie man Perfektion erzielt, sondern auch, wie man das stilgerecht tut."[9]

Durch einen echten Führungspakt abgesichert, läßt Führung sich gradlinig praktizieren. Sie bezieht ihre Kraft aus der Gefolgschaft. Es ist

Die Führungslücke

legitim, wenn ein zur Führerschaft Auserwählter von seinen Untergebenen Hingabe an die Arbeit, Unterstützung sowie Loyalität erwartet. Er ist auf diese Weise weder ihr Rivale noch Feind, sondern arbeitet in Harmonie mit ihnen, um die Ziele der Organisation zu fördern.

Es gibt die Redewendung, „ganz oben ist man einsam". Sie wird durch das Führungskonzept abgewandelt. Ganz oben bedeutet jetzt, mit anderen gemeinsame Zielsetzungen zu verfolgen, wechselseitiges Vertrauen zu bilden und stetige Unterstützung durch die Mitarbeiter zu erhalten. Der entscheidende Faktor im Führungspakt ist jedoch die Bereitschaft der Menschen in leitenden Positionen, ihre Macht zum Wohle ihrer Untergebenen und der Organisation zu nutzen. So gesehen ist der Führer zugleich auch Gefolgsmann, der den Interessen multipler Gruppen dient, etwa den Aktionären seines Unternehmens, den Untergebenen in seiner Organisation und den Kunden auf dem Markt.

Das heutige Image des Managements zeigt alles andere als selbstlose Hingabe an die Sache in Verbindung mit Führerschaft. Statt eines Paktes befolgt man einen juristischen Vertrag, der das Wohlergehen des Managers absichert, ganz gleich, ob die Firma gedeiht oder scheitert. Wir leben in einer Ära der „vergoldeten Fallschirme", mit Optionen auf Stammaktien, die beinahe gegen jeden Kursverfall abgesichert sind, sowie in einer Zeit eines schon fast unmoralisch hohen Niveaus der Gehälter für die Leute an der Spitze.

Der Führungspakt im Wirtschaftsleben, in der Verwaltung, beim Militär und im Bildungswesen ist heute mehr ein Relikt aus alten Zeiten als eine vitale Idee. Wer heutzutage eine Machtposition erreicht, hat wenig Grund anzunehmen, daß jedermann sich verpflichtet fühlt, ihm die Arbeit durch aktive Unterstützung zu erleichtern. So wird es zum Beispiel in der Wirtschaft jederzeit genug Leute geben, die der Ansicht sind, daß eigentlich sie selbst auf den Platz des neu ernannten Topmanagers gehören, den sie noch dazu besser ausfüllen würden. Statt Mitarbeiter zu haben, die bereit sind, mit ihrem Urteil zumindest abzuwarten, wenn sie schon die Entscheidung nicht begeistert akzeptieren, wird der neue Topmanager von kritischen Beobachtern umgeben, die nur zu gerne bei ihm Fehler entdecken würden. Ein neu ernannter Hauptgeschäftsführer formulierte das so: „Natürlich habe ich nicht ohne weiteres erwartet, unter meinen Stellvertretern Freunde zu finden. Doch war es von mir gewiß nicht vorgesehen, in einer feindseligen Umgebung zu leben, in der die leitenden Herren meine Fehler als Chance begrüßen, ihre eigene Macht zu vergrößern."

Außerdem sind leitende Manager oft zu Machtpositionen aufgestiegen, ohne vorher die Erfahrungen eines Führungspaktes gemacht zu haben. In all den Jahren ihres beruflichen Aufstiegs sind sie niemals echte Gefolgsleute gewesen. Daher erreichen sie ihre führende Position, ohne dafür gerüstet zu sein, gegenseitiges Verantwortungsgefühl und Vertrauen als Eckpfeiler beruflicher Moral zu setzen. Dr. An Wang, Gründer der gleichnamigen Computerfirma, unterstrich die Bedeutung der Moral in einer knappen Beschreibung des Unterschiedes zwischen leitenden Managern, die den Führungspakt verstehen, und jenen anderen, die im Elfenbeinturm der Managementmystik leben. „Eine Managementstruktur oder -theorie ist eine Abstraktion, ein Unternehmen aber besteht aus Menschen. Bei guter Betriebsmoral pflegt ein Mitarbeiter oft viel mehr zu leisten, als man von ihm erwartet. Ist die Moral schlecht, wird auch die brillanteste Organisation nicht produktiv sein."[10]

Zugegebenermaßen funktionierte der Führungspakt am besten in alten Zeiten, als die Organisationen ihre Konkurrenten noch leicht definieren konnten. Damals war das Tempo des Wandels noch wesentlich langsamer, bildete die Stabilität von Familie und Gemeinschaft noch eine Art Stützkorsett für Autorität, war das allgemeine Verhalten sowie die tägliche Leistung am Arbeitsplatz noch von echter Arbeitsmoral bestimmt. Doch brauchen wir gerade wegen der gegenwärtigen Komplexität in der Wirtschaft und in unseren Organisationen Führer, die den Führungspakt erneuern und zum Wohle aller funktionieren lassen.

Nur zu oft sind Leute, die an die Spitze von Organisationen aufsteigen, nicht mehr Führer, sondern nur noch Manager. Schlimmer noch: Sie identifizieren sich selbst als Manager und halten das, was sie tun, für gleichbedeutend mit Führung.

Der entscheidende Unterschied zwischen Managern und Führern liegt in dem, wozu beide sich verpflichtet fühlen. Der Manager befaßt sich damit, wie Entscheidungen getroffen werden müssen, sowie mit dem dazu erforderlichen Kommunikationsfluß. Den Führer interessiert vor allem, was Entscheidungen bewirken und was er kommuniziert. Kurz gesagt – für den Manager ist der Stil wichtiger als die Substanz und die Verfahrensmethode mehr als die Realität.

Einer der Gründe für das Dahinsiechen des Führungspaktes ist das Versagen von Autoritätspersonen bei der Ausübung ihres Jobs. Es fällt immer schwerer, die traditionelle Anschauung aufrechtzuerhalten, daß jeder Untergebene seine Vorgesetzten und die Werte, die die Idee der Autorität repräsentieren, unterstützen soll. Die zahlreichen Beispiele von Inkompetenz und Selbstsucht, die man heute an der Spitze von Unternehmen erlebt, machen die für den Führungspakt erforderliche echte Gefolgschaft fast unmöglich.

Ein Ingenieur der Firma RCA und einige mittlere Manager zeigten sich nach der Fusion ihres Unternehmens mit General Electric desillusioniert von der Geschäftsleitung. Ob zu Recht oder zu Unrecht – sie meinten, der Verkauf ihrer Firma an General Electric sei nur zustande gekommen, weil die Topmanager von RCA sich dabei eine goldene Nase verdienen wollten. Diese Ansicht der Belegschaft offenbart einen Kontrast zwischen den Großverdienern an der Spitze und den Gefühlen von Unsicherheit und Sorge um den Arbeitsplatz bei den mittleren und unteren Rängen der Beschäftigten.

Es bleiben also grundsätzliche Fragen offen. Was ist denn heute noch dran an der Autorität? Warum soll man eigentlich seinen Chef unterstützen? Wer nach Führung strebt, muß Antworten auf diese Fragen finden. Sie hängen jedoch von der Wiederentdeckung des Prinzips ab, daß die leitenden Persönlichkeiten einer Organisation ihren Job mit echter Substanz erfüllen und einen Mehrwert schaffen müssen, der mehr enthält als oberflächliche Symbole und Gefühle. Autorität steht auf dem Prüfstand. Auch die Frage nach echter Verantwortung wird neu gestellt. Über allem jedoch steht die unbedingte Notwendigkeit, das Wirtschaftsleben wieder voll funktionsfähig zu machen.

Kapitel 2
Management und Führung

Einigen Leuten scheint die Vorstellung, Managen und Führen sei nicht dasselbe, falsch, wenn nicht gar beleidigend. So schrieb Fred Bucy, seinerzeit Präsident von Texas Instruments Inc., einen Leserbrief an die *Harvard Business Review*, in dem er zu meinem Artikel „Managers and Leaders: Are They Different?" (Manager und Führer – sind sie verschieden?) Stellung nahm. „Ich bin absolut nicht mit der These einverstanden, Manager und Führer seien verschieden, ebensowenig mit der Behauptung, niemand könne beiden Rollen gerecht werden. Das ist purer Unsinn."[1]

Immerhin gestand Mr. Bucy zu, man müsse zwischen dem Bürokraten und dem Innovator unterscheiden. Seiner Ansicht nach entstehen in traditionellen Industrien der Vereinigten Staaten Probleme, sobald Bürokraten, die eine gute Organisation aufgebaut haben, deren Führung übernehmen sollen, wenn sie darüber hinaus wenig andere Fähigkeiten besitzen. Dann schreibt er weiter: „In Hightech Industrien wird der bürokratische Manager jedoch keinen Erfolg haben, denn Technologie und Wettbewerb haben ein zu schnelles Tempo eingeschlagen. Für den Erfolg braucht man eine Kombination von starker Führung und ausgezeichneter Managementbefähigung."[2]

Fred Bucy und andere Topmanager haben recht, daß für die Leitung der Aktivitäten in einem Unternehmen ein gutes Management benötigt wird. Doch begreifen sie nicht, daß dies nicht ausreicht, um die Lebenskraft eines Unternehmens zu erhalten.

Die Evans Product Company mit Sitz in Portland, Oregon, war ein riesiges Konglomerat mit Aktivitäten in den Bereichen Wohnungsbau, Eisenbahnwaggons, Forstprodukte, Einzelhandelszentren für Haushaltswaren sowie Vertrieb von Industrieprodukten. Ihre Organisationsstruktur war ein Muster an Dezentralisation mit klar getrennten Profit-

Centern, die von einem fähigen Stab in der Zentrale koordiniert wurden, der dem Hauptgeschäftsführer Monford Orloff direkt unterstellt war. Ein von McKinsey ausgearbeiteter Vergütungsplan stellte einen direkten Zusammenhang her zwischen Bonuszahlungen und den Erlösen der Firma, so daß für das Erreichen vorgegebener Ziele finanzielle Anreize gewährt wurden. Ausgefeilte Budgets lieferten Maßstäbe für die Beurteilung persönlicher Leistungen sogar innerhalb einzelner Abteilungen der Unternehmensgruppen. Von der Spitze bis ganz nach unten wurde die Firma Evans von dem Credo Ordnung, Kontrolle und Koordination gelenkt. Und doch mußte sie 1985 Konkurs nach Chapter XI des Bundeskonkursgesetzes anmelden. Im Jahre 1987 wurde sie substantiell liquidiert.

Evans scheiterte nicht an mangelndem Management, sondern trotz bemerkenswert effizienter Managementpraktiken und Funktionen, vielleicht sogar wegen dieser. Die Abteilungen Wohnungsbau und Eisenbahnwaggons erlebten wie die gesamte Branche einen zyklischen Abschwung, vor allem als Reaktion auf steigende Zinsen. Mr. Orloff und zwei seiner Gruppenleiter waren nicht gewillt, als Reaktion auf nicht ausgelastete Betriebe Umsätze und Gewinne absinken zu lassen, um so die Folgen des negativen Wirtschaftszyklus zu dämpfen. Vielmehr entschieden sie, wie bisher Volldampf voraus zu fahren und die Umsätze durch großzügige Finanzierung der Kunden zu fördern. Die Firma stellte Eisenbahnwaggons im Leasing bereit und verkaufte Häuser an Konsumenten, so daß die Reports über Umsätze und Gewinne weiterhin rosig aussahen, während die verstärkte Kreditaufnahme dem Unternehmen als Ganzem einen negativen Cash flow eintrug. Die Firma fuhr fort, Geld kurzfristig aufzunehmen und langfristig zu verleihen, bis kein Cash mehr einging und sie ihre Möglichkeiten zur Kreditaufnahme verlor.

Die Schwierigkeiten der Firma Evans begannen und endeten genauso wie die anderer gut gemanagter Unternehmen, bei denen schlechte substantielle Entscheidungen getroffen werden. Die Selbsttäuschung der Managementmystik besteht in der Annahme, solide Methoden würden auch gute Ergebnisse bringen. Manager werden von der alles überragenden Meinung beherrscht, ein Sammelsurium organisatorischer Maßnahmen und Kontrolltechniken werde alle menschlichen Mängel überwinden. Sie begreifen nur schwer die Realität, daß gute und schlechte substantielle Entscheidungen in direktem Zusammenhang mit Stärken und Schwächen der mitwirkenden Individuen stehen. Ihre Phantasie reicht nicht bis zu der Einsicht, daß ihre Mittel und Methoden wenig Wirkung auf die entscheidenden Personen an der Spitze der Organisationspyramide haben.

Die Betonung reibungsloser Abläufe kann sogar die Urteilsfähigkeit trüben und das eigene Denken verwirren. Manager sind so sehr in ihre ordentlichen Strukturen und Methoden verliebt, daß sie irrtümlich annehmen, daraus würden automatisch kluge Entscheidungen erwachsen. Dieses Vertrauen in methodische Verfahren führt zu dem Irrtum, den der Philosoph North Whitehead als „Konkretheit am falschen Platz" bezeichnete, wobei die Methode die Realität und die Substanz ignoriert.[3]

Während Manager sich auf Methoden konzentrieren, stehen bei Führern einfallsreiche Ideen im Mittelpunkt ihres Denkens und Handelns. Führer träumen nicht von Ideen, sondern motivieren andere zu harter Arbeit, um damit Ideen in Realitäten zu verwandeln. Ein solcher Führer hatte die Chance, ein von ihm erfundenes revolutionäres Produkt an eine große etablierte Firma zu verkaufen. Statt es an diesen riesigen Konkurrenten zu verkaufen, entschied sich dieser Unternehmer, den Rat von Unternehmensberatern zu mißachten und seine eigene Firma weiterzuführen. Die Unternehmensberater hielten die erforderlichen Managementverfahren für zu kostspielig, zeitraubend und zu schwierig für den kleinen Unternehmer. Ihr Rat: „Verkaufen Sie einfach alles und nehmen Sie den angebotenen großen Haufen Geld *jetzt*. Vermeiden Sie das Risiko einer Konkurrenzschlacht mit einem Weltklasse-Unternehmen, das bereits eine Infrastruktur an Ort und Stelle hat und bereit ist, den Kampf aufzunehmen, statt einem Neuling Marktanteile zu überlassen." Die Unternehmensberater übertrieben die Bedeutung der Verfahrensmethode und unterschätzten die Auswirkungen der Zukunftsvisionen einer Führungspersönlichkeit auf ihre Untergebenen. Das Unternehmen bewahrte seine Unabhängigkeit und erarbeitete enormen Wohlstand für den Unternehmer, seine Gesellschafter und die Anleger.

Im Vergleich mit visionären Führern wie Edwin Land, An Wang und Sam Walton sind Manager reine Praktiker. Für sie ist typisch, daß sie hart arbeiten, intelligent sind, analytisch denken können und anderen gegenüber tolerant sind. Da sie nur wenige Überzeugungen mit Leidenschaft vertreten, ausgenommen vielleicht, wenn es darum geht, aus einem potentiellen Chaos Ordnung zu schaffen, demonstrieren sie in hohem Maße faires Verhalten im Umgang mit Menschen.

Führer dagegen sind in ihrem Stil dramatischer und in ihrem Verhalten unberechenbar. Den Konflikt zwischen Ordnung und Chaos scheinen sie mit einer Autorität zu überwinden, die durch persönliche Ausstrahlung und Hingabe an die eigenen Unternehmungen und das eigene Geschick legitimiert wird.

André Meyer war im Bankhaus Lazard Frères die große charismatische Gestalt. Seine Klienten, Untergebenen und Freunde bewunderten ihn, vor allem seine Eigenschaft, Geschäftsabschlüsse auf so geniale Weise zustandezubringen, daß die unterschiedlichsten Bedürfnisse dabei zufriedengestellt wurden. Dabei handelte es sich oft um Bedürfnisse, die selbst die unmittelbar Beteiligten nicht einmal artikuliert oder gespürt hatten. Von ihm soll der Ausspruch stammen, Investmentgeschäfte einer Bank bestünden zu zehn Prozent aus Rechnen und zu neunzig Prozent aus Psychoanalyse.[4] Im Gespräch holte er eine Vielzahl von Fakten aus seinen Klienten heraus, die er benutzte, um finanzielle Abschlüsse zu bewerkstelligen. Sicherlich verdient es weniger Bewunderung, daß er häufig seine Partner ausnutzte. Doch sein Einfallsreichtum, sein Selbstvertrauen und seine Fähigkeiten im finanziellen Bereich prägten eine Persönlichkeit, die Respekt verdiente. Diese Eigenschaften äußerten sich nicht in langatmigen Argumentationen, sondern in sprunghaften Einsichten und Einfällen, also in Eigenschaften, die von Führern hoch geschätzt, von reinen Managern jedoch oft nicht verstanden werden.

Die Zielsetzungen von Managern sind passiv, in der Struktur der Organisation verhaftet, ganz im Gegensatz zu unternehmerischen Zielen oder Zielsetzungen von Führern, die auf aktiven Ideen und Empfindungen beruhen. Statt wagemutig technische Innovationen zu akzeptieren oder das Risiko einzugehen, neue Ideen zu testen, verwalten Manager vorhandene Bedürfnisse, bauen ihre Handlungen auf antizipierten Reaktionen auf. Sie vermeiden unmittelbare Konfrontationen ebenso wie Lösungen, die starke Gefühle der Unterstützung oder des Widerstands hervorrufen könnten. Das Ideal jedes Managers ist es, Entscheidungen zu treffen, die der Organisationstheoretiker Chester Barnards als „Zone der Gleichgültigkeit" bezeichnet, also in einem Bereich, von dem die Menschen sich nicht persönlich berührt und aktiv betroffen fühlen.[5] Um die Dinge fester in den Griff zu bekommen, sind Manager bestrebt, ihre Zone der Indifferenz auszuweiten, in der Hoffnung, kurz vor dem Punkt haltzumachen, an dem die Menschen jegliches Interesse und damit auch ihre Motivation verlieren.

Auftretende Konflikte verstehen sie durch Kompromisse zu lösen, bei denen jede Partei etwas erhält, so daß es keinen Verlierer gibt. Nach Ansicht der Manager erzielt man gute Kompromisse, wenn man sich auf Methoden und Verfahren konzentriert, statt auf die Substanz und die Individuen. Anscheinend überwinden die Menschen ihre Enttäuschung über für sie ungünstige Entscheidungen leichter, wenn sie glauben, das Verfahren, nicht der einzelne Mensch, habe diese Entscheidung bewirkt. Dieser Glaube an das Verfahren läßt sie hoffen, beim nächsten Mal werde dasselbe Verfahren zu einem für sie günstigen Ergebnis führen. Dieser Glaube an Verfahrensweisen transzendiert somit die unmittelbaren Reaktionen auf Gewinn oder Verlust.

Für Manager wie für Führer ist Kommunikation wichtig, doch ist deren Art und Weise verschieden. Manager kommunizieren durch Signale, während Führer eindeutig formulierte Mitteilungen vorziehen. So erfahren zum Beispiel leitende Angestellte in rein managementmäßig betriebenen Unternehmen auf indirekte Weise, daß sie bei ihren Oberen in Ungnade gefallen sind. Lee Iacocca berichtet über seine unangenehmen Erfahrungen bei der Ford Motor Company. Einladungen zu wichtigen Besprechungen blieben aus, wichtige Entscheidungen wurden ohne seine Mitwirkung getroffen. Diese und andere „Signale" sagten ihm, es sei Zeit, sich anderswo nach einem Job umzusehen.

Außenminister George Shultz erlebte die Taktik der indirekten Kommunikation, als ein untergeordneter Angestellter im Weißen Haus, zweifellos auf Anweisung von oben, sich weigerte, ihm ein Flugzeug bereitzustellen, das Shultz zu einem wichtigen Treffen bringen sollte. Diese Geste war die Rache des Führungsstabs im Weißen Haus auf die Weigerung von Shultz, die Iran-Initiative zu akzeptieren.

In einem Unternehmen erfuhr ein leitender Manager, daß er nicht zum Hauptgeschäftsführer ernannt werden würde, auf einer Cocktail-Party durch den Hinweis eines Hauptaktionärs. Das Zurückhalten dieser entscheidenden Information wurde damit entschuldigt, der Unternehmenschef habe befürchtet, die direkte Konfrontation mit dieser Nachricht würde die Selbstachtung des Bewerbers so verletzen, daß es besser sei, sie ihm indirekt und beiläufig zukommen zu lassen. Eine wahrscheinlichere Erklärung ist, daß die indirekte Übermittlung wegen der Schuldgefühle des Unternehmensleiters vorgezogen wurde. Die angebliche Sorge um das Gefühl der Selbstachtung des Betroffenen war nur eine Rationalisierung im nachhinein.

Die Neigung zu indirekten und unklaren Kommunikationen, wie sie in jüngst erschienenen Büchern über das Wirtschaftsleben beschrieben wird, etwa in Michael McCaskey's *The Executive Challenge: Managing Chance and Ambiguity*[6], entsteht aus der Furcht vor Aggressionen. Manager befürchten, Aggressionen könnten zu Chaos führen, obwohl viele Theorien der Psychologie die These vertreten, Aggressionen spielten im Arbeitsleben eine wichtige Rolle. Tatsächlich kann es keine nützliche Arbeit geben, wenn Aggressionen nicht irgendwie freigesetzt werden. Ihre Unterdrückung kann depressive Reaktionen auslösen und die Produktivität einschränken. Wahre Führer klären ihre Gefolgsleute darüber auf, wie man Aggressionen auf konstruktive Weise mit wünschenswerten Zielsetzungen freisetzen kann.

Management und Führung

Nehmen wir den Fall des Chefs eines von *Fortune* aufgeführten Unternehmens (aus den führenden 500). Er attackierte eine Studie über die Finanzierung neu gegründeter Firmen. Seine Kritik richtete er dabei nicht gegen die Art, wie der betreffende Arbeitsstab die Studie erarbeitet hatte (die Methode), sondern gegen ihre Analyse und Empfehlungen (die Substanz). Er zeigte neue Perspektiven des Problems und andere Methoden für seine Lösung auf. Nach Prüfung dieser Einwände stellte der Arbeitsstab einen neuen Plan auf, der Ideen des Vorstandsvorsitzenden sowie eigene Innovationen enthielt. Dieser Unternehmensleiter richtete seine Angriffe zwar hauptsächlich gegen Ideen, scheute aber auch nicht davor zurück, auch einige Egos von Managern einzubeziehen. Er hoffte, die Urheber dieser Ideen würden auf diese Weise herausgefordert, sich von ihren eigenen Geistesprodukten weit genug zu distanzieren, um sie kritisch betrachten zu können.

Damit verhielt er sich nicht entfernt so grob wie Henry Ford I, der ihm vorgelegte Modellskizzen, wie man das Automodell T abändern könnte, wuterfüllt in Stücke riß. Die meisten Führer drücken ihr Mißfallen über schlechte Leistungen ihrer Untergebenen erheblich schonender aus.

Führer mit Neigung zu aggressivem Verhalten schaffen oft ein Klima, das auf die individuelle Motivation wie ein Ferment wirkt. Das birgt zwar ein Risiko in sich, weil diese Intensität einerseits Innovationen und hohe Leistungen erzeugen kann, andererseits aber auch, wie Manager befürchten, Vergeudung von Energie und nutzlose Konflikte. Wer zum Denken anregen will, sollte aber das Risiko eingehen.

Manager empfinden ein starkes Zugehörigkeitsgefühl zu einer Gruppe oder Organisation. Bestehende Institutionen zu verewigen und zu stärken, steigert die Selbstachtung des Managers. Er spielt seine Rolle in Übereinstimmung mit vorgegebenen Zielen bei gleichzeitiger Kontrolle über alles Geschehen.

Das Gefühl des Führers, anders als die anderen zu sein, kann seine Wertschätzung durch den Einzelnen verstärken. Gerade dieses Gefühl eines abgesonderten Ich macht Führer zu mächtigen Kräften des Wandels im technologischen, politischen oder ideologischen Bereich.

In der Abteilung Produktentwicklung eines bedeutenden Herstellers von Kapitalgütern waren einige Personen als potentielle Manager oder Führer identifiziert. Sie mußten sich daraufhin einem psychologischen Test unterziehen, dem sogenannten Thematic Apperception Test (TAT).[7] Den Getesteten wurden mehrfach deutbare Bilder vorgelegt, zu denen sie eine Geschichte erfinden mußten. Der Tester interpretierte diese Geschichte als Hinweise auf Fantasie und Innenleben des Prüflings. Zu dem Test gehörte auch das Bild eines jungen Mannes, der auf eine Violine blickt, die vor ihm auf einem Tisch liegt. Zwei solcher Geschichten verdeutlichen den Unterschied zwischen Manager und Führer.

Ein Manager schrieb:

> „Mama und Papa bestanden darauf, daß der Sohn Musikunterricht erhielt, damit er eines Tages Konzertmusiker werden könnte. Das Instrument wurde bestellt und war soeben angekommen. Der Sohn überlegt gerade die Alternative, ob er mit anderen Kindern Fußball oder auf diesem Quietschkasten Geige spielen soll. Er kann nicht verstehen, wie seine Eltern auf den Gedanken kommen konnten, Violine spielen sei besser als ein geschossenes Tor.
> Nach vier Monaten Violinunterricht hat der Junior die Nase voll. Papa rauft sich die Haare, Mama ist, wenn auch widerwillig, zum Nachgeben bereit. Zwar ist die Fußballsaison inzwischen vorbei, aber im nächsten Frühjahr wird mit diesem Jungen ein guter neuer Torjäger das Fußballfeld betreten."[8]

Diese Geschichte illustriert zwei Tendenzen managerhaften Verhaltens gegenüber menschlichen Beziehungen und Konflikten. Die erste besteht darin, sich eine Aktivität in Gemeinschaft mit anderen Leuten auszusuchen (das Fußballteam), während die zweite darauf aus ist, die Beziehungen ohne besondere emotionale Teilnahme zu pflegen. Die geringe gefühlsmäßige Teilnahme zeigt sich in der Anwendung konventioneller Metaphern durch den Schreiber, der auch Klischees nicht scheut, sowie in seiner Beschreibung des schnellen Wechsels von konfliktträchtigen Forderungen zu harmonischen Entscheidungen, bei denen jedermann gewinnt. In diesem Falle einigen sich Mama, Papa und der Junior darauf, die Violine zugunsten eines männlichen Sports aufzugeben.

Diese beiden Themen scheinen paradox, doch unterstreicht ihre Koexistenz, was ein Manager wirklich tut: Meinungsverschiedenheiten ausgleichen, nach Kompromissen suchen und ein Gleichgewicht der Macht herstellen. In dieser Managerstory wird noch ein anderer Gedanke demonstriert: daß es nämlich Managern an Einfühlungsvermögen mangelt bzw. an der Fähigkeit, Gedanken und Gefühle anderer zu erspüren. Um zu verdeutlichen, wie man Einfühlungsvermögen zeigt, folgt jetzt der Kommentar zum selben Bild, abgefaßt von einer Testperson, die Kollegen als potentiellen Führer ansahen.

> „Dieser Knabe erweckt den Anschein, ein echter Künstler zu sein, der tiefe Zuneigung für die Violine empfindet und von dem Wunsch erfüllt ist, dieses Instrument zu beherrschen. Er hat soeben seine tägliche Übungsstunde beendet und scheint frustriert zu sein, weil er noch nicht fähig ist, dem Instrument die Klänge zu entlocken, die seiner Meinung nach in ihm stecken.
> Er scheint sich gerade selbst zu geloben, keine Mühe zu scheuen, bis er das Instrument so weit beherrscht, daß er die Musik zum Klingen bringt, die er in sich spürt. Diese Willensstärke motiviert ihn zu einem so intensiven Studium, daß dieser Knabe zu einem der bedeutendsten Violinvirtuosen unserer Zeit werden wird."[9]

Einfühlsam sein heißt nicht nur, anderen Menschen Aufmerksamkeit zu schenken. Es ist auch die Fähigkeit, gefühlsmäßig Signale aufzunehmen und ihnen in den Beziehungen zu Mitmenschen einen Sinn zu geben. Leute, die von anderen Menschen sagen können, sie seien „tief beeindruckt", von „intensivem Verlangen erfüllt", fähig „sich niedergeschlagen zu fühlen" oder „sich ganz und gar einer Sache zu verschreiben", haben wahrscheinlich ein Einfühlungsvermögen, das sie in ihren Beziehungen zu anderen Menschen gut nutzen können.

Manager ordnen andere Menschen nach der Rolle ein, die sie im Ablauf einer Reihe von Geschehnissen oder in einem Arbeitsvorgang spielen. Führer, die auf Ideen bauen, verhalten sich dabei intuitiver und mitfühlender. Manager richten ihre Aufmerksamkeit weniger auf die wirklichen Anliegen der Menschen als vielmehr auf die Rolle, die sie bei einem Arbeitsvorgang spielen. Sie achten darauf, *wie* etwas getan wird, Führer jedoch darauf, was die Arbeit dem Menschen bedeutet.[10]

Führer sind wie die meisten Künstler unbeständig in ihrer Leistungsfähigkeit. Sie sind anfällig für Stimmungsschwankungen, erleben Perioden freudiger Hochstimmung und von Depressionen, je nachdem, wie die Geschehnisse ihre Selbstachtung beeinflussen. Im Gegensatz zu ihnen agieren Manager innerhalb einer schmalen Bandbreite von Gefühlen. Verbindet diese relative Gefühlsarmut sich mit einer Vorliebe fürs Methodische, dann entsteht der Eindruck, Manager seien unergründlich, distanziert und sogar besonders geschickt im Manipulieren von Menschen.

Tatsächlich gibt ein Autor über Managementfragen zu, daß Management Manipulation bedeutet, die so hoch entwickelt ist, daß die Untergebenen sie nicht einmal merken. Professor H. Edward Wrapp von der Wirtschaftsfakultät der University of Chicago schreibt: „Die Methoden eines Managers grenzen an Manipulation, und das damit assoziierte Stigma kann fatal sein. Ist er in der Organisation erst einmal als Manipulator identifiziert, dann hat er einen schweren Stand. Niemand läßt sich freiwillig manipulieren, weshalb man sich mit Kollegen verbündet, um sich dagegen zu schützen."[11] Den Menschen im unmittelbaren Umfeld des Manipulators entgeht es selten, daß sie manipuliert werden. Darum planen sie Gegenmanipulationen, deren Motive sie ebenfalls zu verbergen suchen. Solche politischen Spiele haben ihre Wurzeln in Organisationen, die von Managern statt von Führern geleitet werden.

Ein klassisches Beispiel der Manipulation lieferte 1923 Alfred P. Sloan als Chef von General Motors. Sloan war das Managementgenie, das ein Programm ausgewogener Zentralisation und Dezentralisation für General Motors ersann. Diese organisatorische Innovation wurde zum Vorbild des Organisierens und Managens großer Organisationen, das sich bis heute erhalten hat. Sloan mußte einen Konflikt zwischen der Abteilung Herstellung und Charles Kettering, dem Erfinder bei GM, beilegen. Die Männer der Herstellung wollten das Design so normen, daß leistungsfähige Automobile in Massenproduktion hergestellt werden konnten. Kettering plante eine Innovation bei der Kühlung des Motors, die er als kupfergekühlten Motor bezeichnete. Doch wies dieser immer noch Mängel auf, während der wassergekühlte Motor gut funktionierte. Der Streit ging darum, ob die Firma langfristig ein *besseres* Produkt anstreben oder sich endgültig für das *gut* funktionierende Produkt entscheiden sollte. Sloan stellte sich innerlich auf die Seite der Abteilung Produktion, äußerte jedoch nicht seine Ansicht. Er wollte sich Kettering nicht offen in den Weg stellen, der die Unterstützung und Bewunderung von Pierre du Pont genoß, einem Hauptaktionär von General Motors.

Sloan's managementorientierte Lösung schien ein Kompromiß zu sein. Statt kraft seiner Autorität eine praktische Entscheidung zugunsten der Abteilung Herstellung zu treffen, leitete er ein geschicktes Manöver ein. Er schuf eine neue Struktur, eine eigene Organisation für den kupfergekühlten Motor mit Kettering als Chef. Sloan wußte, daß Kettering Erfinder, aber kein Geschäftsmann war, und daß sein neuer Motor wahrscheinlich kein praktisch verwendbares Produkt werden würde. Denn Kettering fehlte einfach das Interesse an der Leitung einer Organisation. Sloan's Manöver schien brillant, weil es offensichtlich beiden Seiten gab, was sie wünschten. Er schuf eine ideale Situation, in der beide Parteien Gewinner waren, und die außerdem das Vertrauen in das neue Herstellungsverfahren zu stärken schien. Jahre später schrieb Sloan: „Der Wagen mit kupfergekühltem Motor hat niemals eine besondere Rolle gespielt. Er starb einfach aus, ich weiß nicht, warum."[12]

Es stimmt zwar, daß General Motors unter Sloan's Leitung eine für die

Automobilindustrie, vor allem im Vergleich zu der Ford Motor Company, neuartige Reputation für Ordnung, System und Kontrolle entwikkelte. Doch trifft es ebenso zu, daß dieses Unternehmen als Folge seines Managementethos in bezug auf Produktdesign und technologische Entwicklung sehr konservativ wurde. Die Firma versuchte ihre Haltung mit der Behauptung rational zu begründen, sie gebe dem Kunden, was er brauche (angeblich große Fahrzeuge, vollgepackt mit allerlei Zubehör). Dabei ging ihr jedoch praktisch gesehen die Geisteshaltung technologischer Innovationen verloren, die Kettering so am Herzen lag.

Aus Furcht vor Konflikten, die zu Aggressionen führen könnten, entscheiden Manager sich häufig für taktische Manipulationen, die sie für nützlich halten, weil sie persönlich unfähig zur Lösung solcher Konflikte sind. Damit hemmen sie jedoch unter anderem die Lust an Innovationen, wie es bei General Motors der Fall war. Darüber hinaus bergen solche Manipulationen die Gefahr der internen Politisierung von Organisationen und menschlichen Beziehungen. In einer Studie über Bürokratie schreibt der französische Soziologe Michel Crozier: „Was als logische und objektive organisatorische Praxis beginnt, wird zur Interessenpolitik. Eigen- und Gruppeninteressen erhalten Vorrang vor der Zielsetzung und täglichen Arbeit."[13] Auch wenn Manager die innerbetrieblichen Beziehungen nicht absichtlich politisieren, geschieht das einerseits als Folge der Art, wie sie ihre Macht nutzen, und andererseits, da sie sich der Substanz des jeweiligen geschäftlichen Geschehens innerlich nicht wirklich verpflichtet fühlen.

Die Politisierung eines Unternehmens erfolgt immer dann, wenn die Substanz hinter die Methode zurücktritt, wenn Vorgesetzte die Macht um der Macht willen anstreben, statt nur das zu wollen, was durch Macht verwirtklicht werden kann. Ohne sich ihres Tuns bewußt zu sein, beschäftigen Manager sich mit anderen Managern, statt sich der eigentlichen Arbeit zu widmen. Typisch für Organisationen ist eine ungleiche Verteilung der Macht. Dabei werden die Untergebenen bei der Arbeit tyrannisiert, was diese veranlaßt, defensives Verhalten zu demonstrieren.

Im Wirtschaftsleben ist Politik in den Unternehmen ein Verteidigungsspiel. Bei dem oberflächlichen Bemühen, an der Ideologie von Zusammenarbeit und Teamwork festzuhalten, wird jedoch selten klar, wogegen die Leute sich verteidigen. Solche interne Politisierung ist nicht nur eine Malaise in den überkommenen Industrien. Auch Hightech Unternehmen sind dafür empfänglich, vor allem, wenn ihre Ziele unklar formuliert sind.

Ich denke in diesem Zusammenhang an den für die Produktion zuständigen Vizepräsidenten einer bedeutenden Computerfirma. Bei ihm gewann die Politik eine deutliche Vorherrschaft gegenüber dem eigentlichen Zweck des Unternehmens. Als eine Entscheidung über die Erweiterung der Fabrikanlagen zu treffen war, galt sein Hauptinteresse der Taktik sowie dem rechten Timing bei der Vorlage des Vorschlages beim Vorstandsvorsitzenden und danach beim Gesamtvorstand. Dabei ignorierte er völlig, daß im Grunde alle Initiativen von seinen Untergebenen in Gang gesetzt worden waren. Bei der Diskussion um das Hinzuziehen von Unternehmensberatern war für ihn deren persönlicher Stil wichtiger als ihre Fähigkeit, zum Sachverhalt beizutragen.

An sich bietet die Struktur des amerikanischen Wirtschaftslebens starken Führungskräften beste Wirkungsmöglichkeiten. Wer sich selbst als gütige Vaterfigur versteht, keine festen Ansichten vertritt, sondern meint, eine Organisation leite man am besten, wenn man einfach deren Funktionieren erleichtert, statt sie wirklich zu lenken, wer also managt statt zu führen, der deutet dieses Instrument des Wirtschaftslebens falsch und mißbraucht es im Grunde. Die Aufgabe der Wirtschaft ist es, für den Kunden Produkte, den Beschäftigten Arbeit und den Aktionär Gewinn zu schaffen. Die Leitung eines Unternehmens erfordert Begabung, die sich auf den wahren Zweck der Firma konzentrieren muß. Organisatorisches Können steht erst an zweiter Stelle, hinter der Begabung herauszufinden, was die Leute brauchen, um dann Produkte herzustellen, die auf dem Markt Erfolg haben.

Organisationen in Gang zu halten, kostet viel Geld. Jede Aktivität zur Unterstützung der Struktur und der Prozeduren in Organisationen zieht potentiell Energie von der fundamentalen Substanz ab und leitet sie in die verschlungenen Wege der Machtverhältnisse. Trotz deren unbestrittener Existenz sollte man sie nicht als unbedingt notwendig für das Geschäftsleben betrachten. Politik im Geschäftsleben vermindert die Fähigkeiten der Menschen zu arbeiten und Probleme zu lösen.

Zu Beginn des Jahres 1988 kündigte IBM einen größeren Wandel seiner Organisation an. Es wurden breitere Produktgruppen geschaffen und zentrale Verwaltungsstäbe aufgelöst. Mit dieser Veränderung beabsichtigte IBM, den Entscheidungsprozeß in der Betriebshierarchie weiter nach unten zu verlegen und die Organisation insgesamt flacher zu gestalten. Diese Entscheidung hatte eine wirklich segensreiche Wirkung: Durch Abbau der Machtbefugnisse der zentralen Stäbe wurden politische Querelen verringert. Diese Änderungen erfolgten im Kielwasser wenig befriedigender Erträge im Bereich der Personal Computer, bescheidener Leistungen in anderen Unternehmensbereichen und ganz allgemein der Erkenntnis, daß die Firma von kleineren und stärker motivierten Konkurrenten aus dem Markt gedrängt wurde.

Das Wirtschaftsleben ist wegen der relativen Einfachheit und Einheit von Autorität für starke Führung besonders geeignet. Die meisten Theorien über Autorität, und in diesem Zusammenhang über Führung, stammen von Repräsentanten der Politik- und Gesellschaftswissenschaften, die mehr über Regierungsfragen als über das Wirtschaftsleben wissen. Regieren mit seinem Paradoxon der Wahlkämpfe und bürokratischen Kontinuität unterscheidet sich vom Geschäftsleben durch die Art, wie Menschen Macht erlangen und sie bewahren. Dieser Unterschied bewirkt beim Regieren Doppelzüngigkeit, im Geschäftsleben dagegen Aufrichtigkeit. Regierungen arbeiten häufig mit unklaren Zielsetzungen, abhängig von widerstreitenden Kräften innerhalb des Apparats und gehemmt von dem Bedürfnis rivalisierender Gruppen, ihre Machtbasis zu erhalten. Der Aufstieg zum Hauptgeschäftsführer einer Firma sollte nicht ablaufen wie die Kandidatur um die amerikanische Präsidentschaft. Viele sehen darin eine Art Wahlpolitik, wobei sie sowohl den Daseinszweck von Unternehmen als auch den Fluß der Autorität von der Unternehmensspitze bis ganz nach unten mißverstehen. Wieviele Topmanager würden wohl der These zustimmen, die nachfolgende Beschreibung des Jobs des Präsidenten der Vereinigten Staaten dürfe als genaues Abbild des Jobs eines Hauptgeschäftsführers in einem amerikanischen Großunternehmen gelten?

„Rein formal sind heutzutage alle Präsidenten Führer. In Wirklichkeit sind sie eigentlich nur Büroangestellte. Heute erwartet jeder Bürger von dem Mann im Weißen Haus, daß er von allem etwas versteht. Gesetze und überlieferte Sitten lassen erkennen, daß man ihn als den ‚Großen Initiator' akzeptiert, was jedoch nicht bedeutet, daß die ganze übrige Regierungsmannschaft ihm zu Füßen liegt. Es besagt nur, daß es anderen praktisch unmöglich erscheint, ihre Arbeit zu tun, ohne daß er gewisse Initiativen ergreift. Dienst an sich selbst, nicht Macht für den Präsidenten, hat sie veranlaßt, seine Führung formal zu akzeptieren. Sie sehen seine Handlungen als nützlich für ihre eigenen Geschäfte an. Die praktische Umsetzung seiner routinemäßigen Verpflichtungen zeugt von ihrer Abhängigkeit von einem aktiven Weißen Haus. Heutzutage ist ein Präsident ein unschätzbarer Büroangestellter. Sein Einfluß jedoch steht auf einem ganz anderen Blatt. Gesetze und Gewohnheiten sagen uns in der Tat wenig über Führertum."[14]

Der Gedanke, daß ein Unternehmenschef ein Büroangestellter sei und seine Macht nur davon abhänge, inwieweit andere ihn für ihre eigenen Zielsetzungen brauchen, spiegelt vielleicht die Realität einer auf Wählerverhalten beruhenden Politik und bürokratischen Kontinuität wider, muß jedoch als bizarr angesehen werden, wollte man ihn in Wirtschaftsunternehmen praktizieren. Der Hauptgeschäftsführer in einem modernen Großbetrieb hat enorme Macht. Anders als bei der amerikanischen Präsidentschaft, besteht sein Job weniger darin, andere zu überreden, als über das jeweils richtige Handeln zu entscheiden. Ist ein Handlungsablauf erst einmal in Gang gebracht, dann ist es verhältnismäßig einfach, die Untergebenen dazu zu bringen, intensiv an der zu bewältigenden Aufgabe zu arbeiten. Es ist dann auch leicht, an die Vernunft zu appellieren, jedoch schwierig zu bestimmen, was bei einer Entscheidung der großen Politik vernünftig ist.

In seinem Buch *Bureaucratic Politics and Foreign Policy*[15] unterstreicht der Politologe Morton Halperin diesen Standpunkt, wenn er schildert, wie die US-Regierung unter Präsident Johnson um die Entscheidung rang, ob sie ein System zur Abwehr ballistischer Raketen (ABM) schaffen solle. Halperin berichtet, Präsident Johnson habe sich nicht entscheiden können, was es verschiedenen Regierungsbehörden ermöglichte, um die Festlegung der nationalen Politik zu rivalisieren. Dadurch kam es zu manchen Absurditäten, unter anderem dazu, daß der Kongreß um die Bewilligung von Geldmitteln gebeten wurde, wobei man jedoch versprach, sie würden nicht für den Zweck verwendet werden, für den sie angefordert wurden. Der offensichtliche Grund für dieses widersprüchliche Verhalten war, für die Verhandlungen mit den Russen eine neue Ausgangsbasis zu schaffen. Man hat jedoch nie erfahren, ob diese Entscheidung die Russen irgendwie beeinflußt hat. Was man jedoch in Erfahrung brachte, waren die Kosten, die dieser Widerspruch und die durch die unverbindliche Haltung des Präsidenten hervorgerufenen Machtkämpfe dem amerikanischen Steuerzahler auferlegten.

Würden Topmanager im Wirtschaftsleben dem Beispiel der Regierung und von Inhabern öffentlicher Ämter folgen und bei der Ausübung ihrer Macht Unbestimmtheit und Zwiespältigkeit demonstrieren, dann wäre eines sicher: Sie würden nur Mißgunst, politischen Infight sowie Verleumdungen erzeugen. Warum soll man im Unternehmen Verwirrung stiften, indem man das Wesentliche der Autoritätsbeziehungen entstellt? Unternehmen gedeihen durch das Prinzip einheitlicher Anweisungen. Wer dieses Prinzip aufgibt, zerstört die Fähigkeit des Unternehmens, Leistungen zu erbringen.

Die NASA war vielleicht nicht der Urheber, wahrscheinlich jedoch der eifrigste Verfechter des Matrix-Managements. Eine Organisationsmatrix lokalisiert Management und technische Mitarbeiter in einer Zelle, die sich aus zwei Achsen in einem Organigramm ableiten läßt. Die erste Achse ist ein Programm und die zweite eine funktionelle Besonderheit. Ein Werkstofftechniker ist gleichzeitig Mitglied einer Projektgruppe und der Abteilung Werkstoffe. Er (sie) wird einem Projekt zugewiesen, bleibt jedoch ständiger Angehöriger der Abteilung Maschinenbau. Die Matrixstruktur ähnelt dem System in höheren Schulen, bei dem der Schüler je nach Lehrfach einer besonderen Abteilung zugewiesen wird, jedoch immer wieder zu seiner eigentlichen Klasse zurückkehrt.

Das Matrix-Management erfreute sich in den siebziger und frühen achtziger Jahren einiger Beliebtheit. Doch wurde es danach wegen übermäßiger Beschäftigung mit dualistischer Zugehörigkeit und den damit verbundenen Problemen der Koordination – wenn ein Beschäftigter mehr als einen Chef hat – weitgehend abgelehnt. Es kann relativ einfach sein, einen Beschäftigten einem Chef zu unterstellen, der dann bestimmt, an welchem Projekt er arbeiten soll. Projektleiter beaufsichtigen die Arbeit, ohne etwas daran zu ändern, daß der Untergebene nur einem einzigen Vorgesetzten Bericht erstattet. Ein ausgeklügeltes Matrixkonzept, bei dem unklar bleibt, wer wem zu berichten hat, fordert zu politischer Aktivität statt zu substantieller Arbeit geradezu heraus.

Die rationale Begründung für eine unverbindliche Haltung in der Politik ist, daß der oberste Chef bis zum Zeitpunkt einer endgültigen Entscheidung alle Optionen voll im Griff hat. Legt er sich zu früh fest, bevor alle ihm unterstehenden Behörden überzeugt sind, dann kann seine Entscheidung von Gegnern innerhalb des Regierungsapparates unterminiert werden, die ihre unabhängige Machtbasis allzugut zu nutzen wissen, um für ihre Position zu kämpfen. Doch wird selbst innerhalb einer Regierung der Chef, der sich allzulange nicht entscheiden kann, erfahren, daß eine an sich wünschenswerte Politik bei dem dadurch verursachten Machtkampf in die Brüche gehen kann.

David Stockman, der umstrittene Leiter der Behörde für Management und Budget unter Präsident Reagan, hat die „Schlachten um das Budget" beschrieben, die er mit dem damaligen US-Verteidigungsminister Caspar Weinberger auszutragen hatte. Stockman wollte das durch drastische Senkung der Steuereinnahmen belastete Budget durch Ausgabenkürzungen ausgleichen. Das Verteidigungsministerium hatte ein in Friedenszeiten noch nie dagewesenes Budget von 1,46 Billionen Dollar vorgeschlagen und sich hartnäckig geweigert, die Höhe der

Ausgaben zu senken. Stockman versuchte verzweifelt, die Aufmerksamkeit von Präsident Reagan darauf zu lenken, in der Annahme, der Präsident, dessen Haltung zu Beginn des Winters 1982 noch nicht bekannt war, werde sich dafür entscheiden, das Risiko gewaltiger Defizite zu vermeiden, und das Verteidigungsministerium anweisen, seine Forderung zu reduzieren. Reagan erlaubte dem Verteidigungsministerium jedoch, bei seinen Vorschlägen zu bleiben, wobei wir nicht wissen, ob er das absichtlich, aus Trägheit oder von Weinberger manipuliert tat. Nach Ansicht von Stockman war die Situation „absurd par excellence: Der Verteidigungsminister der kämpferischsten und am stärksten antibürokratischen Regierung des ganzen Jahrhunderts hatte ein 1,46 Billionen Dollarbudget aufgestellt und diesen Job der größten Bürokratie der Welt übertragen. Man hatte den Bock zum Gärtner gemacht."[16]

Die Realität der Macht in Wirtschaftsunternehmen ist, daß es keine vom Hauptgeschäftsführer unabhängigen Machtbasen gibt. Die Kette der Autorität führt von den Aktionären über den Vorstand zum Hauptgeschäftsführer und von dort zu anderen Topmanagern. Ein Untergebener, der den Versuch unternimmt, eine vom Hauptgeschäftsführer unabhängige Machtbasis aufzubauen, also gewissermaßen eine Grafschaft innerhalb eines Fürstentums errichtet, kann das nur, wenn der Hauptgeschäftsführer schwach ist oder wenn er die Autorität und Verantwortung eines leitenden Managers falsch interpretiert.

In einigen Unternehmensformen werden innere politische Auseinandersetzungen geradezu gezüchtet. Berüchtigt dafür sind vor allem Familienunternehmen. Diese Situationen, in denen die Leute dazu neigen, übermäßig viel Zeit dem Bau und Zusammenhalt von Koalitionen zu widmen, erinnern an politische Manöver nach Wahlen. Die Beherrschung einer Organisation hängt von der Fähigkeit ab, Gefolgschaften der Macht zu schaffen. Das Ergebnis eines solchen Verhaltens sind unklare Entscheidungen, die innerhalb der Allianz den geringsten Widerspruch auslösen. Das stellt die Allianz vor ein Risiko. Einer der Gründe für das Scheitern besonders vieler Familienunternehmen ist die Koalitionspolitik, die es inkompetenten Personen ermöglicht, die Oberhand zu erlangen. Eine Ausnahme besteht natürlich, wenn ein einzelnes Familienmitglied alles beherrscht, entweder aufgrund der Besitzrechte oder durch die Kraft seiner Persönlichkeit. Solange diese Persönlichkeit dominiert, haben wir eine Kommandosituation vor uns. Kommt es jedoch unter einem Nachfolger zum Ringen um Allianzen und zu einer Koalitionspolitik, dann gerät das Unternehmen in Gefahr. Dieses Problem ließe sich dadurch lösen, daß man die Integrität des Kommandos wieder herstellt und Sachkunde mit Macht verbindet.

Sidney Rabb, der spätere Vorstandsvorsitzende und Hauptgeschäftsführer der Stop & Shop Unternehmen, war das unbestrittene Haupt seiner Aktiengesellschaft, die seit ihrer Gründung vor dem Ersten Weltkrieg bis zum Jahre 1988, als Kohlberg Kravis eine Übernahme durch Verschuldung zustande brachte, unter Familienkontrolle blieb. Als Erstgeborener der Familie erwarb Kohlberg Kravis sich den Respekt seiner Geschwister, die ihn als Führer der Familie anerkannten. Sie ordneten sich nicht nur wegen der Kraft seiner Persönlichkeit unter, sondern auch, weil das Unternehmen florierte und der Familie Wohlstand bescherte. Seine hervorragende Reputation als Führungspersönlichkeit innerhalb der Gemeinde verstärkte noch seine persönliche Macht in der Familie und im Unternehmen. Das versetzte ihn in die Lage, seine Firma zu diversifizieren, vom Lebensmittel-Einzelhandel bis zum Betreiben von Discountläden. Obwohl die Firma und die Familie nicht frei von politischen Empfindlichkeiten waren, gelang es Rabb, die Wünsche und ehrgeizigen Bestrebungen seiner Geschwister und professionellen Manager so zu koordinieren, daß er die Kontrolle über die Machtverteilung in der Firma behielt.

Natürlich kann man folgendermaßen argumentieren: Sobald eine Firma größer und in ihren Organisationsformen komplex wird, muß sie zwangsläufig politisiert werden, und zwar wegen der vermehrten Möglichkeit des Entstehens selbständiger Machtbasen und der unterschiedlichen Auffassungen, die aus unterschiedlichen Positionen entstehen. Ein Angehöriger der Marketingabteilung wird die Probleme der Firma anders sehen als jemand aus der Abteilung Herstellung. Ein Abteilungsleiter wird sie anders beurteilen als ein Kollege in der Unternehmenszentrale. Jeder ist im Rahmen unterschiedlicher Zwänge tätig, und Sachzwänge erzeugen individuelle Auffassungen und Urteile.

Auch wenn solche Unterschiede unvermeidlich sind, kann Führung ihre Auswirkungen vergrößern oder verringern. Denn es ist ihre Aufgabe, ein Betriebsklima zu schaffen, in dem persönliche Interessen hinter die gemeinsame Sache zurücktreten. Anschauungen, die auf der Position des Betreffenden im Unternehmen beruhen, können das Denken beeinflussen. Ansichten können jedoch auch durch Wünsche, Vernunft und Notwendigkeit bestimmt und herausgefordert werden. Sieht beispielsweise ein Vorarbeiter seine Pflicht in erster Linie darin, die vorgeschriebenen Produktionsdaten zu erfüllen, dann wird dieses Ziel für ihn wichtiger sein als Qualität. Fühlt er sich jedoch der Firma als Ganzheit verpflichtet, dann wird er erkennen, wie wichtig es ist, zusätzliche Zeit für die Qualitätskontrollen aufzuwenden. Leitende Manager, die unter Berufung auf ihre Position ihre Ansichten nie in Frage stellen lassen, fördern am Ende eine Politik selbstsüchtigen Eigeninteresses und schließlich die Lähmung einer ganzen Organisation. Solche Phänomene mögen vielleicht bei politischen Aktivitäten an der Tagesordnung sein, die durch Wahlen bestimmt werden. Im Wirtschaftsleben jedoch, wo die Logik ein einheitliches Kommandosystem erfordert, sind sie fehl am Platze. Echte Führung wird stets bestrebt sein, die Politik aus den menschlichen Beziehungen herauszuhalten.

In wirtschaftlichen Organisationen wie in der Familie gedeiht Politik, wenn echte Werte und Begabungen fehlen. Kooperation zum Zwecke des Selbstschutzes mag zwar eine verständliche Neigung sein, bedeutet jedoch keine echte Zusammenarbeit. Eine entscheidende Aufgabe der Führung besteht darin, anstelle solcher politischen Tendenzen echte Begabung und nützliche Arbeit zu fördern. Daraus entwickelt sich wirkliche Kooperation. In einer dynamischen Organisation unter starker Führung gedeiht die Motivation zur Arbeit, weil die Belegschaft spürt, daß Vernunft und Begabung sich vereinigen.

Worum geht es eigentlich im Wirtschaftsleben: um die Produktion und den Verkauf von Waren und Dienstleistungen. Wirtschaft hat zu tun mit

Märkten, Technologie, Finanzen, Produktion und Wettbewerb. Akademiker, die das Wirtschaftsleben oberflächlich betrachten, sehen vor allem die rauhen Sitten beim Konkurrenzkampf von Leuten, die Kunden zum Kauf von Dingen animieren, die sie im Grunde gar nicht brauchen. Akademiker sehen die Dinge wahrscheinlich aufgrund eigener persönlicher Erfahrungen. Universitäten sind berüchtigt für ihre Abneigung gegenüber geschäftlichen Funktionen und Verantwortungen. Der Wahl eines Universitätspräsidenten oder Dekans gehen gewöhnlich komplizierte Verfahren und Aktivitäten spezieller Auswahlkomitees voraus. Statt sinnvoller Ernennungen bringt eine solche Auswahlmethode nur Kompromißkandidaten hervor, bei denen man sicher sein kann, daß sie allen Kontroversen aus dem Wege gehen. Ernannt werden Manager, aber keine Führer.

Selbst nach der Ernennung eines Präsidenten oder Dekans beeinflussen Machterwägungen stark die Festlegung der Ziele und Aktivitäten der Universität. Die Fakultätsmitglieder neigen dazu, ihre Autonomie und ihr Revier zu verteidigen. Ihr Ideal ist es, autonomer Herrscher mit eigenen Ressourcen zu sein. Sie bilden dann Koalitionen und schränken die Fähigkeit der Exekutive ein, Einfluß auf die Aktivitäten zu nehmen.

Die Sorge der Akademiker, die Kontrolle über die eigenen Fähigkeiten zu verlieren, macht die Sache noch komplizierter. Da sie die Wirksamkeit ihrer Schriften oder Vorlesungen nicht voraussagen können, ist ihre Selbstachtung verunsichert. Deshalb ist es für sie ein Mittel der Selbstverteidigung, wenn nicht gar Selbstverwirklichung, sich politisch zu verhalten – das heißt, die Organisation zum Objekt ihres Strebens zu machen, sie möglichst zu beherrschen.

Es gibt keine engherzigere Standesgruppe als Professoren, die um Macht und Einfluß ringen. Ihr Verhalten wird augenscheinlich von dem Bemühen angetrieben, einen fairen oder angemessenen Anteil an den knappen Ressourcen Zeit, Geld und Prestige zu erringen. Die Regeln der Kollegialität erfordern, daß solche Entscheidungen eher an eine Körperschaft als an einen leitenden Manager delegiert werden.

Daher lernen Fakultäten, wie man als Körperschaft verhandelt und dabei Mittel ansammelt, die man bei anderen Gelegenheiten einsetzen kann. Selbst wenn einige Exekutivvollmachten Dekanen übertragen werden, zeigen auch sie Unsicherheiten, weil ihre Initiativen in Wirklichkeit nur dann Früchte tragen, wenn sie das Geld zur Finanzierung neuer Programme auftreiben können. Um Einfluß ausüben zu können, tragen Dekane oft auf zwei Schultern, eine Situation, die durch Rivalitäten und Kungeleien zwischen Fakultäten ergänzt wird. Es ist allgemein bekannt, wie frustriert Akademiker sind, wenn sie geschäftliche Aufgaben erledigen müssen. Ein Universitätspräsident soll das folgendermaßen ausgedrückt haben: „Man erwartet von mir, daß ich Geld für die Fakultät und Sex und Football für die Studenten organisiere."

Eine solche Atmosphäre muß die Anschauungen aller Teilnehmer verbiegen, vor allem, wenn es an der Zeit ist, geschäftliche Organisationen zu studieren und daraus allgemeingültige Lehren über die Art ihres Funktionierens abzuleiten. Professoren der Wirtschaftswissenschaft lassen sich entweder von oberflächlichen oder unscharfen Details beherrschen, oder sie projizieren ein Bild von Organisationen, wie es ihnen am vertrautesten ist: eine Welt von dürftiger Substanz, fragil hinsichtlich zwischenmenschlicher Beziehungen und durchtränkt von politischen Intrigen.

Wirtschaftswissenschaftler können die Falle vermeiden, sich einerseits mit unwesentlichen Dingen und andererseits mit Politik befassen zu müssen. Am leichtesten gelingt dies wohl den Professoren, die sich intensiv mit der Substanz der Wirtschaft und ihren leitenden Persönlichkeiten beschäftigen. Die unergiebigste Informationsquelle sind dabei die Organisations-Verhaltensforscher. Sie wissen wenig über die Substanz eines Unternehmens und, schlimmer noch, sie tun so, als sei die Substanz unwichtig. Sie versuchen, den internen Prozeß von Organisationen allgemein darzustellen und bringen es dabei fertig, die Eigenschaften und vor allem die Interessen der betroffenen Menschen ganz außer acht zu lassen.

Was nämlich am Wirtschaftsleben wirklich interessiert, das ist die

Substanz. Wenn Menschen den Überblick über ihre Arbeit verlieren oder unsicher werden, weil sie schlecht geführt werden, wenn sie Dinge tun sollen, zu denen sie nicht fähig sind, weshalb sie die Demütigung erdulden müssen, schlechte Leistungen zu erbringen – dann halten sie sich nur noch ans Methodische, lassen sich also auf innerbetriebliche Querelen ein. Derartige Verirrungen verleiten zur Unaufrichtigkeit. Ob das nun in der Form geschieht, daß man seine Ratschläge in ganz unverbindlicher Form gibt, oder Management gewissermaßen über den Daumen gepeilt betreibt, dazu Mitbestimmung oder Qualitätszirkel heranzieht, – das Ergebnis ist immer dasselbe. Die Arbeit wird aus dem Autoritätszusammenhang gelöst und irrationales Verhalten gefördert.

Führer haben unter anderem die Aufgabe, Politik aus den Betrieben herauszuhalten und sie mit Substanz zu erfüllen. Der Manager dagegen legt größeren Wert auf die Form als auf die Substanz, mehr auf Struktur als auf den Menschen, mehr auf Machtverhältnisse als auf die zu leistende Arbeit. Diese Orientierung des Managements ist für moderne Unternehmen in den Vereinigten Staaten ein Haupthindernis, wahrscheinlich auch in anderen Ländern. Was einmal als vernünftiger Versuch begann, die Aktionen einer großen Zahl von Menschen in wirtschaftlichen Unternehmen zu organisieren, motivieren und kontrollieren, hat sich inzwischen zu einer Managementmystik gewandelt, bei der die Arbeit der Organisationen der bloßen Form untergeordnet wird, in der die Menschen miteinander verkehren. Diese Form wird von Autoritätsauffassungen beherrscht, die jede Selbstbehauptung, individuelle Verantwortung und Kreativität entmutigen.

Eine Gruppe von Managern in verantwortungsvollen Positionen nahm an einem Managementlehrgang für Fortgeschrittene teil. Alle leiteten Marketingabteilungen einiger der von *Fortune* regelmäßig registrierten 500 größten amerikanischen Unternehmen. Sie diskutierten mit Professoren der Wirtschaftswissenschaft neue Trends und Probleme im Marketing. Überraschenderweise wußten die Topmanager wenig zu sagen über die Substanz des Marketing und darüber, was in diesem Bereich noch zu erwarten war. Statt dessen sprachen sie über Organisation und Unternehmenspolitik und behaupteten, in großen Organisationen ließe sich die Substanz des Marketing nicht von der Methodik trennen. Sie schienen die Hingabe an Konzepte und Techniken aufgegeben zu haben, mit denen Produkte vom Zeichenbrett des Designers und der Fabrikhalle bis zum Kunden wandern. Die Professoren trafen sich anschließend zur Beurteilung des Materials, um über mögliche Interpretationen zu beraten.

Es stellte sich nun eine Frage. Haben diese Topmanager die Auffassung vieler Professoren der Wirtschaftsfakultäten bestätigt, der Daseinszweck der mit Massenproduktion beschäftigten Unternehmen sei identisch mit dem Verfahren, diese Produkte in Organisationen herzustellen? Oder lieferte dieses Seminar ein Beispiel dafür, wie unsichere Menschen sich selbst zu schützen versuchen, indem sie von der Substanz zum Herstellungsverfahren ablenken? Oder war es ein Beispiel dafür, wie Topmanager anderen Leuten sagen, was diese ihrer Ansicht nach hören wollen? Wie auch immer – dieses Treffen reflektierte die Pathologie von Organisationen, in denen das Medium zur Botschaft selbst geworden ist, und die Menschen wenig Gedanken daran verschwenden, was man von ihnen erwartet.

Welche Erklärung auch immer die richtige sein mag, so hat doch das bei diesem Seminar vorgelegte Material eine fundamentale Schwäche bei den Entscheidungsprozessen in Organisationen aufgedeckt. Wenn leitende Manager sich dem eigentlichen Gehalt ihrer Arbeit nicht innerlich verbunden fühlen und sich statt dessen rein auf Methoden und Verfahren konzentrieren, dann können sie in ihrer Organisation nicht führen. Sie werden auf die Rolle des Einberufers von Dienstbesprechungen beschränkt und überlassen anderen, gewöhnlich Untergebenen, die wichtige Aufgabe, Ideen zu erzeugen. Das ergibt mehrere Ergebnisse: Die vernünftige Nutzung von Macht wird vernebelt und das Vertrauen der Belegschaft in die Führung verringert. Diejenigen, die Führungsposten anstreben, setzen den Arbeitsstil über echte Kenntnisse. Kommunikation steht nicht mehr im Mittelpunkt, so daß die Mitarbeiter versuchen, sich auf die verborgenen, statt auf die manifesten Botschaften zu konzentrieren. Das wirkt sich so aus, daß die Leute das Gefühl haben, es mit einer monumentalen Struktur zu tun zu haben, einer Struktur, die gegenüber dem Druck der Wirklichkeit unbeweglich und unempfindlich ist. Ein Unternehmensberater hat einmal beschrieben, wie es ist, wenn man innerhalb großer Organisationen etwas in Gang bringen will: Die Arbeit ist so, als versuche man, einen gigantischen Schwamm zu bewegen – du lehnst dich an ihn, und er saugt dich auf.

Die Managementmystik ist von Natur aus optimistisch, aber irregeleitet. Sie glaubt an Fortschritt durch die Perfektion von Strukturen, die das Verhalten der anderen kontrollieren sollen. Sie glaubt an Verfahren und Methoden und an die Anpassung der Menschen an das Rollenbild, wie es die verschiedenen Strukturen erfordern. Sie glaubt auch an Politik im Unternehmen als Kunst, Leute so zu manipulieren, daß sie ihre Arbeit tun. Und schließlich glaubt sie an das persönliche Vorankommen, wenn man diese Anschauungen zielbewußt verfolgt und praktiziert.

Diese Managementmystik hat das Bewußtsein amerikanischer Topmanager während der vergangenen 25 Jahre dominiert. Wie jede Sammlung von Ideen hat auch sie ihre eigene Geschichte. Mit dem Ende des 19. Jahrhunderts bis zum Ende des Zweiten Weltkrieges kam es zu einem Wandel der Autoritätsbeziehungen. Die heroischen, oft autokratischen Persönlichkeiten an der Spitze großer Unternehmen wurden zum Untergang verdammte Dinosaurier. Als Henry Ford seine Macht über die Ford Motor Company abgab, glaubte man, das Todesglöckchen für persönliches Führertum läuten zu hören. An Stelle dieses Autokraten traten die distanzierten und unterkühlten Berufsmanager.

Diese akademisch gebildeten Manager zwangen den Unternehmen die Geschäftsleitungsordnung auf. Sie führten jetzt das ins Geschäftsleben ein, was sie auf den Wirtschaftshochschulen gelernt hatten: Grundsätze des Verhandelns, Beherrschung der eigenen Gefühle, Fähigkeiten im Bereich menschlicher Beziehungen sowie die Technologie der Kontrolle der Menschen. Sie ließen Pflichten hinter sich, wie die innere Bindung an eine Sache, Kreativität, die Sorge um andere und die Freude am Experimentieren. Sie hatten gelernt, Manager statt Führer zu sein.

Bei der Ausübung dessen, was sie gelernt hatten, offenbarten die professionellen Manager kaum weniger Machtstreben als die Autokraten, die sie abgelöst hatten. Doch verlagerte sich diese Machtausübung von der Kontrolle über das Unternehmen aufgrund des Besitzrechtes zur Beherrschung durch Manipulation unter dem Deckmantel von Mitbestimmung und Zusammenarbeit.

Die amerikanischen Unternehmen irrten vom Wege ab, während die akademischen Manager innerhalb der Unternehmenshierarchie zur Spitze aufstiegen, ausgestattet mit den Werkzeugen der Organisationskontrolle und der Mystik einer neuen Elite. Dieses professionelle akademische Management wurde aus Notwendigkeit geboren. Denn die neu aufkommenden großen Unternehmen konnten die Irrationalität autokratischer Führer nicht ertragen. Das Gegengift der Managementmystik übersah jedoch die Notwendigkeit persönlichen Einflusses als Antriebskraft für wirtschaftliches Wachstum und menschliche Befriedigung.

Teil II
Eine Analyse

Kapitel 3

Wie Manager denken

In seinem Buch *My Years with General Motors* berichtet Alfred Sloan über eine Zusammenkunft mit William C. Durant, dem Gründer von General Motors, im Frühjahr 1916. Durant erbot sich, die Hyatt Roller Bearing Company zu kaufen. Sloan war nicht nur Hauptgeschäftsführer von Hyatt, sondern auch der Hauptaktionär. Er beschrieb seine Reaktion auf diesen Vorschlag folgendermaßen: „Nach all den Jahren, in denen ich die Firma Hyatt leitete, war der Gedanke, sie zu verkaufen, für mich ein Schock. Doch erschloß er mir neue Einsichten und veranlaßte mich, die Situation von Hyatt zu analysieren."[1]

Was danach geschah, war ein deutliches Beispiel für die Denkweise von Managern. Nach dem ersten Schock kamen Sloan drei Gedanken. Erstens war Hyatt wegen der sehr starken Abhängigkeit von einem einzigen Kunden, der Ford Motor Company, auf dem Markt verwundbar. Zweitens konnten Hyatt Produkte durch nicht vorhersehbare technologische Entwicklungen überaltert werden: „Ich war stets an der Verbesserung eines Produkts interessiert. Hier jedoch handelte es sich um eine Firma mit Spezialprodukten, und wir standen vor der Wahl, ob wir weiterhin selbständig bleiben oder innerhalb eines integrierten Unternehmens weiterexistieren sollen."[2] Drittens: „Ich hatte mein Arbeitsleben – damals war ich vierzig Jahre alt – mit der Entwicklung eines eigenen Unternehmens verbracht und besaß nun eine große Fabrik mit recht viel Verantwortung, doch konnte ich aus ihr niemals große Erträge in Form von Dividenden herausholen. Das Angebot von Mr. Durant bot eine Chance, die Gewinne der Firma Hyatt in leicht verkäufliche Vermögenswerte umzuwandeln."[3]

Alfred Sloan gilt zu Recht als der Mann, der die Kunst des Managements auf ihr gegenwärtiges ausgeklügeltes Niveau gebracht hat. Der Bericht über seine Reaktion auf das Angebot von Durant demonstriert drei wichtige Elemente der Denkweise von Managern: Objektivität,

Analyse und Bewertung. Man kann sie durch formale Techniken wie etwa Entscheidungstheorie oder lineares Programmieren noch besser zur Geltung bringen. Ob man sich formaler oder informeller Ansätze bedient: Wer im Wirtschaftsleben etwas entscheiden will, muß die Fähigkeit besitzen, ein Problem unbeteiligt anzupacken, Fakten zu analysieren sowie Kosten und Nutzen abzuschätzen.

Diese Fähigkeiten sind zweifellos Aktivposten. Ganz allgemein werden sie auch als objektiv und wertneutral anerkannt. Wenn Autoren wie Peters und Watermann[4], Pascale und Athos[5] sie dennoch attackieren, dann appellieren sie damit an Gefühle, ohne auf die fundamentalen Mängel im Denken der Manager einzugehen. Was ist denn falsch an Objektivität, Analyse und dem Abschätzen von Kosten und Nutzen? Diese geistigen Eigenschaften sind zeitlos und universal anwendbar. Wer die kritisiert, der appelliert an impulsives, ermuntert sogar irrationales Verhalten.

Um die Schwächen des Denkens von Managern zu verstehen, muß man nicht nur dessen Elemente, sondern auch die ihm zugrundeliegenden Motive analysieren. Machtstreben, Furcht vor einem Chaos, Distanz in zwischenmenschlichen Beziehungen sowie Trennung von Fühlen und Denken entstellen letzten Endes Formen wie auch Gültigkeit rationalen Verhaltens.

Der Konkurs der Evans Product Company liefert ein Beispiel für wiederholtes törichtes Eingehen von Risiken. Die Rezession von 1974 hatte schon fast zum Bankrott geführt, weil die Firma kurzfristig Geld aufnahm und langfristig Kredit gab, um die Umsätze ihrer Abteilung Wohnungsbau aufrechtzuerhalten. Hauptgeschäftsführer Monford Orloff konnte damals die Anwendung von Chapter XI des Konkursgesetzes knapp umgehen. Dennoch regte er fünf Jahre später dieselbe Praxis an. Mit Hilfe von Bankiers, die scharf darauf waren, Kredite zu vergeben, setzte die Firma Evans ihre aggressive Finanzierung nicht nur bei ihrer Gruppe Wohnungsbau fort, sondern auch bei der stark von Konjunkturschwankungen abhängigen Gruppe Eisenbahnwaggons. Als die Zinsen im Frühjahr 1980 raketenhaft anstiegen, konnte Evans diese Periode auf Grund hoher Kosten bei rückläufigen Einnahmen nicht mehr durchstehen.

Nachträgliche Einsicht läßt den Irrtum in der Taktik erkennen, mit der die Konjunkturzyklen überwunden werden sollten. Oberflächlich gesehen schienen die verantwortlichen Manager vernünftig zu handeln. Rationale Grundlage ihres Handelns war die Frage, ob der eventuelle Erfolg es lohnend erscheinen ließe, das Risiko einzugehen. Die Manager trafen damals eine höchst riskante Entscheidung in Erwartung eines verhältnismäßig hohen Gewinns. Die enge Perspektive der Risikoanalyse deutete auf einen hypothetischen Gewinn, der hoch genug schien, ein „alles oder nichts"-Spiel zu rechtfertigen. Wer sich jedoch auf eine solche Kalkulation einläßt, der handelt an der eigentlichen Sache vorbei. Welcher Gewinn wäre denn dem Risiko der Zahlungsfähigkeit angemessen. Warum sollte jemand das Schicksal eines ganzen Unternehmens für noch so astronomisch hohe Gewinne aufs Spiel setzen? Hier geraten wir in den Bereich unbewußter Motive. Vielleicht besitzen Manager mehr als andere Menschen die Fähigkeit, ihr Verhalten scheinbar vernünftig zu begründen und dementsprechend die zugrundeliegenden Motive mißzuverstehen.

Alle Manager sind zutiefst davon überzeugt, daß Denken und Handeln logisch und objektiv sein sollten. Menschen mit ähnlichen Ansichten können kooperieren, weil sie glauben, Schwierigkeiten durch logische Kompromisse überwinden zu können. Als für Sloan die Zeit gekommen war, den Vertrag über den Verkauf seiner Firma Hyatt an Mr. Durant zu unterzeichnen, forderte er die Hälfte der Kaufsumme in bar und die andere in Aktien. Seine Partner wollten ihren gesamten Anteil in bar. Sloan akzeptierte als Kompromiß dann einen höheren Aktienanteil, damit seine konservativen Partner in bar ausgezahlt werden konnten.[6]

Manager wenden ihre Logik auf ein breites Spektrum von Problemen an, nicht nur auf Investmentprobleme. Personalfragen und Fragen der Organisation, der Produktpolitik und der Massenproduktion unterliegen denselben Methoden logischer Analyse und objektiver Einschätzung. Welche Ziele sollen erreicht werden, was wird das kosten, was würden verfügbare Alternativen einbringen? Zweifellos unterscheidet Logik, die auf eine große Bandbreite von Problemen angewendet wird, den modernen Manager von dem auf seinem abgewetzten Hosenboden sitzenden Unternehmer, der keine Kontrolle über die Geschehnisse hat.

Manager legen sich selbst und andere eine harte Disziplin auf. Die Kalkulation, von der ihr Denken beherrscht wird, kennt keinen Raum für Gefühle. Unter dieser Schicht von Professionalismus, Objektivität und kühler Vernunft liegt jedoch eine Unterschicht unlogischer Anschauungen, die das Denken des Managers ebenfalls beeinflussen.

Manager fürchten das Chaos und verehren die Ordnung. Man hat für diese Eigenschaften eine psychologische Erklärung gesucht. Statistische Untersuchungen lassen darauf schließen, daß viele Manager in ihrer Familie das erstgeborene oder das älteste männliche Kind waren.[7] Die Erstgeborenen vermitteln oft zwischen Geschwistern und Eltern, und aus der Sicht des Vermittlers scheinen Gefühle und Bedürfnisse oft mit Gefahren belastet: Sie könnten die Eltern dazu bringen, die Beherrschung zu verlieren. Außerdem lassen sich einander widersprechende Forderungen, die mit Emotionen verbunden sind, nicht so leicht erfüllen. Kurz gesagt, die Erfahrung in der Familie erzeugt die Furcht vor Chaos und das dringende Bedürfnis, Ordnung in den menschlichen Beziehungen zu schaffen.

Welche Ursache diese Angst vor dem Chaos auch haben mag, sie ist eine Überreaktion, da die meisten zwischenmenschlichen Angelegenheiten weit weniger Gefahren bergen als viele Manager befürchten. Die Reaktion auf diese Bedrohung ist Overkill. Manager stützen sich in excessivem Maße auf Strukturen, Verfahren und Kontrolle als Mittel zur Bewahrung von Ordnung in der Organisation.

Manager sind stolz auf ihre Fähigkeit, den Arbeitsablauf in Organisationen straff zu leiten. Zu ihren besonders befriedigenden Erlebnissen gehört es, Veränderungen in Übereinstimmung mit vorgefaßten Plänen in Gang zu bringen. Daher verbringen sie sehr viel Zeit mit dem

Ausarbeiten verschiedener Szenarios. Sie stellen sich einen Prozeß unter Beteiligung vieler Mitwirkender vor, die ihre Rolle laut Regieanweisung spielen, die man also dazu bringen kann, ihre persönlichen Anschauungen zu ändern und das Eigen- und Gruppeninteresse zugunsten des Gesamtunternehmens aufzugeben.

Als zum Beispiel die Firma Prime Computer die Direktoren von Computervision überredete, ein Übernahmeangebot an die Aktionäre zu akzeptieren, hatte ihr Vorstandsvorsitzender und Hauptgeschäftsführer Joe Henson bereits einen Plan in seiner Schublade, wie man die beiden Unternehmen integrieren könnte. Nach seinem Drehbuch sollte ein hochrangiger Arbeitsstab von Topmanagern beider Firmen mehrere Arbeitsgruppen damit beauftragen, bestimmte Projekte auszuarbeiten, etwa gemeinsamer Vertrieb, gemeinsamer Einkauf, Produktentwicklung, Marketing und Herstellung. In jeder Gruppe sollten Repräsentanten von Prime und von Computervision vertreten sein. Ziel war die totale Integration von Computervision in die CAD-CAM Marketing-, Produktions- und Verkaufsorganisationen von Prime. (CAD = computer aided design, CAM = computer aided manufacturing)

Innerhalb eines Monats nach der Übernahme gab Robert Gable, Hauptgeschäftsführer von Computervision, seinen Rücktritt bekannt. Als Grund nannte er öffentlich, er könne sich nicht mit einer untergeordneten Rolle in der jetzt vergrößerten Firma Prime Computer abfinden, nachdem er bisher selbst ein Unternehmen geführt habe.

Man weiß heute nicht, ob man sich damals der Implikationen voll bewußt war: Bald nach der Zustimmung der Firma Computervision zur Übernahme setzte sich Henson dafür ein, die Markterfahrung der Firma Computervision im Bereich von computergestützten Designprodukten in die CAD-CAM Gruppe von Prime einzugliedern. Die Methode der Integration (eigens zusammengestellter Arbeitsstab und multiple Arbeitsgruppen) war gegenüber der realen Entscheidung für die Integration nur zweitrangig.

Managementverfahren können fachorientiert oder organisationsorientiert sein. Henry Ford II führte in sein Unternehmen das fachorientierte Verfahren ein, als er leitende Manager einstellte, die Koordination und Kontrolle durch hochentwickelte Buchhaltungsmethoden praktizierten. General Motors entwickelte unter Alfred Sloan ein organisationsorientiertes Verfahren: systematische Arbeit kleiner Ausschüsse, beginnend beim obersten Lenkungsausschuß bis herunter zum allgemeinen Ausschuß für Technik und Einkäufe. Diese Aktivitäten verliefen quer durch selbständige Abteilungen und boten daher Chancen zu Einsparungen durch Zusammenarbeit. Bei Ford führte das fachorientierte Verfahren zu einem Machtkampf zwischen Managern der Abteilung Herstellung und der Abteilung Finanzen. Bei General Motors bediente Sloan sich des Ausschuß-Systems zur Beilegung von Konflikten zwischen der Maschinenbaugruppe unter Kettering und den Herren der Verwaltung, die sich darum bemühten, bei Maximierung der Gewinne ihre Autonomie zu bewahren. In diesem Falle wurde im Rahmen des organisations-orientierten Verfahrens die Substanz den Methoden der Koordination in den höheren Rängen von General Motors untergeordnet.

Eines Tages werden Volkswirte in der Lage sein, die Folgekosten des Festhaltens am organisatorischen Verfahren abzuschätzen. Annähernde Schätzungen werden durch jüngste Entwicklungen in der sogenannten Agenturtheorie ermöglicht. Diese betrachtet Topmanager als Agenten der Aktionäre, die für die geleisteten Dienste eine Agenturgebühr bezahlen.[8] Agenturgebühren unterscheiden sich von gewöhnlichen Entschädigungen wie Gehältern oder Bonuszahlungen. Fördern leitende Manager die Interessen der Aktionäre, wenn sie etwa im Kampf um eine Firmenübernahme den besten Preis herausschlagen, dann erwarten sie dafür eine Entschädigung, die ihre Position als Agenten verdeutlicht. In der Praxis haben solche Entschädigungen die Form spezieller Bonuszahlungen, besonderer Altersvorsorgeleistungen und Anstellungsverträge mit großzügigen Abfindungsklauseln. Von den Managern erwartet man, daß sie eventuell auch gegen eigene Interessen handeln, wenn sie dadurch die der Aktionäre maximieren können. Agenturgebühren sind die Kosten, mit denen man Manager motiviert, ihre eigenen Interessen denen der Aktionäre unterzuordnen.

Es bleibt abzuwarten, ob die neue Agenturtheorie auf die Beziehungen zwischen Vorgesetzten und Untergebenen im höheren Management ausgedehnt werden kann. Doch ist wohl klar, daß den Organisationen Kosten entstehen, damit sie Ordnung herstellen und Chaos vermeiden können. Das Problem der Dezentralisierung liefert ein gutes Beispiel. Ihre Befürworter verweisen auf die Vorteile, die sich ergeben, wenn man Entscheidungen möglichst bis in die tiefsten Ebenen der Organisation herunterdelegieren kann. Sobald sie diese Politik jedoch in die Tat umsetzen, macht sich die Sorge um die Koordinierung bemerkbar – trotz des betonten Glaubens an die nützlichen Auswirkungen der Autonomie auf die Motivation. Fach- und organisations-orientierte Verfahren treten in Form von Reports, Analysen, Ausschüssen und natürlich Stäben in Erscheinung. Die Befürworter der Dezentralisierung scheinen aus beiden Mundwinkeln gleichzeitig zu sprechen. Sie predigen lokale Autonomie und bedienen sich gleichzeitig massiver Methoden, um für Ordnung zu sorgen und Chaos zu vermeiden.

Die Kosten der Verfahrensmethode sind klar, wenn auch schwer zu quantifizieren, sobald mit Risikokapital arbeitende Unternehmen die ersten Finanzierungsrunden gut überstanden haben und zu wachsen beginnen. Die Anleger von Risikokapital reagieren darauf typisch – sie ermuntern den Unternehmer, einen professionellen Manager einzustellen, der den eigentlichen Unternehmensablauf leitet und dadurch den Hauptgeschäftsführer von der Verantwortung für das Alltagsmanagement befreit. Eine solche Entscheidung ist oft sinnvoll, weil viele Unternehmer die alltäglichen Managementaufgaben nicht mögen. Sie scheinen sogar Chaos zu genießen und Ordnung zu verachten.

Allzuoft bestehen die ersten Handlungen eines professionellen Managers darin, fach- und organisations-orientierte Verfahren einzuführen. Sogleich und automatisch wiederholen sie, was sie bei anderen Unternehmen getan haben, statt sich die Zeit zu nehmen, erst einmal den Arbeitsablauf in ihrer neuen Firma zu studieren, Beziehungen zu Mitarbeitern zu entwickeln, die die Einstellung des neuen Managers vielleicht als Störung empfinden, und schließlich ein gutes Arbeitsverhältnis zum obersten Chef aufzubauen. Die von ihnen neu eingeführten

Verfahren fordern von mittleren und leitenden Managern neue Aktivitäten, die in deren Augen unnötig sind und ihnen oft ungewohnte Fähigkeiten abverlangen.

Der professionelle Manager kann sich sehr gewandt ausdrücken und versteht es, bei jedem Disput über Verfahrensweisen die erste Geige zu spielen. Er argumentiert immer dann besonders logisch und vehement, wenn er mit ganzem Herzen bei der Sache ist und in seinem neuen Job Wirkung erzielen möchte. Die Untergebenen reagieren auf seine Initiativen defensiv, denken nicht mehr klar und haben kein Gespür für Prioritäten. Sie verlieren die Fähigkeit zum Lösen von Problemen, die in großen wie in kleinen Betrieben zu den kostbarsten Fähigkeiten gehört. Daraus entsteht verstärkte Lustlosigkeit mit nur geringen Möglichkeiten, ihr konstruktiven Ausdruck zu geben. Bald breitet sich eine Stimmung der Resignation und Verzweiflung aus, die nur allzuoft den geschäftlichen Abwärtstrend einleitet. Der einzige Unterschied zwischen Unternehmen mit Risikokapital und den großen Aktiengesellschaften besteht in der Länge der Zeit, die die Verantwortlichen brauchen, diesen Trend zu erkennen.

Die Techniker einer privaten Firma verbrachten beispielsweise mehr Zeit bei formalen Besprechungen mit einem neuen Hauptgeschäftsführer. Sie waren gewohnt, an formellen oder informellen Zusammenkünften teilzunehmen, bei denen Probleme des Designs oder der Herstellung gelöst werden sollten. Unter der neuen Führung jedoch dienten die Zusammenkünfte der Erörterung organisatorischer Methoden oder der Koordinierung der Arbeiten. Doch die Techniker waren irritiert, daß sie soviel Zeit ihrer eigentlichen Arbeit diesen Dingen widmen sollten, zumal sie sich wegen des ihnen unvertrauten Themas und der Verfahrensweise dieser Zusammenkünfte fehl am Platze fühlten. Traten neue Probleme auf, vor allem bei fehlerhafter Produktion, dann zeigte sich, daß Besprechungen über Koordinierung keine Lösungen erbrachten. In der ganzen Organisation ließ die Arbeitsmoral nach, und die Firma mußte am Ende ihre Tätigkeit einstellen.

Manager lieben keine Überraschungen. Wie Wertpapieranalysten und professionelle Anleger glauben auch sie an realisierbare Erwartungen, die Maßstab für die Beurteilung der Glaubwürdigkeit und Wertschätzung eines Managers sind. Fordern Sie einen Manager auf, er solle zwischen Glaubwürdigkeit oder Zuverlässigkeit bei seinen Untergebenen wählen, dann wird er sich ohne zu zögern für die Zuverlässigkeit entscheiden. Der Abteilungsleiter eines großen Unternehmens verlor seinen Job, weil der Hauptgeschäftsführer des Gesamtunternehmens ständig in Sorge war, ob diese Abteilung in der Lage war, die vorgegebenen Ziele zu erfüllen. Dabei waren dem Abteilungsleiter die Ergebnisse durchaus nicht gleichgültig. Er versuchte ständig, die Vorgabe noch zu übertreffen, wobei er Risiken beim Produktmix und den Marktprognosen einging. Viele Jahre hatte er damit Erfolg gehabt, manchmal jedoch war sein Einsatz vergebens. Die Organisation konnte diese Methode mit unvorhersagbarem Ausgang nicht dulden: Professionelle Manager, ob Topmanager oder Untergebene, werden mit demselben Maßstab gemessen. Erwartungen und Verwirklichung müssen übereinstimmen. Als Lohn dafür winkt der gute Ruf der Zuverlässigkeit. Auch wenn ein Manager die falsche Richtung einschlägt, wird diese Tatsache oft von der Aura der Zuverlässigkeit überdeckt, die einen Mann umgibt, der ständig gute Leistungen erbringt.

Um den in sie gesetzten Erwartungen entsprechen zu können, müssen Manager stets das Verhalten ihrer Untergebenen kontrollieren. Management kennt keine direkt spürbare Tyrannei. Die Kontrolle des Verhaltens ergibt sich aus Strukturen, die in den gesamten Betriebsablauf eingebettet sind. Manager drohen nicht, noch schüchtern sie durch Arroganz ein. Sie handeln geschmeidig. Glauben die Untergebenen, es liege in ihrem eigenen Interesse, zu tun, was man von ihnen erwartet, dann ist das Ergebnis das, was Elton Mayo als „spontane Kooperation" bezeichnet hat. Es ist lohnender, zu tun, was von uns verlangt wird, als von den Verhaltensnormen abzuweichen. Menschen kooperieren auch, weil sie im Augenblick keine andere Alternative haben. Das ist dann jedoch Kooperation ohne innere Verbundenheit mit ihrer Arbeit.

Aus der Verhaltenspsychologie haben Manager gelernt, Freiheit sei das Ergebnis einer Kalkulation, bei der die Kosten gewisser Verhaltensweisen mit dem verglichen werden, was sie jedem einzelnen einbringen. Bringt das erwartete Verhalten jemandem mehr ein, als es ihn kostet, dann handelt er aus Eigeninteresse. Das erweckt dann den Anschein, die betreffende Person habe ihr Verhalten ausdrücklich gewollt – also habe sie aus freien Stücken gehandelt, sei sie ein freier Mensch. Entsprechen Kosten und Belohnung einander nicht, dann sieht der einzelne sich möglicherweise nach Alternativen um.

Organisationen in den Vereinigten Staaten tendieren zum Totalitarismus. Unter dem Regime von Henry Ford I ähnelte die Ford Motor Company einer Diktatur. Sie spionierte die Lebensumstände ihrer Beschäftigten aus und versuchte über ihre soziologische Abteilung deren Gewohnheiten und Denkweisen zu kontrollieren.[9] Eine der ersten Handlungen von Henry Ford II als Nachfolger seines Großvaters war die Entlassung von Harry Bennett, der seine Macht durch Einschüchterung ausgeübt hatte.

Auch wenn wirtschaftliche Organisationen nicht totalitär geleitet werden, vermitteln sie doch kein Gemeinschaftsgefühl. Das Gefühl für die Zugehörigkeit zu einer Organisation verringert sich in dem Maße, in dem die Identität der Mitarbeiter und der institutionelle Charakter während der Periode der Diversifizierung und des Heranwachsens zu einem Konzern verwischt werden. Als dieser Trend sich von den sechziger bis zu den achtziger Jahren steigerte, legten die Manager größeren Wert auf die Kontrolle des Verhaltens der Mitarbeiter durch organisations-orientierte Verfahren. Wer in einem solchen Umfeld Leistung erbringen will, braucht einen kühlen Kopf und beträchtliche Fähigkeiten bei der Berechnung von Kosten und Nutzen.

Eine unvorhergesehene Auswirkung des Rückgangs des Zugehörigkeitsgefühls in großen Unternehmen war die Interessenverteilung zwischen Arbeit, privatem Heim und der Gemeinschaft. Diese Aufteilung der Aktivitäten in separate Abteilungen stärkt zwar die persönliche Sphäre, isoliert andererseits die Beschäftigten und erfordert Genauigkeit bei den innerbetrieblichen Verfahrensmethoden. Fühlen sich die einzelnen Mitarbeiter in alle Aspekte ihres Lebens integriert, dann ergeben sich weniger Probleme bei der Koordination und Kontrolle. Findet die Kontrolle des Verhaltens quer durch viele Institutionen volle Unterstützung, dann fällt es leicht, den Gleichklang der Anschauungen herzustellen.

Die japanische Gesellschaft verkörpert diesen Grad von Integration. Darin ist auch die Fähigkeit japanischer Manager begründet, die Produktivität ihrer Betriebe zu steigern. Japanische Manager und Institutionen akzeptieren solche Abhängigkeit, ohne sie in Frage zu stellen, und sie erwarten auch, daß sich alle darauf einstellen. Ihre Ziele werden durch die Auffassung bestimmt, daß Japans Wirtschaft durch Exporte wachsen muß, wenn seine Gesellschaft überleben soll. Die Japaner übernehmen bereitwillig den Gedanken, was gut für Toyota ist, ist auch gut für Japan. Als Charles E. Wilson einst behauptete, was gut sei für General Motors, sei gut für die Vereinigten Staaten, klang das seltsam, als ob er die Trennung der Institutionen in diesem Lande weder gekannt noch verstanden habe.

Die unternehmerische Methode wird präzise, wenn alle Beteiligten in der Berechnung ihrer Interessen geschult werden. Die Manager setzen dies voraus und verwenden es als ein Mittel zur Verhaltenskontrolle. Außerdem vertrauen sie der Indifferenztheorie. Denn die Mitarbeiter können sich unmöglich gefühlsmäßig mit allen Aspekten des Geschehens innerhalb ihrer Organisation identifizieren. Für sie ist Selektivität der Schlüssel zu vernünftigem Verhalten. Jedes Individuum verfügt über eine Struktur von Motiven, von denen jedes mit einem unterschiedlichen Wertbegriff assoziiert ist. Einige Motive hängen eng mit dem Selbstwertgefühl des Individuums zusammen und wiegen daher bei persönlichen Berechnungen schwer. Andere Motive gelten Bedürfnissen, die durch eine Vielfalt von Mitteln befriedigt werden können. Kann ein Bedarf auf mehrfache Weise gedeckt werden, dann wird er in der Skala der Motive weniger wichtig. Ein an seinem Arbeitsplatz, in seiner Familie und Gemeinschaft anerkannter Arbeitnehmer kümmert sich weniger um seinen Status als ein Kollege, der nur innerhalb der Familie etwas gilt. Weniger wichtige Bedürfnisse fallen in die Zone der Indifferenz jedes einzelnen.

Manager bedienen sich bewußt der Indifferenztheorie, wobei sie das Mittel der Überredung einsetzen. Menschen lassen sich auf mindestens zweierlei Weisen überreden. Die eine besteht darin, sie zu überzeugen, daß eine bestimmte Handlung ihren eigenen Interessen dienen würde. Der Einzelne läßt sich leichter überreden, einer den Interessen des Managers dienenden Handlung beizupflichten, wenn er erwarten kann, daß dies auch den eigenen Interessen nützt. Damit spricht man den Aspekt des belohnten Verhaltens an. Zweitens kann man die Art und Weise ändern, wie die Leute ihre Motive bewerten. Läßt jemand sich davon überzeugen, daß die Erfüllung seiner Wünsche weniger wichtig ist, als er glaubte, wird er eher geneigt sein, einem Handlungsablauf zuzustimmen, der seine Wünsche nicht zu befriedigen scheint. Sobald diese Bedürfnisse an Bedeutung verlieren, erweitert das die Zone der Indifferenz. Kann man ihn davon überzeugen, daß er seine Ziele auf vielfache Weise erreichen kann, dann verringert sich die mit dem Ziel assoziierte Wertvorstellung. Auch in diesem Falle verbreitert sich die Zone seiner Indifferenz. Eigeninteresse und Indifferenz bilden zusammen die Fundamente einer Psychologie der Macht und Kontrolle, die in modernen Großunternehmen dominiert. Sie schaffen die Politik der Willfährigkeit, das Kernstück der Managementkultur.

Es trifft zu, daß Manager die humanistische Psychologie anerkennen. Als der Psychologe Abraham Maslow seine Theorie der Motivation auf der Grundlage einer Hierarchie der Bedürfnisse präsentierte, fand er zumindest anfänglich breite Unterstützung.[10] Maslow behauptete, die individuellen Bedürfnisse seien wie eine Pyramide angeordnet, angefangen ganz unten mit der Sicherheit des Arbeitsplatzes bis zur Selbstverwirklichung an der Spitze. Sobald eine Bedürfnisebene befriedigt und abgesichert sei, dominiere eine höhere. Maslow meinte, der Job, Arbeitnehmer zu managen, bestehe darin, Bedürfnisse einer höheren Ebene zu aktivieren und die Mittel aufzuzeigen, mit denen sie befriedigt werden können. Erziele der Manager damit Erfolg, dann sichere er dadurch die innere Verbundenheit der einzelnen Mitarbeiter mit den Zielsetzungen und Aktivitäten der Organisation. Aus Erfahrung und intuitiv wissen Manager jedoch, daß Maslow's Ideen gefährlich sein können. Die Hauptgefahr entsteht aus dem bekannten Problem der Unzufriedenheit im Zusammenhang mit gesteigerten Erwartungen.

Wie Manager denken

Eines der wenigen gesicherten Ergebnisse des Studiums von Organisationen betrifft das Problem der Zufriedenheit. Die Zufriedenheit des Individuums schwankt je nach der Belohnung, die es erhält, im Verhältnis zu der, die es erwartet hat. Je mehr man erhält, desto höher ist die Befriedigung – das entspricht einer konstanten Erwartung. Zum Thema Belohnung gilt die Feststellung: Je mehr man erwartet hat, desto größer die Unzufriedenheit. Das Kalkül Zufriedenheit funktioniert in einer Vielfalt von Organisationen. Das zeigte sich bei Untersuchungen, die während der 50er Jahre in Fabriken angestellt wurden[11], aber auch bei den Streitkräften während des Zweiten Weltkrieges, wie in der bekannten Serie *The American Soldier*[12] berichtet wird.

Untersuchungen bei Fabrikarbeitern ergaben folgendes: Trugen sie Symbole, die sie mit der vorherrschenden Gruppenkultur identifizierten, und konnten sie damit rechnen, mit der Gruppenmitgliedschaft belohnt zu werden, dann waren sie zufrieden, wenn sie von der Gruppe akzeptiert und in deren Aktivitäten einbezogen wurden. Trugen die einzelnen Arbeiter keine Symbole und wurden nicht von der Gruppe belohnt, waren sie dennoch genauso zufrieden. Sie hatten ja nicht erwartet, in eine Gruppe integriert zu werden. Die fehlende Belohnung in Form der Gruppenmitgliedschaft wurde durch die nicht existierende Erwartungshaltung voll ausgeglichen.

Bei den Untersuchungen der Truppenmoral stellte sich heraus, daß die Beförderungen zum Offizier in den einzelnen Truppenteilen sehr unterschiedlich gehandhabt wurden. So war die Beförderungsrate bei der Luftwaffe viel höher als bei der Militär-Polizei. Dennoch war die Zufriedenheit über Beförderungen bei der MP größer als bei der Luftwaffe, weil sie ein viel geringeres Erwartungsniveau hatte.

Dieses Prinzip der Zufriedenheit ist auf die nationale Situation anwendbar. Wecken Vorgesetzte oder mit Autorität ausgestattete Persönlichkeiten in ihrer Gefolgschaft Erwartungshaltungen und sind dann nicht in der Lage, sie zu erfüllen, dann wird der Frust bei der Gefolgschaft zwangsläufig steigen und zu Unzufriedenheit und Gewalttätigkeiten Anlaß geben. Präsident John F. Kennedy hatte es meisterhaft verstanden, Erwartungen bei den Massen zu wecken, vor allem bei der verarmten Bevölkerung. Trotz aller Bemühungen oder Absichten, die Zustände zu verbessern, stiegen Unruhe und Gewalt während seiner Amtszeit und der seines Nachfolgers, Lyndon B. Johnson, obwohl letzterer sich der Vision der New Frontier verschrieben hatte. Die steigenden Erwartungen verleiteten zu Gewalttätigkeiten, weil die Zustände sich nicht so schnell ändern konnten wie die gestiegenen Erwartungen.

In den ersten Jahren der Präsidentschaft Reagans schien das Niveau der Unzufriedenheit trotz des beträchtlichen Anstiegs der Arbeitslosigkeit zu sinken. Das empfundene Niveau der Armut hängt vom Vergleich der tatsächlichen Entbehrungen mit den Erwartungen ab. Geringere Erwartungen verursachten eine Abnahme der offenen Unzufriedenheit mit der Reagan Administration.

Managen ist eine konservative Tätigkeit, und Manager verhalten sich Risiken gegenüber vorsichtig. Impulsives Handeln lieben sie nicht. Sie bevorzugen Selbstdisziplin – die Fähigkeit, innerhalb einer Kosten/ Nutzen-Kalkulation zu funktionieren. Manager handeln aus Eigeninteresse und erwarten von anderen dasselbe. Diese Weltanschauung des Managements zeitigt zwei Konsequenzen: ein hohes Maß an Objektivität und ein fein gestimmtes Gespür für Organisationspolitik. Manager idealisieren Objektivität. Sie bewundern die Fähigkeit, sich mit widersprechenden Anschauungen befassen zu können, ohne dabei selbst gefühlsmäßig in die freud- und leidvollen Erfahrungen anderer einbezogen zu werden.

Wie von Ärzten erwartet man auch von Managern nicht, daß sie sich über Krankheiten grämen, die andere Leute ihnen präsentieren. Es gibt Symptome und Ursachen, und ihr Job besteht darin, zwischen diesen zu unterscheiden und die jeweils richtige Medizin zu finden und anzuwenden. Manager erwarten sogar, daß ihre eigene Objektivität und Kühle auch bei anderen zur Norm wird. Sobald die Untergebenen die Objektivität oder Kühle des Managers übernommen haben, kann der Vorgesetzte sie dazu bringen, ihre Erwartungshaltung zu ändern und dementsprechend ihre Zone der Indifferenz zu erweitern.

Ob bewußt oder unbewußt – Manager manipulieren ihre Untergebenen, um eigene Ziele zu erreichen. Einzig die Tatsache, daß sie mit anderen Managern zusammenarbeiten, die das gleiche Ich-Ideal haben, hält sie von totaler Manipulation ab. Alle Manager auf allen Ebenen der Organisation schätzen dieselben Dinge. Sie beziehen Selbstachtung aus Vorhersage und Kontrolle; sie wollen als zuverlässig gelten und wollen ihre Gefühle beherrschen. Die Einzelperson mit der höchsten Autorität (im Falle von Wirtschaftsunternehmen der Hauptgeschäftsführer) hat nicht zwangsläufig psychologische Vorteile gegenüber ihren Untergebenen. Natürlich haben Hauptgeschäftsführer mehr Macht, doch teilen sie mit anderen Managern eine Strategie der Laufbahn und Ideologie des Berufes. Topmanager stehen untereinander in gewaltigem Konkurrenzkampf. In der besonderen Atmosphäre der Managementpolitik sind alle ständig damit beschäftigt, die eigenen Leistungen und die der Konkurrenten unter die Lupe zu nehmen. Jeder einzelne von ihnen ist ein Spieler.

Managementpolitik besteht darin, mit anderen Meinungen zu hantieren. Theoretisch garantiert dies die Vorhersehbarkeit von Verhaltensweisen und die Kontrolle über die Mitarbeiter, da das psychologische Spiel darin besteht, andere so zu manipulieren, daß die Anschauungen des Managers als eigene übernommen werden. Diese kollektive Arbeit wird leicht zu einem Ziel an sich und zu einem Zustand, bei dem die Politik innerhalb der Organisation deren Zielsetzungen in den Schatten stellt.

Außerdem sind Manager gegenüber der Macht sehr anfällig und sich daher ihrer Machtbasis nie sicher. Diese Unsicherheit wird noch verstärkt, wenn professionelle Manager Aktien des von ihnen gemanagten Unternehmens besitzen und persönlich nur über bescheidene finanzielle Mittel verfügen. Sie sind von ihrem laufenden Einkommen abhängig, das ihnen zwar einen ausgezeichneten Lebensstandard sichert, doch macht diese Abhängigkeit sie verwundbar. Daher berechnen Manager ihren relativen Vorteil. Sie denken sehr präzise an ihren Job und üben sich in Disziplin, um das Notwendige zu tun, das ihnen günstige Beurteilungen ihrer Vorgesetzten verschafft. Hauptziel des Managers ist es, seinen Chef und die Herren dessen Stabes, die seine Leistungen beurteilen, zu beeindrucken. Offensichtlich fühlen die Abteilungsleiter sich unsicher gegenüber Angehörigen des Stabes der Zentrale, die ihre Macht aus Informationen beziehen. Wer sich eine Machtbasis sichern will, muß die Fähigkeit haben, diese Unsicherheit abzubauen und den normalen Fluß der Abhängigkeit umzukehren.

Der Chef einer Unternehmensgruppe in einem stark diversifizierten Konglomerat war ein Meister in der Kunst, im Interesse seiner Autonomie Macht anzusammeln. Er durchschaute die Strategie des Vorstandsvorsitzenden, Gewinne zu horten, und erkannte, daß die Firma von den Einkünften seiner Gruppe und von deren Cash flow abhängig war, wenn diese Strategie funktionieren sollte. Bei Präsentationen der Firmenaktivitäten stellte er stets die Leistungen seiner Gruppe heraus, unterstrich mit Tabellen und Grafiken den Anteil, den sie jährlich zum Cash flow des Gesamtunternehmens beitrug. Gleichzeitig betonte er, wie offen seine Abteilung sich gegenüber anderen Abteilungen zeigte. So lud er Angehörige des Stabes der Zentrale zum Besuch seiner Abteilung ein, damit sie beobachten konnten, wie dort gearbeitet wurde. Während der Konferenz der Abteilungsleiter suggerierte er mit Humor, aber gezielt, dem Vorsitzenden und Hauptgeschäftsführer, die nächste Sitzung in den Räumen seiner Gruppe abzuhalten. Zugleich machte er jedoch sehr deutlich, daß er keinerlei Einmischung in seine Art der Geschäftsführung dulden werde. Mit Hilfe umfangreicher Berichte des eigenen Stabes wehrte er sich gegen alle Versuche, eine zentrale Einkaufsstelle zu schaffen. Angesichts der komplexen internen Studie der Gruppe hätte der zentrale Führungsstab ein Jahr oder mehr gebraucht, diese Initiative voranzubringen. Der Vorstandsvorsitzende und Hauptgeschäftsführer begriff sehr bald, daß hier die klassische Strategie „eine Hand wäscht die andere" praktiziert wurde: Die gute Leistung der Gruppe im Austausch dafür, daß er sich nicht in ihre Angelegenheiten einmischte. Dem Unternehmen als Ganzem ging dabei der wertvolle Austausch von Ideen und der potentielle Nutzen angereicherten Denkens auf der Ebene der Gruppe wie der des Unternehmens verloren.

Im Rahmen des typischen Flusses innerbetrieblicher Abhängigkeiten sind Manager mit weniger Macht von denen abhängig, die mächtiger sind und die für die Bewältigung der verschiedenen Aufgaben erforderlichen Ressourcen kontrollieren. Um deren Fluß zu lenken, müssen die weniger mächtigen Manager wissen, was die Mächtigen brauchen. Dann können sie mit ihnen absprechen, wie sie deren Bedürfnisse im Austausch gegen die notwendigen Ressourcen befriedigen. Sobald ein Manager weiß, was seine Oberen brauchen, und er sie dazu bringt, ihm Ressourcen zuzuweisen, kehrt der Fluß der Abhängigkeiten sich um. Liefert der Manager, was er versprochen hat, ist seine Machtbasis gestärkt. Von ihr aus kann er künftig andere kontrollieren und überreden.

Für einen Manager wäre es ein Idealfall, in eine Firma während Krisenzeiten einzutreten, wenn gute Chancen bestehen, die Probleme zu lösen. Außenstehenden erscheint diese Aufgabe gewaltig, was jedoch nicht der Fall ist, wenn der Manager die nötige Klarsicht besitzt. Es ist eine Kardinalregel, keinen Job anzunehmen, bei dem von vornherein erkennbar ist, daß er nicht erfolgreich bewältigt werden kann. Die besten Jobs sind diejenigen, die viele Erfolgsmöglichkeiten bieten, beispielsweise die Chance, eine ohne Gewinn arbeitende Zweigstelle zu verkaufen, wenn deren Profitabilität nicht durch Senkung der Kosten oder besondere Umsatzförderung wiederhergestellt werden kann.

Kluge Manager wissen, daß sie selbst die Programme nicht ersinnen müssen, die ihnen später zugeschrieben werden, und es vor allem in Krisenzeiten immer Leute gibt, die einen Plan haben, wie problematische Zustände korrigiert werden können. Die Wende entsteht oft aus bereits existierenden Plänen und selten aus Programmen, die erst noch erdacht oder von außen herangetragen werden müssen.

Ron Dolbin, der neu ernannte Hauptgeschäftsführer der Firma Rockford Savings and Loan übernahm diesen Job aus einem Gefühl, der Gemeinschaft verpflichtet zu sein. Dolbin war ein erfolgreicher Hersteller, verstand aber nichts von Bankgeschäften. Bei seinen Besprechungen mit den leitenden Bankangestellten erkannte er, daß der Leiter des Rechnungswesens eine klare Vorstellung davon hatte, was falsch war und wie man das Problem lösen könne. Der Leiter der Kreditabteilung hatte es geschafft, den Kreditausschuß der Bank mit seinem Enthusiasmus für spekulative Kredite anzustecken, die sich dann als Flop herausstellten. Die Bank hätte durch Nutzung der schmalen Bandbreite zwischen gezahlten und verdienten Zinsen Gewinne erzielen können, wenn sie einfach Einlagen angenommen und in höchst liquiden und sicheren Wertpapieren angelegt hätte. Der Leiter des Rechnungswesens legte einen einfachen Plan vor, wie die unsicheren Kredite innerhalb eines vernünftigen Zeitraums liquidiert werden könnten. Dann entwarf er die Rolle für den neuen Hauptgeschäftsführer – dessen Prestige und hohes Ansehen in der Gemeinde sollten der Bank neue Einlagen zuführen. Dolbin ernannte seinen Chef des Rechnungswesens zum Leiter aller operativen Aktivitäten der Bank, befolgte dessen ausgearbeiteten Plan und genoß dann das gestärkte Prestige als der Mann, dem die Wende zu verdanken sei.

Sind leitende Manager stark im Methodischen und schwach in der Substanz, dann stützen sie sich auf kenntnisreiche Insider, um einen speziellen Aktionsplan zu entwerfen. Sobald der Manager erkannt hat, welche Insider ein funktionsfähiges Programm haben, kann er deren Lösungsvorschläge unterstützen und sich mit ihnen verbünden. Da Manager das Instrument sind, mit dem sich die Ideen der Insider verwirklichen lassen, ist Gegenseitigkeit gegeben. Als Gegenleistung für die Loyalität der Insider unterstützt der Manager ihre Programme, die im Zuge ihrer praktischen Verwirklichung zu seinen eigenen werden. Haben sie Erfolg, heimst er alleine die Anerkennung dafür ein. Um Bündnisse zu schmieden, müssen Manager andere Mitarbeiter großzügig belohnen und dafür sorgen, daß sie auch außerhalb des engeren Kreises bekannt werden. Manager wissen, daß sie ihre Machtbasis stärken, wenn sie die Verbündeten auf breiter Basis belohnen.

Bringen Manager das Bündnis mit Mitarbeitern anderen Gruppen im Unternehmen zur Kenntnis, etwa dem Vorstand, dann sorgen sie zugleich dafür, daß keine Allianzen zwischen Vorstandsmitgliedern und dem internen Management entstehen. Wichtigstes Vorbeugungsmittel ist die Bereitschaft der Manager, leitenden Angestellten oder Direktoren zu kündigen, die Bündnisse einzugehen versuchen, die ihre Machtbasis gefährden. Gelingt es ihnen, das normale Abhängigkeitsverhältnis umzukehren, so daß die Oberen zur Erfüllung ihrer Wünsche die unterstellten Manager brauchen, dann haben Manager auch die Macht, mit Entlassung zu drohen und sie auszusprechen.

Die Denkweise von Managern ähnelt der, die Niccolò Machiavelli in seinem Buch *Der Fürst* dargestellt hat.[13] Machiavelli formulierte seine Regeln, wie man Macht erwirbt, ausübt und bewahrt, im Kontext der zerbrechlichen Machtverhältnisse im Europa des 16. Jahrhunderts, als es viele schwache Herrschaftsbereiche und sich schnell ändernde Allianzen gab. Ein Fürst mußte damals ständig darauf bedacht sein, die geringe ihm verfügbare Macht abzusichern. Unter diesen Umständen war sein zweideutiges Verhalten weniger einem schlechten Charakter zuzuschreiben als einer absoluten Notwendigkeit zum Überleben. Wollte ein Fürst „gut" sein, umgeben von Menschen, die bereit waren, zu lügen, zu betrügen und sich unloyal zu verhalten, sobald das ihren Interessen diente, dann mußte er sich naiv stellen und sich eine temporäre Herrschaft sichern. Es kam auf die Begabung an, die der jeweiligen Situation angemessene Maske zu tragen. Machiavelli war einzigartig in seiner Fähigkeit, das dem jeweiligen Kontext entsprechende Denken zur Schau zu tragen.

Je mehr Postulate im Rahmen dieses kontextuellen Denkens aufgestellt werden, desto größer sind die Risiken, die Dinge zu komplizieren und Wesentliches durch Triviales zu verdunkeln. Je weniger das geschieht, desto größer die Fähigkeit, die Notwendigkeiten der Situation zu begreifen. Ideologien und Idealisierungen bereiten Managern die größten Schwierigkeiten, vor allem im Hinblick auf den Charakter. Ob die Menschen gut oder schlecht, vertrauenswürdig sind oder nicht, das steht gewöhnlich nicht zur Debatte. Einige haben einen klaren Kopf und sind in der Lage, Interessen zu kalkulieren. Es lohnt sich, die Klarsichtigen von den Wirrköpfen zu unterscheiden, da man mit ersteren verhandeln und zu Schlußfolgerungen gelangen kann. Bei den anderen fürchten Manager endlose und fruchtlose Diskussionen, wobei die Verfechter sich moralisch im Recht fühlen, selbst wenn ihre Argumente praktisch unbegründet sind.

Als kontextuelle Denker sind Manager sparsam mit persönlichen Beziehungen. Sie haben nur wenige Bindungen und halten vor allem mit ihren Gefühlen sehr zurück. Emotionale Bindungen schaffen Verpflichtungen oder ein Anspruchsdenken, das Manager nicht gerne akzeptieren. Sobald Manager glauben, andere Menschen hätten ihnen gegenüber einen legitimen Anspruch auf einen Nutzen oder eine Belohnung, wird ihre Aktionsfreiheit durch die Last von Schuldgefühlen eingeengt. Aus diesem Grunde sind sie grundsätzlich bereit, andere Personen in den Rollen zu akzeptieren, die sie spielen, jedoch nicht Erwartungen, die über die Grenzen dieser Rollen hinausgehen.

Mit Managern zu arbeiten, ist in mancher Hinsicht eine befreiende Erfahrung. Sie interessieren sich nicht für Herz und Verstand ihrer Untergebenen, sondern nur für deren Leistungen. Es ist interessant, Manager zu studieren, die zum ersten Male in ihrem Leben Teil der Managementkultur geworden sind, vielleicht als frisch gebackene promovierte Hochschulabsolventen oder als erfahrene Geschäftsleute, die ihre Firma an eine Aktiengesellschaft verkauft haben. Ihre stärkste neue Erfahrung ist oft, Zeuge zu werden, wenn jemand auf eigenen Wunsch aus der Firma ausscheidet oder das Unternehmen auf andere Weise verläßt, gewöhnlich nach einer Kündigung. Sobald jemand seine Position innerhalb einer Managergruppe verliert, wird er zur Unperson, zu einem Mitspieler ohne Rolle. Der Verlust der Rolle ist gleichbedeutend mit dem Verlust an Identität. Er erfordert, daß die betreffende Person das Unternehmen schnell verläßt, um sich selbst und anderen Verlegenheit zu ersparen. Neuankömmlinge in der Managementkultur sind oft entsetzt, wenn sie die Wirkung beobachten, die der Verlust einer Rolle mit sich bringt. Für sie ist es, als werde aus einer Person plötzlich ein Neutrum. Sie interpretieren den Verlust der Identität als Ergebnis eines plötzlichen Ausbruchs sadistischer Impulse. Dabei könnte nichts der Wirklichkeit ferner sein. Dieser Identitätsverlust entsteht nicht aus übelwollender Absicht. Er ist nur das Ergebnis der Tatsache, daß Organisationen durch Rollenspiel funktionieren. Gefühle müssen draußen bleiben, damit die Rollen, die die Mitarbeiter zu spielen haben, nicht durcheinander geraten. Wenn Organisationen innerhalb einer Managementkultur funktionieren, beansprucht nur die Rolle

Aufmerksamkeit, die jedermann spielt: Ist die Rolle dahin, ist es auch gleichzeitig die Identität.

Personen, die ihre Identität auf diese Weise verlieren, sind für emotionale Reaktionen anfällig, die mit Entziehungserscheinungen verbunden sein können. Aber selbst dann erwartet man von ihnen, daß sie entsprechend ihrer neuen, wenn auch kurzlebigen Rolle des Abschiednehmens handeln und ihre Gefühle beherrschen. Manager sorgen dafür, daß beim Ausscheiden genug Zeit bleibt und finanzielle Kompensationen dem Betreffenden die Möglichkeit geben, Pläne zu machen und sich einen anderen Arbeitgeber zu suchen. Abgesehen davon, daß dieses Verhalten recht und billig ist, ermutigt es auch den Menschen, sich auf seine ureigensten Interessen zu konzentrieren. Diese Konzentration beginnt damit, daß er seine Gefühle beherrscht. Wer in der Kontrolle der Gefühle und rationalen Berechnung des Eigeninteresses nicht geschult ist, dem erscheint diese distanzierte Haltung fast unmenschlich.

Überhaupt implizieren zwischenmenschliche Beziehungen ein Risiko der Ausbeutung durch den jeweils anderen. In bloß gemanagten Organisationen würden diese Beziehungen zusammenbrechen, wenn sie auf unbegrenztem Vertrauen und der Bereitschaft beruhen, eine mögliche Ausbeutung in Kauf zu nehmen. Die sichere und auch gesunde Strategie besteht darin, Interessen zu berechnen, Rollen zu definieren und sich auf die Wahrnehmung gegenseitiger Interessen zu verlassen, bei der einige Personen es anderen erlauben, ihre Macht im Dienste gemeinsamer Zielsetzungen zu nutzen.

Zusammengefaßt läßt sich sagen: Von Managern geleitete Organisationen funktionieren gut, und gerade darin liegt ihr Hauptproblem. Der Mensch neigt gewöhnlich nicht dazu, sich mit Schwierigkeiten zu befassen oder Probleme zu lösen, die ihn im Augenblick nicht selbst betreffen. Bert Lanc, hochgeschätzter Berater von US-Präsident Carter, hat einmal gesagt: „Was nicht zerbrochen ist, soll man nicht kitten." In vielen von Managern geleiteten Firmen befinden sich die Schwierigkeiten erst im Anfangsstadium und werden wahrscheinlich während der

Amtszeit der obersten Verantwortlichen noch nicht in Erscheinung treten. Sie wirken daher wie Zeitbomben, die erst explodieren, wenn die Bombenleger längst von der Bildfläche verschwunden sind. Begannen zum Beispiel die Probleme der Continental Illinois Bank während der kurzen Amtszeit derjenigen, die die leidigen Ölkredite gewährten, wodurch Verluste von zwei Milliarden Dollar entstanden? Eine Krebserkrankung, die Metastasen streut, reist einen langen Weg von der ursprünglichen Entstehungsursache bis zu der Stelle, die schließlich den Tod herbeiführt.

Manager können Probleme unbewußt vor sich selbst und anderen verbergen. Das geschieht weder absichtlich noch böswillig, sondern ist die Folge einer simplifizierten Denk- und Handlungsweise, von Versuchen, die Probleme einzeln anzupacken, sobald sie deutlich sichtbar werden. Das beruht auf der Psychologie der Berechnung und des Gefälligseins. Diese Haltung bedingt, daß der Mensch kurzfristig Kosten und Nutzen berechnet, vor allem die der Transaktionen von Macht.

Folgende Frage verlangt eine Antwort: Vertritt der Manager diesen Standpunkt, weil Organisationen nun einmal so funktionieren, oder weil Menschen, die als Manager nach Macht streben, so geartet sind? Machiavelli erkannte die Möglichkeit, daß Menschen sich ihr eigenes Universum und ihre eigene Wirklichkeit schaffen. Unter Berücksichtigung der Tatsache, daß der Erfolg eines Fürsten auch von einem glücklichen Zufall abhängig sein kann, glaubte Machiavelli, der Mensch handle seiner Natur entsprechend. Es gibt Wagemutige und Besonnene. Begünstigt die jeweilige Zeit die Besonnenen, dann pflegen auch diese als Erfolgsmenschen zu gelten. Wandeln sich die Zeiten, dann werden Störungen und selbst Fehlschläge als Folge von Pechsträhnen angesehen. Die Wende des Glücks ist in Wirklichkeit die Unfähigkeit des Individuums, sich aufgrund seines programmierten Charakters den veränderten Umständen anzupassen.

Machiavelli schreibt:

> „Wenn ein Fürst nämlich mit Besonnenheit und Geduld verfährt und die Zeit wie die Umstände sich so gestalten, daß seine Methode geeignet ist, so wird er Erfolg haben; wenn aber die Zeiten und die Umstände sich ändern, so geht er unter, da er seine Handlungsweise nicht geändert hat. Doch gibt es keinen so klugen Menschen, der es verstünde, sich hiernach zu richten; denn weder kann man von etwas abweichen, wozu man von Natur aus neigt, noch kann man sich entschließen, einen Weg zu verlassen, den man immer mit Erfolg gegangen ist." [14]

Der Traktat des Machiavelli aus dem 16. Jahrhundert enthält zwei Theorien, die inzwischen Theorie und Praxis des Managements beherrschen. Über den Inhalt dieser Theorien hinaus ist es interessant, daß die meisten Manager nicht wissen, wie sehr sie davon beeinflußt werden.

Die erste Theorie besagt, daß eine Organisation funktioniert, wenn alle Umstände zueinander passen. Wer die richtige Technologie und Organisation hat, sich in die Umwelt einzufügen, der wird Erfolg haben. Diese Anschauung betrachtet eine Organisation als ein Puzzle. Alle Stücke liegen vor dem Manager auf dem Tisch. Seine Aufgabe besteht darin, sich ihre Größe, Gestalt, Farbe und ihre Beschaffenheit einzuprägen und sie dann eines nach dem anderen, an die richtige Stelle zu legen, bis durch Versuch und Irrtum das ganze Bild komplett ist. Dann kann der Manager das Programm verkünden und die Früchte des Erfolgs genießen.

Das Problem bei diesem Modell ist eine inhaltliche Leere. Natürlich hängt alles von Umständen ab, doch das Leben ist kein Zusammensetzspiel, das uns Gott als Meisterdesigner vorlegt. Der Mensch muß auswählen und anderen Menschen die Substanz seiner Wahl vermitteln. Das vorerwähnte Modell übertreibt die konservativen Neigungen des Managers und entfremdet ihn noch mehr der Substanz seines Unternehmens.

Die zweite Theorie über Denken und Handeln von Managern gehört zur Verhaltenspsychologie. Diese bewegt sich nicht im Leeren und ist vielleicht das beste Instrument zur Vorhersage menschlichen Verhaltens. Der Behaviorismus sieht im Handeln ein Teilstück der Analyse und beschäftigt sich kaum mit dem Studium von Gedanken und Gefühlen. Man beobachtet einen Reiz und sieht, welches Verhalten er auslöst. Aus den Ergebnissen der Beobachtung leitet man Feststellungen über die Beziehung zwischen Reiz und Reaktion ab. So wird u. a. behauptet, der Mensch neige dazu, Handlungen zu wiederholen, für die er vorher einmal belohnt wurde. Wenn das stark nach der Feststellung von Machiavelli klingt, „noch kann man sich entschließen, einen Weg zu verlassen, den man immer mit Erfolg gegangen ist," dann deswegen, weil die Menschen diese Prinzipien schon lange vor der Begründung der Verhaltenspsychologie befolgt haben. So verstärken Dompteure bestimmte Verhaltensweisen ihrer Tiere durch eine ganze Skala von Belohnungen, ohne sich bewußt zu sein, daß sie auf diese Weise Verhaltenspsychologie praktizieren.

Bei allen Theorien, deren Manager sich bedienen, um ihre Kunst der Voraussage und Kontrolle der Beschäftigten zu entwickeln, Menschen und Interessen unter einen Hut zu bringen und Mitarbeiter zu überzeugen, spielt ihre Neigung zum Programmatischen eine besondere Rolle. Ist er erfolgreich, ändert ein Manager sein Denken und Handeln nur zögernd, Verhaltensweisen, die in der Vergangenheit belohnt wurden, wiederholt er heute und in Zukunft.

Da das Managementprogramm von den Arbeitnehmern verlangt, ihre Interessen zu kalkulieren und entsprechend zu reagieren, entsteht daraus eine Geisteshaltung, die ihre innere Anteilnahme an der Organisation eher vermindert als stärkt. Diese geringe Anteilnahme impliziert beträchtliche Freiheit für den einzelnen, der weiterhin die Rollen seines Jobs kalkuliert und spielt.

In den Vereinigten Staaten war die Evolution des Managements die Geschichte der Befreiung der Unternehmen aus Konflikten mit autokratischen Führern und ihrer Tyrannei. Doch steckt viel Paradoxes in dieser Geschichte. Auf ihrem langen Weg zur Lösung externer Konflikte zwischen Gruppen mit unterschiedlicher Macht hat die Managementrevolution allen Beteiligten innere Konflikte beschert. Mit anderen Worten – eine Tyrannei wurde durch eine andere abgelöst. Die Tyrannei der autokratischen Führer hatte in der rücksichtslosen Mißachtung des Wohlergehens der Untergebenen bestanden. Diese Autokraten verloren inzwischen ihre Machtpositionen im Wirtschaftsleben. An ihrer Stelle sind die professionellen Manager zur Spitze der Machtpyramide aufgestiegen. Ihre vielleicht weniger auffällige Tyrannei entsteht aus der Logik der Berechnung und dem Imperativ der Kontrolle im Rahmen der Managementmystik.

Von den Angehörigen einer Organisation fordert man, daß sie ihre Rolle spielen und sich dabei seelisch von ihrer Leistung distanzieren. Der Lohn dafür sind weniger offene Konflikte am Arbeitsplatz und, zumindest kurzfristig, gut geleitete Organisationen. Als Minus ist dagegen zu verbuchen, daß die Mitarbeiter sich irgendwie im Stich gelassen und innerlich gespalten fühlen. Diese Gefühle befallen den Manager ebenso wie den Arbeiter und den Angehörigen des Führungsstabes, obwohl der Rausch der Macht den Manager vor den unangenehmen Auswirkungen eines gespaltenen Ich für einen längeren Zeitraum schützt, im Vergleich zu denen, die weniger Macht besitzen.

Die Malaise von Organisationen ist in mancher Hinsicht ein Erbe der Vergangenheit, ein Produkt der Modernisierung. Manager sind sich vielleicht wenig der Ursprünge ihrer Rolle oder der Bestimmung bewußt, zu der ihre Aktivitäten sie hinführen. Unter Managern begegnen wir Optimismus, Objektivität und hingebungsvollem Glauben an den Fortschritt, jedoch auch dem Verleugnen der Paradoxa, die sich bei der Perfektion ihres Könnens ergeben. Dieses Verleugnen kann bewirken, daß man irrtümliche Unterlassungen ignoriert, die den langsamen Tod von Organisationen zur Folge haben.

Kapitel 4

Rationales Handeln und Denken und Effizienz

Vermutlich ist keine Gestalt in der Geschichte des Managements mehr beschimpft worden als Frederick Winslow Taylor, der sich als Vater des wissenschaftlichen Managements einen Namen gemacht hat. Arbeiter und Gewerkschaftsführer, Geldgeber und Kapitalisten, Humanisten und Journalisten – alle haben Taylors Theorien angegriffen. Sie sahen in ihm die Verkörperung des Bösen, oder „das Böse" schlechthin, was Taylor und seine Anhänger erstaunte. Und dennoch bilden die Vorschläge in Taylors System den Kern dessen, wie moderne Manager denken und handeln sollen. Sein Hauptprinzip ist vernünftiges Denken und Handeln. Sein Ziel – Effizienz. Und die Methode ist programmatisch, also Effizienz als Zielvorstellung, zu deren Verwirklichung Beobachtung, Standardisierung, Ausbildung und Leistungsprämien eingesetzt werden.

Obwohl Taylor weder ein Philosoph noch ein abstrakter Denker war, gelangte er doch zu tiefen Überzeugungen über die Ursachen der Auseinandersetzungen in der Industrie, zu deren Beilegung er wissenschaftliches Management empfahl. Seine Grundanschauung: Konflikte entstehen aus Unwissenheit. Wenn weder die Vorgesetzten noch die Arbeiter über objektive Normen zur Beurteilung einer Arbeitsleistung verfügen, dann müssen sie zwangsläufig in einen Meinungsstreit geraten. Taylor sagte ihnen: „Eure Hauptschwierigkeit besteht darin, daß es für eine Tagesleistung keine richtigen Normen gibt... Wir stellen irgendeine Norm blind in den Raum, die andere Seite peilt die Leistung über den Daumen an, und dann geraten die Parteien aneinander. Das Entscheidende dabei ist: Wir können nicht sagen, was eine angemessene Arbeitsleistung pro Tag ist."[1]

Taylor glaubte, rationales Denken könne industrielle Konflikte dämpfen und ein moralisches Prinzip begründen, das der Menschheit in allen Aspekten des Lebens sehr nützlich sein würde.

„Die moralische Wirkung dieser Angewohnheit, alle Dinge nach Gesetz und Methode zu erledigen, ist groß. Wenn Menschen den größeren Teil ihrer Arbeitsstunden damit verbringen, jeden einzelnen Vorgang in Übereinstimmung mit eindeutig formulierten Gesetzen zu regeln, dann entwickeln sie Angewohnheiten, die zwangsläufig auch auf ihr Familienleben sowie auf alle Aktivitäten außerhalb der Arbeitsstunden übertragen werden. Mit an Sicherheit grenzender Wahrscheinlichkeit lassen sie sich den Rest ihres Lebens von Prinzipien und Gesetzen leiten und bestehen darauf, daß auch andere das tun. Auf diese Weise spürt die ganze Familie die angenehmen Auswirkungen der guten Angewohnheiten, die man dem Arbeiter bei seiner täglichen Arbeit aufgezwungen hat."[2]

Taylor wußte, wovon er sprach. Wenn es wirklich möglich ist, das Leben eines Individuums auf ein Thema zu reduzieren, dann war Taylors Thema das Verlangen, das Verhalten des Menschen und seine innere Welt zu kontrollieren. Er litt ernsthaft an einer neurotischen Besessenheit und damit zusammenhängenden Depressionen. Dennoch hat das ihm und seiner Tätigkeit nicht geschadet, sondern ihm sogar hohe Achtung eingebracht. Er hat es geschafft, nicht nur diese Krankheit zu überwinden, sondern sie sogar genutzt, sein monumentales Werk über wissenschaftliches Management aus eigener Kraft zu verfassen.

Jedem von uns fällt es unter normalen Umständen leicht, rational zu handeln. Schwierig ist es dagegen, rationales Verhalten in einer Organisation durchzusetzen und zu bewahren. Taylor erkannte, daß das Managen der Produktion in großen Fabriken von der Einführung eines Systems abhängt, das sich anhaltend auf Rationalität stützt. Die Menschen verstanden die Idee der Rationalität so, wie sie von John Locke, Adam Smith und anderen Denkern aus der Zeit der Aufklärung entwickelt worden war. So hat zum Beispiel Eli Whitney die Prinzipien der

Leistungsfähigkeit auf die Fabrikarbeit übertragen, und zwar durch sein Konzept austauschbarer Teile bei der Herstellung von Musketen. Dieses Konzept wurde zum Eckpfeiler der Massenproduktion und war später von entscheidender Bedeutung bei der Entwicklung des Fließbandes... Dennoch war keine Erfindung vor Taylor programmatisch so wirkungsvoll wie sein System des wissenschaftlichen Managements.

Es ist schon paradox, daß Taylor, der Philosophen verachtete, ein Programm in die Tat umsetzte, das die Träume der Philosophen der Wirklichkeit näher brachte als das je zuvor der Fall war. Ebenso paradox ist, daß sein rationales wissenschaftliches Managementsystem aus einer tiefsitzenden Irrationalität seines Wesens entstand, und daß er selbst heute noch von Managementtheoretikern verunglimpft wird, weil er ein Programm der Rationalität und Effizienz geschaffen hat, ohne das ein professionelles Management gar nicht existieren könnte.

Peters und Waterman schreiben über Taylor und sein wissenschaftliches Management in dem Management-Bestseller *In Search of Excellence*: „Die bisherige Rationalität ist unserer Ansicht nach ein direkter Nachfahre von Frederick Taylors Schule des wissenschaftlichen Managements und hat aufgehört, eine nützliche Lehre zu sein."[3] Die beiden Autoren kritisieren die Hinterlassenschaft falscher Anschauungen, die sie Taylor zuschreiben, doch hat das kaum etwas zu tun mit alter oder neuer Rationalität oder mit dem wissenschaftlichen Management und seinem Erfinder. Laut Peters und Waterman sind folgende Anschauungen falsch: groß sein heißt besser sein; Firmen mit niedrigen Herstellungskosten sind letzten Endes die Gewinner; mit Analysen läßt sich alles erreichen; Pläne siegen über blinden Eifer; der Job des Managers besteht darin, Entscheidungen zu treffen; der Job des Managers besteht darin, alles unter Kontrolle zu haben; Produktivität hängt von finanziellen Anreizen ab; Qualität hängt von entsprechenden Prüfungen ab; ein Manager, der Bilanzen zu lesen versteht, kann alles managen.

Im Grunde attackieren Peters und Waterman die extremen Anschauungen, die aus der Managementmystik erwachsen sind und die Arroganz und Exzesse der großen Unternehmen nach dem Zweiten Weltkrieg verursacht haben. Es gibt weder eine alte noch eine neue Rationalität, weil Rationalität unteilbar, zeitlos und frei von kulturellen Einschränkungen ist. Würden ihre Leser die Botschaft ernstnehmen und das Prinzip der Rationalität und das Programm des wissenschaftlichen Managements nicht mehr beachten, würde daraus ein Chaos entstehen.

Die ernsthafte Kritik am wissenschaftlichen Management wendet sich nicht dagegen, daß es ein Programm für stetig angewandte Rationalität ist. Das Problem des wissenschaftlichen Managements besteht vielmehr darin, daß die Manager zwar sein Programm übernommen haben, jedoch ohne zu begreifen, daß es sich um ein unvollständiges Projekt mit unvorhersehbaren Konsequenzen handelt. Es war weder trivial noch fehlgeleitet. Und man kann auch nicht sagen, ihm mangele ein gewisses Potential, zu einem menschlich akzeptablen Programm entwickelt zu werden, obwohl Taylors System niemals darauf abzielte.

Wissenschaftliches Management ist ein Programm zur Steigerung der Produktivität durch sorgfältige Organisation der Fabrikarbeit. In der typischen Fabrik des späten achtzehnten und frühen neunzehnten Jahrhunderts herrschte ein Mischmasch von Aktivitäten. Die Belegschaft arbeitete nach ganz persönlichen Vorstellungen. Ihre Vorgesetzten fühlten sich kaum verantwortlich für das Design, die Arbeitsmethoden oder den Arbeitsfluß in der Fabrik. Statt dessen versuchten sie, höhere Produktivität durch Einschüchterungsmethoden zu erzielen. Sie hielten sich für berechtigt, die Leute zu schikanieren und bei ihrer Forderung nach einem größeren Output auf die Furcht der Arbeitnehmer zu setzen. Wer höhere Produktion fordert, ohne aufzuzeigen, wie das erreicht werden kann, schafft eine Situation, in der die Beschäftigten sich innerlich von der Firma distanzieren und in einen unlösbaren Konflikt mit der Autorität geraten. Dieser Konflikt dreht sich weniger um Klassenunterschiede als um praktische Dinge, eine Tatsache, die Taylor als Ergebnis seiner Lehrzeit in einer Fabrik schon am Anfang seiner Laufbahn erkannte. Trotz seines aristokratischen Philadelphia-Erbes arbeitete er Schulter an Schulter mit einfachen Handarbeitern. Als er Vorarbeiter bzw. Vorgesetzter wurde, weigerte er sich, die von ihm beobachteten Formen der Einschüchterung anzuwenden. Statt dessen schlug er vor, höhere Leistungen selbst bei den einfachsten Verrichtungen durch Rationalisierung der Arbeit zu erzielen. Er beobachtete aufmerksam Methoden, Herstellungsverfahren, technische Tricks und das ganze Drum und Dran bei der Produktion, um die Arbeit zu vereinfachen und die Ergebnisse zu maximieren.

Während das wissenschaftliche Management ein allgemeines Programm für Effizienz bietet, sind die Herstellungsfunktionen als solche spezifisch und sehr unterschiedlich. Es bedarf eines in hohem Maße konzeptionellen Denkens, um über die speziellen Eigenheiten einer herstellenden Fabrik hinaus zu allgemeinen Leistungsprinzipien zu gelangen. Wer sich in einer Erdölraffinerie oder einem chemischen Werk umsieht, der trifft dort massive physische Strukturen an mit nur wenigen speziell ausgebildeten Beschäftigten in den Kontrollräumen, die Instrumente beobachten, die für sie unsichtbare chemische Reaktionen aufzeichnen. Die im Hintergrund tätigen Wartungsmonteure sorgen für einen stetigen Betrieb. Ihre Fähigkeit, in Notsituationen schnell eingreifen zu können, erspart dem Unternehmen kostspielige Ausfallzeiten und Kapitalausrüstungen.

Ein ganz anderes Bild liefert dagegen eine Konservenfabrik. Hier wird einige Monate im Jahr intensiv gearbeitet, sobald das zu verarbeitende Produkt herangereift ist. Saisonarbeiter nehmen ihre Arbeit an Kochherden und Fließbändern auf. Ihre Produktivität hängt von der Qualität der Wartungsmannschaft ab, die nach der Saison die Maschinen zerlegt, reinigt, schadhafte Teile ersetzt und sie dann bis nach der nächsten Ernte ruhen läßt.

Eine Gießerei ist ein Schauplatz präziser Koordination von Arbeitern und Maschinen. Sobald geschmolzenes Metall zum Guß bereit ist, muß eine Reihe exakt geformter Gußformen bereitstehen. Die Metallteile, die man danach aus den Gußformen löst, werden einem anderen Herstellungsprozeß zugeführt, den man als maschinelle Bearbeitung oder als Montage bezeichnet. Diese maschinelle Bearbeitung wird heute von Computern gesteuert. Ein programmiertes Band bringt das metallene Objekt und das Schneidewerkzeug in eine vorbestimmte

Position. Werkzeug und Metallobjekt treffen zusammen, und das Metall wird entsprechend den Spezifizierungen bearbeitet. Die vielfältigen Montagearbeiten reichen von der Automobilmontage, bei der große Teile auf einem Chassis befestigt werden, das auf einem Fließband wandert, bis zur Montage elektronischer Produkte, bei der Mikromodule, hergestellt an automatischen Arbeitsplätzen, miteinander kombiniert werden.

Lärm erfüllt den Saal mit den Webstühlen. Die Spindeln klappern, während die Weberschiffchen unterhalb der Fasern, aus denen das Garn des Stoffes entsteht, hin und her flitzen. Die Spindeln stoppen automatisch, sobald Faserstränge reißen. Ein Weber beaufsichtigt mehrere Maschinen und pendelt ständig zwischen ihnen hin und her, um bei Pannen einzugreifen und den Arbeitsfluß wiederherzustellen.

Alle hier erwähnten Herstellungsprozesse pflegen mehr oder weniger effizient zu sein, je nachdem, wie der Arbeitsablauf organisiert ist. Die Anzahl der einzelnen Arbeitsvorgänge muß vom Beginn bis zum Ende des Produktionszyklus so klein wie möglich gehalten werden. Die dazu notwendigen Materialien müssen in eine Richtung geleitet werden, wobei kein Arbeitsvorgang sich wiederholen darf und nichts ohne Notwendigkeit auf Lager gehalten werden sollte. Die vielgepriesene japanische Methode mit der Bezeichnung „just in time" ist keine Innovation aus jüngster Zeit. Diese Idee war schon in den Methoden des wissenschaftlichen Managements anzutreffen. „Just in time" kontrolliert die Lagerhaltung, um eine übertriebene Anhäufung von Ersatzteilen und Werkstoffen für die laufende Produktion zu vermeiden und dafür zu sorgen, daß die einzelnen Teile in genau dem Augenblick da sind, in dem sie gebraucht werden. Die unnötige Hortung von Ersatzteilen nimmt Platz in Anspruch und bindet Kapital. Die amerikanischen Hersteller haben die Lagerhaltungskontrolle und andere Elemente effizienter Herstellung einfach vergessen.

Den Genius jeder Fabrik erkennt man an der Kombination von „harter" und „sanfter" Technologie, gesteuert von fachlich hervorragend ausgebildeten Technikern, geschickten Facharbeitern und cleveren

Vorarbeitern. Harte Technologie ist die nützliche Anwendung der Physik. Die Erfindung der Dampfmaschine ist ein historisches Beispiel für harte Technologie. Das neueste Beispiel ist die Entwicklung von Halbleitern.

Sanfte Technologie fällt in den Bereich des wissenschaftlichen Managements. Sie befaßt sich mit den Problemen der Produktionsanalyse, der Spezifizierung von Arbeitsmethoden, der Gestaltung des Arbeitsplatzes und der Koordination des Herstellungsflusses vom Beginn bis zum Fertigprodukt. Während harte Technologie eng mit physikalischer Wissenschaft zusammenhängt, befindet sich sanfte Technologie in nächster Nachbarschaft zum cleveren Menschenverstand. Aus diesem Grunde war es vielleicht eine Fehlbenennung, die Arbeit von Taylor als *wissenschaftliches* Management zu bezeichnen. Denn in diesem Falle bezieht „wissenschaftlich" sich auf Beobachtungen und Zeit- und Bewegungsstudien, mit denen einzelne Herstellungsvorgänge herausgefunden und auf das notwendige Minimum begrenzt werden sollten. Es gibt weder eine Theorie noch physikalische Gesetze vergleichbar etwa dem Gesetz von Boyle, bekannt als Druck-Volumen Gesetz der Gase (auch Boyle-Mariott-Gesetz genannt, d. Übers.) über den Zusammenhang von Volumen, Druck und Temperatur von Gasen. Es erklärt die Funktion der Dampfmaschine.

Die Menschen vergessen häufig, daß fabrikmäßige Herstellung eine Mischung von Überlieferung und Erfindung ist. Die richtige Mischung kommt nur zustande, wenn sachkundige Menschen genau darauf achten, was sie tun, seien sie Techniker, Arbeiter, Vorarbeiter oder Manager. Verliert ein Glied dieser Kette das Interesse, oder ist eine Arbeitsmethode unangemessen, dann kommt es zu Störungen – etwa wenn Topmanager sich nicht mehr im rechten Maße um die ihnen anvertraute Fabrik kümmern, oder wenn durch Nachlässigkeit schlechte Produkte entstehen.

Die Franzosen haben für diese Mischung einen besonderen Ausdruck, *bricolage*, und derjenige, der sie praktiziert, ist ein *bricoleur*. Im Deutschen bedeutet es *basteln*, ausgeübt durch einen Nichtfachmann. Der

Bastler arbeitet mit dem, was er gerade zur Hand hat. Oft findet er einen besseren Weg, ohne die bisherige Herstellungsweise zu revolutionieren. Ein Topmanager der Firma Cummins Engine beschrieb das Interesse an einer sanften Technologie und die Ergebnisse folgendermaßen:

> „Vor einiger Zeit entschlossen wir uns zu schnell zum Einsatz von Robotern, in der Annahme, wir könnten die Produktivität durch Ausschalten menschlicher Arbeitskräfte steigern. Heute jedoch denken wir in Begriffen des Arbeitsflusses: Wie können wir die Handhabung des Materials so reduzieren, daß wir Maschinenausrüstungen einsparen? Dabei stellten wir fest, daß wir Teile bearbeiteten, sie anschließend zurück in die Lagerhallen transportierten, um sie später erneut zur Endmontage heranzuschaffen. Heute haben wir diese Form von Lagerhaltung abgeschafft."[4]

Solche Techniken zur Steigerung der Effizienz sind allgemein gültig. Sie sind in jeder beliebigen Produktionsform anwendbar, in moderner oder in traditioneller, in einem kleinen Handwerksbetrieb genauso wie in einem Großbetrieb. Professor Theodore Levitt von der Harvard Business School schreibt in seiner brillanten Kritik der Theorie der postindustriellen Gesellschaft, die vom wissenschaftlichen Management propagierten Methoden könnten helfen, die Probleme des Produktivitätsrückstandes in unserer Dienstleistungsgesellschaft zu überwinden.[5] Als Beispiel führt er die genormten Arbeitsgänge in der McDonald's Fast Food Kette an:

> „Die Friteuse bei McDonald's ist weder so groß, daß sie zu viele Friten auf einmal produziert (wodurch sie fade und abgestanden schmecken würden), noch so klein, daß häufige und teure Röstvorgänge notwendig werden. Sie wird auf ein breites Blech direkt neben der Theke entleert. Diese Plazierung ist von entscheidender Bedeutung. Da es zur Geschäftspraxis von McDonald's gehört, den Eindruck von Überfluß und Großzügigkeit zu erwekken, – die Tüten werden bis zum Überquellen mit Friten gefüllt –, verhindert die Plazierung des Bleches, daß Friten beim Einfüllen auf den Boden fallen. Dieses übermäßige Füllen von Tüten und

Tellern, mit dem McDonald's den Eindruck von Überfluß erwekken möchte, könnte für die Firma sehr teuer sein, die jährlich Kartoffeln in so großen Mengen kauft, daß sie ganze Güterzüge füllen. Aus diesem Grunde hat McDonald's eine Fritenschippe mit breiter Öffnung und enger Röhre im Handgriff entwickelt. Der Angestellte an der Ausgabe führt die Schippe am Ende des Handgriffs in einen Schlitz in der Wand ein, in dem sich die Tüten befinden. Daraufhin gleitet eine einzelne Tüte auf den Handgriff. Mit derselben zügigen Bewegung füllt er die Tüte mit Friten, und zwar mit genau der Menge, die der Designer beabsichtigt hat. Dabei kann nichts schiefgehen. Der Angestellte beschmutzt nicht seine Hand, der Fußboden bleibt sauber, trocken und unfallsicher, und die vorgeschriebene Menge wird ständig beibehalten."[6]

Eine bessere Herstellungsmethode finden, bedeutet Erzeugen von Mehrwert in seiner besten Form. Man sucht nach dem nächsten Schritt (nicht dem abschließenden) bei der Verbesserung des Arbeitsflusses und der Produktivität. Das beginnt mit Beobachtungen – vielleicht stellt sich dabei heraus, daß Materialien nur für die anschließende Lagerhaltung produziert werden, was wertvolles Kapital bindet und durch mehrfache Arbeitsvorgänge und Transportieren die Kosten steigert. Eine Beobachtung wie die im Bericht des Cummins Managers verursacht ein Gefühl des Unbehagens und der Unruhe. Dieses Gefühl gibt einen zweifachen Anstoß. Erstens einen Denkanstoß, der erkennen läßt, daß Gefühl und Erkenntnis sich verhalten wie zwei Hände, die einander waschen. Zweitens wird die Kommunikation ermuntert. Der unzufriedene Beobachter empfindet das dringende Bedürfnis, das Problem mit jemand anderem zu erörtern, gewöhnlich mit einem Vorgesetzten, manchmal auch mit einem Gleichgestellten. Diese Kommunikation bringt das Bemühen in Gang, das Problem besser zu definieren und Lösungen zu suchen. Die Beziehungen zwischen Vorgesetzten und Untergebenen, die das Problem bis zur endgültigen Lösung weiter verfolgen, festigen sich. Außerdem werden viele andere Leute an diesen Bemühungen beteiligt.

Angenommen, der Chef ist uninteressiert und beendet die Kommunikation. Das Ergebnis: Es geschieht nichts, und eine andere Stimmung kommt auf. Statt der Unruhe, daß die Arbeit eigentlich besser verrichtet werden könnte, entsteht Ärger und später Nachlässigkeit. Die Beschäftigten nehmen keinen inneren Anteil mehr an ihrer Tätigkeit und verlieren ihre Fähigkeit, herumzubasteln, zu innovieren und nach Möglichkeiten für einen Mehrertrag zu suchen.

Warum verlieren Vorgesetzte das Interesse an Verbesserungen und entmutigen dadurch andere? Weil sie aus Bequemlichkeit am alten Programm festhalten, statt zu neuen Möglichkeiten zu ermutigen. Sie versäumen es, die Dinge in ihrer Umgebung zu beobachten, und darüber hinaus versäumen sie es, Gefühle als Quelle von Informationen zu erkennen. Es kommt nie zum nächsten Schritt, und die Tradition des *bricolage* wird unterbrochen.

Zu seiner großen Verlegenheit merkte der Leiter der Abteilung Forschung und Entwicklung eines Hightech-Unternehmens, daß es seinem Team zum wiederholten Male nicht gelang, Ergebnisse zu erzielen. Das war doppelt peinlich für ihn, weil ein Spezialassistent des Vorstandsvorsitzenden einige der wichtigsten technischen Probleme beim Produktionsdesign und bei der Herstellung fast aus dem Handgelenk löste. Diese unterschiedlichen Leistungen wurden durch zwei Umstände bestimmt. Zunächst einmal hatte sich die formale Gruppe für Forschung und Entwicklung auf Verfahrensdetails eingelassen, etwa technische Zusammenkünfte und Besprechungen über Budgetfragen. Der Spezialassistent dagegen schlenderte durch alle Räume des Unternehmens, bastelte in seinem Labor und beschäftigte einzelne Arbeiter in der Abteilung Produktion mit Experimenten, die ihm bei der Lösung von Problemen halfen. Zweitens besaß er das Ohr und das Vertrauen des Vorstandsvorsitzenden, während der Leiter der Forschung um entsprechende Termine und Aufmerksamkeiten kämpfen mußte. Die Gespräche mit dem Vorstandsvorsitzenden über die Arbeitsprobleme stärkten das Vertrauen und motivierten den Assistenten zu größerer Leistung. Dem Leiter der Forschungsabteilung und seiner Organisation fehlten diese Anreize, worunter ihre Arbeit litt. Als defensives Manöver erneuerte der Leiter der Forschung daraufhin seine Bemühungen, Programme aufzustellen und Verfahrensmethoden als Ersatz für das direkte Engagement in der Arbeit einzuführen.

Von der Festlegung eines Programms bis zu starren Formen der Kommunikation ist es ein kleiner Schritt. Programmatische Denker kontrollieren gewöhnlich gerne den Informationsfluß und fordern formale Präsentationen, Dokumentationen und regelmäßige Zusammenkünfte. Ihr starres und auf Formalitäten bedachtes Verhalten sollte jedoch nicht zu der Schlußfolgerung führen, Rationalität, das Verlangen nach Effizienz oder wissenschaftliches Management als rationaler Ansatz für Effizienz seien die falschen Wege. Der Fehler liegt bei einer menschlichen Schwäche, die leicht übersehen wird, weil sie auf unbewußten Impulsen beruht, die sich subtil auf menschliche Beziehungen auswirken.

Dem Vorarbeiter einer Werkstatt, die einen wichtigen Zweig einer Firma für elektrotechnische Instrumente darstellte, war ein seiner Ansicht nach exzentrischer Arbeiter unterstellt.[7] Es handelte sich um einen geschickten Maschinisten, der nebenbei noch ein meisterhafter Schachspieler war. Er wollte Kollegen, die daran interessiert waren, im Schachspiel unterweisen, und machte einen entsprechenden Anschlag am Schwarzen Brett. Daraufhin erschienen in den Frühstücks- und Lunchpausen mehrere Arbeiter an seinem Arbeitsplatz, um Schachspielen zu lernen. Der Vorarbeiter demonstrierte seine Mißbilligung dieser seltsamen Aktivität durch entsprechende Grimassen und ähnliche Körpersprache.

Dem Maschinisten war aufgefallen, daß die in seiner Abteilung üblichen Bearbeitungsmethoden nicht sehr wirkungsvoll waren, und er teilte seine Ansicht dem Vorarbeiter mit. Dieser fühlte sich dadurch gekränkt und entmutigte seinen Untergebenen, diese Beobachtungen weiter zu analysieren. Der Maschinist ärgerte sich zwar darüber, hörte aber nicht auf, sich mit diesen Gedanken zu beschäftigen. Als er am Schwarzen Brett Zettel mit Anmerkungen zu den Arbeitsmethoden anheftete, sagte ihm der Vorarbeiter, das Brett sei nicht für solche Zwecke da. Daraufhin brachte der Maschinist ein kleines Schwarzes

Brett neben seinem Arbeitsplatz an, auf dem er seine Ideen darstellte. Vorarbeiter und Untergebener wechselten böse Worte, und der Vorgesetzte hatte das letzte Wort mit der Bemerkung: „Sie sind entlassen."

Wahrscheinlich verlangt man von den in der Produktion Beschäftigten zu viel, wenn man von ihnen erwartet, gute Zuhörer zu sein, die ein Gespür für Nuancen des Ausdrucks haben, in denen neue Möglichkeiten stecken könnten. Viele Produktionsmanager neigen in Wahrnehmung und Denken zum Vertrauten und scheuen vor Neuem zurück. Das war auch bei diesem Vorarbeiter der Fall. Realität war für ihn die Autorität und die Ordnung der Erwartungen, die mit seinem Job verbunden waren. Der schachspielende Maschinist verletzte diese Erwartungen, so daß der verärgerte Vorarbeiter die neuen Möglichkeiten, die dieser Arbeiter ihm aufzeigte, unbeachtet ließ. Für ihn spielte es keine Rolle, daß der Schachspieler mit seiner Kritik an den Herstellungsmethoden recht haben könnte und deshalb ein Förderer statt ein Feind von Effizienz und Produktivität war. Er verletzte die Ordnung, die mit der Position und Autorität des Vorgesetzten gegeben war.

Der Maschinist sah sich eindeutig in einer doppelten Pflicht: die Produktivität zu steigern und dafür die Autorität zu mißachten. Dagegen stand der Vorarbeiter vor der Entscheidung, sich auf größere Effizienz zu konzentrieren oder sich gegen die Herausforderung seiner Autorität zu verwahren. In keinem Fall war der Vorarbeiter wirklich bedroht. Nur sein Ordnungssinn war in Gefahr. Diese Anekdote aus einer Werkstatt offenbart die Unvollkommenheit wissenschaftlichen Managements, die im Mittelpunkt des strittigen Themas der Rolle und Leistungsfähigkeit von Managern steht. Seit den Tagen Taylors bis heute haben Manager nicht bemerkt, daß sie ein unvollständiges System anwenden. Hätte Taylor seine Arbeit erfolgreich abschließen können, würde die Wettbewerbsfähigkeit der amerikanischen Wirtschaft ganz anders aussehen, als das heute der Fall ist.

Große Pioniere des Managements wie Alfred Sloan haben die Absichten des wissenschaftlichen Managements nie ganz begriffen. Für Taylor war es eine Methode, Konflikte am Arbeitsplatz zu lösen und größere

Produktivität zu sichern. Er wollte das eine nicht ohne das andere haben. Seine Leidenschaft für industrielle Harmonie und die Annäherung zwischen Management und Arbeitern äußerte er in einem Kongress-Hearing über die Rolle des wissenschaftlichen Managements.

> „Den Lebensjahren nach war ich ein junger Mann. Doch ich gebe Ihnen mein Wort, daß ich innerlich beträchtlich älter war, als ich es jetzt bin mit all den Sorgen, den Gemeinheiten und der Verächtlichkeit dieses verdammten Krams. Es ist ein schreckliches Leben, wenn man den ganzen Tag lang keinem Arbeiter ins Gesicht sehen kann, ohne darin Feindseligkeit zu erkennen und zu spüren, daß jeder in deiner Umgebung dein Feind ist. Außerhalb der Fabrik waren diese Leute nette Burschen und viele von ihnen sogar meine Freunde. Das war wirklich ein elender Zustand, und ich beschloß, entweder ganz aus dem Wirtschaftsleben auszuscheiden und eine ganz andere Tätigkeit auszuüben, oder ein Mittel gegen diese unerträgliche Situation zu finden."[8]

Die Praktiker des Managements, die Taylor folgten, packten das Projekt zu eng an. Sie konzentrierten sich auf die strukturellen Aspekte des Programms und organisatorischen Praktiken, etwa Dezentralisierung und Managementkontrolle. Aus diesem Grunde blieben zwei Probleme der Modernisierung der Arbeit unverändert. Das erste war die gezielte Einschränkung des Outputs durch die Belegschaft oder der Widerstand gegen rationale Programme, das zweite die Trennung von Verantwortung und Autorität.

In den Jahren, die Taylor als Lehrling und dann als Maschinist in einer Fabrik verbrachte, wurde er auf eine typische Praxis aufmerksam, die von den Sozialwissenschaftlern später als „gezielte Beschränkung des Outputs" bezeichnet wurde. Sie bestand darin, den Output durch Absprache unter den Arbeitern auf ein bestimmtes Niveau zu beschränken. Leider zog Taylor zu schnell Schlüsse aus dieser Praxis. Wie die meisten Rationalisten es ebenfalls getan hätten, schloß er daraus, diese Praxis sei das Ergebnis einer kognitiven Beschränkung, die Manager und Arbeiter gleichermaßen beeinflusse. Er glaubte nicht, die Arbeiter seien faul oder versuchten, den Arbeitgeber zu betrügen, sondern meinte, sie wüßten einfach nicht, was man von ihnen erwartete. Es gab ja auch keine objektive Norm, nach der sie sich richten konnten.

Das Phänomen der bewußten Beschränkung des Outputs bedarf einer komplexeren Erklärung. Ausgezeichnete individuelle Leistungen werden bewundert, solange sie gottgegeben erscheinen, auf ein Individuum beschränkt sind und für niemanden eine Bedrohung darstellen – wie etwa die Leistungen eines Athleten. In der Fabrikarbeit sind hervorragende Leistungen selten. Treten sie dennoch in Erscheinung, dann werden sie von Arbeitskollegen leicht als Bedrohung empfunden. Schafft ein einzelner Arbeiter mehr als die Norm, dann könnte das Management Berechnungen anstellen, ob nicht für eine bestimmte Arbeit weniger Beschäftigte genügen, und daraufhin Mitarbeiter entlassen. Selbst wenn die Arbeiter keine Abstriche an ihrem Lebensstandard machen müßten, könnte man von ihnen vielleicht höhere Leistungen erwarten, oder sie werden von ihren Vorgesetzten geringer eingeschätzt. Um dieser Bedrohung zu entgehen, bilden die Arbeiter solidarische Gruppen, die von sich aus den Output beschränken. Ein solcher Zusammenhalt festigt die ganze Gruppe und verschafft ihr Macht in ihrem Verhältnis zu den Vorgesetzten. Auf Kollegen, die sich hervortun und somit den anderen schaden könnten, wird von der Gruppe Druck ausgeübt.

Taylor erkannte die absichtliche Beschränkung des Outputs als geläufige Praxis in allen Fabriken, doch gab es diese schon lange bevor er selbst ins Arbeitsleben einstieg. Das beharrliche Festhalten daran zeigt, wie sehr die Menschen bestrebt sind, ihr Umfeld unter Kontrolle zu halten, ganz gleich mit welchen Mitteln. Die Tatsache, daß Taylors Ideen sowohl bei Vorarbeitern als auch bei einfachen Fabrikarbeitern auf Widerspruch stießen, bezeugt, wie leicht rationale Programme in der Politik der Kontrolle entstellt werden können.

Das zweite Problem entstand, weil Taylors Programm des wissenschaftlichen Managements die Fabrik umorganisierte und in die Hände eines neuen Korps von Spezialisten übergab, den sogenannten Industrieingenieuren oder Leistungsexperten. Diese Experten waren für sämtliche Aspekte der Produktionsmethoden verantwortlich und verlagerten in den Fabriken das Gleichgewicht der Macht von den Werksarbeitern zu sich selbst. Der Aufstieg der Gewerkschaften verringerte weiterhin die Macht der Vorgesetzten in den Betrieben und schuf ein Ungleichgewicht zwischen Verantwortung und Autorität. Die Werksleiter sind für den Fluß der Produktion verantwortlich, doch haben sie nicht genügend Autorität, um ihren Anweisungen wirklichen Nachdruck zu verleihen. Sie sind nicht bevollmächtigt, den Plan für den Arbeitsfluß selbst zu entwerfen, und typischerweise dürfen sie auch nur noch die Leistungsnormen billigen, deren Festsetzung den Spezialisten zukommt. Ist ein Werksleiter mit den projektierten Arbeitsmethoden oder Produktionsstandards nicht einverstanden, fällt ihm die Last zu, entsprechende Irrtümer zu beweisen. Den meisten fehlen Zeit und Sachkunde, sich mit Spezialisten in Diskussionen über Methoden und Normen einzulassen. Mangels auf Erfahrung beruhender Überzeugung und der entsprechenden Mittel zur Kontrolle der Organisation der Arbeit verfallen die Werksleiter in Passivität. Gewöhnlich akzeptieren sie, was man ihnen vorlegt. Ihre Aufgabe besteht nur noch in der Sicherung des eigenen Überlebens, was sie noch stärker denen entfremdet, deren Arbeit sie überwachen.

Die Lage wird durch die Tatsache verschlimmert, daß die höheren Ränge der Fabrikmanager vergessen haben, wie wichtig es ist, „vor Ort" zu kontrollieren. Sie waren so sehr damit beschäftigt, sich gegen die immer mehr Produkte fordernden Marketingkollegen und gegen die stets Berichte erwartende Zentrale zu verteidigen, daß die Bindeglieder in der Autoritätskette von den Vorarbeitern an den Maschinen bis zum Topmanagement trotz der Ergebnisse der Tätigkeit von Experten für Leistungssteigerung langsam verrotteten.

David Halberstam hat den Aufstieg der japanischen und den Verfall der amerikanischen Automobilindustrie beschrieben. Er weist darauf hin, daß es in diesem Zusammenhang eine implizite Verständigung zwischen Gewerkschaften und Management gegeben hat,[9] welche die Befähigung des Managements zur Vollendung des von Frederick Taylor in Gang gebrachten Projekts noch weiter behinderte. Nun war es nicht mehr notwendig, das Problem der Produktivität der Arbeiter zu lösen, da es in den institutionellen Praktiken der Unternehmen und organisierten Arbeitnehmer im Dornröschenschlaf lag. Nach dem Zweiten Weltkrieg stabilisierte sich diese Idee: Warum sollte man sich nicht einander anpassen, statt Konflikte auszutragen? Und so stiegen die Arbeitskosten ohne gleichzeitige Produktivitätssteigerung. Man gab sie einfach an den Kunden weiter, der dringend nach Waren und Dienstleistungen verlangte. Dieses gegenseitige Anpassen bringt das Kalkül der Rationalität auf neuartige Weise zum Ausdruck. Man rechnet die Kosten von Konflikten aus, die bisher stets durch Streiks und Aussperrungen ausgetragen wurden, errechnet den Einkommensverlust für die Arbeitnehmer und für die Unternehmen. Gegenüber dieser Alternative schien die Anpassung mit ihren vermehrten Kosten und gesenkter Produktivität beiden Seiten als die bessere Lösung, zumindest kurzfristig.

Bei dieser Praxis der Anpassung war die Gewerkschaftsbewegung klug genug, sich an rein ökonomische Forderungen zu halten und auf Mitbestimmung am Arbeitsplatz zu verzichten. Alfred Sloan hat später stolz darauf hingewiesen, daß in dem Jahrzehnt, das dem Streik bei General Motors im Jahre 1946 folgte, Gewerkschaften und Management sich einigten, wobei die Hoheitsrechte des Managements intakt blieben.[10] Abgesehen von der Bewahrung dieser Vorrechte, beschränkte das Management seine Zielsetzung darauf, die Geschäfte ohne Streiks führen zu können.

Im Zuge dieser gegenseitigen Anpassung der Ziele geriet die Tradition der Innovationen und Produktverbesserungen ins Hintertreffen. Weder das Management noch die Gewerkschaften wollten diese Tradition wiederbeleben, falls sie sich ihrer überhaupt bewußt waren. Die latenten Probleme, Folge der unvollendeten Projekte des wissenschaftlichen Managements, wurden vielleicht verdrängt, sind jedoch nicht verschwunden. Die Motivation der Arbeit wurde vom früheren Verlangen, immer noch Besseres zu leisten, in einen Machtkampf transformiert, bei dem die rivalisierenden Gruppen sich vervielfachten. Es ist längst kein

Streit mehr zwischen Gewerkschaft und institutionalisiertem Management. Innerhalb des Managements selbst stehen normale Interaktionen im Zeichen von Machtkämpfen. Die Herren der Abteilung Technologie kämpfen gegen die der Herstellung, diese wiederum gegen die Marketingleute und die Finanzabteilung. Die Vorarbeiter sorgen inzwischen dafür, daß sie einen Platz in der ersten Reihe am Ring haben, weit genug entfernt von der Gefahr, dabei selbst zu Schaden zu kommen, jedoch nahe genug, die Manövrierfähigkeit aller Streitenden zu bestaunen.

Der vielleicht verheerendste Aspekt der gescheiterten Perfektionierung der Wissenschaft vom wissenschaftlichen Management ist die Verkümmerung des Know-how. Das Topmanagement hat sich zunehmend auf interne Machtkämpfe mit den eigenen Leuten eingelassen, die Betriebsstätten und Fabriken leiten sollen, indem sie Angehörige des Stabes zu Leitern der Produktion machen. Es ist typisch, daß das Topmanagement den Leitern aller Betriebsabteilungen mißtraut, auch denen in den Fabriken, in denen die Produkte hergestellt werden. Um die Verbindung zu diesen dezentralisierten Machtzentren zu sichern, werden hochgestellte Stabsangehörige, die zwar jung, aber in Unternehmensaktivitäten erfahren sind, als Abteilungsleiter nach draußen geschickt. In diesen Frontpositionen sind sie für die Ergebnisse verantwortlich. Sie bringen für diesen Job weder Sachkunde noch Erfahrung in den Bereichen Herstellung oder Vertrieb mit, sondern argumentieren nur mit der Behauptung, sie besäßen das Vertrauen des Topmanagements und könnten so einen fairen Anteil an den Ressourcen beschaffen, die für Kapitalinvestitionen zugeteilt werden. Das ist eine rein politische Behauptung. Zwar kann sie den Anschein kooperativen Verhaltens erwekken (wieviel Leute würden denn schon auf die Möglichkeit, mehr Finanzmittel zugeteilt zu bekommen, verzichten?). Doch geht man bestimmt nicht fehl in der Annahme, daß diese Allianz nur auf politischen Gründen beruht und nicht auf einem gemeinsamen Verständnis dessen, was nötig ist, um die Dinge besser zu tun, als es der Fall war.

Vor ihrer Umwandlung von einem industriellen Konglomerat in ein Dienstleistungsunternehmen erlebte die Ogden Corporation die typischen Probleme einer Firma, die Manager aus dem Stab der Geschäftsleitung als Kontrolleure der Produktionsabteilungen einsetzt. Stabsmanager, die zu Leitern von Produktionsabteilungen ernannt wurden, haben wiederholt ihren Mangel an Erfahrung mit produkt-markt-orientierten Aktivitäten und ihre persönliche Furcht vor der entsprechenden Verantwortung nicht überwinden können. In dem Maße, in dem ihren Abteilungen der Erfolg versagt blieb, erfaßte Abteilungsleiter Angst, und sie begannen, nach magischen Lösungen für ihre Probleme zu suchen, etwa durch planlose Produktveränderungen.

Im Zuge ihrer Umwandlung tat die Ogden Corporation mehr, als nur Abteilungen für industrielle Produktionen zu entflechten. Sie änderte auch ihre Grundanschauung, um Autorität und Kompetenz zu verbinden, die Mitwirkung von Stabsangestellten zu reduzieren und Manager auf allen Ebenen die Möglichkeit zur Identifizierung und Lösung von Problemen zu geben. Die neue Firma Ogden betonte praktische Rationalität und baute Organisationspolitik ab.

Wer wissenschaftliches Management als altmodische Rationalität abtut, sollte sich die Sache besser noch einmal anschauen. Auch wenn es zutrifft, daß der Taylorismus die Beaufsichtigung der Arbeit in den Fabriken verschlechtert hat, nämlich durch Zusammenfassen der bisherigen Methoden in einer neuen Funktion mit dem Namen Fertigungssteuerung oder Betriebstechnik, erfolgte diese Verschiebung im Gleichgewicht der Macht unabsichtlich. Taylor war im Grunde seiner Seele apolitisch und nicht daran interessiert, irgendeiner besonderen Gruppe mehr Macht zukommen zu lassen. Das Schlimmste, was man über das wissenschaftliche Management sagen kann, ist, daß es wahrscheinlich naiv war und weiterhin ist. Doch basierte es auf Liebe zur Produktion und dem menschlichen Verlangen, die Dinge besser zu tun. Außerdem bot es ein revolutionäres Programm zur Institutionalisierung der Leistungsfähigkeit, das vor Taylor nicht existierte. Taylor befreite die Produktivität von ihrer totalen Abhängigkeit von harter Technologie und verschaffte dem gesunden Menschenverstand in großen Fabriken potentiell eine Wirkungsmöglichkeit.

Die Wiederbelebung der Tradition, die Dinge besser zu tun als zuvor, wird heute wieder dringend benötigt, und zwar ebenso in vielen arbeitsintensiven Betrieben wie beim Einzelhandel und im Dienstleistungssektor. Firmen mit Erfolg auf dem Markt werden ihn deshalb haben, weil sie effizient sind und die Menschen zur Effizienz erzogen haben. Zu lernen, wie man Waren und Dienstleistungen über riesige geographische Räume verteilt und gleichzeitig dem Kunden wirkliche Werte liefert, das erfordert Kenntnisse, die auf den ersten Blick überhaupt nichts mit Maschinenbau, Gießereien und Fließbändern zu tun haben. Und doch liegen die Ursprünge dieser Befähigung ganz einfach darin, daß man zunächst lernen muß, in den Fabriken effizient Metall zu bearbeiten.

In ihrer faszinierenden Studie über Technologie, Literatur und Kultur gibt uns Cecilia Tichi einen Hinweis, der vielleicht erklären kann, wodurch die Verbreitung und Humanisierung der Effizienz verhindert wurde.[11] Es existiert ein irrationales Substrat, das rationale Zielsetzungen und Methoden leicht zunichte machen kann. Seine Substanz sind Sorgen über Zeit und Geld. Das entscheidende Thema ist die Gleichung „Zeit ist Geld". Die Furcht, Zeit zu vergeuden, die nicht mehr eingeholt werden kann, und Geld zu verschwenden, dessen Wiederbeschaffung wiederum Zeit erfordert, erzeugt eine nie endende Verzweiflung.

Statt miteinander zu reden, projizieren die Chefs ihre Ängste auf die Untergebenen, die ihrerseits mit ausweichenden Entschuldigungen reagieren, die am Kern des Problems vorbeigehen. Mit Klagen und Vorwürfen über Vergeudung von Zeit und Geld projizieren die Chefs ihre Sorgen auf die Belegschaft und prophezeien schlechte Zeiten. Solch fruchtlose Diskussionen haben zur Folge, daß die Arbeit zusammenbricht. Das Ideal, die Dinge besser zu tun, verblaßt – statt zu einer Kraft zu werden, die Männer und Frauen bei der Suche nach Lösungen für die wirklichen Probleme zusammenführt.

Man wird vielleicht die Ansicht vertreten, diese Konflikte, die aus der Besessenheit von Zeit und Geld entstehen, seien Überbleibsel aus der Welt der „schmutzigen Industrien" mit ihrer Dampfmaschinen- und

Treibriemen-Mentalität. Die moderne Fabrik jedoch fordere von ihren Beschäftigten Fachwissen. Denn heute würden die Menschen auf allen Ebenen dafür bezahlt, daß sie denken, und nicht dafür, daß sie körperlich schwer arbeiten. In dieser Ära einer auf Fachwissen beruhenden industriellen Tätigkeit sollte die Macht in den Betrieben gleichmäßig verteilt sein. Dann werde es auch weniger Konflikte geben. Zwar wird erst die Zeit uns lehren, ob das so ist. Doch besteht Grund zu der Annahme, daß diese Anschauung naiv ist. Ohne einen Wandel der Ideen über die menschliche Natur und die Verhältnisse, durch die produktive Zusammenarbeit zustande kommt, wird die Vision hinter der Suche nach Effizienz nur eine Vision bleiben, statt zur Quelle von Energie zu werden, mittels derer man die Dinge durch gemeinsames Bemühen besser tun kann.

Kapitel 5

Kooperation

Die amerikanische Gesellschaft befindet sich in einem tiefen Konflikt über ihre industriellen und menschlichen Beziehungen. Sie schätzt Individualität und hat doch für ihr Funktionieren ein industrielles System ersonnen, das auf Kooperation angewiesen ist. Sie legt großen Wert auf Gleichheit, und doch hängen ihre großen Unternehmen von einer Hierarchie ab. Diese funktioniert nur, wenn ein Band des Vertrauens besteht zwischen Personen auf verschiedenen Ebenen von Status und Macht. Und selbst dann wird es immer ein gewisses Maß an Mißtrauen geben gegenüber der Autorität im Wirtschaftsleben, aber auch in anderen Organisationen. Angesichts der Geschichte der Arbeitskämpfe in den Vereinigten Staaten ist dies verständlich.

In neueren Studien über die Lage der amerikanischen Automobilindustrie rangiert das Mißtrauen zwischen Management und Arbeitnehmern als eine der Ursachen des Rückgangs der Produktivität und der Produktqualität mit obenan.[1] Die Schilderungen der berühmten Schlacht am Overpaß mit dem Bild des blutüberströmten Gewerkschaftsvorsitzenden Walter Reuther bleiben allen stets im Gedächtnis, die sich mit den gewalttätigen Auseinandersetzungen in den 30er Jahren zwischen Gewerkschaften und dem Management um das Organisationsrecht beschäftigen. Anders als in Japan waren die Beziehungen zwischen den Sozialpartnern bis vor verhältnismäßig kurzer Zeit durch gegenseitige Verdächtigungen und Feindschaft bestimmt.

Das wissenschaftliche Management bietet eine Lösung an, Konflikte in Kooperation umzuwandeln. Sie will nicht die Hierarchie und Ungleichheit im Status beseitigen, sondern alle Angehörigen einer Organisation gleichermaßen dem Prinzip der Rationalität unterordnen. Vorgesetzter und Untergebener sollen gleichermaßen dem Ziel eines beständig praktizierten Prinzips der Leistungsfähigkeit verpflichtet werden. Innerhalb dieses Bezugsrahmens übt nicht eine Person über eine andere Macht durch Steuerung ihres Verhaltens aus. Vielmehr werden Rolle und Aufgabe jedes einzelnen durch die objektiven Erfordernisse der Effizienz definiert. Taylors Vision war großartig und bleibt es auch. Soll es jedoch dem wissenschaftlichen Management gelingen, Kooperation zustandezubringen, dann müssen die Menschen an seine Objektivität und Fairness glauben, müssen überzeugt sein, daß es den Interessen aller dient. Stellt man das Problem so, dann verlagert man das ganze von der Unternehmenspolitik auf die Psychologie industrieller und menschlicher Beziehungen. Die Notwendigkeit der Kooperation bleibt bestehen, doch ändert sich die Diagnose, warum es nicht zur Kooperation kommt.

Von den politischen Praktiken eines Mahatma Gandhi kann man viel über die Umwandlung von Konflikten in Kooperation lernen. Bei tiefsitzender Abneigung nährt sich das Mißtrauen aus sich selbst und erzeugt dadurch Feindschaft. Gandhi bediente sich des passiven Widerstands, um seinen Feind zu umarmen und gleichzeitig einen mächtigen Gegner zu überwinden. Vielleicht lernte Gandhi diese Lektion von seinem Gegner in den Textilfabriken von Ahmedabad, wo er 1918 einen Streik organisierte.[2] Die Familie Sarabhai, führende Webereibesitzer, unterstützte die Streikenden oft mit Lebensmitteln, während sie gleichzeitig deren Ziele bekämpfte. Das Prinzip, den Gegner in eigene Aktivitäten einzubeziehen, ist auf Situationen anwendbar, wo der Gegner von heute der Partner von morgen für gemeinsames Bemühen sein kann.

Anfang der 20er Jahre reiste der australische Akademiker George Elton Mayo in die Vereinigten Staaten, um dort Vorträge über industrielle Beziehungen und Philosophie zu halten. Mayo verdient die Bezeichnung „Vater der Bewegung für menschliche Beziehungen in der Industrie". Wie Taylor ersann auch er eine visionäre Lösung für das Problem der industriellen Kooperation, die sich allerdings erheblich von der des wissenschaftlichen Managements unterschied. Er und Taylor waren sich auch darin ähnlich, daß beide Männer die organisierte Arbeit zum Thema ihrer Untersuchungen machten, doch war es beiden nicht vergönnt, in einer realen Organisation zufriedenstellend und produktiv tätig zu sein. Beide waren Außenseiter und im Grunde einsame Menschen, die sich bemühten, ihre persönlichen Probleme durch eine Vision von Harmonie am Arbeitsplatz zu lösen.

Wie bei vielen anderen großen Erneuerern verliehen auch Mayos persönliche Lebensgeschichte und Konflikte seiner Arbeit Energie und weckten wahrscheinlich sein Interesse für die Nöte des arbeitenden Menschen.[3] Sein Interesse für Psychologie hatte seinen Ursprung in seinen persönlichen Auseinandersetzungen mit Depressionen und verschwommenen Vorstellungen über die eigene Identität. Mayo war Sohn eines Arztes. Nach zweijährigem Medizinstudium in Australien und einem weiteren Versuch an einer medizinischen Fakultät in Schottland, gab er die geplante medizinische Laufbahn auf. Obgleich er selbst niemals Arzt wurde, bildete die medizinische Wissenschaft doch den Kern seiner professionellen Identität. Er war eine Art Heiler, anfänglich für Einzelpersonen, schließlich jedoch für die Gesellschaft. Oberst Frank Urwick, ein führender Managementspezialist in den 30er Jahren, nannte ihn „Doktor Mayo", wenn er die Lösung industrieller Probleme durch menschliche Beziehungen diskutierte. Mayo freute sich über diesen Titel.

Mayo wurde von praktischen Ärzten erstaunlich hoch geschätzt. Sie luden ihn in ihre Kliniken ein und überwiesen ihm Patienten zur Behandlung mentaler Störungen. Für psychotherapeutische Behandlungen besaß er wenig formale Ausbildung oder Qualifikation. Die beiden Jahre an der medizinischen Fakultät hatten ihm nur wenig systematischen Einblick in Geisteskrankheiten verschafft, ganz zu schweigen von Anleitungen zu Diagnose oder Behandlung. All sein Wissen hatte er sich selbst angeeignet.

Nachdem er die medizinische Fakultät zum zweiten Male verlassen hatte, nahm Mayo eine Stellung in einem Heim für alte und bedürftige Arbeiter an. Formell bestand sein Job darin, Unterricht zu erteilen. Er selbst definierte ihn als Studium der Zusammenhänge zwischen Gefühlszuständen, Denkmustern und der Befähigung der Menschen zur Arbeit.

Zu diesem Zweck interviewte Mayo einzelne Personen. Er stellte Fragen über ihre Lebenssituation, ihre Lebensgeschichte und über auffällige Störungen im Denken und im Gefühlsleben. Diese Tätigkeit, bei der er eine bemerkenswerte Fähigkeit bewies, sich der Probleme anderer Menschen anzunehmen, bescherte Mayo hohes Ansehen. Er war von Natur aus ein begabter Zuhörer und konnte durch seine Aufmerksamkeit und Zurückhaltung mit Urteilen leicht Vertrauen erringen. In der klinischen Psychotherapie bedeutet Zurückhaltung, daß man sich zu den Aussagen des Patienten weder zustimmend noch mißbilligend äußert. Richtig zuhören bedeutet, die Mitteilungen des anderen mit der Ernsthaftigkeit zu akzeptieren, mit der sie gemacht werden. Spürt der Interviewte diese bedingungslose Akzeptanz, dann wird er wachsendes Interesse daran haben, seine innersten Gedanken und Gefühle zu erforschen und darzustellen.

Mayo entdeckte noch andere Konsequenzen seiner Fähigkeit des Zuhörens. Das Verhältnis zwischen dem Interviewer und dem Interviewten, vor allem wenn es sich im Rahmen einer bestimmten medizinischen Situation entwickelt, erzeugt Wirkungen, die über das Vordergründige des Gesprächs hinausreichen. So kann der Interviewer eine Art kathartischer Befreiung erfahren, kann „Dampf ablassen". Der Gedanke der Katharsis war zu der Zeit, als Mayo seine Interviews führte, nicht neu. Obwohl sie als Methode zur Heilung seelischer Erkrankungen diskreditiert war, glaubten Mayo und andere Praktiker, sie verschaffe zumindest vorübergehend Erleichterung.

Es gab noch einen anderen Aspekt der Interviewmethode, den Mayo vielleicht verstand, in seinen Theorien jedoch nicht näher ausführte. Es ist der Einfluß, den ein einfühlsamer Zuhörer auf das Leben einer anderen Person ausüben kann. Schon lange vor Mayo war er als „Beeinflußbarkeit" und später als „Übertragung" bekannt. In gewissen Fällen reagiert der Interviewte auf die Zuwendung des Zuhörers dadurch, daß er ihm/ihr Vertrauen schenkt oder sogar Macht anvertraut. Der Interviewer kann Vorschläge machen, und der Partner wird geneigt sein, diesen Empfehlungen zu folgen, manchmal mit segensreichen, wenn auch nicht dauerhaften Ergebnissen. Die Macht der Suggestion ist besonders stark, wenn der Interviewte sich zum Interviewenden hingezogen fühlt. Manchmal kommt diese Anziehung zustande, weil der Interviewende wie ein(e) gütiger Vater (Mutter) erscheint, der (die) bereit ist, dem anderen zu erlauben, das zu tun, was er (sie) gerne tun würde, jedoch wegen persönlicher Hemmungen und Verbote nicht tun kann. In einigen Fällen ist es eine sexuelle Anziehung, durch die der Interviewer häufig idealisiert wird. Worauf die Anziehungskraft auch beruhen mag, die Beeinflußbarkeit hat zur Folge, daß jemand beträchtlichen Einfluß auf das Denken und Handeln eines anderen gewinnt.

Mayo war der Meinung, die Interviewmethode lasse sich auch in der Industrie als Mittel zur Förderung von Kooperation auf allen Ebenen der Organisation anwenden.[4] Vordergründig könnte es scheinen, als ziele Mayos Vorschlag zur Einführung der Interviewmethode im industriellen Leben darauf ab, die Arbeitnehmerschaft mit dem verführerischen Mittel einfühlsamen Zuhörens zu beruhigen. Viele Gewerkschaftsführer und Soziologen haben in der Tat Mayos Theorien angegriffen und die praktische Anwendung seiner Arbeit als „Soziologie für Kühe" bezeichnet. Es gab damals nur einen Versuch, Interviews in einem Personalprogramm anzuwenden. Western Electric Company führte sie unter Mayos Oberaufsicht ein. Das System wurde jedoch aufgegeben, weil ihm eine klare Zielsetzung fehlte, es nur wenig Ergebnisse brachte und als anti-gewerkschaftliche Praxis hart kritisiert wurde.[5]

Schaut man sich Mayos Werk im einzelnen an, dann erhält man ein subtileres Bild seiner Ziele und Methoden. Es ist ein typischer Fall, in dem Forschung und Theorie der praktischen Anwendung weit vorauseilen. Mayos Zielsetzung hinter seinen Interviews wurde zu einem Teil umfassenderer Bemühungen, Bedingungen zu begreifen und zu fördern, mit denen Kooperation am Arbeitsplatz erreicht werden kann.

Mayos Forschungsarbeit verknüpfte menschliche Beziehungen am Arbeitsplatz mit den Ursachen seelischer Störungen des einzelnen. Diese Störungen traten in Form von Träumereien auf, begleitet von Schuldgefühlen und verminderter Selbstachtung. Grundlegende Ursachen dieser Störungen waren die soziale Isolation der Arbeit und die monotone Wiederholung physischer Tätigkeiten bei der Massenproduktion. Der einzelne Arbeiter war ein Teil der gesamten Mannschaft. Ohne ihm besondere Konzentration oder die Anwendung gut entwickelter Fachkenntnisse abzuverlangen, verleitete die Arbeit ihn zu einem Gefühl fehlender Anteilnahme an ihr. Deshalb wurde die an sich normale Neigung zur Kooperation durch die Isolierung des Individuums verdrängt.

Für Mayo war spontane Kooperation das normale Verhalten von Personen, die sich gemeinsam um etwas bemühen. Das Fehlen dieser Zusammenarbeit bewirkt Krankheit, erkennbar an Symptomen wie individuelle Depressionen (allgemeiner als Langeweile und Erschöpfung bekannt), kollektive Unruhe und Streitigkeiten.

Mayo begann seine Untersuchung mit dem Problem der Erschöpfung der Arbeiter. Seine in Interviews und psychiatrischen Vorlesungen erworbene Erfahrung hatte ihn bereits überzeugt, daß man ein einzelnes Phänomen wie etwa Erschöpfung nicht isolieren und mit dem Niveau der Produktion in Zusammenhang bringen kann. Erschöpfung ist nicht einfach das Ergebnis der Verausgabung physischer Energie. Eine Theorie besagt, Arbeiter seien ein Reservoir von Energien, das sie während ihrer Tätigkeit verausgaben, und das sich so managen läßt, daß dadurch mehr Produktivität und größeres Wohlergehen zustande kommen. Sie widersprach Mayos Auffassung von der Arbeit als einem komplizierten mentalen Vorgang, der auf einem Bild des Menschen von sich selbst und seiner Mitgliedschaft in einer Gemeinschaft beruht.

Mayo ersann eine Methode, Symptome von Malaisen wie Langeweile und Erschöpfung auszuschalten und die natürliche Neigung zur Kooperation wiederherzustellen. Man mußte nur die Bande der Zugehörigkeit zu einer kleinen Gruppe und zum gesamten Unternehmen stärken. Interviews waren eine indirekte Methode, Bindungen zwischen dem einzelnen Arbeitnehmer, seiner Gruppe und der Firma insgesamt herzustellen. Eine andere Methode bestand darin, Arbeitspausen einzuführen, in denen man die Arbeiter ermutigte, miteinander

Kooperation 113

zu kommunizieren und, was noch wichtiger ist, eine positive Verbindung zu ihren Vorgesetzten aufzunehmen.

Eine solche positive Verbindung kann sich ergeben, wenn die Vorarbeiter effektiver sind. Als unmittelbare Repräsentanten der Autorität können Vorarbeiter Rationalität, Fairness, vernünftige Überlegungen und Kompetenz repräsentieren – ein Image, mit dem die Arbeiter sich identifizieren können. Identifizieren heißt hier, daß man die Repräsentation und das Image, das bei einem anderen Individuum, in einer Gruppe oder im ganzen Unternehmen in Erscheinung tritt, in die eigene Psyche integriert. Identifizierung mit der Autorität würde die allen Menschen angeborenen kooperativen Neigungen erwecken.

Die Archive der Harvard Business School quellen über von Fallstudien über die Konsequenzen einer versäumten Identifizierung mit der Autorität. Eine von ihnen behandelt einen klassischen Fall, bei dem es um die Einführung eines neuen Herstellungsverfahrens in einer Gießerei ging.[6] Zu der neuen Methode gehörten Innovationen in harter und sanfter Technologie. Sie wurde eingeführt, bevor die Arbeiter für die Veränderungen gerüstet waren. In der Firma hatte es schon wiederholt Auseinandersetzungen über Arbeitsnormen und Stückzahlen gegeben. Die Arbeiter widersetzten sich sofort den neuen Methoden, weil sie meinten, die neuen Normen seien unfair und würden zu Einkommensverlusten führen. Die Vorarbeiter hielten sich aus dem Konflikt heraus. Sie fürchteten eine klare Stellungnahme zu den neuen Normen, obwohl sich aus Interviews erkennen ließ, daß auch sie die Zeitstudien für falsch und die Lohnsätze für zu niedrig angesetzt hielten. Der Widerstand der Belegschaft verursachte Versetzungen, Arbeitsunterbrechungen, Rückgang der Qualität, Absinken der Produktion und Verlust vielversprechender technologischer Verbesserungen. Es entwickelte sich ein antagonistisches Verhältnis zwischen Management und Beschäftigten, und die neuen Methoden drohten ein dauerndes Klima der Feindschaft zu bewirken.

Auch Mitbestimmung ist eine Methode zur Förderung von Kooperation. Qualitätszirkel, wie sie in Japan an der Tagesordnung sind, beginnen mit positivem Verhalten gegenüber den Autoritäten. Alle Beschäftigten identifizieren sich mit ihrer Firma, die sich ihrerseits um deren Belange mit Programmen wie etwa einer Beschäftigungsgarantie kümmert. Faßt man Arbeitsgruppen zu Qualitätszirkeln zusammen, dann verringert man die der Massenproduktion anhaftende Isolierung. Die Mitwirkung an der Verbesserung der Qualität des Outputs fördert potentiell die Selbstachtung und den Status der unmittelbar daran beteiligten Gruppe. Durch Mitbestimmungspraktiken wird die in Japan bereits vorhandene starke Grundlage der Kooperation noch verbreitert.

Mayos großartige Vision spontaner Kooperation ist in den Vereinigten Staaten niemals Wirklichkeit geworden. Es wäre eine zu starke Vereinfachung, wollte man behaupten, die Gründe für dieses Scheitern hätten in der psychiatrischen Orientierung Mayos gelegen. Obwohl weder das Management noch die Gewerkschaftsführer das Problem aus gleicher Sicht betrachtet haben, tarnte Mayo seine grundlegenden Ideen genug, um sich als humanistischer Sozialwissenschaftler und nicht als Psychiater zu präsentieren. Seine wenigen Schriften richteten sich hauptsächlich an ein allgemeines Publikum, Manager eingeschlossen, und er bemühte sich, in volkstümlichem Stil zu schreiben. In einem seiner Fachbücher erörterte er seine Theorie über Arbeit und seelische Erkrankungen, doch ist es zweifelhaft, ob das eher allgemein orientierte Publikum seine Ideen mit moderner Psychiatrie assoziierte.[7]

Andere Sozialwissenschaftler propagierten Ideen, die denen Mayos ähnlich waren, ganz gewiß mit dem gleichen Ziel der Förderung von Kooperation, wenngleich mit variierenden theoretischen Orientierungen. So trug beispielsweise der topologische Soziologe Kurt Lewin seine Ideen über Mitbestimmung im Rahmen von Untersuchungen über demokratische, autokratische und laissez-faire Führung vor.[8] Aus dieser Tätigkeit entstanden die National Training Laboratories und die Verwendung von Trainingsgruppen (T-groups), in denen Vorarbeiter unterrichtet wurden, wie man eine demokratische Gruppenkultur und einen Führungsstil schaffen kann. Andere Sozialwissenschaftler schlugen neue Managementmodelle vor, beispielsweise die Theorie X und

Theorie Y von McGregor. Die erstere förderte starre Verhaltensmuster, die letztere Muster für Mitbestimmung und demokratisches Verhalten zur Ermutigung von Kooperation am Arbeitsplatz.[9]

Aus den Modellen für Mitbestimmung entstand die „Bewegung für humanistische industrielle Beziehungen" mit Vorkämpfern wie Abraham Maslow. In seiner Theorie über Bedürfnishierarchien behauptete er, jedes Niveau von Befriedigung erzeuge zwangsläufig Frust, weil es Bedürfnisse auf höheren Ebenen aktiviere.[10] Sollte Maslow's Theorie sich als richtig erweisen, dann würden die Probleme der Kooperation in der Tat zu einer nie endenden Herausforderung des Managements.

Das Management in den Vereinigten Staaten hat kaum auf die Vision Elton Mayos und der ihm nachfolgenden humanistischen Psychologen reagiert. Das Management zeigte sich auch taub gegenüber dem Plädoyer des bekannten Verfassers von Managementbüchern, Peter Drukker. In einem seiner ersten Bücher *Concept of the Corporation* bekannte Drucker sich zum Ideal der Kooperation. Er forderte das Management auf, industriellen Bürgersinn zu entwickeln: „Es ist vielleicht die größte Aufgabe des modernen Großunternehmens als repräsentative Institution der Industriegesellschaft eine Synthese zu finden zwischen Gerechtigkeit und Würde, zwischen Chancengleichheit und sozialem Status und sozialer Funktion."[11]

Das Buch *Concept of the Corporation* gründete auf Drucker's Beobachtungen bei General Motors, der Firma, die bis vor kurzem das amerikanische Modellunternehmen war – mit seinen gut entworfenen Programmen zur Dezentralisation, Leistungsprämien für leitende Manager und seiner Marktaufteilung. Ein Programm, das Chancen zum Erwerb von Status und sinnvolle Tätigkeit in industriellen Berufen bot, sollte dem Bürger Verständnis für die Industrie vermitteln. Im Sinne von Elton Mayo verwarf Drucker die Theorie, Monotonie sei die einfache Ursache der Unruhe in den Fabriken. Drucker hatte die Arbeitsmoral in Fabriken während des Zweiten Weltkrieges und die Ergebnisse der Untersuchungen durch Western Electrics in den Hawthorne Werken studiert. Dabei kam er zu der Schlußfolgerung, die Kooperation hänge von einer Neufassung der Idee der Massenfabrikation in den Fabriken ab. Drucker verwarf bei seinen Schlußfolgerungen nicht Taylor's wissenschaftliches Management, wie viele humanistische Psychologen es taten. Aufgrund der Untersuchungen in den Hawthorne Werken meinte er vielmehr: „Sie haben deutlich gezeigt, daß die Befriedigung am Arbeitsplatz nicht durch die Art der Tätigkeit erzeugt wird, sondern durch die Bedeutung, die dem einzelnen Arbeiter zuteil wird. Nicht Routine und Monotonie produzieren Unzufriedenheit, sondern fehlende Anerkennung, mangelnder Sinn der Arbeit und Beziehungslosigkeit der eigenen Tätigkeit zur Gesellschaft insgesamt."[12] Drucker gelangte schließlich zu der abschließenden Feststellung:

> „Das Hauptproblem ist jedoch nicht mechanischer, sondern sozialer Art: Die Massenfabrikation verschafft dem Arbeiter nicht genug Beziehung zu seiner Arbeit, um darin Befriedigung zu finden. Er erzeugt ja kein Produkt. Oft weiß er gar nicht, was er und warum er es tut. In seiner Arbeit findet er keinen Sinn, außer daß er dafür bezahlt wird. Er erhält durch sie auch nicht die Befriedigung als Bürger, da er keinen Bürgersinn besitzt. Eine sehr alte Weisheit besagt nämlich: ‚Jemand, der nur arbeitet, um seinen Lebensunterhalt zu verdienen, und nicht um der Arbeit und ihres Sinns wegen, ist kein Bürger und kann es nicht sein.'"[13]

Der Aufruf zur Kooperation, ob in Psychologie oder in politische Theorie eingekleidet, weicht gewissen ökonomischen und politischen Realitäten in Amerika aus. Pragmatismus und Individualität sind tief im amerikanischen Charakter verwurzelte Werte. In der Sprache der humanistischen Psychologie oder in den Prinzipien staatsbürgerlicher Gesinnung beinhaltet Kooperation das Image der Abhängigkeit oder der Unterordnung individueller Interessen unter die des Unternehmens. So haben General Motors und andere Unternehmen in Abstimmung mit den Gewerkschaften formale vertragliche Beziehungen aufgenommen, und zwar mit der Begründung, es gebe keine bessere Form gegenseitiger Achtung als die, wenn in harten Verhandlungen institutionelle Macht anerkannt wird. Ein mit dem festen Glauben an diese institutionelle Macht ausgehandelter Vertrag, bei dem die widerstreitenden Interessen kraftvoll verfochten werden, verleihe beiden Seiten Würde und eine Grundlage für gegenseitige Achtung.

Ökonomische Anreize sind Teil der vertraglich abgesicherten Zusammenarbeit. Die vom wissenschaftlichen Management nur als Stückwerk gebotenen Anreize erweckten den Argwohn, das Management wolle die Arbeitnehmer mit dem Köder besser gefüllter Lohntüten ausbeuten. Es gab Beweise dafür, daß solche Praktiken vorgekommen sind.

Um jede Verdächtigung der Motive auszuschalten, haben Befürworter wirtschaftlicher Anreize, beispielsweise Joseph Scanlon, Urheber des Scanlon Plans, und die Lincoln Electric Company, die große Gewinnbeteiligungsprämien anbot, ihr Prämienprogramm an die Bemühungen der diversen Gruppen und die Leistung des Gesamtunternehmens geknüpft. Solche Programme erlangten nur beschränkte Akzeptanz. Für das Management bestand ein Teil des Problems der Akzeptanz von Prämienprogrammen im Verlust der Kontrolle über Kosten und Nutzen. Es war immer Managementpraxis gewesen, die Kosten innerhalb einer akzeptablen Bandbreite der Produktivität vorauszusagen. Deshalb wollten die Manager sich ungern mit der Fluktuation ungewöhnlich hoher Einnahmen in einem und reduzierten Zahlungseingängen im anderen Jahr abfinden.

Außerdem war das Management der Meinung, die Struktur der Zahlungen sei im Rahmen von Prämienprogrammen weniger kontrollierbar. Man fürchtete steigende Erwartungen, die sich nicht stetig erfüllen ließen, was zum Anlaß werden könnte, die Lohnstruktur für unfair zu halten. Das Management war nicht bereit, die aus diesen Problemen entstehende Unzufriedenheit zu riskieren, auch wenn die Befürworter des Prämiensystems eine Überkompensation dieser Risiken durch Produktivitätssteigerung versprachen.

Die Gründe für dieses Verhalten liegen eindeutig in der pragmatischen Haltung der jeweiligen Verwaltung. Warum soll man nach großartigen Zielen streben, etwa solchen, wie sie in der humanistischen Psychologie und der politischen Theorie enthalten sind, wenn es möglich erscheint, ein akzeptables Gleichgewicht innerhalb des gesetzlichen Rahmens der Tarifverhandlungen zu erhalten? In jedem Management existiert ein angeborener Konservativismus, der nicht durch die Versprechungen therapeutischer Intervention, durch partizipative Kooperation und die Entwicklung von Bürgersinn durch die Arbeiterschaft in den Unternehmen überwunden werden kann.

Industrielle Reformer wie Douglas McGregor, Abraham Maslow, Rensis Likert und Peter Drucker waren mit der anpasserischen Methode und dem Pragmatismus des Managements unzufrieden. Zweifellos wurden sie stark durch die großartige Leistung der Industriearbeiter und des Managements beeinflußt, die beide Gruppen während des Zweiten Weltkrieges in Abstimmung miteinander erbracht hatten. Ihre Schriften sind Ausdruck der Euphorie über die gigantischen Produktionsanstrengungen der amerikanischen Fabriken zur Unterstützung der Armee. Es fiel leicht und war vermutlich auch richtig, die Produktivität jener Periode mit der Einheit der Zielsetzungen in Verbindung zu bringen, die eine solche Hingabe und hohe Arbeitsmoral erzeugten.

Mit dem erfolgreichen Beispiel der amerikanischen Industrie während des Zweiten Weltkrieges vor Augen, versuchten diese industriellen Reformer Verhältnisse zu schaffen, in denen hohe Moral und Kooperation zu einem dauerhaften Aspekt der Industrialisierung werden sollten. Die Idee der Kooperation überschritt die Grenzen eng definierter Arbeitsverträge und des Arbeitsrechts. Für einige Theoretiker war Kooperation das Mittel, Impulse zu dämpfen und persönliche Stabilität und Rationalität zu erreichen.[14] Drucker beendete sein Kapitel „Das Unternehmen als soziale Institution" mit folgender Aufforderung:

> „Wir müssen verstehen, daß das moderne Großunternehmen die repräsentative Institution unserer Gesellschaft ist, eine Institution von Menschen und nicht nur ein Komplex seelenloser Maschinen. Wir müssen begreifen, daß sie auf einem Konzept der Ordnung beruht und nicht auf technischen Spielereien, und daß wir alle als Verbraucher, Arbeiter, Sparer und Bürger einen glei-

chen Anspruch auf ihr Wohlergehen haben. Das sind die bedeutsamen Lehren, die wir uns aneignen müssen. Unsere vordringlichste Aufgabe und die größte uns herausfordernde Chance ist, es dieser neuen gesellschaftlichen Institution zu ermöglichen, effizient und produktiv zu funktionieren, ihr wirtschaftliches und soziales Potential zu erkennen und ihre ökonomischen und sozialen Probleme zu lösen."[15]

Nach dem Zweiten Weltkrieg hätte das Ideal der Kooperation in den industriellen Beziehungen größte Priorität erhalten sollen. Wie von Drucker richtig bemerkt, hätte das Beispiel, was eine hohe Moral zugunsten der Produktivität bewirken kann, ausreichen müssen, um das Management zu motivieren, die für das Funktionieren der Industrie im Kriege typischen Zustände zu kopieren – nämlich Identifizierung mit der Autorität und einheitliche Zielsetzungen. Die Arbeiten von Elton Mayo und anderen Psychologen lieferten verschiedene Theorien und Methoden zur Verwirklichung eines Kooperationsprogramms. Schließlich haben Sprecher des Managements wie Peter Drucker die rationale Begründung für Kooperation geliefert: Sie verleiht der Arbeit einen tieferen Sinn.

Am häufigsten muß Kooperation ihre Bewährung in Unternehmen bestehen, die von charismatischen Führern geleitet werden. Doch sind diese Fälle am wenigsten nachahmbar. Leider gibt es zahlreiche Beispiele, häufiger in Kleinbetrieben als in großen Unternehmen, für die Macht der Identifizierung mit charismatischen Führern, die zur Unterordnung der persönlichen und der Gruppeninteressen führt.

Ein Beispiel dafür ist die Firma Chomerics, die in Massachusetts chemische Spezialprodukte herstellt. Ihr Gründer und Vorstandsvorsitzender bis zum Verkauf an die W. R. Grace Company war Robert Jasse. Er war weithin bekannt als der hart arbeitende Mann mit schöpferischen Ideen, der sich ganz und gar dem Erfolg seines Unternehmens verschrieben hatte. Das lockte viele fähige leitende Manager und Arbeiter an, die sich ihm und seinen Idealen verpflichtet fühlten. Obwohl er seine Forderungen nach Leistung oft unfreundlich ausdrückte, nahmen seine Mitarbeiter, vom Topmanager bis zum ungelernten Fabrikarbeiter, die exzentrischen Aspekte seiner Persönlichkeit sowie seine fanatischen Ansprüche an sich selbst und andere hinsichtlich der hervorragenden Qualität des Produkts und laufender Innovation widerspruchslos hin.

Abgesehen von den charismatischen Wirkungen wurde die Vision sinnlos, Geschäftsunternehmen seien kooperative Systeme und Institutionen, die verantwortliche und harmonische Beziehungen zu ihrer Umwelt unterhalten. Sie übte keine Anziehungskraft auf Manager aus. Statt dessen wurden die Handlungen der Manager während der vergangenen vierzig Jahre von engherzigem Pragmatismus, Leistungskontrolle und Vertragsbestimmungen geleitet. Da die Betriebe nur allgemein wirtschaftliche Befriedigung, jedoch nicht psychologische Selbstverwirklichung und ein Gefühl für Bürgersinn boten, mußten diese Bedürfnisse außerhalb des Arbeitsplatzes befriedigt werden, zumindest bei den unteren Rängen der Beschäftigten. Der Weg zur Selbstverwirklichung am Arbeitsplatz war als Auswuchs der Modernisierung blockiert.

Die Amerikaner haben gelernt, Selbstverwirklichung außerhalb ihres Arbeitsplatzes zu suchen. Das Konsumverhalten ist vielleicht die sichtbarste Folge dafür. Man gibt heute sein Einkommen durch Ausnutzung von Ratenkäufen, Kreditkarten und Bankkrediten aus. Es mag schwierig zu belegen sein, doch gibt es gute Gründe, den Konsum als Allheilmittel zur Linderung psychischer Depressionen zu betrachten, einer Stimmung, die man volkstümlich als Langeweile und Erschöpfung bezeichnet. Arbeit mag zwar depressiv machen, sieht man sie aber als Mittel, den Konsum zu ermöglichen, wird sie erträglich.

Arbeit ohne innere Anteilnahme des Ego erfordert weder Verständnis noch Mitbestimmung. Was man dagegen einhandelt, ist klar und nur eine Erweiterung der vertraglichen Vereinbarung. Um die Verbindlichkeiten des Vertrags zu erfüllen, braucht man nichts weiter zu tun, als die zugewiesene Rolle mit einem Minimum an Kompetenz zu spielen.

Diese Methode von Leistung und Gegenleistung funktionierte lange Zeit hindurch, brach dann jedoch mit dem Rückgang der amerikanischen Wettbewerbsfähigkeit gegenüber Japan und der Bundesrepublik Deutschland zusammen. Die Manager sind vielleicht noch nicht gewahr geworden, daß das heute übliche Vertragsgerüst nicht die potentielle Fähigkeit der Menschen nutzt, die Dinge besser zu erledigen und die Technologie funktionieren zu lassen. Hinter der Kooperation steht doch der Gedanke, die Anteilnahme der Menschen an der Arbeitssituation zu steigern, so daß sie ihr Know-how einsetzen, um die aus der harten Technologie ableitbaren Ideen zu vervollkommnen.

Paradoxerweise kommt dieses erneuerte Gewahrwerden der Bedeutung der Kooperation zu spät, um eine Wiederbelebung der alten Ideen aus dem psychologischen Humanismus und der politischen Wissenschaft zu ermöglichen. Als Chester Barnard in seinem Buch *The Functions of the Executive*[16] seine Theorie über Kooperation darlegte, setzte er voraus, daß Unternehmen Institutionen seien. Er beschrieb den institutionellen Charakter von Unternehmen als kooperative Systeme. Das entscheidende Element in seiner Beschreibung ist Kontinuität. „Das Konzept der Organisation, das sich mir beim Abfassen des Buches erschloß, war das einer integrierten Ansammlung von Aktionen und Interaktionen innerhalb einer Kontinuität von Zeit."[17] Die Ereignisse sind über diese Definition des institutionellen Charakters hinweggegangen. Statt dessen beherrscht das Portfoliokonzept das Denken über geschäftliche Unternehmen. Ein Unternehmen als ein Portfolio von Anlagewerten impliziert genau das Gegenteil von Kontinuität in der Zeit. Anlagewerte lassen sich erwerben und wieder veräußern, je nach Beurteilung der Gewinnmöglichkeiten. Zu den grundlegenden Bestandteilen der Kooperation gehört der Glaube an den dauerhaften Bestand des Unternehmens und ein Potential für seine Beschäftigten, sich mit ihm und seinen Zielsetzungen zu identifizieren. Diese Identifizierung würde jedoch mit individuellen Interessen in Konflikt geraten, wenn der Glaube an Kontinuität in der Zeit verlorengeht.

Die Übernahmemanie der sechziger Jahre bewirkte die Bildung von

Konglomeraten, in denen sehr unterschiedliche Firmen unter einem einzigen Unternehmensdach zusammengeführt wurden. Doch operiert ein Konglomerat schon der Definition nach in einem Markt, wo der An- und Verkauf von Firmen vom Preis-Gewinn-Verhältnis und der Relation von Verbindlichkeiten zum Eigenkapital diktiert wird. Die Aktivitäten der wilden Aufkäufer in den achtziger Jahren waren eine Reaktion auf unterbewertete Aktienpreise, ein Zustand, den Boone Pickens, einer der prominenten Aufkäufer in der Erdölindustrie, auf schlechtes Management zurückführte.[18] Pickens hatte wahrscheinlich recht mit seiner Erklärung der Verhältnisse, die wilde Aufkäufe gewinnbringend machten; die Auswirkungen auf kooperative Unternehmen waren jedoch verheerend. Das Phänomen des wilden Aufkaufs von Unternehmen war ein Sargnagel für das Unternehmen als Institution.

Bedeutende Übernahmen, etwa die von Bendix durch Allied's und das erfolgreiche Angebot von Campeau für die Federal Department Stores erfordern eine massive Verschuldung, die ihrerseits durch Exekutionsverkäufe auf ein akzeptables Niveau heruntergedrückt werden muß. Zur Verbesserung des Nutzens von Massenproduktion werden doppelte Jobs gestrichen. In dem Durcheinander von Übernahmen und Fusionen leben die Angestellten oft in ständiger Spannung, wer ihr neuer Arbeitgeber sein wird, wenn man sie überhaupt weiterbeschäftigt. Der bisher noch vorhandene Rest an Identifizierung mit dem Unternehmen verschwindet bald angesichts der Auflösung selbständiger Unternehmen, die von anderen geschluckt oder entflochten werden und in neuen Formen der Assoziierung wiederentstehen.

Zu der Zeit, als Elton Mayo noch über spontane Kooperation schrieb und Peter Drucker sowohl Bürgersinn als auch staatsmännisches Verhalten der Unternehmer befürwortete, bestand das Problem darin, wie man den Fabrikarbeiter eingliedern sollte. Heute hat der Widerstand gegen Kooperation auch auf Büroangestellte, Angestellte des Führungsstabes und mittlere Manager übergegriffen, also Gruppen, die darunter gelitten haben, daß Unternehmen wie Portfolios von Anlagewerten gemanagt werden.

Aus dem Portfoliomanagement hat sich ein neues Elitedenken entwickelt. Das Topmanagement und seine Stäbe haben eine beispiellose Periode von Belohnungen in Form von Gehältern, Prämien, Optionen auf Stammaktien, Pensionsansprüchen und Kündigungsgarantien erlebt. Leitende Manager, die im Gefolge von Übernahmen entlassen werden, verabschieden sich unter Mitnahme horrender Geldbeträge. Für viele von ihnen ist Arbeit dann keine ökonomische Notwendigkeit mehr. Stolz auf die Zugehörigkeit zu einem bedeutenden Unternehmen rangiert bei den Werten, die bei einer Beschäftigung auf dem Spiel stehen, an unterster Stelle. Dementsprechend hat auch die Wertschätzung von Kooperation und unternehmerischer Führungskunst abgenommen.

In seinem Epilog zu *The Concept of the Corporation*, geschrieben 1983 (fast vierzig Jahre nach dem ersten Erscheinen), stellt Peter Drucker Überlegungen an über die negative Reaktion von Alfred Sloan und anderen hochrangigen Managern in dessen Unternehmen auf sein Buch. Drucker meint, Sloan habe sein Buch *My Years with General Motors* deshalb geschrieben, weil Drucker seiner Ansicht nach die Geschichte von General Motors nicht so geschildert hatte, wie es hätte sein sollen. Offensichtlich sahen Sloan und seine engsten Mitarbeiter in *Concept* eine implizite Kritik an General Motors, trotz der Bewunderung, die Drucker für das Unternehmen und dessen Mitarbeiter empfand.

Liest man ein wenig zwischen den Zeilen, dann scheint es, als reagierten die Topmanager von General Motors auf einen impliziten Angriff auf die doppelschichtige Struktur des Unternehmens. Die erste Schicht bestand aus der institutionellen Zusammenarbeit zwischen General Motors und der Gewerkschaft United Auto Workers. Auf dieser Ebene der Zusammenarbeit werden die Verpflichtungen von Management und Arbeitnehmern getrennt, und es wird eine vertragliche Beziehung entworfen, die den Beschäftigten einen fairen Marktwert im Austausch für ihr Entgegenkommen gegenüber den Wünschen des Managements garantiert.

Die zweite Schicht stellt einen subtileren Aspekt der Zusammenarbeit dar, der das Management ganz allgemein und seine oberen Ränge im besonderen einbezieht. Hier ist das Konzept der Zugehörigkeit und der Identifizierung verankert. Institutionen liefern ihren Mitgliedern wahrlich narzißtische Befriedigung. Der Ursprung der Selbstachtung kann in der Beschäftigung in einem Unternehmen wie General Motors, einem Giganten der Industrie, Musterbeispiel moderner Managementpraxis und der dominierenden Kraft in einer Industrie, die sich der amerikanischen Psyche eingeprägt hat, liegen.

Daß General Motors das Insider-Unternehmen war, in dem die Manager fast ausschließlich aus der eigenen Organisation rekrutiert wurden, und daß dieses Unternehmen märchenhafte finanzielle Belohnungen denjenigen bot, die dort nach und nach aufstiegen, verstärkte nur noch den Wert der Zugehörigkeit. Dennoch – wie Drucker in seinem Epilog zu *The Concept of the Corporation* hervorhob – lief dort etwas schief. Drucker erklärte das teilweise mit der Selbstgefälligkeit und Selbstzufriedenheit der Gruppe der leitenden Manager. Als die Presse Charles E. Wilson, den früheren Hauptgeschäftsführer von General Motors, mit seiner angeblichen Bemerkung zitierte, „Was gut ist für General Motors, ist gut für Amerika", da nahm sie eine Überlegung von institutionellem Narzißmus auf, die tief aus der Mentalität der leitenden Manager von General Motors hervorbrach.

Anscheinend gibt es keine Möglichkeit, den Dilemmas moderner Unternehmen zu entgehen. Einerseits fällt es ohne institutionellen Charakter äußerst schwer, Kooperation in Gang zu bringen, die bei der Arbeitsteilung innerhalb unserer Wirtschaftsgesellschaft eine Notwendigkeit ist. Andererseits fördert der institutionelle Charakter eine Art von Narzißmus, der sich aus der Gruppe ableitet und institutionell abgesichert ist. Leitende Manager in Institutionen sind nicht nur Teil der Organisation, sondern sie sind diese selbst. Und das ist der Kern des Dilemmas. Wer den Interessen einer Institution dient, muß eine klare Vision haben und über die Grenzen akzeptierter Ideen hinaus denken, um ihrem Ziel langfristig zu dienen. Doch kann dieser institutionelle Narzißmus die Vision trüben und das Denken zum langfristigen Schaden des Unternehmens beschränken.

Kooperation

Wilde Unternehmensaufkäufer sind deshalb so erfolgreich, weil sie von jeder Zugehörigkeit zu einem Unternehmen unabhängig sind. Sie gehören nirgendwo hin und brauchen offensichtlich auch keine Zugehörigkeit. Dennoch bleibt das Problem der Kooperation bestehen.

Trotz der Gefahr von Wettbewerbsnachteilen und des ganzen Geredes über die Einführung von Qualitätszirkeln und sonstiger ritueller Formen von Mitbestimmung ist das Problem der Kooperation und der Konsequenzen der Ent-Institutionalisierung des Wirtschaftslebens leider noch nicht ins Bewußtsein amerikanischer Manager eingedrungen. Ins Bewußtsein einzudringen – das erfordert die Umerziehung eines Managements, das aus seinen Ängsten eine Technologie der Kontrolle machte und aus strategischem Denken eine Art Spiel. Voraussetzung für das Mitspielen ist eine klar erkennbare Gerissenheit bei der Anwendung der Methoden der Kontrolle und eine nahezu kaltblütige Entschlossenheit, deren psychologische Grundlagen kennenzulernen und diese Methoden zu beherrschen.

Kapitel 6

Kontrolle

Die Bewegung für zwischenmenschliche Beziehungen scheiterte in ihrem Bemühen, die Managementpraxis zu reformieren und eine spontane Kooperation im Wirtschaftsleben zustandezubringen. Die Gründe für dieses Scheitern lagen in der Fehlinterpretation der Aufgabenverteilung zwischen den Spezialisten für menschliche Beziehungen und den Managern. Die Spezialisten führten ein Programm psychologischer Umstellung mit dem Ziel durch, die Manager von aufgaben-orientierten zu menschen-orientierten, von autokratisch-orientierten zu demokratisch-orientierten Vorgesetzten zu machen. Die Manager konzentrieren sich auf die Verbesserung der Methoden, mit denen vorhergesagte und wirkliche Leistung in bessere Korrelation gebracht werden können. Zunächst entwickelten sich die Aktivitäten der beiden Gruppen in entgegengesetzte Richtungen. Bald jedoch fanden die Manager heraus, daß sie einige der psychologischen Methoden zur Verbesserung der Kontrolle durch das Management nutzen konnten. Danach wurden die menschlichen Beziehungen als Wissenschaftsdisziplin und als Praxis so geändert, daß sie den Managementpraktiken besser angepaßt waren.

Beispiele dafür sind die Ideen des verstorbenen Douglas M. McGregor, einer bekannten Persönlichkeit aus der Bewegung für Menschliche Beziehungen. Er war Professor an der MIT Sloan School of Management und ein führender Vertreter der Mission der humanistischen Psychologie zur Umgestaltung des Managements. Das Management wurde durch sein Buch *The Human Side of Enterprise* (Die menschliche Seite des Unternehmens) auf ihn aufmerksam. Darin stellte er in fast mythischer Form ein Ringen zwischen zwei entgegengesetzten Weltanschauungen dar, Theorie X und Theorie Y.[1] Obgleich sie als „Theorien" bezeichnet wurden, sind die darin enthaltenen Ideen keine aus einer logischen Reihenfolge von Beweisen und Ableitungen zustandegekommenen wissenschaftlichen Erklärungen. Statt dessen repräsentieren Theorie X und Theorie Y zwei ausdrucksvolle Bilder, wie unterschiedliche mythische Persönlichkeitstypen andere Menschen sehen.

Theorie X sieht eine Welt, in der die Menschen, gewöhnlich einfache Fabrikarbeiter, stupide, faul und darauf aus sind, ihre Chefs zu hintergehen. Bekennt sich ein Manager zur Theorie X-Weltanschauung, dann pflegt er sich gegenüber anderen Menschen so zu verhalten, als seien sie tatsächlich stupide, faul und aufs Betrügen aus. Da diese ihrerseits seine unfreundlichen Gedanken spüren, verhalten sie sich dann auch wirklich so und bestätigen damit die Theorie X.

Der Theorie-Y-Typ agiert vom gegenteiligen Standpunkt aus. Für ihn sind die Menschen gut, fleißig und durchaus gewillt, anderen zu vertrauen, vor allem autoritären Personen. Als Reaktion auf dieses wohlwollende Verhalten reagieren die Menschen auch in diesem Sinne und bestätigen damit die Theorie Y. Sie *sind* gut, fleißig und vertrauen ihren Vorgesetzten; sie kooperieren und handeln von sich aus im Interesse der Organisation.

Theorie X und Theorie Y beruhen auf der Anschauung, unser Leben gleiche einer sich selbst erfüllenden Prophezeiung. Zwischenmenschliche Beziehungen entwickeln sich gemäß der Annahme, die jeder einzelne in die jeweilige Situation einbringt. Da mit Autorität ausgestattete Personen von vorneherein mehr Einfluß haben als ihre Untergebenen, üben sie auch mehr Macht aus. Manager erhalten als Reaktion das, was sie zuvor selbst eingebracht haben. Theorie X führt zu Konflikten, Theorie Y zur Kooperation. Daraus folgt, daß transformierende Erlebnisse, beispielsweise „Sensitivitätstraining", die X-Typen zu Y-Typen machen.

McGregors Buch *The Human Side of Enterprise* enthielt eine kurzlebige Botschaft für Manager. Es war eine aufbauende Predigt, in Inhalt und Ton implizit religiös, wenn auch in die Sprache der humanistischen Psychologie gekleidet. Wie es auch ähnlichen Appellen ergangen ist, schwand auch die Popularität von Theorie X und Theorie Y bald dahin. Ihre stärksten Befürworter erwärmten sich für die darin enthaltene Botschaft, weil sie ihnen half, die eigenen Schuldgefühle zu bekämpfen. Diese aber hingen mehr mit der persönlichen Lebensgeschichte zusammen als mit objektiven Gegebenheiten des Berufslebens. Anscheinend fühlte sich vor allem das mittlere Management angesprochen, das sich in seiner Machtposition unbehaglich vorkam. Die Umwandlung von Typ X in Typ Y verminderte seine Schuldgefühle.

Theorie X und Theorie Y verfehlten jedoch das Wesentliche. Sie stimmten nicht mit der Evolution der Managementmystik überein. Die meisten Manager sind nämlich genausowenig einfältig autoritäre Personen, wie Theorie X sie als Karikatur darstellt, wie die von Theorie Y porträtierten Persönlichkeiten liebenswert und vertrauenerweckend sind. Mit dem Aufkommen der Managementmystik trat ein entscheidender Wandel ein. Es entwickelte sich ein neues Verhalten, das weder autoritär noch egalitär, weder argwöhnisch noch vertrauensvoll, weder feindselig noch freundlich war. Manager hatten etwas übernommen, was Richard Sennett, Professor für Humanwissenschaften an der New York University, „Autorität ohne Liebe" nannte.[2] Autorität ist distanziert, gefühlsmäßig neutral und pragmatisch darauf eingestellt, die Menschen zu bewegen, das zu tun, was getan werden muß. Sie verhält sich also durch und durch professionell.

Die neue Autorität erwartet von den Menschen, vor allem von Managern, daß sie ihr Verhalten durch rationales Kalkulieren des Eigeninteresses bestimmen lassen und daß ihre Ziele sowohl den Interessen der Organisation wie auch denen des einzelnen dienen. Diese neue Managementphilosophie weist auch einen überschaubaren Weg zum Erreichen dieser Ziele. Fügt man der Formel noch die wesentlichen Elemente des Abschätzens der Vorteile und der Belohnung hinzu, dann entsteht eine Struktur, die Vorhersage und Leistung garantiert. Diese Struktur enthält die wesentlichen Elemente der Kontrolle durch das Management, wie sie sich aus dem Verschmelzen von Buchhaltung, Statistik und Verhaltenspsychologie entwickelt haben. Nach dem Zweiten Weltkrieg wurde Kontrolle durch das Management zur mächtigsten Kraft bei der Leitung von Organisationen, weil sie sich zur Human-Relations-Bewegung bekannte, diese dominierte und als neuer Befürworter von Kooperation auftrat.

Das professionelle Management entlieh vom wissenschaftlichen Management eine bedeutsame Idee und wandte sie an, um die Kontrolle über die Kapitalgesellschaften zu erlangen. Im Rahmen persönlicher Machtverhältnisse lenkt und kommandiert oder überzeugt ein einzelner seine Untergebenen, auf vorbestimmte Weise zu handeln. Bei professionellen Managementbeziehungen ist die Kontrollstruktur frei von allen Merkmalen persönlicher Beziehungen zwischen Vorgesetzten und Untergebenen.

Hinter allen Elementen der Kontrollstruktur steht eindeutig die Absicht, das Bewußtsein der Kontrollierten zu beherrschen. Trotz scheinbarer Neutralität der Empfindungen und unabhängig von den Machtunterschieden legt die Kontrollstruktur den Rahmen für die Kommunikation und die bei ihr verwendeten Metaphern fest. Wenn Sprache die Art beeinflußt, wie man denkt – und vieles spricht für diese Annahme – dann sind vom Management auferlegte sprachliche Einschränkungen wirksame Werkzeuge für die Verhaltenskontrolle. Die Kontrollstruktur leugnet zwar die Legitimität persönlicher Abhängigkeit in den Beziehungen zwischen Vorgesetzten und Untergebenen, doch erzwingt sie eine neue Art von Abhängigkeit. Selbstachtung wird eng mit Leistung verknüpft, die jeweils in den kürzestmöglichen Zeiträumen gemessen wird. Tatsächlich gibt es für jeden einzelnen eine Akte über seinen Leistungsnachweis, die fast so zwingend ist wie die Börsennotierungen für Aktionäre. Die Selbstachtung steigt und sinkt in direktem Zusammenhang mit dem Vergleich der tatsächlichen mit der erwarteten Leistung. Diese wird je nach der Ebene der Organisation, täglich, wöchentlich oder monatlich in der Leistungskartei festgehalten.

Seltsamerweise verhält sich moderne Managementkontrolle doppelzüngig. Laut Kontrollprinzipien erteilt niemand mehr Befehle, ist jedermann frei, zu tun, was nach seiner persönlichen Einschätzung zur Förderung der kollektiven und persönlichen Zielsetzungen getan werden sollte. Diese Selbstbestimmung ist jedoch illusorisch, vor allem auf den unteren Ebenen der Organisation und selbst bei den oberen Machthabern. Die allgegenwärtige Präsenz der Kontrollstruktur mit ihren formalen Budgetverhandlungen, Finanzplänen, Monatsberichten, vierteljährlichen Übersichten und geplanten und projektierten

Kapitalausgaben bestimmt nämlich das Denken und Tun eines leitenden Managers. Absichtlich oder unabsichtlich hat dies die Wirkung, daß die Autoritätsbeziehungen sich mehr um das Managementverfahren drehen als um den eigentlichen Gehalt der Arbeit.

In den meisten modernen Kapitalgesellschaften beginnt der Budgetkreislauf zumindest sechs Monate vor dem Ende des fiskalischen Jahres. Während eines Kalenderjahres markieren die Sommermonate den Fluß der Papiere vom Geschäftsleitungsstab zu den Profitcentern draußen. Das Unterste wird zuoberst gekehrt. Jede Unternehmenseinheit, deren Profitleistung sich messen läßt, hält Sitzungen ab, um die Leistungsziele für das kommende Jahr festzulegen. Entsprechende Berichte werden der Hierarchie weiter oben zugeleitet, worauf Verhandlungen folgen, in deren Mittelpunkt Sicherheitsmargen in der Budgetplanung stehen. Niemand will Spitzenleistungen projektieren. Überhöhte Budgetentwürfe erregen jedoch Verdacht, manipuliert zu sein. Alle diese Vorgänge finden ihren Höhepunkt im Herbst, oft mit Marathonkonferenzen, in denen die zu Profitcentern zusammengefaßten großen Abteilungen und Firmengruppen konsolidierte Budgets vorlegen. Während dieses Prozesses wird die Kommunikation durch die Struktur der Berichte bestimmt. Alles, was sonst noch in den Köpfen der Manager spukt, etwa Qualitätskontrolle, bevorstehende Veränderungen auf dem Markt oder neue Technologien, gehört zu diesem Zeitpunkt nicht zum eigentlichen Thema und wird daher nicht näher erörtert. Nach diesem erschöpfenden Ritual, das zeremoniell durch die Vorlage des Budgets beim Vorstand abgeschlossen wird, versprechen die Manager sich selbst, daß sie sich eines Tages in aller Ruhe hinsetzen werden, um endlich über das zu sprechen, was für ihre Arbeit wirklich von Bedeutung ist.

Folgende Erfahrung eines neu ernannten Hauptgeschäftsführers einer großen Firma für Konsumgüter ist keineswegs atypisch: Er fand heraus, daß die Untergebenen sich zwar fleißig an der Planung von Budget und Strategie beteiligten, dem ganzen Verfahren jedoch innerlich unbeteiligt gegenüberstanden. Die ewigen Wiederholungen im Betriebsablauf, die ihm eigenen Verfahren und Kommunikationsformen hatten das mittlere und obere Management den Zielen des Unternehmens entfremdet. Bei aller Anerkennung der Bedeutung von Budgets und Planung war es das größte Problem des Hauptgeschäftsführers, wie man die Leute dazu bringen konnte, sich wieder ganz ihren Managementaufgaben zu widmen, und wie man eine Diskussion der dahinter verborgenen und von den Zahlen der Bilanz schlecht repräsentierten konkreten Geschehnisse in Gang bringen konnte. „Anders ausgedrückt – ich brauche die Zahlen, aber noch dringender brauche ich Manager mit genug Feuer unter dem Allerwertesten, das sie antreibt, etwas zu leisten, worauf sie und ihre Untergebenen stolz sein können."

Kontrolle ist das Kernstück modernen Managements. Man hat sie in irreführender Weise als Werkzeug betrachtet, das die Menschen mehr oder weniger klug nutzen können. Schließlich kann man nicht den Hammer verantwortlich machen, wenn er den Finger statt den Nagel trifft. Kontrolle durch das Management ist jedoch mehr als nur ein Werkzeug. Sie ist eine Weltanschauung, die in das Denken einer mächtigen neuen Elite integriert wurde.

Kontrolle durch Management ist auch eine Organisationsform, die Macht zuteilt und deren Anwendung sorgfältig definiert. Die dezentralisierte Organisation ist formaler Kontrolle unterworfen und würde ohne sie nicht funktionieren. Die Aufteilung von Organisationen in Zentren der Initiative oder Profitcenter wurde möglich, als die Manager erkannten, daß sie Kontrolle ausüben konnten, wenn sie die Menschen auf eine Weise sich selbst überließen, bei der sie dennoch genau das taten, was man von ihnen erwartete.

Trotz ihrer Verwurzelung in nüchterner Buchhaltung und Statistiken bedeutet Kontrolle durch das Management letzten Endes soziale Neuordnung. Buchhaltung ist eine alte Kunst, eine mittelalterliche Erfindung, die den merkantilen Kapitalisten Aufzeichnungen über ihre geschäftlichen Transaktionen und eine zusammenfassende Übersicht über den Stand des Unternehmens lieferte. Moderne Buchhaltung ist unterteilt in Finanzbuchhaltung und Rechnungswesen.

Die Finanzbuchhaltung liefert Informationen über den Zustand des Unternehmens an Außenstehende, darunter Anleger, Gläubiger und Lieferanten, die auf die eine oder andere Weise Investitionsentscheidungen treffen. Sollen Bankiers einem Unternehmen Geld leihen, dann müssen sie Sicherheiten haben, daß der Kredit auch zurückgezahlt wird. Bei ihrer Entscheidung, Geld in eine Firma zu investieren, bilden Anleger sich ein Urteil darüber, wie deren Geschäfte bisher gelaufen sind. Ohne zuverlässige finanzielle Informationen würde die Zuteilung von Kapital gestoppt werden, vor allem heute, da die Investmententscheidungen mehr auf der Analyse von Zahlen als auf der Einschätzung des Charakters des Hauptgeschäftsführers beruhen. Die Finanzbuchhaltung liefert die universale Sprache für die Zustandsbeschreibung des Unternehmens, wobei die Buchprüfer Schiedsrichter bei der Frage spielen, wie diese Sprache zu verstehen ist. Selbst Aufsichtsbehörden wie die Securities and Exchange Commission, das Börsenaufsichtsamt, verlassen sich auf die Buchprüfer, deren festgelegte Normen die Korrektheit von Bilanzen garantieren.

Das innerbetriebliche Rechnungswesen soll vor allem den Managern bei ihren Aufgaben helfen. Während die Finanzbuchhaltung den Zustand der Firma insgesamt darstellt, teilt das Rechnungswesen das Ganze zwecks Messung und Bewertung in kleinste Einheiten auf. Das Unternehmen als Ganzes ist für diese Buchhalter von geringem Interesse; wenn alle Teile unter Kontrolle stehen, wird auch das Ganze in guter Verfassung sein, meinen sie.

In ihrer Geschichte des Rechnungswesens weisen H. Thomas Johnson und Robert S. Kaplan darauf hin, daß zu der Zeit, als der Warenumsatz noch total marktorientiert war, wenig Bedarf bestand, Erlöse, interne Kosten und Gewinne laufend periodisch zu messen.[3] So wäre es zum Beispiel sinnlos gewesen, die Profitabilität und somit Kostenzuweisungen zu messen, solange eine Handelsexpedition von Italien nach Indien und zurück unterwegs war. Sobald die Expedition nach Italien zurückgekehrt war und die importierten Produkte verkauft hatte, konnten die Anleger die Erlöse berechnen, die Kosten abziehen und den Gewinn erkennen. Das erlöste Bargeld stand dann zur Verfügung, um die

Investition wieder hereinzuholen und die Gewinne unter den Anlegern zu verteilen.

Auch die Kostenrechnung war einfach, solange die Produkte von Vertragsfirmen geliefert wurde. Die Arbeitskosten waren da gleichbedeutend mit den direkten Zahlungen an die Unterlieferanten, die ihrerseits die Arbeiter bezahlten. Nur wenn die Produktion in die Fabrik integriert wurde, vor allem jedoch, als diese nicht mehr nur ein Produkt für einen einzigen Markt erzeugte, wurde eine verfeinerte Kostenrechnung notwendig, die feste Herstellungskosten zuteilte.[4]

Laut Johnson und Kaplan gab es die Elemente der modernen Kostenrechnung bereits in den 20er Jahren. Bald danach wurde sie nicht mehr fortentwickelt. Selbst der Übergang von der Handarbeit zu automatischen Systemen bewirkte im Rechnungswesen wenig oder gar keine Veränderung. Die beiden Autoren vertreten folgende Ansicht: Obwohl die Unterscheidung zwischen Finanzbuchhaltung und Rechnungswesen von großer Bedeutung ist, wird die geschäftliche Szene nur von der Finanzbuchhaltung beherrscht, also der treuhänderischen Aufzeichnung aller finanziellen Vorgänge. Im Rechnungswesen geschah wenig für den Informationsbedarf insbesondere der Manager von Unternehmen mit großer Produktpalette, bei denen von den Herstellungskostenbestandteilen die Lohnkosten gegenüber den Betriebskosten und Investitionen immer mehr an Bedeutung verlieren. Folglich bietet das Rechnungswesen Firmen, deren Produkte eine kurze Lebensdauer haben, sowie Unternehmen, die hohe Anfangsinvestitionen für die Forschung und Entwicklung aufbringen müssen, wenig Hilfe. Diese Argumentation erklärt auch den Titel ihres Buches, *Relevance Lost: The Rise and Fall of Management Accounting* (soviel wie: Bedeutungsverlust: Aufstieg und Fall des betrieblichen Rechnungswesens).

Daß die Belange Außenstehender in jüngster Zeit die Buchhaltung dominieren, liegt auf der Hand. Ebenso offensichtlich ist, daß Außenstehende, etwa Fondsverwalter und Wertpapieranalysten, dieselben Informationen brauchen wie die Manager, um die Gesundheit eines Unternehmens richtig einschätzen zu können. Die Gemeinschaft der

Anleger möchte nicht nur über den gegenwärtigen Zustand eines Unternehmens Bescheid wissen, sondern auch über seine Zukunft, die Stabilität der Leistung, das Wachstum aus eigener Kraft und durch Akquisitionen, über wahrscheinliche Rückflüsse interner Investionen in Kapitalanlagen, Arbeitnehmer sowie Forschung und Entwicklung. Zu diesem Zweck möchte die Anlegergemeinschaft die Absichten des Hauptgeschäftsführers und seiner Kollegen im Topmanagement verstehen. Berichte der Finanzbuchhaltung sind für Voraussagen wenig nützlich.

Zur Vorbereitung von Investitionsentscheidungen, also zur Beurteilung der Leistungsfähigkeit der Organisation, müssen Außenseiter genauen Einblick in die Bilanzen nehmen. Der Wertpapieranalyst, der für Investitionsbanken, Maklerfirmen und ähnliche Finanzinstitute tätig ist, erarbeitet für die Anlegergemeinschaft die entsprechenden Informationen. In einem Unternehmen können Informationen Macht bedeuten; für außenstehende Anleger bedeuten sie Wohlstand. Ein guter Wertpapieranalyst, der ein Händchen dafür hat, Informationen früher als seine Konkurrenten zu sammeln und zu interpretieren, kann für seine Klienten und für sich selbst viel Geld verdienen.

Als die leitenden Manager von Du Pont und General Motors ihr System interner Kontrollen zur Unterstützung des dezentralisierten Managements ausarbeiteten, ahnten sie nichts von der sich daraus entwickelnden Abhängigkeit, wenn nicht gar Symbiose, zwischen Hauptgeschäftsführern und Investoren, wobei Wertpapieranalysten eine entscheidende Rolle spielen. Der Bericht des Hauptgeschäftsführers betrifft die vierteljährlichen Erlöse und dementsprechend den Kurs der Aktie. Diese enge Zeitspanne setzt oft dem Ausblick auf die Zukunft des Unternehmens Grenzen, doch kann auf diese Berichte nicht verzichtet werden. Zu viele unabhängige Anleger wie etwa Asher Adelman, Ronald Perlman und Boone Picken sind ständig bereit, durch den Erwerb unterbewerteter Firmen Geld zu verdienen. Dadurch zwingen sie jedes Management, sich auf Quartalserlöse und Aktienkurse zu konzentrieren. Leider war das Ergebnis dieser dynamischen Beziehung zwischen dem Vorstand einer Aktiengesellschaft und den Anlegern eine verschärfte Kontrolle mit dem Ziel, kurzfristig Übereinstimmung zwischen vorhergesagten und wirklich erzielten Geschäftsergebnissen zu erzwingen. Neuerdings wurde von vielen Experten festgestellt, daß das Streben nach kurzfristigen Erfolgen mit dem erheblichen Risiko behaftet ist, die langfristige Ertragskraft und den Wert der Unternehmen zu erschöpfen.[5]

Aus Gründen besserer Betriebsführung besteht ein Unternehmen aus einer Vielzahl von Verantwortungsbereichen. Je klarer diese definiert und für Planung, Überwachung und Wertberechnungen eingesetzt werden, desto sicherer sind sich die Manager, sie kontrollieren zu können. Doch garantiert betriebliches Rechnungswesen in Organisationen mit gut definierten Verantwortungsbereichen nicht die Kontrolle. Das Rechnungswesen kann für Kontrollzwecke ebenso unergiebig und unbeweglich sein wie die Finanzbuchhaltung. Trotz klarer Definition der Verantwortungsbereiche und Leistungskontrolle kann das Ergebnis nicht mehr als die bloße Anhäufung von Informationen sein.

Wie kann man aus dem Rechnungswesen ein Instrument zur echten Kontrolle machen? Eine Antwort hierauf liefert geistige Flexibilität des Managements. Reagieren Unternehmensleiter nur auf Geschehnisse, statt sie vorwegzunehmen, dann sind sie nicht kontroll-orientiert. Ziel jeder Kontrolle ist doch, die Probleme bereits im Entstehen zu erkennen. Außerdem muß diese Geisteshaltung alle Ebenen einer Organisation durchdringen, um eine Situation zu vermeiden, in der das Topmanagement das einzige aktive Kontrollzentrum ist.

Professor Robert N. Anthony hat großen Einfluß auf die Formulierung und Verbreitung der Kontrolle durch das Management gehabt. Er hebt die Unterschiede zwischen Kontrolle als System und Kontrolle als Managementprozeß hervor. Kontrolle als Prozeß ist für ihn ein vom Topmanagement aktiviertes psychologisches Geschehen. Als Beispiel zitiert er, was Ernest R. Breech über die Reorganisation der Ford Motor Company nach dem Zweiten Weltkrieg geschrieben hat.

> „Im Zuge der Reorganisation der Ford Motor Company hatten wir um das Jahr 1948 ein modernes Kostenkontrollsystem und einen

zusätzlichen Prämienplan eingeführt und waren beunruhigt, als daraufhin nichts Besonderes geschah. Wir hatten der Firma Feuer unter dem Allerwertesten gemacht, glaubten es zumindest. Doch hatten wir bis zu diesem Zeitpunkt noch nicht erkannt, welche Antriebskraft interner Wettbewerb im Betrieb sein kann.
Im Herbst 1948 riefen wir einige hundert unserer Spitzenmanager zusammen. Wir analysierten und verglichen die Leistung jeder einzelnen Schlüsselfunktion und wiesen nach, wie sich das auf den zusätzlichen Prämienfonds auswirkte. Da kam wahrlich einiges zutage, und jeder verließ die Besprechung mit dem festen Entschluß, sein eigenes Haus in Ordnung zu bringen. Jeder der Teilnehmer berief nun seinerseits die Vorarbeiter zu einer Besprechung, und der ganze Prozeß setzte sich die Stufenleiter abwärts fort. Solche Besprechungen wurden dann in regelmäßigen Abständen abgehalten und werden es heute noch. Die Ergebnisse waren fast unglaublich.
Unsere direkten Arbeitskosten, die im Jahre 1948 bis zu 65 % von der Norm abwichen, wurden auf 6 % Abweichung im Jahre 1951 reduziert. Die Fertigungsgemeinkosten verbesserten sich während des gleichen Zeitraums um 48 Prozentpunkte. Diese Leistung hätten wir ohne ein echtes Prämienprogramm und den tief in unsere Managementstruktur eingreifenden internen Wettbewerb niemals erreichen können."[6]

In dieser Studie kam Professor Anthony zu folgender Schlußfolgerung:

„Wirksames Handeln ist ein sicheres, vermutlich sogar das einzige deutlich erkennbare Signal dafür, daß das Management am Kontrollsystem interessiert ist. Grundlegend gehören dazu Lob oder andere Belohnungen für gute Leistung, Kritik oder Beseitigung der Ursachen bei schlechter Leistung, oder ein Gespräch über die Ursachen. Verschwinden dagegen die Leistungsreports in den Büroschubladen der Zentrale auf Nimmerwiedersehen, dann hat die Organisation Grund zu der Annahme, daß das Management ihnen keine Beachtung schenkt. Und wenn schon das Management das nicht tut, warum sollte es dann jemand anderes tun?"[7]

Alle Manager verstehen etwas von Buchhaltung, Bilanzen und von Planung, Budgets und Berichten über den Betriebsablauf. Sie können auch mit beschreibenden Statistiken umgehen und wissen, wie man Durchschnittswerte und Wertverhältnisse für vergleichende Analysen nutzt. Doch bedeutet Verständnis für Buchhaltung und Statistiken noch nicht praktische Kontrolle.

Johnson und Kaplan berichten in ihrer Geschichte des Rechnungswesens, wie Du Pont und General Motors das betriebliche Rechnungswesen in den 20er Jahren zur Reife entwickelten.[8] Einen erheblichen Anteil an der aktiven Kontrolle durch das Management und ihre wachsende Rolle innerhalb der Machtstruktur der Aktiengesellschaft muß man dem Programm zugestehen, das die amerikanische Luftwaffe aufstellte, um ihre gewaltigen logistischen und operationellen Probleme während des Zweiten Weltkrieges zu bewältigen.[9]

Im März 1942 erhielt Oberst Byron E. Gates von General H. H. (Hap) Arnold von der Army Air Force den Auftrag, ein Management-Kontrollsystem für die Luftwaffe aufzubauen. Gates holte sich Captain Charles B. (Tex) Thornton zur Hilfe.[10] Die Air Force verfügte über kein System, das es ihr ermöglichte, zu jeder Zeit die Übersicht über den Zustand der Flugzeuge, Motoren, Besatzungen, Ersatzteile und sonstigen für den Flugbetrieb erforderlichen Inventars abzurufen. Zu Beginn des Zweiten Weltkrieges bestand die Air Force, die damals ein Teil der Armee war, aus etwa 50 Flugzeugen. General Arnold kannte jedes von ihnen beim Namen.

Präsident Franklin Delano Roosevelt projektierte eine gewaltige Aufstockung der Luftwaffe und konfrontierte Gates, Thornton und Robert Lowett, damals stellvertretender Kriegsminister und für die Army Air Force zuständig, mit dem Problem, wie dieser vergrößerte Teil der Streitkräfte gemanagt werden sollte. Diese Aufgabe war von solcher Größenordnung und Bedeutung, daß sie die Herzen von Systemanalytikern erfreuen konnte. Die britische Royal Air Force hatte vor einem ähnlichen Problem gestanden und mit einer Kraftanstrengung formale analytische Methoden für taktische und auch logistische Entscheidungen eingesetzt. Die U.S. Army Air Force berief ebenfalls Wissenschaftler, um formale Entscheidungsanalysen unter Verwendung der Wahrscheinlichkeitstheorie anfertigen zu lassen. Doch ließen diese wissenschaftlichen Erkenntnisse die organisatorischen und administrativen Aspekte von Entscheidungen außer acht.[11] Tex Thornton dagegen hielt diese Aspekte für entscheidende Elemente effektiver Planung und Kontrolle. Seiner Ansicht nach brauchte man einen neuen Ansatz zur Lösung des Problems, wie die aufgestockte Luftwaffe gemanagt werden könnte.

Während Lowett, Gates und Thornton noch über das Problem nachdachten, bemühten sich mehrere Angehörige der Harvard Business School, ihre Ideen über Unternehmensadministration den Bedürfnissen der nationalen Verteidigung anzupassen. Professor Edmund P. Learned und Associate Dean Cecil Fraser reisten nach Washington, um zu erkunden, wie die Talente ihrer Wirtschaftsfakultät der Air Force helfen könnten. Sie wurden schließlich an Thornton verwiesen, der zum Chef der neu organisierten Statistischen Kontrollbehörde des Luftwaffenstabes ernannt worden war. Diese Begegnung führte bald zur Gründung der Statistischen Fakultät der Army Air Force an der Harvard Business School.

Diese Fakultät wurde geschaffen, um innerhalb kurzer Zeit Offiziere zu schulen, die operativen Einheiten an der Front und anderswo als statistische Analytiker zugeteilt werden konnten. Sie sollten das Gegenstück zu den Leitern des Rechnungswesens in Unternehmen der Wirtschaft werden. Die Aufgabe eines Offiziers für Statistik sollte nicht nur darin bestehen, quantitative Informationen über Personal, Flugzeuge und Ausrüstungen weiterzugeben. Dieser Job erforderte auch „die Darstellung von Fakten aus diesen Berichten und aus Sonderstudien anderer Stabsoffiziere in einer Form, die den Sinn der Daten und die Bedeutsamkeit der Fakten herausstellte."[12]

Diese Jobdefinition stellte klar, daß die neu ausgebildeten Offiziere trotz ihrer Jugend und Unerfahrenheit über große Macht verfügen würden. Ihre Büros waren Sammelstellen für wichtige Informationen, die die Offiziere für Statistik aufbereiteten, indem sie den Truppenoffizieren, die Entscheidungen über Personal, Material und Operationen treffen mußten, Interpretationen über die Bedeutung der Informationen lieferten. In der Darstellung ihrer Informationen mußten diese Offiziere für Statistik aufgeschlossen, taktvoll, vorurteilslos und doch progressiv sein. Sie mußten gegenüber Personen und politischen Maßnahmen einfühlsam sein. So legte beispielsweise ein Offizier General LeMay einen Bericht mit der Schlußfolgerung vor, es sei ineffizient und koste zu viel Menschen und Maschinen, Kampfflugzeuge als Begleitschutz für Bomber einzusetzen. Der General las den Bericht und kritzelte eine abfällige Bemerkung quer darüber. Ein anderer Offizier erwähnte einen Vorfall in einem Luftwaffendepot in England. Dort hatte er einem jüngeren Offizier befohlen, an einem laufenden Projekt noch abends zu arbeiten. Am nächsten Tag rief der kommandierende Offizier des Depots den Offizier für Statistik an und erinnerte ihn daran, daß nur der Kommandierende Befehle erteile und nicht der Offizier für Statistik. Das Ausbildungsprogramm in Harvard umfaßte auch Studien über menschliche Beziehungen, weil dieser neue Offizierstyp die Befähigung zu guter Zusammenarbeit mit anderen Menschen voraussetzte und mit diesem Job nur wenig formale Autorität verbunden war. Diskussionen über Fallstudien zum Thema zwischenmenschliche Beziehungen sollten die neuen Offiziere sensibilisieren für subtile Zusammenhänge zwischen Informationen als Macht und formaler Autorität sowie für die vielfältigen Rechte und Verantwortlichkeiten bei jeder einzelnen Handlung.

Diese neue Tätigkeit bei der Luftwaffe war ein Versuch, Managementgesichtspunkte in die Kommandostruktur einzubringen. Die Offiziere für Statistik, die teils Katalysatoren, teils Ansprechpartner waren, bestätigten sich als tägliche Rechnungsführer. Das bedeutete einen beispiellosen Wandel, der die Traditionen und Praktiken in den Streitkräften herausforderte. Natürlich wäre es töricht, den Erfolg der Luftwaffe während des Zweiten Weltkrieges der Einführung von Managementmethoden zuzuschreiben, doch sollte deren Beitrag, geleistet von den Offizieren für Statistik, nicht gering bewertet werden. Die Vorteile, die die Luftwaffe daraus zog, und die buchhalterische Methode, wie sie an der Fakultät für Statistik gelehrt und in Washington und bei der Truppe praktiziert wurde, übten auf die Generation nach dem Kriege tiefgreifenden Einfluß aus.

Tex Thornton erkannte die Implikationen dieser Erfahrung der Luftwaffe. Er hatte einen eigenen *brain trust* um sich versammelt, und als der Krieg zu Ende war, wollte er den Kern dieser Gruppe intakt halten. Er mußte also einen Ort finden, wo die im Kriege eingesetzten Fähigkeiten und Kenntnisse praktisch angewandt werden konnten. Thornton nahm zu diesem Zweck Kontakte mit zahlreichen Unternehmen auf, um herauszufinden, welches von ihnen sich in ähnlicher Lage befand wie die Luftwaffe zu Beginn des Krieges – ein großer Bedarf angesichts geringer eigener Ressourcen zur Befriedigung dieses Bedarfs.[13]

Er wandte sich an Henry Ford II, der zwar noch jung und unerfahren, aufgrund der Familienverhältnisse jedoch Chef der mit geschäftlichen Schwierigkeiten kämpfenden Ford Motor Company war. Diese Firma litt unter dem Trauma der wirren und paranoiden Geschäftsmethoden des älteren Ford. Früher war sie der führende Automobilhersteller gewesen, dann jedoch schwer ins Schleudern geraten. Vor dem endgültigen Zusammenbruch bewahrte sie nur der Ausbruch des Krieges und die Notwendigkeit der Massenproduktion von Rüstungsgütern. Was die Sache noch verschlimmerte: Die Organisation war unter der Leitung des Autokraten Charles Sorenson und des jungen Rowdys Harry Bennett völlig aus dem Gleis geraten. Bevor der Enkel des Gründers die Firma reformierte, war die Ford Motor Company nahe daran, ein unternehmerischer Polizeistaat zu sein wie Nazi-Deutschland.[14]

Nach der Übernahme der Geschäftsleitung feuerte der junge Henry Ford Harry Bennett. Er holte sich talentierte Leute in den Vorstand und machte dann später Ernest Breech von General Motors zum Betriebsleiter. Auch Tex Thornton stieß zu ihm, der die Not der Ford Motor Company und ihren Bedarf an Talenten, wie er sie in der Air Force um sich versammelt und eingesetzt hatte, klug vorausgesehen hatte. Ford stellte Thornton und dessen Gruppe ein. Zu ihr gehörten auch Robert McNamara und Arjay Miller, die beide später Vorstandsvorsitzende wurden, sowie Edward Lundy, der zur grauen Eminenz hinter dem Thron wurde.

Thorntons Gruppe in der Ford Motor Company war bald unter dem Namen „Zauberlehrlinge" bekannt, wegen ihrer Jugend und überragenden Intelligenz. Diese Zauberlehrlinge waren in einem für ihre Jugend ungewöhnlichen Maße erfolgreich und kündigten das Ende einer geschäftlichen Tradition an, in der Macht stets mit Lebensalter verknüpft gewesen war. Ihr schneller Aufstieg in der Firma brach auch mit der Tradition, wonach jedermann zwecks emotionaler und intellektueller Reifung von der Pike auf alle Ebenen des Betriebs durchlaufen haben mußte, bevor man ihm größere Machtbefugnisse einräumte. Wenn diese Zauberlehrlinge nichts anderes bewirkt hätten, so haben sie auf jeden Fall dazu beigetragen, die Managementmystik ins Leben zu rufen.

Ausgerüstet mit analytischen Werkzeugen und dem Willen, diese mehr aktiv als passiv einzusetzen, können junge Männer und Frauen erhebliche Macht ausüben. Die Quelle der Macht von Angehörigen des Führungsstabes liegt in ihrer Nähe zu Personen, die allgemeine Managementverantwortung tragen. Im Laufe der Zeit vergrößert sich diese „geborgte" Macht als Folge der eigenartigen Objektivität, mit der Werkzeuge der Kontrolle umgeben sind. Die bloße Tatsache, daß diese Werkzeuge objektiv und entpersönlicht, aber dennoch von entscheidender Bedeutung für die Kommandokette sind, gibt demjenigen, der sich in ihnen auskennt, außerordentliche Möglichkeiten, die Gedanken anderer Leute zu gestalten.

David Halberstam beschreibt, wie Robert McNamara die Kontrolle des Managements gehandhabt hat:

> „Bei Ford wurde allen sehr früh klar, daß McNamara nicht nur ein brillanter, sondern auch großartiger Mann war. Er besaß die besondere Fähigkeit, sich aller möglichen Zahlenangaben zu bedienen, um eine Entscheidung in die von ihm gewünschte Richtung zu lenken, die mit ziemlicher Sicherheit auch die von

seinem Vorgesetzten gewollte Richtung war. McNamara's Argumente bei innerbetrieblichen Diskussionen waren einfach unschlagbar. Er war sich seiner Fakten so sicher, daß er ganz vorurteilslos zu sein schien, ein bis ins Letzte rational denkender Mann, der nichts als rationale Entscheidungen forderte. Am häufigsten stritt er mit den Herren der Abteilung Herstellung, die gewöhnlich das Geld auszugeben wünschten, das McNamara einsparen wollte. Wann immer McNamara und seine Mannen nur wollten, konnten sie einen Mann aus der Herstellung zum Versager stempeln..."[15]

Werkzeuge, die von Natur aus passiv zu sein scheinen, aktiver Verwendung zuzuführen, ist wesentlicher Bestandteil der Managementkontrolle. Diese Wendung vom Passiven zum Aktiven kann aber auch die Integrität der Autorität und ihre kluge Verwendung in Organisationen gefährden.

Tex Thornton verließ die Ford Motor Company möglicherweise als Folge einer Rivalität mit Ernest Breech. Der von der Air Force pensionierte General Ira Eaker brachte Thornton zu Hughes Aircraft, wo man seine Begabung für Managementkontrolle dringend benötigte. Bald danach verließ Thornton auch dieses Unternehmen und ging zu Litton Industries, die gerade dabei war, sich zu einem Konglomerat zu wandeln. Die Umstellung auf Konglomerate in der Größenordnung von Litton Industries oder ITT wäre kaum erfolgreich gewesen, hätte man nicht vorher Managementkontrolle als Methodologie erfunden.

Als Robert McNamara unter Präsident John F. Kennedy Verteidigungsminister wurde, brachte er die Ideologie der Kontrolle mit in sein Amt. Um als Verteidigungsminister wirklich aktiv sein zu können, brauchte man eine Hebelkraft, die den Traditionen der Militärs fremd war. Es dauerte nicht lange, da sprachen alle Generäle, Admiräle und ihre Stabsoffiziere die Sprache der Kontrolle. Kosten/Nutzen Analyse wurde zur Hauptparole, vor allem im Zuge der volkstümlichen Redewendung „more bang for the buck", was soviel bedeutete wie „mehr (Explosions) Knall pro Dollar". Der Einfluß der Kosten/Nutzen Analyse wurde zum Mittelpunkt der Kontroverse. Welches sind die endgültigen Kosten der Wirksamkeit eines solchen Werkzeuges, wenn es die wesentlichen Meinungsverschiedenheiten bei politischen Entscheidungen verschleiert? Die heute noch andauernde Debatte über die Verwicklung der USA in Angelegenheiten von Ländern der Dritten Welt gehört zur umfassenderen Debatte über Mittel und Ziele bei der Anwendung von Macht.

Manager leugnen gerne, daß sie sich zur Verwirklichung des Kontrollprozesses auf ihre Macht verlassen. In dieser Hinsicht gleichen sie Präsident Lyndon B. Johnson, der sich auf Jesaja berief, „So kommt denn und laßt uns miteinander rechten, spricht der Herr", während er gleichzeitig die Macht seiner Position und Persönlichkeit nutzte, um seine persönlichen Ansichten durchzusetzen.

Wie können Menschen mit ungleicher Macht gemeinsam überlegen? An sich verhindert Machtbesitz nicht, daß Menschen mit ungleichem Status zuhören und sprechen, sich überzeugen lassen oder andere zu überzeugen versuchen. Tatsache bleibt jedoch, daß die Kommunikation in solchen Fällen von oben nach unten fließt. Statt mit ihren Untergebenen zu überlegen, neigen Vorgesetzte häufiger dazu, deren Gedanken und Wahrnehmungen in eine vorbestimmte Richtung zu kanalisieren. Den Inhalt der mentalen Aktivitäten einer anderen Person in bestimmte Richtungen zu lenken, gehört zur Kontrolle durch das Management. Eines ist dabei paradox: Je erfolgreicher man kanalisiert, desto größer ist das Risiko eines Zusammenbruchs der Kontrolle, weil die Informationen sich auf das beschränken, was die Machtausübenden oder die Kontrollmechanismen diktieren. Dabei wird ganz entscheidendes Informationsmaterial weggelassen.

Harold Geneen lieferte ein interessantes Beispiel, wie Informationen bei wichtigen unternehmenspolitischen Entscheidungen entstellt oder gar nicht beachtet werden, selbst wenn alle notwendigen Formen der Kontrolle durch das Management gewahrt bleiben. Die Firma ITT erwog einen riesigen Kapitalaufwand für den Bau ihrer Abteilung Kunstseide. Die vorgeschlagene Erweiterung sollte im kanadischen

Quebec stattfinden, das wegen der Nähe zu Baumbeständen und Wasserkraft, entscheidenden Ressourcen für die Produktion, Standortvorteile bot. Nachdem die Fabrik gebaut war, stellte das Management fest, daß es eine Fehlentscheidung getroffen hatte. Wegen des Klimas wachsen in Quebec Bäume nicht groß genug, um den für eine effiziente Produktion erforderlichen Durchmesser zu erreichen. Das neue Werk mußte geschlossen werden und ITT 320 Millionen Dollar abschreiben. Geneen beschrieb diesen „Fehler" als Beispiel, wie man „die ‚richtige' Entscheidung aufgrund von ‚Fakten' trifft, die falsch oder irreführend sind oder einfach übersehen werden."[16] Er schrieb auch:

> „Die Pläne für die Kunstseidenfabrik wurden geprüft und gegengeprüft, Risiken und Chancen wurden sorgfältig analysiert. Dann beschlossen wir, ans Werk zu gehen... Doch hätte der Verlust von 320 Millionen Dollar vermieden werden können, wäre seinerzeit jemand persönlich hingefahren und hätte sich die Bäume angesehen, bevor wir mit den Bauarbeiten begannen. Statt dessen verließen wir uns auf einige sehr unsichere ‚Fakten'. Wir hatten die Forsten, die Fabrik, die zu erzielenden Gewinne im Auge, aber nicht das, worauf es ankam."[17]

Robert J. Schoenberg beschreibt in seiner Biographie *Geneen* dasselbe Ereignis und hebt dabei besonders hervor, wie selbst bei bestens organisierten Kontrollsystemen Tatsachen übersehen und entstellt werden können.[18] Er weist nach, daß Geneen seine Untergebenen zu dieser Entscheidung genötigt hat. Diese haben dann die „Fakten" gesammelt, die erforderlich waren, um die Zustimmung zu dieser Investition zu erlangen. Das Kontrollsystem hat die Untergebenen weder ermutigt noch dazu in die Lage versetzt, unabhängig vom Chef zu denken.

Zu ähnlichen Schlußfolgerungen gelangt man bei der Prüfung, wie Informationen bei Entscheidungen über den Eintritt der USA in den Vietnam-Krieg genutzt wurden. Kosten/Nutzen Analysen produzierten „Fakten", aus denen hervorging, wir würden diesen Krieg gewinnen – bis die berühmte Tet-Offensive auf unwiderlegliche Weise bewies, daß wir ihn nicht gewannen.

Die Sache ist die: Management-Kontrollsysteme erzeugen leicht die Illusion von Kontrolle, weil das Topmanagement großes Vertrauen in sie setzt, weil sie von oben aufgezwungen wurden, weil sie ein Hebel sind, mit dem Angehörige des Führungsstabes ihre Macht auf Kosten der Leute in den Betrieben stärken, und weil das Kontrollsystem von denen manipuliert wird, die sich durch ihre Beziehungen zur obersten Autorität dazu genötigt fühlen.

Zum Kontrollablauf gehören Berichte und Dokumentationen nach Normen, die angeblich vom Hauptgeschäftsführer festgelegt, in Wirklichkeit jedoch von Angehörigen seines Stabes unter dem schützenden Schirm der Macht des Hauptgeschäftsführers manipuliert werden. Um diesen Vorgang bewältigen zu können, schaffen Manager sich in den Betrieben ihre eigenen Prioritäten, wobei das dringende Bedürfnis, ihre Untergebenen zu beherrschen, an erster Stelle steht.

Managementkontrolle erfordert anscheinend die Tätigkeit von zwei Stäben, des einen auf oberster Unternehmensebene und eines zweiten auf der praktischen Ebene. Beide Stäbe sollen dafür sorgen, daß die Kontrollstruktur Gedanken und Handlungen der Produktionsleiter in die gewünschten Bahnen leitet, und kommunizieren ständig miteinander. Als „Frühwarnsystem" alarmieren die lokalen Stäbe die Zentrale, sobald Probleme auftauchen, ganz gleich, ob die unmittelbaren Vorgesetzten schon darüber Bescheid wissen oder nicht. Die Angehörigen des Stabes der Produktionsabteilung leiden nun nicht mehr unter dem Konflikt, zwei Herren zugleich dienen zu müssen – dem Produktionsleiter, dem sie Meldung machen müssen, und seinem Gegenstück in der Unternehmenszentrale. In der Praxis hat der Stab der Zentrale das Sagen. Er stellt gewissermaßen die Rollenvorbilder für die Beschäftigten in der Produktion und hat mehr über Beförderungsbedingungen zu sagen als die Manager vor Ort. Der Pfad der Beförderung beginnt beim Stab der Produktion, führt von dort zum Stab der Zentrale und dann wieder zurück zu den Produktionsleitern.

Wieviel Macht besitzen Angehörige eines Führungsstabes? Das hängt davon ab, wie nahe sie den wahren Inhabern der Macht sind. Auch

Erfahrung in der Handhabung der Kontrollinstrumente kann Macht verleihen. Kompliziert wird die Sache noch dadurch, daß die Beziehungen zwischen dem Führungsstab und den Produktionsleitern, die Profitcenter leiten, sich auf die Mitarbeiter in der Produktion auswirken.

In Kapitalgesellschaften sind Design, Umgangssprache und Nutzung der Kontrollsysteme universal. Sie existieren neben der Sprache der Produkte, der Märkte und der Herstellungsverfahren und können Problemen und Wahrnehmungen eine Realität verleihen, die sie gar nicht verdienen. Es ist in der Tat erstaunlich, welchen Wahrheitsgehalt man diesen Berichten und ihren Zahlenangaben zuerkennt. Kontrollsysteme und Personen, die Zahlenangaben aus dem Ärmel schütteln können, sind oft von einschüchternder Präsenz. Es ist begreiflich, wenn man zu Harold Geneen mit Ehrfurcht aufschaut, jedoch etwas ganz anderes, wenn man einen jungen Stabsangehörigen im selben Licht sieht. Die Anwesenheit eines jungen Mannes aus dem Führungsstab bringt Ungereimtheiten mit sich, die bei den Produktionsmanagern beträchtliches Unbehagen erzeugen.

Zu den unangenehmsten Methoden, Widersprüche im Status (und dementsprechend der Macht) aufzulösen, gehört der Versuch, die Oberhand auf dem Wege über persönliche Beziehungen zu gewinnen. Junge Stabsangehörige haben dabei den Vorteil der Nähe zum Zentrum der Macht und ihres Expertenwissens im Bereich formaler Kontrollen. Die Manager von Produktion und Vertrieb suchen die Zusammenarbeit mit ihnen, um sie für größere Loyalität zu gewinnen als sie diese gegenüber der Unternehmensleitung empfinden. Managementkontrolle spaltet die fundamentale Autoritätsstruktur, die Eins-zu-Eins Beziehung zwischen Vorgesetzten und Untergebenen. Die Topmanager vermeiden direkte Beziehungen und setzen unpersönliche, aber verbindliche Strukturen an die Stelle persönlicher Bindungen. Damit Produktionsmanager sich ruhig verhalten und eine untergeordnete Position in den Machtbeziehungen akzeptieren, müssen ihre Positionen abgewertet werden. Mit dieser erzwungenen Fügsamkeit verzichten viele Manager auf die Verantwortung schöpferischen Denkens, das ein Unternehmen langfristig stark macht.

Fügsamkeit allein hilft jedoch nicht, Ängste zu überwinden, die eine Folge der Kontrollstrukturen und der widersprüchlichen Beziehungen sind, die sich um diese Strukturen entwickeln. Und genau da liegt der Kern des Dilemmas moderner Managementkontrolle. Mit ihrem Interesse und Vertrauen in Konstrollstrukturen schaffen sich Topmanager die Illusion von Kontrolle. Sie fordern geradezu eine machiavellistische Reaktion heraus, die Gewitztheit an die Stelle von Loyalität setzt, wobei Eigeninteresse über gegenseitige Verpflichtung und Verantwortung siegt.

Das moderne Management sollte die Kardinalregeln eher aktiv als passiv anwenden und das Geschehen meistern, statt sich von ihm leiten zu lassen. Bleibt ein Manager innerhalb einer Autoritätsstruktur passiv, sei es in seinen Beziehungen zu einem unmittelbaren Vorgesetzten oder einem für ihn tätigen Stabsangehörigen, dann verzichtet er auf Autonomie, womit er zugleich seine Integrität und Karriere aufs Spiel setzt. Will er sich eine aktive Position erhalten, muß ein Produktionsmanager direkten Wettbewerb mit dem Chef oder dem ihn vertretenden Stab vermeiden. Dazu muß er sich zunächst einmal der Loyalität der eigenen Untergebenen versichern und dafür sorgen, daß alle, auf die es ankommt, mehr zum Produktionsmanager halten als zum Stab der Zentrale oder einem ihrer Beauftragten. Wer sich diese Loyalität sichern will, gerät in Versuchung, seinen Untergebenen für einen späteren Zeitpunkt besondere Vorteile zu versprechen, und muß ihre Kommunikationen mit Vertretern des Führungsstabes und der Zentrale genauer überwachen.

Eine andere Regel in diesem machiavellistischen Spiel besagt: Vermeide jede Konfrontation über unterschiedliche Interpretationen der Unternehmenspolitik und Managementpraktiken. Kluge Produktionsmanager wissen: Der beste Weg, Konfrontationen aus dem Wege zu gehen, ist, der Prüfung von Initiativen oder Vorschlägen der Zentrale oder ihres Stabes zuzustimmen.

Ich denke da an den Fall des Chefs einer Unternehmensgruppe. Die Zentrale befahl ihm, den Namen seiner Gruppe und ihrer verschiedenen operativen Abteilungen zu ändern, um der Öffentlichkeit ein stimmiges Image zu bieten. Damit sollte zugleich die Transparenz der Unternehmen gestärkt und letztlich die Kurse ihrer Aktien erhöht werden. Der Chef der Gruppe glaubte jedoch, ein einheitlicher Name für alle Unternehmensbereiche würde dem Interesse der Gruppe und letzten Endes der Gesamtfirma zuwiderlaufen, weil die lokale Identifizierung mit dem bisherigen Firmennamen auf regionalen Märkten einen hohen Stellenwert besitzt. Statt die Namensänderung von vorneherein zu verweigern, lud er den Unternehmensstab zu einer Diskussion des Programms und der Möglichkeiten seiner praktischen Verwirklichung ein. Er organisierte eine Umfrage, die Daten sammelte, welche Vorstellungen die Leute lokal mit verschiedenen Namen assoziierten. Mit Hilfe zahlreicher Verzögerungstaktiken und seiner Fähigkeit, geduldig eine Konferenz nach der anderen durchzustehen, brachte er die Unternehmenszentrale schließlich dazu, auf ihre Forderung zu verzichten. Während all dieser Manöver verhielt der Gruppenchef sich gegenüber der Initiative nachgiebig und kooperativ. Die Kosten der für diese Hinhalte-Manöver aufgewendeten Zeit lassen sich nicht ohne weiteres messen, doch sollten sie berücksichtigt werden, wenn man die Auswirkungen dieses Ringens um Autonomie zwischen der Unternehmenszentrale und den operativen Abteilungen sowie zwischen Produktionsmanagern und Angehörigen des Führungsstabes überdenkt.

Kontrollsysteme liefern uns nicht nur Instrumente zum Messen, Beschreiben und Auswerten von Informationen. Sie zeigen uns auch, wie man das Verhalten von Menschen lenken kann. Passivität abzulegen und eine aktive Rolle zu übernehmen, verursacht einen Riß in den Beziehungen zwischen Vorgesetzten und Untergebenen. Statt Zusammenarbeit gibt es Konflikte, die jedoch niemals direkt ausgetragen werden. Dafür steht zu viel auf dem Spiel. Da moderne Managementkontrolle schon fast zu einer Ideologie geworden ist, fordert sie indirekten Widerstand heraus, während der offene Konflikt maskiert wird. Das Kontrollsystem birgt ein illusorisches Element in sich: Das Spiel, Autonomie mit indirekten Methoden zu erlangen, verleitet zu Manipulationen, die letzten Endes die Loyalität und das Verantwortungsgefühl untergraben, die Grundlage jeder wirksamen Autorität sind.

Kapitel 7

Professionalismus

Der Mensch existiert mit einer Art doppeltem Bewußtsein: Während er in einer bestimmten Situation handelt, behält er die Fähigkeit, sich bei diesem Handeln selbst zu beobachten. Erving Goffman, Beobachter und Analytiker gesellschaftlicher Interaktionen, hat das Theater als passende Metapher zur Analyse des dualistischen Bewußtseins des Ich als Schauspieler und als Zuschauer in sozialen Situationen vorgeschlagen.[1] Dieser Dualismus soll uns die Möglichkeit geben, das Verhalten nach den von der jeweiligen Situation vorgeschriebenen Normen zu regulieren. Wenn Menschen miteinander agieren, gibt es nach Goffman zwei Regionen des Bewußtseins. Entsprechend seiner Metapher ist die erste Region „die Bühne", auf der man sich nach dem vorliegenden Text, den Normen der Situation, verhalten muß. Die zweite ist die Region „hinter der Bühne", wo die Mitspieler sich entspannen und spontan handeln können.

Die Metapher vom Theater hat in den vom Professionalismus beherrschten Aspekten des Arbeitslebens besondere Bedeutung. Nirgendwo sonst ist der Professionalismus stärker als unter Managern, und nirgendwo wird Leistung so unnachgiebig nach den Standards der „Angemessenheit" beurteilt wie auf der Bühne eines Unternehmens. Keine andere Bemerkung beschädigt das Ego eines Managers härter als der nüchterne Kommentar: „Sie haben auf unangemessene Weise gehandelt."

Für den professionellen Manager in einem Unternehmen ist *Kontrolle* das Schlüsselwort, mit dem Erwartungen beschrieben werden, die das Verhalten bestimmen. In diesem Kontext bedeutet Kontrolle, daß man die Handlung steuert und während der ganzen Zeit „auf der Bühne" ist, so daß die gewöhnlich aus anderen professionellen Managern bestehenden Zuschauer mehr die Rolle als den Schauspieler zur Kenntnis nehmen. Eine Leistung kontrollieren bedeutet mehr als sich angemessen kleiden und in dem für Manager so charakteristischen unaffektierten Ton sprechen. Es bedeutet, daß man sich beherrscht und keinerlei Gemütsbewegungen zeigt, vor allem keinen Ärger. Der Soziologe Max Weber, der uns so viel über Bürokratie gelehrt hat, verstand die Erfordernisse von Leistung so gut, daß er organisierte Mitgliedschaft als Leben in einem eisernen Käfig beschrieb, ein Leben, in dem der einzelne gezwungen ist, seine Gefühle zu beherrschen.[2] Zweck professionellen Verhaltens, bei dem Selbstbeherrschung belohnt wird, ist es, alle nicht zur Sache gehörenden Angelegenheiten auszuschalten, damit die Arbeit und alle damit zusammenhängenden Gespräche ohne Vergeudung von Energie vonstatten gehen können. Von einem professionellen Manager erwartet man angemessenes Verhalten selbst unter den schwierigsten Umständen, etwa wenn eine erhoffte Beförderung nicht erfolgt. Zeige nie persönliche Verletztheit, zeige nie Sorgen in der Öffentlichkeit und niemals Ärger!

Das Zurschaustellen von Gefühlen ist eine Torheit, die andere in Verlegenheit bringt und sie geneigt macht, ihrerseits mit Emotionen zu reagieren. Es handelt sich hierbei um einen Lapsus im Professionalismus, der, bei Wiederholung, eine Mißachtung der Standards bedeutet, mit denen professionelle Manager andere und sich selbst beurteilen – ganz gleich, wie diese Zurschaustellung gerechtfertigt oder mit welcher Spontanität oder menschlichen Qualität sie erfolgt. Es ist und bleibt ein Mißgriff und ein Bruch mit dem Kodex des Professionalismus, wie auch der folgende Vorfall zeigt.

An einem schönen Frühlingsabend versammelten sich die Direktoren und leitenden Manager eines großen Unternehmens zu ihrem alljährlichen Dinner. Die Penthouse-Suite mit ihrem vornehmen Dekor und atemberaubenden Ausblick auf die City war der traditionelle Ort, an dem der Abschluß eines guten Jahres gefeiert und das Vertrauen in das erfolgreiche Management neu bekräftigt wurde. In diesem Jahr jedoch kam es nicht zur Feier, sondern die Szene wurde zu einem Geschehen, das in der Geschichtsschreibung des Unternehmens als „Das Letzte Abendmahl" festgehalten wurde.

Nach den üblichen Cocktails und einem ausgezeichneten Abendessen ließen der Vorstandsvorsitzende und der Hauptgeschäftsführer Zigarren herumreichen, um dann eine düstere Botschaft zu verkünden. Ein professioneller Unternehmensaufkäufer hatte die Kontrolle über die Geschäftszentrale und den Vorstand erlangt. Der Hauptgeschäftsführer mußte seinen Posten an den Leiter der Finanzabteilung abgeben und wurde zum ersten Betriebsführer ernannt. Mehr als die Hälfte des Vorstandes würde nicht mehr auf der neuen Liste der Direktoren erscheinen, und einer der leitenden und seit langem amtierenden Direktoren des engeren Führungskreises würde aufgefordert werden, sofort auszuscheiden und seinen Platz für den Leiter der Finanzabteilung zu räumen.

Der abgesetzte leitende Manager wußte, was er dem professionellen Kodex schuldig war. Es gelang ihm, seine Gefühle unter absoluter Kontrolle zu halten und mit gedämpfter Stimme einige technische Fragen über die Veränderungen zu stellen. Der Vorsitzende antwortete mit derselben belegten Stimme und wollte dann zu anderen Angelegenheiten übergehen. Der leitende Manager sprach jedoch weiter, immer lauter und schneller, wobei ihm mehrmals die Stimme versagte. Er habe dem Unternehmen viele Jahre seines Lebens gewidmet, sagte er, und sei dem Vorstandsvorsitzenden stets loyal ergeben gewesen. Und nun werde ihm sein Kopf auf einem silbernen Tablett serviert. Dabei entschlüpfte ihm ein unfeines Wort. An dieser Stelle tadelte ihn der Vorsitzende, sein Kollege und vorgeblicher Freund, mit der bekannten viktorianischen Zurechtweisung: „Eine solche Sprache ist bei uns nicht üblich."

Arbeiten in Amerika ist eine niemals abgeschlossene Erfahrung. Die Fabrikarbeiter im blauen Overall haben schon lange technologischen Wandel, periodische Entlassungen und andere Veränderungen als völlig zur normalen Lebensweise gehörend akzeptiert. Neu ist jedoch das Ausmaß, in dem Büroangestellte, mittlere und leitende Manager von mißliebigen Veränderungen betroffen werden. Zwar haben die amerikanischen Unternehmen niemals Beschäftigung und Gruppenzugehörigkeit im Austausch für Loyalität gegenüber der Firma garantiert, wie es in Japan der Fall ist. Doch war es immerhin Tradition, sich um das Management und dessen Stab zu kümmern.

Der Elitegruppen hat sich eine neue Mentalität bemächtigt. Statt die vielen wirtschaftlichen und gesellschaftlichen Vorrechte, die mit ihrer Beschäftigung automatisch verbunden waren, für selbstverständlich zu halten, sind sie jetzt verunsichert, verärgert und wachsam. Die jüngste Flut von Fusionen, Akquisitionen und Entflechtungen hat die Identität mit den Unternehmen zerstört. Damit sind auch einst versprochene Belohnungen und Identifizierungen, die bisher das Ego der Büroangestellten und Manager stützten, in Frage gestellt. Selbst die täglichen Abläufe in den Verwaltungsräumen der Unternehmen sind vom technologischen Wandel überrollt worden. Heute erwartet man von Managern die Fähigkeit zur Bedienung von Computern für ihre eigene analytische Arbeit ebenso wie für die Kommunikation durch elektronische Übertragungsmittel. Früher haben diese Leute einfach der Sekretärin diktiert oder zum Telefon gegriffen. Diese Veränderungen verbessern zwar die Effizienz, doch erzeugen sie auch Streß und setzen die Menschen dem lähmenden Zwang aus, auf Initiativen reagieren zu müssen, die von außerhalb ihrer Einflußsphäre kommen.

Als Folge der veränderten Voraussetzungen und enttäuschten Erwartungen sind die Menschen heute stärker als bisher anfällig für das Phänomen, das die Psychoanalytiker „narzißtische Kränkung" nennen, während andere Sozialwissenschaftler es als „empfundene Ungerechtigkeit" bezeichnen. Die Leute sind verärgert und stehen vor dem Problem, mit völlig neuen und veränderten Emotionen fertig werden zu müssen. Wie der so jäh aus dem Vorstand entlassene Topmanager erkennen mußte, sind harte Worte im Vorstandszimmer tabu. Der Rat des Anwalts „Gehen Sie nicht in die Luft, bleiben Sie gelassen", mag im Gerichtssaal funktionieren, aber kaum in Unternehmen, in denen mit kleinlichen Intrigen um Macht und Einfluß gekämpft wird.

Dieser emotionale Zustand in den Büros amerikanischer Unternehmen bewirkt eine weitere Erosion des Zusammenhaltes und der Loyalität der Gruppen. Typisch für sie ist der Fall eines jungen mittleren Managers, dessen Firma von einem Großunternehmen aufgekauft wurde. Anfänglich war er verärgert, weil er nochmals die Schulbank drücken mußte, um all die neuen Formen von Reports über Budgetplanung und Betriebsergebnisse zu lernen, die von der neuen Muttergesellschaft angefordert wurden. Außerdem ärgerte es ihn, daß er seine Tätigkeit Leuten erklären mußte, die viel weniger davon verstanden als er selbst, und die sich auch weniger dafür zu interessieren schienen. Doch begriff dieser junge Manager, was im Unternehmen tabu war, und behielt seine Verstimmung für sich. „Wer sich gehen läßt, muß damit rechnen, von der Schnellspur auf die Schleichspur abgedrängt zu werden. Warum soll ich daher meinen guten Ruf aufs Spiel setzen, nur um anderen zu zeigen, daß ich mich ärgere?" Statt dessen nahm er seine Arbeit nicht mehr so ernst. Er sah sich nach einem neuen Job um und verordnete sich selbst ein strenges Trainingsprogramm für einen Marathonlauf.

Der Vorstandsvorsitzende einer bedeutenden New Yorker Börsenfirma bestätigte, wie sehr der junge Mann recht hatte, seine Verärgerung nicht zur Schau zu stellen. „Jemanden, der seine Verstimmung deutlich demonstriert, befördern wir nicht. Das ist heute nun einmal so bei den großen Kapitalgesellschaften. In früheren Jahren, als wir uns noch wie Privatunternehmer verhielten, war es durchaus nicht unüblich, daß jemand seinem Unmut Luft machte, ohne deswegen um seine Karriere fürchten zu müssen."

Zwar gibt es keine objektiven Maßstäbe dafür, wie sehr heute im Vergleich zu früher in Organisationen Verärgerung um sich greift. Doch lassen die veränderten Umstände darauf schließen, daß die Anlässe dafür zunehmen. Aus anderer Perspektive betrachtet, sind diese Zustände jedoch ein Teil der Entwicklung, die wir „Modernisierung" nennen, die im 18. Jahrhundert einsetzte und noch heute unter dem Etikett „Professionalismus" andauert.

Das Wort Professionalismus beschreibt einen besonderen Geisteszustand, der die moderne Struktur wirtschaftlicher Aktivitäten stützt. Es ist schwer zu sagen, was zuerst da war, der Geisteszustand oder die Struktur. Wie auch immer, Modernisierung und Professionalismus sind eng miteinander verknüpft. Der Geisteszustand sagt uns, welchen Platz wir innerhalb der verschiedenen Gesellschaftsschichten einnehmen, wie wir uns verhalten und wie wir gegenüber Chancen und Problemen reagieren sollen. Im prä-modernen Geisteszustand, der heute noch bei vielen Fabrikarbeitern herrscht, galten Passivität, Hinnahme des Geschehens und Fatalismus als normal. Was ist, das *ist* nun einmal, und der einzelne Mensch hat kaum die Möglichkeit, das Geschehen zu ändern, geschweige etwas in Gang zu bringen. Im Bewußtsein des modernen Managements bedeutet professionelles Verhalten Aktionen, von denen der einzelne erwartet, daß sich die Dinge ändern.

Professionalismus im Management ist seinem Wesen nach elitär. Zur Elite gehören selbstsichere Individuen, die durch ihre Leistungen bekannt sind. Wissenschaftliches und rationalistisches Ethos sind integrale Bestandteile dieser elitären Haltung. Die Natur kann erkannt werden, ist vorhersagbar und deshalb auch beherrschbar, wenn der einzelne sich rational verhält. Zum rationalen Bewußtsein gehört es, daß man auswählen kann. Wer auswählt, fühlt sich unabhängig und fähig, im modernen Wirtschafts- und Gesellschaftsleben seine persönlichen Interessen wahrzunehmen, Alternativen abzuschätzen und Kosten und Nutzen zu vergleichen. Um rational eine Wahl zu treffen, muß der Mensch gelernt haben, Impulse und Emotionen zu unterdrücken. Er muß also Leidenschaftslosigkeit kultivieren und Denken vom Fühlen trennen.

Werden Regeln rationalen Denkens auf persönliche Entscheidungen angewandt, dann erzeugt das unbehagliche Reaktionen. Utilitaristisches Verhalten ist leicht, wenn zu entscheiden ist, welchen Wagen man kaufen sollte. Es ist leicht, in einer Publikation für Verbraucherschutz zu blättern und Kosten und Nutzen des Besitzes eines Ford im Vergleich zu einem Chrysler zu studieren. Wie aber soll man sich verhalten, wenn es darum geht, eine Lebensgefährtin zu erwählen oder sich für eine bestimmte Laufbahn zu entscheiden? Bei Entscheidungen im persönlichen Leben entdeckt der Mensch schnell, daß rein rationales Verhalten allein nicht genügt. Reine Rechenexempel erscheinen in solchen Fällen bald lächerlich. Darüber hinaus kann viel Wahrheit in der Feststellung liegen, daß große Entscheidungen unseres Lebens nur in Form einer Synthese zwischen intuitivem Erfassen des Problems und dem Vertrauen auf innere Reaktionen getroffen werden können. Obwohl ein Bedarf besteht, Probleme auch intuitiv zu begreifen, hat sich die Erwartung von Rationalität in allen Lebensaspekten durchgesetzt. Daher gilt die Regel „Reagiere niemals emotional!" für alle Bereiche im Leben eines Profis.

Professionalismus gilt jedoch nicht nur für individuelle Entscheidungen, sondern gewinnt zunehmend auch für relativ neue Strukturen an Bedeutung. Hierarchische Organisationen wurden zu rationalen Instrumenten der gesellschaftlichen und wirtschaftlichen Kontrolle über die Umwelt. Zum Zwecke dieser kollektiven Kontrolle erwartet man vom einzelnen, daß er seine Individualität unterordnet, zumindest seine Impulse und Emotionen.[3]

Die moderne Organisation, Webers „eiserner Käfig", zwingt den einzelnen Menschen, seine Rolle zu lernen und zu spielen, ohne Kommunikation oder abweichendes Verhalten, ohne Gemütsbewegung und vor allem, ohne seinen Ärger zur Schau zu stellen. Im eisernen Käfig zu leben, bedeutet jedoch nicht zwangsläufig, daß der Mensch während seiner Tätigkeit für eine Organisation keine Gefühlsregungen hat. Natürlich kann er sich Unannehmlichkeiten ersparen, wenn er keine Emotionen empfindet, wichtig ist jedoch, ihnen keinen erkennbaren Ausdruck zu geben. Das Unterdrücken der Gefühle ist entscheidend, damit die Organisation effizienter funktionieren kann.

Webers Werk hat den Anstoß zu zahlreichen Untersuchungen gegeben, die nachweisen, daß Organisationen nicht so hundertprozentig rational oder gefühlsarm sind, wie von ihm behauptet. Neben ihrem rationalen Verhalten, oder vielleicht gerade deswegen, schulen große Organisationen ihre Mitarbeiter darin, nicht über die Grenzen der ihnen übertragenen Rollen hinauszublicken. Thorstein Veblen nannte diesen Zustand „angelernte Unfähigkeit".[4] Die Bürokratie tendiert dazu, ihren eigenen Prozeduren solches Gewicht beizumessen, daß die Mitarbeiter die Ziele aus den Augen verlieren, die zu erreichen der eigentliche Zweck der Prozeduren ist. Der Soziologe Robert Merton bezeichnete das als „Verschieben von Zielen", wobei Mittel und Zweck ganz durcheinander geraten.[5]

Organisationen weisen solche Krankheitsbilder auf, wenn das Denken nicht vom Gefühl begleitet wird. Erhielten Gefühle Mitspracherecht, dann wären die Menschen nicht auf eine derart enge Sicht der Dinge programmiert und würden die Art und Weise, *wie* etwas getan wird, höher schätzen als das, *was* getan wird.

Die Kluft zwischen Webers Beschreibung und den Entdeckungen der Soziologen offenbarte erheblich mehr als nur die einfache Tatsache, daß bei der Beschreibung eines Ideals oder theoretischen Typs zwangsläufig viele Aspekte der Realität unberücksichtigt bleiben müssen. Die Konzepte von der „angelernten Unfähigkeit" und der „Verschiebung der Ziele" machen deutlicher, worum es bei Webers „eisernem Käfig" eigentlich geht. Gewöhnlich neigt man dazu, Gefühl und Denken zu trennen, was am Ende die Fähigkeit zu realistischem Denken mindert. Diese Trennung kann in Organisationen anscheinend nur durch die Kombination von Professionalismus und Politik überwunden werden.

Politik in Organisationen – was ist das? Sie definiert Eigen- und Gruppeninteressen, die für die Beteiligten wichtiger sind als das Wohl der Organisation insgesamt. Angehörige von Organisationen, vor allem in den oberen Rängen der Hierarchie, pflegen sich darauf zu konzentrieren, Macht für sich selbst und ihre Gruppe zu erringen oder bei der Aufteilung der Macht zumindest Parität zu bewahren.

Es könnte zunächst so erscheinen, als würde die Präsenz von Politik in Organisationen endgültig das Prinzip kühler Rationalität und der Unterdrückung von Gefühlen untergraben. Denn – was könnte schließlich die Menschen mehr engagieren als ihr Streben nach Macht und deren Erhalt für sich selbst und die eigenen Gefolgsleute? Erfolgreiches politisches Handeln in Unternehmen setzt jedoch kühles Temperament und die besondere Fähigkeit voraus, Gefühle aus dem Spiel zu lassen.

Machiavelli hat das als erster und vielleicht am besten in seinem Werk *Der Fürst* formuliert: „...denn ein Mensch, der sich zu jeder Zeit zum Gutsein bekennen will, muß inmitten so vieler anderer, die nicht gut sind, scheitern. Deshalb muß ein Fürst, der seine Position bewahren will, auch lernen, nicht gut zu sein, und das Gelernte je nach Notwendigkeit anwenden."[6] Heute besteht die Gesellschaft aus hierarchischen Organisationen, die Instrumente des Wirtschaftslebens sind. Freund und Feind, Kollege und Gegenspieler sind nicht durch deutlich erkennbare Grenzen getrennt, sondern können auch nebeneinander existieren. Angesichts ihrer Politisierung werden Organisationen zum Ort für Rivalitäten, Koalitionen und abgekartetes Verhalten. Es braucht einen kühlen Kopf und ein ebensolches Herz, um dieses Spiel gut zu spielen und zu gewinnen. Statt den Gefühlen Einfluß auf das Denken zu gestatten, verdrängt die Politisierung der Organisationen die Emotionen aus dem Geschehen. Die Regel vom „Überleben des Stärksten" scheint vorzuherrschen. Wer für den kühl rationalen Weg zur Macht nicht gerüstet ist, für den wird das Überleben in der Tat schwierig. Wer sich behauptet, der wird zum Rollenmodell für nachfolgende Generationen, deren Repräsentanten auf ähnliche Weise dazu erzogen werden, ihre Gefühle zu beherrschen.

Dieselbe Analyse gilt für den Professionalismus in Organisationen. Zwar bekennt er sich zu dem Ideal, die eigene Arbeit gut zu leisten und sogar zu besseren Praktiken beizutragen, doch zieht der Professionalismus auch Demarkationslinien innerhalb von Organisationen. Zusätzlich zur Hierarchie der Autorität, schafft der Professionalismus Hierarchien von Sachkenntnissen, die dazu tendieren, die Beziehungen zwischen den Mitarbeitern zu stören, statt zu beleben. Professionalisten sagen von sich selbst, sie liefern Dienstleistungen an Klienten. Ein Klient ist weder ein Verbündeter noch ein Kollege, am wenigsten ein Freund. Die Beziehung zwischen Professionellen und Klienten dient mit ihrer Reserviertheit und Distanz vielen nützlichen Zwecken in der Medizin, Psychotherapie und in juristischen Fällen. Für zwischenmenschliche Beziehungen in Organisationen ist sie jedoch schädlich. Ihr Kodex fördert explizit oder implizit die Unterdrückung von Gefühlen und demzufolge auch von Kommunikation.

Zur professionellen Haltung gehört auch die Vorstellung, eine emotionslose Arbeitsatmosphäre bedeute Freiheit für den einzelnen. Arbeit im Rahmen von Kooperation berührt die Psyche nicht. Man arbeitet hart und befolgt Anweisungen, wofür man gut bezahlt, bei seinem Streben nach Selbstverwirklichung jedoch alleinegelassen wird. Das Leben eines Professionellen in Organisationen findet auch seine Kompensation. Obgleich es Emotionen und die Fantasie unterdrückt, ermöglicht es doch einen hohen Lebensstandard. Nur – was handelt man sich dafür ein? Zu viele individuelle und gesellschaftliche Krankheitserscheinungen hängen mit der Unterdrückung von Gefühlen zusammen, als daß man den eisernen Käfig so einfach akzeptieren könnte. Selbst in Japan, wo Gefühle der Loyalität und Gruppenidentifizierung besonders gehegt und gepflegt werden, gibt es Beweise dafür, daß im Leben des einzelnen etwas fehlt, und zwar als Folge des Professionalismus in großen Organisationen.

Ein in Japan praktizierender Psychiater beschrieb einmal, was er für ein neues Syndrom japanischer mentaler Krankheit hält. Er berichtete von wachsender Häufigkeit von Depressionen, begleitet von einem Mangel an Motivierung bei Managern im mittleren Lebensalter. Das einst an Zielsetzungen und beruflicher Hingabe so reiche Leben hatte für sie jeden Sinn verloren. Die Patienten fühlten sich vereinsamt und anscheinend unfähig, den Weg zurück zu ihrer Rolle im Geschäftsleben, in der Familie und in der Gesellschaft zu finden. Vielleicht könnten diese zu Patienten gewordenen Manager geheilt werden, wenn der Lebensstandard in Japan ansteigt und sie ermuntert, eher Konsumenten als Sparer zu sein. Dieser Wandel in der japanischen Kultur braucht jedoch noch eine lange Zeit. Und selbst wenn er sich vollziehen sollte, wird das nur vorübergehende Heilung bringen, wie die westliche Gesellschaft beweist. Der Druck, eine Wahl treffen zu müssen, Konzessionen zu machen und zu kalkulieren, steigert den Streß, vor allem, wenn der Weg zur Selbstverwirklichung blockiert ist.

Anscheinend mehren sich die Umstände, die emotionale Reaktionen begünstigen. Würde es nicht die Lebensqualität in Unternehmen steigern, wenn die Menschen ihre Gefühle ausdrücken dürften? Und wäre es nicht ebenfalls gut für die geistige Gesundheit, wenn man es ihnen gestattete, ihren Ärger zu zeigen, statt ihn mit schädlichen Folgen für den einzelnen und das Unternehmen zu unterdrücken?

Gestörte Beziehungen zu einer anderen Person oder einer Organisation schaffen Ärger. Diesem Ärger Ausdruck zu verleihen, ist nicht nur eine Reflexion einer persönlichen Kränkung, sondern hat – durch Worte, veränderten Gesichtsausdruck, Körpersprache und symbolische Formen – einen Zweck, nämlich die Kränkung wieder gutzumachen und ihre Wiederholung zu verhindern. Hält der Mensch eine bestimmte Situation für ungerecht, und tut es ihm wohl, seinem Ärger Luft zu machen, dann hat das zur Folge, daß er auch weiterhin am Geschehen teilnimmt und seinen Selbstwert steigert.

Situationen, die uns gleichgültig lassen, schaffen selten Ärger. Sorgt man sich um eine Beziehung, um gemeinsame Zielsetzungen, um die Qualität der Arbeit und um persönliches Wohlergehen im Zusammenleben mit gleichgesinnten Menschen, dann entsteht Ärger, wenn man sich gekränkt fühlt. Diese Kränkungen können verschiedenster Art sein – Nichtbeachtung des eigenen Status, unsachgemäße Äußerungen über das fachliche Können bis hin zur Entlassung. Am Arbeitsplatz kann jemand sich gekränkt fühlen, der bei Beförderungen übergangen wird, oder wenn ein Unternehmen beschließt, eine gewinnbringende Abteilung zu verkaufen, weil sie nicht mehr in seine langfristige Strategie hineinpaßt. Wer in solchen Situationen gelassen und friedfertig bleibt, der lebt entweder in Angst oder leidet an psychischen Hemmungen. Die Angst vor weiteren Kränkungen, wenn man dem Ärger Ausdruck verleiht, hindert zweifellos die Betroffenen, ihren Gefühlen freien Lauf zu lassen. Das wird sie aber auch veranlassen, ihren persönlichen Einsatz für ihren Job und die Organisation zu begrenzen, um das Aufkommen von Ärger und ähnlichen Gefühlen zu vermeiden. Für begabte Menschen ist es unbefriedigend und keine Lösung, sich so sehr zurückzuhalten. Deshalb werden sie sich nach einem anderen Job umsehen. Wer keine Alternativen hat, überlebt dadurch, daß er teilnahmslos wird und nur noch das eben Notwendige zur Erhaltung des Arbeitsplatzes tut.

Menschen mit Hemmungen haben ein anderes Problem. Sie fürchten die eigenen Emotionen so sehr, daß sie auf Provokationen überhaupt nicht reagieren. Ein junger Jurist beklagte sich neulich, seine Laufbahn in einem Unternehmen sei nicht so verlaufen, wie er es erhofft hatte. Aus seiner Erzählung ging hervor, daß vor allem seine Ehefrau enttäuscht und verärgert war, während für ihn selbst das Klagen eher eine intellektuelle Übung war. Wie sehr man ihn auch provozierte, er blieb unbeteiligt, sanft und scheinbar ohne Ärger. Und doch schilderte er, ohne sich dessen bewußt zu sein, wie er seinem Chef Informationen vorenthalten hatte, die bestimmte Entscheidungen ganz anders hätten ausfallen lassen. Auch wenn er selbst keine Verärgerung empfand, litt er unter dieser Situation und sabotierte seine eigene Karriere und die Wettbewerbsfähigkeit seiner Firma. Ohne sich des von ihm verursachten Schadens bewußt zu sein, und ohne die psychische Fähigkeit, für verdrängte Gefühle die Verantwortung zu übernehmen, verharrte dieser Mensch in einem Leben unerfüllter Hoffnungen und dahinschwindender Träume.

Nicht jeder Ärger ist gut für Kommunikation und Gruppensolidarität. Es wird immer Menschen geben, die irgendwelche Ursachen einfach erfinden, damit sie sich ärgern können, wenn die reale Welt ihnen keinen Anlaß dafür liefert. Der tatsächliche Grund für ihren ewigen Ärger findet sich in ihrer persönlichen Lebensgeschichte, was sie unfähig macht, zwischen Entrüstung und Neid zu unterscheiden.

Eine andere Form, seinen Ärger zu zeigen, ist das Ergebnis angelernten Verhaltens. Der stellvertretende Leiter der Abteilung Herstellung einer großen Firma reagierte seinen Ärger ab, indem er andere Mitarbeiter demütigte, selbst wenn der Anlaß in keinem Verhältnis dazu stand. Die Untergebenen waren völlig konsterniert und beschwerten sich beim Hauptgeschäftsführer über die ungebührliche Behandlung durch einen Mann, der ein Lehrbuchfall einer autoritären Persönlichkeit war, unterwürfig gegenüber den Oberen und herablassend gegenüber den Untergebenen. Er war in einem Umfeld aufgewachsen, in dem autoritäre Persönlichkeiten Untergebene offensichtlich nach Belieben schikanieren durften. Er hatte sich mit diesem autoritären Typ identifiziert und wurde aggressiv, sobald er über Macht verfügte. Dabei folgte er der zynischen goldenen Regel: „Tue anderen an, was man dir angetan hat."

Leute, die stets verärgert sind, richten Schaden in Situationen an, in denen Kooperation geboten ist. Daher sind Organisationen bemüht, die offene Demonstration von Ärger zu verhindern. In der Machtstruktur heutiger Betriebe findet Ärger meist den Weg nach unten, selten nach oben. Wer ihn nach oben leiten will, muß das auf indirekte und symbolische Weise tun. Ein Manager, der Ärger immer wieder deutlich zu erkennen gibt, kommt bald in den Ruf, so unberechenbar zu sein wie ein unbefestigtes Geschütz auf einem schlingernden Schiff.

Ein Manager ärgerte sich, weil seine Gruppe die von ihm für die Einführung eines neuen Produkts gesetzten Termine nicht einhielt. Statt die Leute zusammenzurufen, ihnen zu sagen, was er fühlte, und sich anzuhören, was sie darauf zu antworten hatten, vermied er die direkte Aussprache. Statt dessen ließ er die Gruppe am Freitag Überstunden machen, womit er vielen Untergebenen Verabredungen zum Abendessen und für das Wochenende verdarb. Seine Untergebenen wußten sehr wohl, was hinter dieser Aktion stand. Doch ließ dieser symbolische Ausdruck seines Ärgers ihnen keine Möglichkeit, ihm mitzuteilen, was sie zu ihrer Verteidigung zu sagen hatten. Der Manager hatte im Sinne des Unternehmens seine Gefühle unter Kontrolle gehalten.

Der Einzug weiblicher Manager in die Welt der Unternehmen hat ein Experiment eingeleitet, das uns Aufschlüsse über die Brauchbarkeit von Verhaltenskodizes geben wird. Frauen sind gewohnt, ihre Gefühle zur Kenntnis zu nehmen und offen auszudrücken, während Männer gelehrt wurden, sie zu verdrängen und zu unterdrücken. Zu den Mechanismen der Unterdrückung gehört es, ein Gefühl in sein Gegenteil zu verwandeln. Viele Männer sind bestrebt, stets beherrscht, kongenial und unerschütterlich zu erscheinen. Ihre Reaktionen sind monoton, womit sie zweifellos das stereotype Image des Herrn im grauen Flanellanzug pflegen. Wer sich selbst fast niemals seinen Ärger eingesteht, hält gewissermaßen immer den Deckel auf dem Topf voll Ärger. Er lächelt zu viel, scheint zu sehr auf alles bedacht, und zeigt ein ausdrucksloses Gesicht.

Nachdem jetzt immer mehr Frauen Manager werden, dürfte sich in dieser Hinsicht einiges wandeln. Entweder wird der Kodex abgeändert, der das Äußern von Gefühlen verdammt, oder die weiblichen Manager legen ihre Gefühle ebenso in Fesseln wie ihre männlichen Kollegen. Das Bild ist noch nicht endgültig klar, doch scheint der Wandel so abzulaufen, daß die Damen sich dem Kodex der Unternehmen anpassen. Eine zur stellvertretenden Vorstandsvorsitzenden einer Aktiengesellschaft aufgestiegene Managerin lernte bald, daß es selbstmörderisch ist, Ärger vernehmlich zu äußern. Besonders schlimm ist es jedoch, in Tränen auszubrechen. Sie lernte, welchem ihrer männlichen Kollegen sie trauen konnte. Dieser riet ihr, ihre Gefühle „im Zaum zu halten" und zu schweigen. Sie sollte zu ihm kommen, wenn sie ihren Gefühlen irgendwo freien Lauf lassen mußte. Sie befolgte seinen Rat und dankte ihm, daß er ihr geholfen hatte, die Verhaltensregeln des Unternehmens zu verstehen, und daß er ihr zur Seite stand, wenn sie von Zeit zu Zeit ihre Selbstbeherrschung lockern mußte.

Die Präsenz von Frauen in den Reihen des Managements und des Führungsstabes stellt oft ein Problem für Männer dar, die mit ihrem Ärger fertig werden müssen, vor allem, wenn Frauen Ursache des Ärgers sind. Es ist zwar schon viel über Probleme geschrieben worden, die von sexuellen Gefühlen ausgelöst werden. Doch dürfte Ärger eine wichtigere Ursache sein, wenn es darum geht, ob im Betrieb ein gutes Arbeitsklima zwischen Männern und Frauen herrscht.

Ein älterer mittlerer Manager hatte allen Grund zu der Annahme, in seinem Job sicher zu sein und in seinem unmittelbaren Umfeld sowie in der Organisation bis zu seiner Pensionierung den ihm zustehenden Respekt zu genießen. Das Leben dieses Mannes änderte sich ganz plötzlich. Aus Sicherheit und Selbstvertrauen wurden Ängste und Zweifel. Er hatte eine junge Frau in sein Büro geholt, die er in den technischen Fertigkeiten des Jobs und den Methoden schulte, die erforderliche Arbeit in einer Organisation zu delegieren. Sie war eine gelehrige Schülerin und schien dafür und für seine sonstige Hilfe dankbar zu sein. Er hatte sie mit Zustimmung seiner Vorgesetzten befördert, bis sie die zweite Position in der Führungsriege ihrer Abteilung erreicht hatte.

Ohne ihn zu konsultieren, begann sie dann jedoch, selbständig Beziehungen zu anderen Abteilungsleitern im Unternehmen aufzubauen, die den Eindruck gewannen, sie sollten unmittelbar mit ihr Kontakt aufnehmen, wenn sie die Dienste ihrer Abteilung beanspruchen wollten. Ihr Chef verlor den Überblick, was Fragen über sein Leistungsvermögen aufwarf und eine Diskussion auslöste, ob man die Abteilung nicht teilen sollte, wobei er den Teil mit der geringeren Verantwortung übernehmen und ihr alles andere überlassen sollte.

Der Abteilungsleiter tat, als merke er nicht, daß seine Assistentin dabei war, sich eine eigene Machtposition aufzubauen. Er wollte nicht wissen, was vor sich ging, weil er ihr nicht offen seinen Ärger über ihr Verhalten zeigen und die alten Arbeitsbeziehungen wieder herstellen wollte. Er ließ es zu, daß sie die bedeutsame Regel verletzte, die besagt, man solle seinen unmittelbaren Chef unterstützen, statt seine Stellung zu untergraben.

Wichtig ist die Einsicht, daß man Ärger auch zum Guten einsetzen kann, wenn dabei die Verhältnismäßigkeit gewahrt wird. Beim Studium der Gewohnheiten von Primaten hat man festgestellt, daß der Anführer der Herde instinktiv das rechte Maß „Zorn" erkennen läßt, das ausreicht, einen niederen Affen zur Ordnung zu rufen. Zweck dieses Verhaltens ist es, den Zusammenhalt der Herde zu wahren, nicht ihn zu zerstören.

Ohne sich zwangsläufig auf den Instinkt zu verlassen, sollten auch Menschengruppen bei der konstruktiven Nutzung von Ärger auf Verhältnismäßigkeit achten. In der Welt der Unternehmen bestehen die Schwierigkeiten in den meisten Fällen darin, daß die Regeln über die verbale Kommunikation von Ärger so restriktiv sind, daß die Menschen eine Überlebensmentalität annehmen und keine Emotionen einbringen. Je weniger inneren Anteil jemand an einer bestimmten Situation und einer Beziehung nimmt, desto leichter kann er Emotionen und Kommunikationen zurückhalten, was ihm dann größere Sicherheit vermittelt. Wer die Menschen in den Unternehmen dazu bringen will, ihren Gefühlen freieren Lauf zu lassen, vor allem ihrem Ärger, der erhöht die Risiken. Risiken bringen jedoch auch Chancen mit sich. Mit dem Verzicht auf sie opfert man auch die Chance, Organisationen entstehen zu lassen, die einen guten Zusammenhalt haben und in denen jedermann sich dem Ziel des Unternehmens verpflichtet fühlt.

Die kulturelle Revolution der sechziger Jahre hatte unter anderem zur Folge, daß die Menschen sich der Tatsache bewußt wurden, daß die Unterdrückung von Ärger und anderen Gefühlen am Arbeitsplatz nicht unbedingt der natürlichen Ordnung entspricht. Von früheren Generationen wurde erwartet, daß Denken und Gefühle während der Arbeit zu trennen seien. Diese Trennung galt sogar als besondere Leistung der Modernisierung, als Triumph der organisatorischen Ordnung über das individuelle Chaos.

So überkommt beispielsweise den Leser leichtes Unbehagen beim Lesen von Chester Barnards Lehrbuch *The Functions of the Executive*, wo von der Gefährdung eines Unternehmens angesichts der Schwachheit des menschlichen Charakters die Rede ist.[7] Barnard meint, der einzelne Mensch sei allzuleicht bereit, die Kontrolle über sich selbst zu verlieren, sich anderen zu unterwerfen und selbst zum Opfer primitiver Emotionen zu werden. Latentes Ziel jeder Organisation ist es, die Fähigkeit der Mitarbeiter zur Kooperation zu stärken, in dem man sie dazu bringt, primitive Emotionen im Interesse der Zusammenarbeit zu unterdrücken. Barnard's Ziel war eher Gefügigkeit als innere Anteilnahme. Denn Anteilnahme geht das Risiko ein, daß die Menschen sich um das, was sie tun, wirklich sorgen. Dies wiederum führt dazu, daß man sich frustriert, verärgert und entrechtet fühlen kann, und ein Ausbruch von Emotionen durchaus möglich ist.

Barnard erkannte nicht die sekundären und sogar drittrangigen Wirkungen der Verdrängung und Unterdrückung von Gefühlen. Die sekundäre besteht darin, daß man nicht mehr klar überlegt, was man tut. Der tertiäre Effekt hat die Verlagerung der Gefühle zur Folge, was im Falle von Verärgerung oft bedeutet, daß man einen Dritten, völlig unschuldigen und relativ Machtlosen zum Opfer macht. Oder man wird depressiv und gefühlskrank. Managern, die in ihrer Organisation Kooperation wünschen, riet Barnard, das bei jedem Menschen vorhandene Potential an Gleichgültigkeit zu erweitern und sich nutzbar zu machen. Der Mensch kann sich ja nicht um alles und jedes in seinem Leben sorgen. Sonst würde er von Emotionen überwältigt und wäre unfähig, überhaupt etwas zu tun. Deshalb klassifiziert und selektiert er. Dabei ist er bereit, andere über Aktivitäten entscheiden zu lassen, die ihm persönlich mehr oder weniger gleichgültig sind. Das Prinzip ist, den Dingen ihren Lauf zu lassen und darauf zu vertrauen, daß das, was geschehen muß, irgendwie auch geschehen wird. Ein geschickter Administrator, der sich um Konsens bemüht, was oft schon für aktive Kooperation gehalten wird, muß versuchen, die Leute zu veranlassen, ein größeres Maß an Gleichgültigkeit aufzubringen. Je besser das gelingt, desto größer ist sein eigener Freiraum für Entscheidungen.

Ohne ein gewisses Maß an Gleichgültigkeit können die Menschen unter einem Übermaß von Anreizen zusammenbrechen und völlig ineffizient werden. Wem nichts gleichgültig ist, der erfährt in allen Aspekten seines Lebens mehr mentale Störungen als heroische Anteilnahme. Diese Menschen leiden, weil sie sich um zu vieles Gedanken machen. Die meisten von uns verfallen jedoch eher ins andere Extrem. Wir kümmern uns zu wenig um Dinge, deren wir uns eigentlich annehmen sollten. Dieses Fehlen echter Anteilnahme hat zwei Ursachen. Erstens kann man nicht darauf vertrauen, daß die Menschen ihre Gefühle beherrschen. Zweitens ist Kooperation etwas so Zerbrechliches, daß es lohnt, zu ihren Gunsten auf echte menschliche Anteilnahme zu verzichten.

Der Psychoanalyse schreibt man die Erkenntnis zu, daß verkapselter Ärger psychische Krankheiten verursacht, seine Freisetzung jedoch den Menschen innerlich entlastet. Diesen Prozeß nennt man Katharsis. Freud bediente sich in der frühen Phase seiner Arbeit der Vorstellung von der Katharsis, verzichtete jedoch bald auf sie als Mittel zur Heilung psychischer Krankheiten, weil er beobachtet hatte, daß Katharsis nicht wirkliche Gesundheit, sondern bestenfalls eine vorübergehende Linderung der Symptome bewirkt.

Wenn Katharsis gewissermaßen eine Antiquität aus der Frühzeit der Psychoanalyse ist, so steckt doch etwas Wahrheit in der allgemeinen Feststellung, daß das Verdrängen von Gefühlen negative Folgen hat. Wer seinem Ärger Luft macht, wird mit einer oder mehreren zufällig anwesenden Personen zum Auditorium für das, was bei dieser Gelegenheit an Gefühlen ausgesprochen wird. Einige Menschen sind sicher nachdenklich genug, von sich aus Lehren aus einer Situation zu ziehen. Die meisten müssen jedoch ihre Empfindungen laut und vernehmlich äußern. Ein mitfühlender Zuhörer kann sich als hilfreich erweisen. Wirklich wichtig ist jedoch das Zurschaustellen des Ärgers, selbst gegenüber einem Widersacher, weil das beobachtende Ego des einzelnen ebenfalls Zeuge ist. Dieses beobachtende Ego wird ein bei uns allen vorhandenes Instrument zum Gebrauch unserer Gefühle, wenn unsere menschlichen Qualitäten wachsen sollen.

Die Abteilungschefin einer großen Firma machte ihrem Ärger gegenüber dem Hauptgeschäftsführer Luft – ein anderer Abteilungsleiter tue seine Arbeit nicht, wie es sein sollte. Je mehr sie sprach, desto mehr steigerte sich ihr Ärger, was der verbreiteten Vorstellung zusätzliche Nahrung gab, laut hinausposaunter Ärger potenziere sich. „Mit diesem Kerl würde ich niemals in einem Büro sitzen", rief sie. Etwas später jedoch sagte sie zum Hauptgeschäftsführer: „Ich habe über das nachgedacht, was ich vorhin sagte, und meine, es war dummes Zeug. So unsympathisch dieser Mann mir auch ist, ich sollte dennoch stets imstande sein, mit ihm im selben Raum zu sitzen und unsere gemeinsamen Aufgaben wahrzunehmen. Ich schäme mich wegen dieser Gedanken."

Katharsis ist ein begrenztes Konzept, das nicht nur den komplizierten Akt der Freisetzung von Ärger umfaßt. Die Präsenz eines beobachtenden Ego beseitigt noch nicht das Verlangen, den Ärger in Worte zu kleiden. Verantwortungsbewußte Menschen geben ihren Gefühlen im richtigen Verhältnis zu dem Ausdruck, was sie ausgelöst hat, wobei sie das Ziel haben, die zwischenmenschlichen Beziehungen zu bewahren und möglichst noch zu fördern. Ärger hat die Funktion, Unrecht wieder zu Recht zu machen und die menschlichen Beziehungen zu verbessern. Das trägt dazu bei, Unternehmen zu aggressiven und effizienten Organisationen zu machen.

Bleiben Organisationen auf ihrem gegenwärtigen Weg, deutliche Äußerung von Ärger nach Möglichkeit einzuschränken, dann wird unsere Gesellschaft zwei Konsequenzen hinnehmen müssen. Zunächst einmal werden Kooperation und Leistungsfähigkeit sinken. Zweitens wird die Fähigkeit zur geistigen Fortentwicklung der einzelnen Mitarbeiter beschränkt. Das beobachtende Ego wird gezwungen, sich während der Arbeit zurückzuziehen. Ohne die Hilfe eines aktiven beobachtenden Egos hören die Menschen auf, zu denken und zu fühlen, – was zu kollektiver Verarmung führt.

Während der sechziger Jahre erscholl von allen Seiten die Parole der Gegenkultur: „Laßt allen Gefühlen freien Lauf!" Damals fand der Ärger der Menschen genug Ausdrucksmöglichkeiten, wobei die Straßendemonstrationen während des 1968er Konvents der Demokratischen Partei in Chicago einen Höhepunkt bildeten. Auch die konservativsten Unternehmen waren gegenüber den kulturellen Veränderungen im Kielwasser dieser Bewegung nicht immun. Bekleidungsvorschriften wurden nicht mehr so streng beachtet, und selbst der Ausdruck von Emotionen wurde akzeptiert. Einige Kapitalgesellschaften, darunter so unbedingt zum Establishment zählende Firmen wie Exxon (damals Esso), führten ein Sensibilitätstraining für Manager und Stabsangehörige ein, um ihnen zu helfen, sich ihren eigenen Gefühlen und denen anderer zu „öffnen". Das war auch die Zeit, in der die Humanistische Psychologie, personifiziert in Männern wie Douglas McGregor und Abraham Maslow, in Managementkreisen sehr populär war.

Die Auswirkungen dieser kulturellen Strömungen auf den Verhaltenskodex der Unternehmen waren alle nur von kurzer Dauer. Die Beschäftigten sind in den Unternehmen heute sogar noch mehr bemüht, sich zu beherrschen, weil sie der Ansicht sind, professionelle Aktivitäten sollten mit einem Minimum an Emotionen betrieben werden. Für den einzelnen ist es daher noch wichtiger geworden, sein beobachtendes Ego funktionsbereit zu halten. Zu diesem Zweck sollte er außerhalb der beruflichen Tätigkeit familiäre Beziehungen und Freundschaften pflegen, um Gelegenheit zu haben, seinem Ärger Luft zu machen und Gehör für die Probleme des Berufes zu finden. Man sollte auch den Zweifeln und Ängsten Beachtung schenken, die zwangsläufig in Betrieben in Erscheinung treten, deren Mitarbeiter miteinander konkurrieren.

Es gibt Arbeitsplätze, an denen die Menschen freier untereinander kommunizieren können als das in den großen Kapitalgesellschaften gestattet ist. Menschen, die aufgrund ihrer Veranlagung ihrem Ärger deutlich vernehmbar Luft machen, andererseits aber auch Wutausbrüche anderer akzeptieren, werden in Klein- und Mittelbetrieben besser zurechtkommen als in großen. Firmen dieser Größe nehmen es gelassener hin, wenn Mitarbeiter nach oben und unten in der Hierarchie ihrem Ärger freien Lauf lassen. Die menschlichen Beziehungen werden dort flexibler gehandhabt, die Menschen sind toleranter, und die betriebliche Atmosphäre ist wegen der stärkeren persönlichen Anteilnahme am Schicksal des Betriebes angenehmer.

Die abendländische Zivilisation legt großen Wert auf Höflichkeit in den zwischenmenschlichen Beziehungen. Zugleich hängt der Zusammenhalt der Organisation und der Gesellschaft davon ab, daß man seinem Ärger in der Absicht Luft macht, eine Situation wieder zu normalisieren, die eine aktive Kooperation behindert. Die politische Arena verfügt über vielfältige Kanäle, Unzufriedenheit zu äußern. Große Unternehmen werden jedoch noch lange brauchen, bis sie begreifen, wie Ärger sich zur Besserung menschlicher Beziehungen nutzen läßt. Sie sollten sich die Worte des Herzogs Albany im Drama *King Lear* merken:

„Laßt uns, der trüben Zeit gehorchend, klagen. Nicht, was sich ziemt, nur, was wir fühlen, sagen."

Kapitel 8

Manager werden geformt

Wer an einer Laufbahn im Wirtschaftsleben interessiert ist, muß sich auf starken Konkurrenzdruck gefaßt machen. Wie verschafft man sich Zugang zum entsprechenden Arbeitsmarkt und macht dort auf sich aufmerksam? Früher geschah das hauptsächlich über ein persönliches Netz von Familien- und Freundschaftsbanden. Ein Freund der Familie stellte einen Bewerber vor, der damit rechnete, auf der untersten Sprosse der Leiter anfangen zu müssen, jedoch in der Gewißheit, daß er als Teil dieses Netzwerkes nicht verlorengehen, sondern auf seinem Wege laufend beobachtet und gefördert werden würde. Dieses persönliche Netzwerk war für „Außenseiter" von Nachteil. Für sie war es schwer, ins Management großer Unternehmen aufgenommen zu werden, und sie hatten in den meisten Fällen nur in Privatbetrieben eine Chance, oder sie mußten selbständige Unternehmer werden. Der Außenseiter konnte auch versuchen, als Experte Eingang ins Geschäftsleben zu finden. Sein Fachwissen ermöglichte es ihm auch außerhalb eines persönlichen Netzwerkes eine erwünschte Tätigkeit zu finden. Selten jedoch gab es die Möglichkeit, in die Zunft der Manager aufgenommen zu werden.

Der Professionalismus im Management trat in den sechziger Jahren in eine neue Ära ein, als Amerika sich in den akademischen Grad des MBA verliebte. Im Jahre 1965 erwarben etwa 5000 Studenten den MBA; im Jahre 1986 waren es schon 67 000 junge Männer und Frauen.

Ein Optimist könnte sich über diese Entwicklung freuen, in der Annahme, Träger eines MBA-Titels seien besser gerüstet, der amerikanischen Wirtschaft und Industrie zu dienen, als ihre Vorgänger, die ganz selten einen akademischen Titel in Wirtschaftswissenschaft besaßen. Dagegen könnte ein Pessimist anführen, das MBA-Phänomen sei ein weiterer Beweis dafür, wie sehr die amerikanische Gesellschaft ihre Wertvorstellungen von Produktivität und Leistung in Richtung Status und Zeugnisvorlage verlagert hat. Er könnte auch zusätzlich anmerken, die

Verehrung des MBA falle zeitlich zusammen mit dem Abstieg der amerikanischen herstellenden Industrie und dem Aufstieg des Dienstleistungssektors.

Es gibt Anzeichen dafür, daß Firmen, die einst mithalfen, dem MBA einen Markt zu schaffen, heute den privaten wie öffentlichen Nutzen dieses Strebens nach einem akademischen Grad als Voraussetzung für eine Karriere im Wirtschaftsleben in Frage stellen. Statt ausschließlich Besitzer eines MBA in Managementpositionen einzustellen, nehmen General Electric und ITT heute zahlreiche College-Abgänger auf und bilden sie innerhalb des Hauses aus. Diese Firmen können dadurch zwischen 5000 und 10000 Dollar an jährlichen Anfangsgehältern einsparen. Mehr noch – mit dieser neuen Methode geben sie zu erkennen, daß sie bei der Vorbereitung junger Menschen für die menschlichen Aspekte einer Laufbahn im Wirtschaftsleben bessere Arbeit leisten als das typische MBA-Programm.

Ökonomische Faktoren favorisieren einen MBA gegenüber anderen höheren akademischen Graden, jedoch nicht ohne weiteres gegenüber jemandem, der nach einem Collegeabschluß direkt in ein Unternehmen eintritt. Ein Collegeabsolvent könnte sogar einen Vorteil gegenüber einem Konkurrenten mit einem MBA-Grad haben. Er (oder sie) wird nicht mit übertriebenen Erwartungen und den grandiosen Meinungen konfrontiert, die einen Teil der Aura des MBA ausmachen. Ein Collegeabsolvent mit guter Allgemeinbildung muß auch nicht erst wieder den belanglosen Kleinkram abstreifen, der zusammen mit dem Wirtschaftsstudium gelehrt wird, vor allem die professionelle Aura, die törichterweise die Akademiker lehrt, andere als Klienten und nicht als Menschen zu behandeln.

Abgesehen davon, daß man den MBA in den Unternehmen nach und nach neu bewertet, wächst die Zahl derer, die sich fragen, ob es wirklich lohnt, viel in seinen Erwerb zu investieren. MBA-Programme lehren analytische Methoden, machen mit Wirtschaftsfunktionen vertraut, liefern einige Erfahrung über Entscheidungsprozesse. Ab und an bieten sie auch eine gute Gelegenheit, Studenten mit besonderem Interesse

Manager werden geformt

und mit Begabung für das Geschäftsleben zu entdecken. Gerüstet mit dem Erlernten, verfügen Inhaber eines MBA vermutlich über Vorteile bei der Anpassung ans unternehmerische Umfeld. Diese Vorteile kosten jedoch Zeit und Geld.

Um das Jahr 1986 lagen die Kosten für den Erwerb eines MBA in Elite-Institutionen nahe bei 50 000 Dollar. Diese Ziffer enthält das Studiengeld, die Bücher und den Lebensunterhalt für eine Person, jedoch nicht die Kosten für versäumtes Einkommen während der Studienzeit. Das einzig Sichere, was man über diesen akademischen Titel sagen kann, ist, daß sein ökonomischer Nutzen die Vorteile übertrifft, die andere akademische Titel verschaffen können. Beim Vergleich schneiden die Geisteswissenschaften besonders schlecht ab, und zweifellos reflektiert die Anziehungskraft des MBA die nachteilige Position alternativer Laufbahnen in Lehrberufen, sozialen Dienstleistungen und neuerdings auch in juristischen Berufen.

Die Idee, Wirtschaft auf akademisch wissenschaftliche Weise zu betreiben, ist allgemein verlockend, jedoch nur unverbindlich praktikabel. Es gibt keine amtlich gültigen Zeugnisse für eine Laufbahn in der Wirtschaft wie etwa bei Juristen oder Medizinern, noch gibt es vorgeschriebene Prozeduren, die jemanden für die praktische Tätigkeit qualifizieren.

Die Popularität des MBA-Titels spiegelt zwei sich verstärkende Tendenzen in der Gesellschaft wider. Da ist zunächst die Demokratisierung der Welt der Unternehmen, die es Außenseitern in zunehmendem Maße erlaubt, in die Reihen der Manager aufgenommen zu werden. Zum Teil als Folge der ersten Tendenz besteht zweitens Bedarf an einem effizienten Stellenmarkt für akademisch gebildete Jungmanager. Ein Collegeabsolvent, der sich für den direkten Eintritt ins Geschäftsleben entscheidet, hat es schwer, sich einem Arbeitgeber so zu präsentieren, daß er sich von seinen Konkurrenten unterscheidet. Der Entschluß, die erheblichen Kosten für den Erwerb eines MBA auf sich zu nehmen, ist ein entscheidender Weg, sich von der Menge zu unterscheiden.

Michael Spence, heute Dekan der geistes- und naturwissenschaftlichen Fakultät der Harvard University und früher an der gleichen Fakultät der Harvard Business School, hat sich intensiv mit dem Problem des Informationsflusses auf dem Arbeitsmarkt beschäftigt. In seiner wirtschaftswissenschaftlichen Dissertation bezeichnete Spence die Marktaspekte beim Erwerb eines höheren akademischen Grades als „Signalverhalten". Die Entscheidung für den Erwerb des MBA ist zumindest ein Signal an potentielle Arbeitgeber, daß die betreffende Person Manager werden möchte. Zwar besagt dieser Titel noch nichts über die Befähigung des Bewerbers zu bestimmten Leistungen, da er nichts über die Fachgebiete aussagt, auf denen der Arbeitgeber besondere Sachkenntnisse erwarten kann. Doch verspricht dieser akademische Titel, daß sein Träger eine spezifische Auffassung von seinem künftigen Job hat. Angesichts der in den Erwerb des Titels investierten Zeit und Finanzen, kann erwartet werden, daß die in Frage kommende Person es damit ernst meint, im Wirtschaftsleben voranzukommen.

Aus der Sicht des Arbeitgebers besteht ein Problem: Er muß Zugang zu einem Pool von Bewerbern haben, nicht nur um Leute für seinen Betrieb zu finden, sondern auch um das Risiko zu mindern, dabei eine schlechte Wahl zu treffen. Es ist unvertretbar, jemanden einzustellen, bevor man das Niveau seiner/ihrer Produktivität und Leistung kennt, und erst anschließend den Arbeitsplatz, das Gehalt und die sozialen Leistungen dem ökonomischen Wert der Eingestellten anzupassen. Der Arbeitgeber hat bei Einstellungsbeschlüssen mehr Sicherheit, wenn er sich auf verschiedene Signale des Marktes verläßt, unter ihnen das Bildungsniveau des Bewerbers. Auf der Grundlage allgemeiner Erkenntnisse und Erfahrung entstehen beim Arbeitgeber Anschauungen über das Verhältnis zwischen Bildungsniveau und Produktivität. Sie werden bestärkt, wenn sie nach der Einstellung durch praktische Erfahrung bestätigt werden. Ist das nicht der Fall, werden sie neu durchdacht und modifiziert. Auch wenn man sich zur Zeit Gedanken über eine andere Bewertung des MBA macht, scheint er immer noch eine Voraussetzung für höhere Positionen im Geschäftsleben zu sein. Da dieser Titel die Absichten des Inhabers signalisiert, ist er nicht nur eine Art Empfehlungsschreiben, sondern auch Übermittler einer geheimen Botschaft. Sie lautet Wohlstand und, damit zusammenhängend, Streben nach Macht und Status. Die vom MBA-Titel übermittelte Botschaft heißt ferner Ehrgeiz und das Verlangen nach Macht und Prestige im Wirtschaftsleben.[1]

Alle höheren akademischen Grade wirken als Signale auf dem Karrieremarkt, doch gibt es beträchtliche Unterschiede in der Häufigkeit und ihrer Bedeutung. Bei den Medizinern beispielsweise ist die Signalwirkung des Titels weniger wichtig als die ihm vorangegangene Ausbildung und die Einschätzung der Leistung. Das Ansehen eines Mediziners wächst langsam durch sorgfältige Beobachtung und Überwachung, zunächst in der medizinischen Fakultät und anschließend während der intensiven Ausbildung als Assistenzarzt im Krankenhaus. Was die betreffende Person signalisieren will, muß der strengen Bewertung durch ihre Vorgesetzten im Krankenhaus standhalten. Diese Informationen sind in hohem Maße zuverlässig, da sie das Ergebnis langjähriger Beobachtung durch ältere Vorgesetzte sind. Für die erste anstehende Beförderung sind die dann verfügbaren Informationen über die Leistungen der Kandidaten wesentlich wichtiger als irgendwelche latenten Botschaften über Image und Ehrgeiz.

Sehen Arbeitgeber sich unter Bewerbern mit einem MBA-Titel um, dann ist für sie die Universität, die er absolviert hat, wichtiger als Informationen zu seiner Person. In den Vereinigten Staaten vergeben etwa 700 Fakultäten den Tiel eines MBA. Um zwischen ihnen zu unterscheiden, werden Wirtschaftsfakultäten nach einer Drei-Drittel Struktur durch Dekane, Fakultätsmitglieder und Absolventen sowie andere Gruppen eingestuft. Im ersten Drittel findet man 15 private Eliteschulen, darunter die Universitäten Chicago, Columbia, Dartmouth, Harvard, MIT, Stanford und die Wharton School of the University of Pennsylvania. An den meisten kann man schon seit langer Zeit den MBA erwerben.[2] Zum zweiten Drittel gehören etwa 100 regionale Fakultäten, von denen viele in staatliche Universitäten eingegliedert sind. Das letzte Drittel besteht aus über 400 Fakultäten, die einem lokalen Kreis von Studenten und deren voraussichtlichen Arbeitgebern dienen.

Der Wunsch der Arbeitgeber nach Zugang zu einem Pool ausgewählter Bewerber, verschafft den Eliteschulen und einigen regionalen Fakultäten eine starke Position. Sie verfügen über deutliche Vorteile bei der Rekrutierung fähiger Studenten und haben darüber hinaus gute Aussichten auf laufende finanzielle Unterstützung seitens einer starken und loyalen Gruppe von Förderern. Solche Vorteile sichern diesen Fakultäten im oberen Drittel eine gute Zukunft, im Gegensatz zur Position vieler regionaler und lokaler Schulen.

Daß viele dieser Schulen aus dem zweiten und letzten Drittel überhaupt existieren, zeugt davon, wie leicht man den Bildungsweg des MBA einschlagen kann. Als in den sechziger Jahren die Nachfrage nach Bewerbern mit MBA wuchs, war es verhältnismäßig leicht, ein entsprechendes Ausbildungsprogramm aufzustellen. Zumindest zeitweilig hatten die Wirtschaftshochschulen finanzielle Überschüsse; und die Universitäten waren in der Lage, diese Fonds zur Unterstützung auch anderer Studienzweige zu nutzen. Auch juristische Fakultäten haben oft Budgetüberschüsse, weil es typisch für sie ist, daß einer großen Studentenzahl eine geringe Zahl von Lehrkräften gegenübersteht. Doch ist es für eine Universitätsverwaltung nicht leicht, Fonds ihrer juristischen Fakultät anderen Fakultäten zuzuschanzen. Die American Bar Association, also der Amerikanische Anwaltsverband, überwacht genau die Verwendung der Fonds, und ein Universitätsrektor, der versucht sein sollte, die juristische Fakultät als Milchkuh zu nutzen, würde bald auf den Widerstand des Dekans der juristischen Fakultät stoßen, der seinerseits mit der Unterstützung der Anwaltsvereinigung rechnen kann. Die von Wirtschaftsfakultäten angesammelten Fonds werden in ihrer Verwendung nicht so streng kontrolliert.

Die American Association of Collegiate Schools of Business, eine Vereinigung von Wirtschaftscolleges, hat keinen großen Einfluß, da es mehr Wirtschaftshochschulen gibt, die einen MBA ohne den Segen dieses Verbandes verleihen als mit ihm. Gelingt es einer Fakultät, ihre Absolventen in der Wirtschaft unterzubringen, verschafft ihr das mit ziemlicher Sicherheit ein ständiges Reservoir an Studenten.

Der stärkste und vielleicht unmittelbarste Marktfaktor mit Einfluß auf Wirtschaftshochschulen ist der Wunsch der Wirtschaft, eine große Zahl von Bewerbern mit Managerniveau zur Verfügung zu haben. Kommen Repräsentanten dieser Firmen auf den Campus einer Universität des oberen Drittels, können sie sicher sein, dort die klügsten und aufgeschlossensten Studenten anzutreffen. Sie können damit rechnen, potentiellen Mitarbeitern zu begegnen, die mit der Technologie moderner Unternehmen voll vertraut und mit den gesellschaftlichen Aspekten ihrer Laufbahn durch und durch indoktriniert sind. Diese Indoktrinierung garantiert, daß die neuen Mitarbeiter den Verhaltensstil verinnerlicht haben, der zum professionellen Management gehört. Sie wissen, wie man sich in eine Gruppe integriert und Mitsprache ausübt, ohne dabei störend zu wirken. Dieser Stil hat seine eigenen Signale und einen sprachlichen Kodex, der allen Managern mit einem MBA vertraut ist – die Herren tragen nur blaue und graue, niemals braune Anzüge, die Damen maßgeschneiderte Kleidung, vor allem Kostüme, und vermeiden es, ihre Weiblichkeit besonders zu betonen. Man spricht einander mit dem Vornamen an, ohne Rücksicht auf Alter und Status. Vokabular und sonstige Ausdrucksweise sind höflich ohne Übertreibung; die Leute verwenden Fachausdrücke wie „dialogieren", „Input", „feedback" sowie technische und wirtschaftliche Fachausdrücke wie „Cash flow", „Produkt- und Marktsegmentierung".

Die Arbeitgeber können sich darauf verlassen, daß die Indoktrinierung des MBA von Dauer sein wird. Die meisten Absolventen von Wirtschaftshochschulen haben bereits an der MBA-Kultur teilgenommen, bevor sie sich für den entsprechenden Studiengang einschreiben ließen. Mindestens 90 Prozent aller MBA-Kandidaten haben zumindest zwei Jahre Arbeitspraxis hinter sich, bevor sie an einem MBA-Programm teilnehmen. An den Eliteschulen haben die meisten Studenten mit Persönlichkeiten zusammengearbeitet, die ihrerseits MBA-Grade besitzen, weshalb die Indoktrinierung beim Eintritt des Studenten in die erste Klasse bereits voll im Gange ist.

Die Indoktrination wird fortgesetzt in den Hörsälen, den gesellschaftlichen Beziehungen und in der Hektik der Jagd nach einem Job, die von den Anwerbern der Unternehmen noch angeheizt wird. Beim Unterricht konkurrieren die Studenten untereinander in dem Bewußtsein, daß die akademischen Titel, die sie erwerben, großen Einfluß auf die „schnell spurenden" Firmen haben werden, sich für sie zu interessieren. Die Studenten in den Debattierklassen kämpfen um Redezeiten und darum, bei den Professoren aufzufallen. Ihnen liegt so viel daran, daß sie es darauf anlegen, ihre Professoren persönlich zu besuchen, in der Hoffnung, mit ihnen dadurch näher bekannt zu werden. Diese Studenten konzentrieren sich manchmal so sehr darauf, den Professoren aufzufallen, daß sie wenig zu sagen haben über den Stoff des Lehrgangs, ihre eigenen Probleme bei der Bewältigung schwierigen Materials oder ihre Reaktionen auf das Wirtschaftsleben und die Welt im allgemeinen. Zwar mögen sie intelligent sein, doch haben sie unter dem überwältigenden Konkurrenzdruck ihr gesundes Denkvermögen und das Gefühl für zwischenmenschliche Beziehungen verloren.

Das Lehren mittels partizipierender Methoden, entweder an Hand von Fallbeispielen oder anderer Unterrichtsformen, die aktive Mitarbeit erfordern, hat einen besonders frustrierenden Aspekt – ich meine damit die Schwierigkeit, die Studenten haben, zuzuhören, was andere sagen. Da sie wissen, daß der Professor nur an Kommentaren zur gerade stattfindenden Diskussion interessiert ist, bemühen sich viele oft auf geradezu peinliche Weise, etwas Relevantes zu dem zu sagen, was Kommilitonen während der Diskussion geäußert hatten. Dabei setzen sie sich auf die verschiedenste Weise in Positur, um den Eindruck zu erwecken, sie hätten ihren Klassenkameraden aufmerksam zugehört. Manchmal starren sie gedankenversunken die Decke an, bevor sie etwas äußern, was sich dann oft nur als eine schwerfällige und ungenaue Meinung über das gerade Diskutierte darstellt.

Es gibt einen ganz dezidierten MBA-Stil. Ein erheblicher Teil der MBA-Schulung verfolgt das latente Ziel, diesen Stil als eine Form verstärkter Signale einzuprägen, die Studenten in eine auf sie wartende Unternehmenswelt aussenden. Nicht wenige verärgerte Topmanager schreiben an Professoren von Wirtschaftsfakultäten, um ihrer Enttäuschung über MBA-Studenten als Material für künftige Manager Aus-

Manager werden geformt

druck zu geben. Diese leitenden Manager beklagen sich nicht über die MBA's einer ganz bestimmten Fakultät. Ohne sich dessen bewußt zu sein, kritisieren sie die ganze Richtung, die den Titel eines MBA so sehr als Ticket zum Erfolg im Wirtschaftsleben propagiert hat.

In einem solcher Briefe führte ein Hauptgeschäftsführer folgende Eigenschaften eines MBA auf, die seiner Ansicht nach Probleme schaffen.

> „Erstens: Alle MBA-Absolventen behandeln alle Menschen gleich. Für sie ist jeder Mitarbeiter nur ein „Erg" (Arbeitseinheit), und sie begreifen nicht, wie wichtig es ist, die persönlichen Eigenheiten eines Individuums zu kennen. Zweitens: Sie sprechen nicht mit ihren Angestellten, wenn sie morgens zur Arbeit kommen. („Warum sollte ich daran interessiert sein? Ich bin ja hier, wenn sie mich brauchen.") Außerdem haben sie nicht das geringste Interesse für die berufliche Laufbahn eines anderen Angestellten, sondern nur für die eigene ... Leute mit MBA sind egozentrisch, meinen, einer gottgegebenen Elite anzugehören. Außerdem befinden sie sich in der maßlos übersteigerten Geistesverfassung, sie hätten der Welt der Wirtschaft eine einzigartige und ganz besondere Botschaft zu vermitteln."

Lassen wir es dahingestellt sein, ob der Titel MBA seinem Inhaber etwas Spezielles gegeben hat, das er in die Welt der Wirtschaft einbringen kann. Fest steht, viele Studenten haben diese Laufbahn gewählt, weil von den Arbeitgebern eine beträchtliche Nachfrage ausging. Investmentbanken und Firmen für Unternehmensberatung, die nur geringen Bedarf an Managern haben, regten die Nachfrage noch stärker an. Die plakatierte Zielsetzung des MBA legt wenig Wert auf die Eigenschaften, die diese Branchen brauchen – sehr gescheite Spezialisten, gesellschaftlich anpassungsfähig, in der Lage, lange Stunden zu arbeiten, gewillt, die Last und Mühe exzessiven Reisens und langer Abwesenheit vom privaten Heim zu tragen, und vom Ehrgeiz besessen, schon am Beginn der Karriere erkleckliche Summen Geldes zu verdienen.

Man hört viele Geschichten über eine angebliche Explosion der Anfangsgehälter von Inhabern eines MBA. Man muß sie jedoch in die richtige Perspektive setzen. Vergleicht man die Anfangsgehälter über einen Zeitraum von 15 bis 20 Jahren unter Berücksichtigung der Inflationsraten (also inflationsbereinigt), dann gelangt man zu überraschenden Ergebnissen. Von wenigen Ausnahmen abgesehen, sind die Realeinkommen während dieser Periode ziemlich gleich geblieben. Ausnahmen gab es bei Investmentbanken und bei Unternehmensberatern, wo die Anfangsgehälter real anstiegen, eine Folge der steigenden Nachfrage nach MBAs in diesen Geschäftszweigen. Die Höhe der Anfangsgehälter gibt nicht die tatsächlichen Verhältnisse im harten Konkurrenzkampf zwischen Banken und Unternehmensberatern um besonders intelligente Hochschulabsolventen wieder. Diese Zahlenangaben müssen noch ergänzt werden durch Prämiengarantien, Sonderprämien und Verträge, in denen die Studienkosten der jungen Akademiker während eines vereinbarten Zeitraums erstattet werden, was ein Anreiz sein soll, nicht nur den angebotenen Job anzunehmen, sondern ihm auch treu zu bleiben. Alleine durch Prämien können Anfangsgehälter um 10 000 bis 20 000 Dollar vermehrt werden, womit besonders gute MBA-Absolventen von Elite-Fakultäten schließlich auf 70 000 Dollar und mehr kommen.

Investmentbanken und Consulting-Firmen gelten als Arbeitgeber, die ihren Mitarbeitern die Arbeit vergolden. Diese Branchen erwarten von den MBAs jedoch nicht das, was die meisten von uns unter Managementtalent verstehen, ganz zu schweigen von Führungsfähigkeiten, sondern spezialisiertes Fachwissen und gewisse gesellschaftliche Fähigkeiten in Verbindung mit einer besonderen Motivation. Zu den gewünschten geistigen Fähigkeiten gehören die Analyse von Unternehmensstrategien und methodische Finanzanalysen beim Abwägen strategischer Alternativen. Das sind zwar hervorragende Fähigkeiten, doch nicht mit denen vergleichbar, die vonnöten sind, um einen Teil eines großen Unternehmens zu leiten und an den Ergebnissen dieser Tätigkeit gemessen zu werden. Die menschlichen Aspekte der Aufgaben eines Topmanagers zählen zu den wichtigsten Herausforderungen, und genau diese sind in Investmentbanken und bei Unternehmensberatern nicht gefragt. Außerdem ist die Tätigkeit als Investmentbanker oder Unternehmensberater sehr verschieden von der Übernahme der Verantwortung für unternehmerische Entscheidungen und dem Umgang mit den daraus entstehenden Sorgen.

Investmentbanker und Unternehmensberater bringen für ihren Job gewisse Fähigkeiten zu kooperativem Handeln mit. Sie sind oft in Arbeitsstäben tätig und arbeiten mit Vertretern von Organisationen zusammen, die zu ihren Klienten zählen. Da diese Beziehungen in den meisten Fällen nicht hierarchisch geordnet sind, haben die Klienten mehr Macht. Wie weit der Investmentbanker oder Unternehmensberater seine Klienten zufriedenstellen kann, hängt also von seiner Überzeugungskraft ab. Dazu kommt noch, daß die Angehörigen der Bank oder Beratungsfirma oft beträchtlich jünger sind als die Klienten, mit denen sie zusammenarbeiten. Zur Überwindung dieses Unterschiedes des Alters und der Position verlassen die Spezialisten sich auf das Prestige ihrer Firma und auf eine gewisse mit ihrer Tätigkeit verbundene Mystifizierung. Sie werden zu erfahrenen Präsentatoren und lernen, dem Vorgang zu vertrauen, in den sie die Mitglieder der Organisation des Klienten einzubinden hoffen. In vielen Fällen, vor allem bei der Unternehmensberatung, legt dieser Vorgang es darauf an, das Engagement mit dem Klienten zu einer partizipatorischen Beziehung zu machen, so daß die Unterschiede an Alter und an Erfahrung zwischen dem Spezialisten und dem Klienten an Gewicht verlieren. Für den professionellen Unternehmensberater ist es eine Selbstverständlichkeit, daß seine Aufgabe darin besteht, Probleme eher zu vermindern als zu lösen. Er soll keine Entscheidung treffen oder Menschen führen. Solche Fähigkeiten stehen in krassem Gegensatz zur Arbeit von Professionellen in den Bereichen Medizin, Recht und Architektur und auch im Gegensatz zur Tätigkeit eines Managers, der eine Organisation führt.

Selbst wenn ein MBA einen Job außerhalb des Bankwesens oder der Unternehmensberatung annimmt, vermeidet er oft die unmittelbare Verantwortung für Entscheidungen und das Wohlergehen anderer Menschen. In den 20er Jahren erfand Procter & Gamble den Job des Produktmanagers. Seitdem ist er in der Wirtschaft weit verbreitet. Mit diesem Job ist keine formale Autorität verbunden, jedoch ein großes Maß an Zusammenarbeit mit Leuten, die diese Autorität besitzen. In Firmen, die viele Produkte für bestimmte Marktsegmente herstellen, gilt der für ein Markenerzeugnis zuständige Produktmanager als derjenige, der die Entwicklung eines Marketingprogramms für diese Marke managt. Er koordiniert, läßt die notwendigen Arbeiten ausführen und behebt Meinungsverschiedenheiten zwischen Mitarbeitern mit verschiedenen funktionellen Aufgaben, etwa im Bereich der Marktforschung, der Werbung, des Vertriebs und der Herstellung. Da Manager von Markenartikeln keine formale Autorität besitzen, müssen sie ihre überlegene intellektuelle Begabung, ihre Kommunikationsfähigkeit und die Kraft zur Überzeugung anderer nutzen, um die Produktion am Laufen zu halten. Mit Verstand und persönlichem Charme können sie viel erreichen. Doch ist es zweifelhaft, ob ihre Erfahrung in diesem Job die Betreffenden als echte Führungskräfte ausweist.

Die Ausdrücke Manager und Führer waren einst synonym. Beide implizierten die Verantwortung, bestimmte Aufgaben durch Anleitung anderer Leute ausführen zu lassen. Die Beziehung verlief vertikal, wobei Vorgesetzter und Untergebener sich bewußt waren, daß zwischen ihnen ein ungleiches Machtverhältnis herrschte. Seit den 60er Jahren ist diese vertikale Beziehung in eine komplizierte Struktur eingebunden, in der Spezialisten im Führungsstab und Beauftragte zur Förderung eines guten Betriebsklimas eine wichtige Rolle spielen. Diese Entwicklung hat zusammen mit der steigenden Zahl der Investmentbanken und Unternehmensberater den stetig wachsenden Markt für MBA's geschaffen. Zwar könnte der Markt insgesamt schrumpfen, doch wird er weiterhin dem ersten Drittel der Wirtschaftsfakultäten glänzende Aussichten bescheren, während den regionalen und lokalen Schulen die Last bleibt, sich mühsam nach Studenten umzusehen und nach Firmen, die diese später einstellen.

Die MBA-Programme der Eliteschulen erheben gegenüber der Gesellschaft den Anspruch, die künftigen Generalmanager der Wirtschaft zu schulen. Diese Eliteschulen sind in ihrem Verhältnis zum Markt, den sie beliefern, auf bemerkenswerte Weise polarisiert. Einige von ihnen sind

Gefangene ihrer Märkte; andere scheuen den Markt und repräsentieren angeblich höhere Werte. Obwohl man die Wirtschaftshochschulen schon seit den fünfziger Jahren untersucht und analysiert hat, müssen ihre Ausbildungsmethoden erst noch mit den Implikationen fertig werden, die sich aus der Symbiose mit ihrem primären Markt oder der Gleichgültigkeit gegenüber diesem Markt ergeben.

Daß einige Wirtschaftsfakultäten das Geschäftsleben widerspiegeln, ist nicht unbedingt ein Grund zur Unruhe. Es ist zu erwarten, daß derartige Schulen im Bewußtsein und der Zielsetzung eng mit der Gemeinschaft verknüpft sind, der sie dienen. Doch schafft die Symbiose zwischen Kapitalgesellschaften und einigen Eliteschulen eine Reihe komplexer Probleme, die anderen Berufen erspart bleiben.

Ein Professor an einer Wirtschaftshochschule stellte seinen Kollegen folgende Frage: „Welche bedeutsamen Innovationen haben eigentlich die Wirtschaftshochschulen zur Praxis der Unternehmen beigetragen?" Diese Frage brachte die Befragten in Verlegenheit. Man könnte doch die Theorie der Kapitalmärkte und über mathematisch begründete Entscheidungen als Beitrag der Wissenschaft werten, meinten sie. Will man jedoch bei der Wahrheit bleiben, dann waren das Beiträge von Leuten, die sich selbst eher als Volkswirte und Mathematiker bezeichnen, nicht aber von Professoren der Wirtschaftsfakultäten.

Die Art der Beiträge wurde deutlich in einem Artikel des Wirtschaftsmagazins *Fortune*, der mit dem Titel „Zur Verteidigung der MBAs" überschrieben war[3]. Sein Autor Joel M. Stern ist Mitinhaber einer Firma für Unternehmensberatung in New York, die sich auf die Finanzierung von Kapitalgesellschaften spezialisiert hat. Er selbst hat den MBA der University of Chicago erworben, deren Fakultät für Wirtschaft und Finanzen hohes Ansehen besitzt. Stern antwortete in seinem Artikel auf Kritiken an MBAs, sie seien „zu ehrgeizig, zu ungeduldig und die ihnen gezahlten hohen Gehälter nicht wert".[4] Stern erklärte, der Markt bewerte die besten MBAs aus den besten Schulen richtig. Die Probleme einiger Firmen hätten sich mit MBAs nicht so guter Fakultäten oder mit mittelmäßigen Studenten der besten Schulen ergeben. Was unterscheidet denn nun die besten von den anderen Schulen? Laut Stern stützen sich die besten Schulen bei der Vermittlung der Theorie von den Kapitalmärkten auf Wirtschaftswissenschaft und Statistiken. Die weniger guten Schulen beschreiben Praktiken verschiedener Wirtschaftsformen. Ohne eine theoretische Grundlage vermittelt dieser praktische Unterricht wahrscheinlich ebensoviel falsche wie nützliche Informationen.

Die Theorie der Kapitalmärkte will Antworten auf Fragen geben, wie Kapitalgesellschaften ihre Kapitalanlagen so einsetzen können, daß sie an den Aktienmärkten den höchsten Ertrag erzielen. Bei Anwendung dieser Theorie auf quantitative Daten liefert das moderne Finanzwesen Antworten, die oft ein Schlag ins Gesicht der konventionellen Lehre an der Wall Street sind. Laut Stern verkündet diese konventionelle Lehre, der Kurs der Aktie sei eine Funktion der Dividende pro Aktie. Die Entscheidung für eine höhere Dividende kommuniziere den Glauben des Managements an künftige Erlöse pro Aktie. Die unkonventionelle Meinung der Volkswirte besagt dagegen, der Aktienmarkt bewerte den Cash flow. Deshalb sollte das Prinzip der Maximierung auf den Cash flow nach Steuern und nicht auf Erlös pro Aktie angewandt werden, der oft eine Buchhaltungsfiktion ist, die unter anderem davon abhängig ist, wie Lagerbestände bewertet und verbucht werden.

Stern kritisiert dann den auf Fallstudien aufgebauten Unterricht, der seiner Ansicht nach eine Methode verewigt, die einer Lehrlingsausbildung gleicht und besser durch eine wissenschaftliche Methode ersetzt werden sollte. Diese unterscheidet sich von der Lehrlingsmethode durch die Nutzung von Theorien, abgeleitet aus der Anwendung wissenschaftlicher Methoden auf das Studium der Wirtschaft.

Diese Begründung scheint berechtigt. Die medizinische Wissenschaft liefert ein hervorragendes Beispiel dafür, wie Wissenschaft einen Beruf verwandeln kann. Die Hoffnung, die Revolution in der medizinischen Wissenschaft könnte sich in der Wirtschaft wiederholen, stimulierte die Kritik an der Ausbildung in der Wirtschaftswissenschaft während der fünfziger Jahre. Damals finanzierten die Carnegie und die Ford Foundation Untersuchungen über das wirtschaftswissenschaftliche Studium in den USA. Beide empfahlen ein Reformprogramm.[5] Diese Untersuchungen wurden vom sogenannten Flexner Report des Jahres 1910 inspiriert, der bei der Reform der Ausbildung zum Mediziner eine wichtige Rolle gespielt hat.

Abraham Flexner, der von 1866 bis 1959 lebte, war ein hervorragender amerikanischer Erzieher, der sein Leben dem vergleichenden Studium europäischer und amerikanischer Bildungssysteme in der Hoffnung widmete, das Niveau der amerikanischen Ausbildung anheben zu können. Im Auftrag der Carnegie Foundation for the Advancement of Teaching studierte er die medizinische Ausbildung in den Vereinigten Staaten und Kanada.[6] Das Ergebnis veröffentlichte er im Jahre 1910. Darin schilderte er das beunruhigende Bild einer Gesellschaft, die es sich erlaubte, ein Übermaß schlecht ausgebildeter Ärzte zu produzieren. Diese ließen die wissenschaftliche Revolution in der medizinischen Praxis unbeachtet, obwohl sie bereits voll im Gange war und bald die Grundlagen für die großartigen Fortschritte im 20. Jahrhundert liefern sollte. Der Flexner-Report stellte die wissenschaftliche Revolution in der Medizin deutlich heraus, eine Revolution, die auch heute noch in hervorragenden medizinischen Fakultäten, Forschungslabors und Lehrkrankenhäusern andauert. Die von der Carnegie und der Ford Stiftung geförderten Wirtschaftshochschulen waren einflußreich, doch erzielte keine von ihnen Ergebnisse, die sich mit denen des Flexner-Reports über das Studium der Medizin vergleichen ließen. Obwohl die Autoren des Carnegie und des Ford Reports empfahlen, das Wirtschaftsstudium auf eine wissenschaftlichere Grundlage zu stellen, wiesen sie doch nachdrücklich darauf hin, daß die Probleme des Studiums der Volkswirtschaft in den fünfziger Jahren sich sehr von denen des Studiums der Medizin zu Beginn des 20. Jahrhunderts unterschieden.

Das Wirtschaftsstudium in den fünfziger Jahren war „heterogen und vorbildlich", während das Medizinstudium um das Jahr 1910 durch ein von Universitäten wie etwa der Johns Hopkins University fest etabliertes Modell wissenschaftlicher medizinischer Ausbildung geprägt wurde. Wenn auch dieser Standard in der Praxis weithin verletzt wurde, so stellte er dennoch ein Ideal dar, dem andere Institutionen nacheifern konnten. Für das Studium der Wirtschaft gab es kein vorgegebenes Ideal. Als die beiden genannten Reports erschienen, gab es ein Modell an der Harvard Business School, das sich auf Fallstudien stützte. Stern und viele andere Wissenschaftler lehnten zwar die Fallstudien-Methode als „unwissenschaftlich" und theoretisch nicht ausreichend begründet ab. Doch ist sie bei richtiger Anwendung analytisch, auf das Lösen von Problemen orientiert, für Professoren und Studenten gleichermaßen intellektuell anspruchsvoll. Diese Form der Ausbildung in der Wirtschaftswissenschaft kommt der klinischen Methode am nächsten, die sich im Bereich der Medizin so bewährt hat. Sie muß nicht einer theoretischen Grundlage ermangeln, vorausgesetzt, die Studierenden verstehen den Unterschied zwischen induktiver und deduktiver Logik und erlauben ein Zusammenwirken beider Formen von Logik.

Die Reports der Carnegie und der Ford Foundation machen noch einen anderen Unterschied zwischen dem Wirtschaftsstudium in den fünfziger Jahren und dem medizinischen zur Zeit Flexners deutlich: den wissenschaftlichen Entwicklungsstand beider Fachgebiete. Die Sozialwissenschaften der fünfziger Jahre befanden sich im Vergleich zu dem hochentwickelten Stand der Naturwissenschaft zu Flexners Zeit in einem embryonalen Stadium. Dennoch empfahlen beide Reports, die Mathematik, die Nationalökonomie und die anderen Sozialwissenschaften zur Grundlage des Wirtschaftsstudiums und der Forschung an den besten Wirtschaftsfakultäten zu machen. Nur durch eine strenge wissenschaftliche Ausbildung und Vermittlung einer umfassenden liberalen Allgemeinbildung könnten die gehobenen Wirtschaftsfakultäten Manager ausbilden, die sich nicht länger auf Methoden und Verfahren stützen müßten, die in Kürze veraltet sein würden. Beide Reports empfahlen die Entwicklung von Programmen für Doktoranden. Die Kandidaten für diesen höchsten akademischen Grad sollten in wissenschaftlichen Forschungsmethoden ausgebildet werden, um bedeutsame Probleme des Wirtschaftslebens untersuchen zu können.

Wie beide Reports richtig feststellten, befindet sich die Wissenschaft in einem fließenden Zustand. Die gängige Praxis, ob durch beschreibende oder durch die Fallstudien-Methode gelehrt, ist für Manager heute und in Zukunft unzuverlässig. Das Ideal einer wissenschaftlichen Grundlage des Wirtschaftsstudiums beruht auf dem Glauben, man könne dabei grundlegende Thesen entdecken, die an keine bestimmte Kultur oder besondere Wirtschaftsinstitution gebunden und für die Lösung von Problemen anwendbar sind. Sollte dieses Ideal in der Wirtschaftsausbildung Realität werden, so meinen seine Befürworter, dann würden die Studenten kritisch, objektiv und geistig fähig sein, den Weg aus vertrauten Kontexten hinaus in eine sich wandelnde Welt zu finden.

Die in den Carnegie und Ford Reports aufgezeigten wissenschaftlichen Versprechungen sind bei weitem noch nicht erfüllt. Doch selbst wenn die Wissenschaft im Wirtschaftsstudium vorherrschen sollte, bleibt die ernsthafte Frage gültig, ob diese Erziehung wirklich zur Menschenführung befähigt. Bei der Ausbildung von Studenten auf das, was Douglas McGregor als „menschlichen Aspekt des Unternehmens" bezeichnete, und was andere Führung nennen, ist selbst heute noch das wissenschaftliche Ideal nur schwer erkennbar.

Der leitende Manager hat die Aufgabe, in Kooperation mit Mitarbeitern wertvolle Arbeit zu leisten. Doch hat das Bestreben von Verhaltenswissenschaftlern, in Organisationen wissenschaftliche Methoden anzuwenden, zur Folge gehabt, daß dabei der Mensch in den Hintergrund gedrängt wurde. Die meisten der Professoren, die im Rahmen der Verhaltenswissenschaft das Verhalten in Organisationen erforschen, konzentrieren sich dabei auf Formales und Verfahren, nicht jedoch auf menschliche Beziehungen. Damit entsprechen sie durchaus dem Ideal der Manager, Strukturen zu schaffen, in denen die Beschäftigten die ihnen zugewiesenen Aufgaben erfüllen. Es kann daher auch nicht überraschen, wenn die Studenten in den Lehrgängen über das Verhalten in Organisationen sich nicht mit Menschen befassen, sondern alleine mit Geschehnissen wie Planung von Budgets, Bewertung von Leistungen und dazugehörige Kompensationen, also Geschehnisse aus dem täglichen Ablauf in Organisationen. Spezialisten für Verhaltensweisen in Organisationen glauben im allgemeinen, die unterschiedlichen Fertigkeiten und Persönlichkeiten innerhalb einer Organisation würden sich irgendwie im Gleichgewicht halten. Diese Annahme stimmt jedoch – vor allem bei den Untersuchungen großer Organisationen – nur statistisch, verleitet die Wissenschaftler jedoch dazu, die Persönlichkeit der einzelnen Mitarbeiter zu vernachlässigen. Diese sparen sie in Gedanken einfach aus; also existiert sie nicht.

Konzentrieren Verhaltensforscher ihre Aufmerksamkeit auf leitende Manager, dann erhalten sie ein schiefes Bild, weil sie dabei bewußt persönliche und institutionelle Lebensgeschichten außer acht lassen. Sie tun so, als gebe es keine Kontinuität im Leben des Menschen und in den Traditionen großer Unternehmen. In der Realität werden die Menschen ständig von ihrer inneren wie äußeren Welt in Anspruch genommen. Eine Entscheidung treffen bedeutet nichts weniger als das Drama, diese inneren und äußeren Welten miteinander zu verbinden. Ihre berufliche Voreingenommenheit verbietet Verhaltensforschern zuzugeben, daß die Handlungen der Menschen von ihrer besonderen Persönlichkeit und Lebensgeschichte bestimmt sein können.

Verhaltensforscher in Organisationen teilen mit den Managern die Antipathie gegenüber der Geschichte. Manager haben Vorurteile gegenüber dem Hier und Jetzt und empfinden es als Störung, daß Kräfte der Vergangenheit Einfluß auf die Gegenwart haben, bei einzelnen Menschen ebenso wie bei Institutionen. Diese Negierung der Geschichte in der Forschung und vor allem beim Lehramt reflektiert das gegenwärtige Ethos des Managements, das unter anderem predigt, man solle niemals zurückblicken, weil die Vergangenheit die Aufmerksamkeit von der Gegenwart ablenke. Zutreffender ist vielleicht, daß Zurückschauen häufig Schuldgefühle erweckt, vor allem, wenn man dabei seine eigenen Fehler erkennt.

In ihrem Drang, praktisch und befähigt zu erscheinen, Managern bei der Lösung von Problemen zu helfen, haben sich viele Verhaltensforscher von ihrem Publikum lenken lassen. Studenten scheiden aus solchen Lehrgängen mit einer tödlichen Kombination von mechanistischem und magischem Denken. Den mechanistischen Aspekt erkennt man in der Überzeugung, Organisation sei ein System von Teilen, die in

Beziehung zum Ganzen stehen; ihr Ziel sei es, den nicht funktionierenden Teil zu finden und zu reparieren. Dieser mechanistische Ansatz macht den Handelnden, sei er Manager oder Verhaltensforscher, blind für die Wirklichkeit der Menschen. Auch Organisationen reflektieren die Eigenschaften von Menschen, deren herausragendste ihre angeborene und gut entwickelte Abwehrhaltung ist. Mit deren Hilfe lernen Arbeitnehmer – jeder für sich oder kollektiv – ihre eigenen Interessen wahrzunehmen. Sie lassen sich dadurch auch weniger von Aktionsprogrammen vereinnahmen als deren Befürworter wahrnehmen.

Magisches Denken beherrscht auch die Perspektiven der Verhaltensforscher und der Studenten, die ihre Methode übernehmen. Man kann wirklich nur staunend beobachten, wie Menschen einem Beruf nachgehen, den sie im Grunde verabscheuen. Man stelle sich einen Arzt vor, der kranke Menschen haßt, oder einen Psychiater, der eine Aversion gegen Menschen mit seelischen Störungen hat. Diese unglückseligen Professionellen opfern viele Jahre und viel Geld für eine berufliche Laufbahn, während sie sich zugleich bemühen, ihre Abscheu vor dem wesentlichen Inhalt ihres Berufes zu leugnen. Viele Verhaltensforscher haben dasselbe Problem. Sie interessieren sich nicht für die Menschen, gehen ihnen lieber aus dem Wege, statt zu versuchen, sie zu verstehen. Was tun sie unter solchen Umständen? Sie ersinnen ein Universum, in dem sie sich mittels magischen Denkens davor abschotten, die komplizierte und turbulente Welt der Menschen mit Emotionen, Bedürfnissen und Abwehrhaltungen zu sehen. Da sie aktions-orientiert sind, stolpern sie in die Falle des Managers, der glaubt, mit der Aufstellung eines Programms habe man das Problem bereits gelöst – obwohl man nicht weiß, um was für ein Problem es sich handelt.

Manager können oft sehr einfallsreich Denken durch Programme ersetzen. Manche nennen das geschickt und vergleichen es mit der Situation, in der das Pferd unter dem Reiter erschossen wird, der sich im selben Augenblick auf ein vorbeigaloppierendes anderes Pferd schwingt. Verhaltensforschern in Organisationen fehlt als Gefangenen ihres Marktes oft diese Geschicklichkeit. Häufiger noch sind sie einfach unschuldig, verführt durch die Welt des Managements, und versuchen

mit aller Kraft sachkundig zu erscheinen. In Wahrheit nagen an ihnen
ständig Zweifel, verursacht durch den zweifelhaften intellektuellen
Inhalt ihres Fachgebietes.

Es gibt noch eine andere Lösung für das Problem, seine Versprechen
gegenüber Wirtschaft und Management einzuhalten. Man muß nur
vermeiden, sich zum Gefangenen des Marktes zu machen, indem man
hartnäckig an dem Glauben festhält, die Wissenschaft werde am Ende
das Übergewicht über den Markt davontragen. Wirklichkeitsfremde
Sozialwissenschaftler halten sich streng an die Lehrsätze der Wissenschaft und riskieren dabei, herauszufinden, wie wenig sie im Grunde
von der Sache wissen. Professoren der Sozialwissenschaft behaupten
oft gar nicht, das, was sie lehren, sei praktisch anwendbar. Sie glauben
einfach, mit ihrer Arbeit im Weinberg trügen sie zum Vorratshaus der
Erkenntnisse bei. Sie glauben auch, von Zeit zu Zeit erscheine ein
Genie, das imstande sei, dieses Vorratshaus in ein Schloß zu verwandeln. Genies treten jedoch nur selten in Erscheinung, und während man
darauf wartet, verschaffen Pseudowissenschaftler sich Geltung. In
ihrem Fachjargon befangen, setzen sie schwülstige Sprache an die
Stelle von Erkenntnissen.

Als die Autoren des Ford und des Carnegie Reports seinerzeit feststellten, die Verhaltenswissenschaft werde gemeinsam mit der Wirtschaftswissenschaft und der Mathematik das Wirtschaftsstudium transformieren, haben sie vielleicht einer entscheidenden Variablen nicht genug
Gewicht beigemessen – der Begabung. Den Fachgebieten, die sich mit
der praktischen Anwendung der Verhaltenswissenschaft im Wirtschaftsleben befassen, ist es nicht gelungen, begabte Studenten an sich
zu ziehen. Doch sind gerade die Probleme der Wirtschaft, die von
Verhaltenswissenschaftlern erforscht werden sollten, in ihren theoretischen und praktischen Dimensionen äußerst komplex. Ihre Lösung
erfordert eher außergewöhnliche als durchschnittliche Begabungen.

Beim Bemühen um Verständnis der Probleme im Wirtschaftsleben
stoßen die Verhaltensforscher auf starke Konkurrenz, vor allem der
Manager, die zu ihrer Lösung ihr praktisches Know-how einsetzen.

Auch wenn es diesen Lösungen an theoretischer Grundlage oder wissenschaftlicher Gültigkeit mangelt, funktionieren sie oft, und sei es nur in dem Sinne, daß schon ein erster Schritt zur Lösung von Problemen eine unbefriedigende Situation auflockert. Oft ergeben sich positive Ergebnisse, wenn eine Autorität sich für die Probleme anderer Leute interessiert. Doch gerät dieses populär als „Hawthorne Effekt" bezeichnete Phänomen leicht außer Kontrolle, weil Manager es zu einer Marotte machen.

Die Zeitschrift *Business Week* hat diesen Marotten im Geschäftsleben eine Titelgeschichte gewidmet.[7] Dabei war der Leitgedanke folgender: „Leitende Manager hängen sich an jede Managementidee an, die als Geistesblitz erscheint." Leider werden zu viele Verhaltensforscher Urheber solcher Geistesblitze und tragen dadurch zu den schädlichen Wirkungen einer Serie von Marotten bei. Marotten geringschätzen heißt, praktisches Know-how respektieren. Verhaltenswissenschaftler sollten nicht versuchen, Urheber praktischen Know-hows zu werden, weil sie dazu weder Erfahrung noch Neigung besitzen. Sie sollten lieber die Anwendung praktischen Know-hows studieren, um herauszufinden, wie es sich auf Motivation und Verhalten der Menschen auswirkt. Ihr Beitrag hängt von ihrer Fähigkeit ab, die zugrundeliegenden Kräfte zu erkennen, die Dynamik des Verhaltens bloßzulegen und dementsprechend einen besseren Beitrag als Erzieher zu leisten.

Die Verhaltensforschung wird bald herausfinden, daß das Problem der Dynamik des Verhaltens das Ergebnis einer unveränderlichen Tatsache ist: Der Mensch ist nicht nur ein handelndes, sondern auch ein wahrnehmendes Wesen. Dieses Wahrnehmen erfaßt nicht unbewußte Motive, ist jedoch ein Bindeglied zu Motiven, das es uns ermöglicht, von Überlegungen zu profitieren. Wissenschaftliche Erkenntnisse bereichern dieses Gewahrwerden und seine reflektiven Möglichkeiten, können es jedoch nicht ersetzen. Beim Studium menschlichen Verhaltens müssen Wissenschaftler die subjektive Erfahrung berücksichtigen und demzufolge das Individuum und seine innere Welt erforschen. Wer glaubt, es seien die Individuen, die „sich verhalten", übersieht völlig, daß der Mensch das eigentliche Studienobjekt ist.

Wie erwirbt man neue Erkenntnisse über Menschen, die in bestimmten Situationen handeln? Diese Frage hängt auch mit dem Problem zusammen, wie Studenten unterrichtet werden sollen, die einen MBA erwerben wollen. Nach dem Zweiten Weltkrieg begann die Harvard Business School mit einem Experiment, bei dem die subjektive Erfahrung der Studenten zum zentralen Punkt des Lehrgangs gemacht wurde. Die Studenten wurden aufgefordert zu erforschen, wie sie sich selbst im Kontext von Problemen sehen, mit denen ein Unternehmen konfrontiert ist. Unter den Mitgliedern der Fakultät, gleich welcher Fachrichtung, gab es einen überraschenden Konsens, wobei es keine Rolle spielte, ob sie sich mit Marketing, dem Finanzwesen und der Herstellung oder mit den rein menschlichen Aspekten des Managens befaßten, also mit Human Relations, Kontrolle und Politik innerhalb des Unternehmens. Der Konsens bestand in der Erkenntnis: In verantwortlicher Position kann der Mensch auf verschiedene Weise handeln. Die mit Fallstudien arbeitende Lehrmethode, die nach der Veröffentlichung der Ford und Carnegie Reports allgemeines Aufsehen erregte, war für diesen Konsens ideal geeignet. Sie schob die Initiative zum Lernen den Studenten zu und machte sie selbst für entsprechende Fortschritte verantwortlich. Mit Vorlesungen über Unternehmenspolitik bot sie vor allem eine hervorragende Gelegenheit, Form und Substanz, Lehrgegenstand und Methode zu verschmelzen und etwas über die Welt zu lernen, während man zugleich über sich selbst lernte.

Wer an Hand von Fallstudien arbeitet, muß zunächst einmal lernen, sich selbst zu erkennen, um den dargestellten Fall analysieren zu können. Er muß sich mit der Person identifizieren, die das Problem lösen soll, dabei jedoch objektiv bleiben. Außerdem muß er für den Umgang mit Fakten, die ein solides Verständnis des Problems vermitteln können, bestimmte analytische Werkzeuge beherrschen. Die gleichzeitige Identifizierung mit einer Schlüsselperson und objektive Analyse verleihen der Arbeit Dringlichkeit und Praktikabilität. Im besten Falle ermöglicht sie es den Studenten, mit Hilfe ihrer Einbildungskraft die ihnen durch ihre analytischen Werkzeuge gesetzten Grenzen zu überwinden. Eine durch Einbildungskraft verstärkte Analyse kann eine Vision erzeugen, die weit über die Grenzen des in einer Fallstudie aufgezeigten Problems hinausreicht.

Fallstudien ermöglichen eine intensive und anspruchsvolle Form des Lehrens und Lernens. Sie werden jedoch oft mißbraucht, wenn interesssante Probleme zu gewöhnlicher Erfahrung reduziert werden, und, schlimmer noch, wenn das Lehren zu einer Karikatur gemacht wird. Ein Sozialwissenschaftler, der an der Harvard Business School Vorlesungen über die Fallstudienmethode hielt, verglich diese mit der Konversation bei einer Cocktail-Party. In diesem speziellen Fall hatte er wahrscheinlich recht. Doch erkannte er wohl nicht, daß gerade seine Vorlesung und das dabei benutzte Material einen Mißbrauch dieser Methode darstellten. Solche Erfahrungen schaffen der Fallstudienmethode einen schlechten Ruf.

Die Methode wird mißbraucht, wenn sie als „Erfahrung zum Wecken des Bewußtseins" benutzt wird, aber auch, wenn man unqualifizierten Leuten den Zugang zum Katheder erlaubt. Diese beiden Formen des Mißbrauchs treten nicht zufällig gemeinsam auf, und zwar gewöhnlich bei Themen, die sich mit menschlichem Verhalten beschäftigen. Bei Vorlesungen zur Vorbereitung eines MBA spielen gut ausgearbeitete analytische Methoden eine große Rolle. Das läßt die Frage offen, wie der Manager der Zukunft seine reflektiven Fähigkeiten verstehen und nutzen wird.

Auch für Wirtschaftsfakultäten ergeben sich ethische Probleme, wenn sie entscheiden müssen, was und wie sie lehren sollen. Gegenwärtig ist das bedeutsamste Problem eine Konsequenz dessen, daß potentielle Manager technische Kompetenzen erhalten, ohne daß dabei die Beziehungen zu anderen Mitarbeitern ernsthaft berücksichtigt werden. Selbst wenn dies der Fall ist, wird der Mitarbeiter häufiger als Mitglied einer Mannschaft denn als individuelles Menschenwesen betrachtet. Der entscheidende Gedanke dahinter scheint zu sein, daß man diese Mannschaften „managen" muß, womit menschliche Beziehungen in den Bereich technischer Kompetenz gestellt werden. Selbst wenn heute bei der Ausbildung von Managern auch die persönliche Verantwortung herausgestellt wird, dann geschieht das vor allem zur Förderung der eigenen Karriere. Lehrpläne enthalten Kurse, wie man seine eigene Laufbahn voranbringt, wie man die eigenen Chancen maximiert, aber nicht, wie man sich der Mitarbeiter annimmt. Fakultäten, die solche Beratungsprogramme anbieten, fördern damit unabsichtlich die Egozentrik. Wenn Studenten ermuntert werden, bei Problemen professionelle Hilfe zu suchen, die von der Unsicherheit über die eigene Laufbahn bis zur Zukunftsangst reichen, dann geht ihnen das Erleben von Freundschaft und Gemeinschaft als Quelle persönlichen Wachstums verloren.

Der Trend der Ausbildung zum MBA erfährt ganz dezidiert eine technische Orientierung. Das Hauptgewicht liegt auf dem behandelten Stoff, wobei subjektive Wahrnehmungen in eine untergeordnete oder nicht existente Position gedrängt werden. Unternehmens*strategie* hat über Unternehmens*führung* gesiegt, während die Sorge um das Eigeninteresse das innere Verlangen abgelöst hat, sich auch um das Leben und Wohlergehen anderer Menschen zu kümmern. Der MBA ist zum Symbol des Glaubens des 20. Jahrhunderts an Manipulation als Instrument zur Leitung von Organisationen und Verwaltung von Gemeinschaften geworden. Wir fabrizieren Manager, bilden aber keine Führer aus.

Teil III
Konsequenzen

Kapitel 9

Übergewicht der Politik im Unternehmen

Es ist heute jedermann klar, daß die amerikanische Wirtschaft ihre einstige überlegene Wettbewerbsfähigkeit verloren hat. Viele Beobachter der Wirtschaftsszene halten irrtümlicherweise die Symptome für die Ursache der verminderten Fähigkeit der Amerikaner, es mit der ausländischen Konkurrenz aufzunehmen oder diese sogar auszustechen. Wenn unsere Unternehmen kurzfristige Ergebnisse langfristigem Wachstum vorziehen, wenn sie Kapitalanlagen behandeln, als seien sie ein Investmentportfolio, wenn sie Herstellung und Marketing zugunsten finanzieller Manipulationen vernachlässigen und sich schließlich auf die Vermarktung von Aktien statt von Produkten konzentrieren, dann sind dies Symptome und nicht die tiefwurzelnde Ursache.

Die Wirtschaftswissenschaftler Walter Adams und James J. Brock haben die Auswirkungen finanzieller Manipulationen beschrieben und dabei darauf hingewiesen, daß von 1982 bis Ende 1985 mehr für Firmenfusionen ausgegeben wurde als für Forschung und Entwicklung. Im Jahre 1985 lagen die Aufwendungen für Forschung und Entwicklung sowie Nettoinvestitionen in den USA unter dem Betrag der Aufwendungen für Firmenzusammenschlüsse, der im Jahre 1986 die Rekordsumme von 190 Milliarden Dollar erreichte. Die beiden Wissenschaftler stellten fest, daß die Kosten dieser Fusionsmanie noch nicht die Opportunitätskosten oder die Kosten versäumter Investitionen in anderen Aktivitäten, etwa Forschung und Entwicklung, enthielten.

> „Zwei Jahrzehnte lang verwendete das Management seine Energie darauf, das Firmenfusionsspiel zu betreiben. Das waren zugleich zwei Jahrzehnte, in denen das Management von seiner primären Aufgabe abgelenkt wurde, neue Fabriken zu errichten, neue Produkte zu erzeugen, in neue Herstellungsverfahren zu investieren und Arbeitsplätze zu schaffen. Die Milliarden, die

ausgegeben wurden, um papierne Eigentumsaktien hin und her zu schieben, waren zugleich Milliarden, die für nicht produktivitätsfördernde Investitionen ausgegeben wurden."[1]

Andere Wirtschaftswissenschaftler sind der Ansicht, es sei rational und nutzbringend, auf unterbewertete Kapitalanlagen zu reagieren. Wenn es nun einmal billiger sei, Ölreserven aufzukaufen, statt nach ihnen zu schürfen, dann entscheidet man sich natürlich für die Akquisition. Und wenn ein ganzes Unternehmen weniger wert ist als die Summe seiner Teile, dann lockt das natürlich Firmenaufkäufer an und führt zur Auflösung von Unternehmen. Dennoch erklären fundamentalere Faktoren, warum das Management von Kapitalgesellschaften es so weit kommen läßt, daß Situationen entstehen wie im Fall der Firma Allegis. Sie hatte unter ihrem Hauptgeschäftsführer Richard Ferris größere Akquisitionen getätigt, um sich in einen Reiseveranstalter mit vollem Service umzuwandeln. Ferris begann mit United Airlines und der Westin Hotel-Kette, erwarb dann Hertz, Hilton International Hotels und die Pazifik-Routen der Pan American World Airways. Der Firmenname wurde zwecks Symbolisierung einer neuen Identität, die mehr zusammengekauft als selbständig erschaffen war, von United in Allegis abgeändert. Für die Finanzwelt wurde Allegis allmählich ein Unternehmen, das tot mehr wert war als lebendig. Ferris geriet bald in eine Situation, in der er sich bemühen mußte, eine Übernahme seines Unternehmens durch andere zu vermeiden. Seine finanziellen Taktiken wurden zunehmend bizarrer, bis der Vorstand ihn schließlich fristlos entließ. Sein Nachfolger warf sofort das Steuer herum und verkaufte planmäßig alle nicht zur Luftfahrt gehörenden Unternehmen. Außerdem führte er den alten Firmennamen United Airlines wieder ein. Er brachte damit das Unternehmen wieder in den Geschäftsbereich zurück, in dem es große Erfahrungen hatte.

Management neigt sehr zum Imitieren. Das Verschmelzen von Firmen wäre ohne das Wuchern des professionellen Managens nicht zur Manie geworden, eines Professionalismus, der die Manager in Verbindung mit ihrer Egozentrik dazu verleitet, mit der Herde zu laufen. Unterhalb dieses inneren Zwanges zur Nachahmung liegt jedoch eine tiefere

Problemschicht. Praktizieren Manager nämlich die Prinzipien der Effizienz, der Kooperation und Kontrolle innerhalb der Zwänge des Professionalismus, verstricken sie sich und andere in innerbetriebliche Auseinandersetzungen.

Ein professioneller Manager, der soeben zum Hauptgeschäftsführer einer internationalen Kapitalgesellschaft ernannt worden war, machte sich sofort an den Aufbau einer ordentlichen Organisationsstruktur. Er entwarf und verwarf Graphiken, um auf dem Papier eine Organisation zu schaffen, in der die Grundsätze der Dezentralisation beispielhaft zur Anwendung kamen. Obwohl die leitenden Angestellten seine Logik nicht bestreiten konnten, erkannten sie doch, daß das Problem, das er zu lösen gedachte, weit weniger bedeutsam war als das, eine Produktentwicklung und ein Marketingprogramm für das ganze Unternehmen in Gang zu bringen, an dem es der Firma bitter mangelte. Angesichts ihrer klaren Erkenntnis des Problems war es erstaunlich, wie sehr sich die Mitarbeiter zurückhielten, dem neuen Hauptgeschäftsführer zu sagen, er sei auf dem falschen Weg. Vielleicht nahmen sie es übel, daß er und nicht einer der ihren diesen Posten erhalten hatte. Möglicherweise zögerten sie aber auch, angesichts der Begeisterung ihres neuen Chefs für Organisations-Schaubilder, einen negativen Eindruck zu machen. Also sahen sie zu, wie er in ein Projekt schlitterte, das grundlos Ängste wegen der Aufteilung von Verantwortung und relativer Macht auslöste. So wie er die Probleme sah und eigene Methoden zu ihrer Lösung praktizierte, steigerte der Hauptgeschäftsführer das politische Bewußtsein in der Organisation und hinderte dadurch die Firma, sich mit den realen unternehmerischen Problemen zu befassen.

Dieser Hauptgeschäftsführer war in die Grube gefallen, die viele Manager sich selbst graben, wenn sie bei ihren Untergebenen politische Ängste schaffen und es gleichzeitig versäumen, ihren eigenen Beitrag für das Unternehmen herauszustellen. Diese Situation ähnelt der eines Universitätsdekans, der den Schwerpunkt der Lehrtätigkeit einer Fakultät verlagern wollte, ohne über die dazu erforderlichen finanziellen Mittel zu verfügen. Die Professoren reagierten, als seien ihre Positionen bedroht, weil sie die Aktion des Dekans als Beginn eines Unterfangens deuteten, ihnen das Essen vom Teller zu stehlen. Es war klar, daß es für schon bestehende Programme und Machtbasen ernsthafte Turbulenzen geben würde, zum Nutzen des vom Dekan favorisierten neuen Programms. Doch war nicht nur dieses Programm zweifelhaft, sondern auch die Taktik des Dekans zu seiner Verwirklichung. Nun sorgte sich die Fakultät vor allem um die Verteidigung der eigenen Anschauungen und Machtpositionen.

Politisches Verhalten ist von Motiv und Zielsetzung her oft defensiv. Die Menschen bilden Allianzen und handeln ihre Machtbasen miteinander aus, um Schwierigkeiten zu vermeiden, zumindest in ihrer Vorstellung. Wenn der Vorgesetzte der Feind zu sein scheint, verschieben sich die Ziele. Statt sich für diese einzusetzen, handeln die Menschen unter dem Einfluß ihrer Ängste und Phantasien, wodurch Konflikte oft übermäßig verstärkt werden.

Das politische Bewußtsein wird verstärkt, wenn die Menschen Grund haben, die elementaren Fragen ihrer Zugehörigkeit zu überdenken. Es ist so, als würden drei einander widersprechende Stimmen in der eigenen Psyche drei bohrende Fragen debattieren: Wie stehen die Chancen, daß innerhalb dieser Organisation meine Bedürfnisse befriedigt werden? Wer sind meine Freunde (und meine Feinde), während ich mich bemühe, meine Arbeit zu tun? Welche Standards muß ich erfüllen und welchen Idealen muß ich nacheifern, um mich in dieser Organisation durchzusetzen? Auf diese Fragen gibt es in verschiedenen Stadien des Lebenszyklus' verschiedene Antworten. Doch müssen sie beantwortet und während bedeutsamer Perioden „in Ruhe gelassen" werden, um dem einzelnen die Möglichkeit zu geben, mit seiner Arbeit voranzukommen. Bleiben sie als Ergebnis gesteigerten politischen Bewußtseins offen für anhaltende Diskussionen, dann wird Energie von dort abgezogen, wo sie eigentlich hingehört.

Vor allem leitende Manager sind für eine übermäßige Beschäftigung mit diesen Fragen anfällig. Da sie gegenüber Fragen der Macht und persönlichem Ehrgeiz in hohem Maße sensibel sind, lassen sie sich leicht von ihrer eigentlichen Arbeit ablenken, um sich mit betriebspolitischen Themen zu befassen. Diese Abweichungen von der wirklichen Zielsetzung des Unternehmens sind typisch für ihr Wirken, vor allem weil Topmanager nicht gelernt haben, wie sie weniger politisieren und sich statt dessen auf wesentliche Gedanken konzentrieren können.

Der Geschäftsführer eines industriellen Zulieferbetriebes zerbrach sich in den achtziger Jahren den Kopf, wie er einer schweren Depression in seiner Branche begegnen sollte. Seine leitenden Manager wurden unruhig und befürchteten einen Führungsmangel angesichts trüber geschäftlicher Aussichten. Der Geschäftsführer beauftragte einen Unternehmensberater, einen strategischen Plan auszuarbeiten. Angesichts der Tatsache, daß der Geschäftsführer in absehbarer Zeit in Pension gehen würde, kamen daher Ängste auf. Zunächst hatte es wenig Sinn, jemanden von außerhalb ins Unternehmen zur Erleichterung einer Arbeit zu holen, die nach Ansicht der leitenden Manager von ihnen selbst hätte getan werden können. Zweitens war der Zeitpunkt schlecht gewählt. Viele leitende Manager meinten, in schlechten Zeiten sei es vorrangig, die Kosten zu senken und die Rentabilität auf wesentlich niedrigerem Produktionsniveau wiederherzustellen. So hatte es die Chrysler Corporation getan, als sie die Ertragsschwelle von einem zweimal so hohen Niveau auf eine Million Wagen pro Jahr senkte. Drittens betrachteten sie das ganze Bemühen als reines Theater, das den äußeren Anschein erwecken solle, es werde wichtige Arbeit geleistet. Tatsächlich ging es bei allem Hin und Her um die Nachfolge im Management und das Geheimnis, welche leitenden Manager um den Posten des Geschäftsführers rivalisierten und wie ihre Chancen bei diesem Rennen standen. Das Nachfolgeproblem hätte direkt behandelt werden sollen; doch der Geschäftsführer zögerte, seinen Posten einem Jüngeren zu überlassen, vor allem weil man daraus ableiten könnte, angesichts einer kritischen Lage sei es an der Zeit, die Macht in andere Hände zu geben.

Organisationen arbeiten dann am besten, wenn ihre Angehörigen echten Anteil an ihnen nehmen. Nun führt aber politisches Bewußtsein dazu, den eigenen Vorteil zu kalkulieren, was eine solche Anteilnahme vermindert. Außerdem isoliert es die Leute auf verschiedenen Ebenen der Organisation und zerstört schließlich die Integrität der Autorität.

Es lohnt sich, über die Probleme von Macht und Politik in Hierarchien nachzudenken oder, wie Leo Tolstoj dieses Thema im Epilog zu seinem Werk *Krieg und Frieden* dargestellt hat, über die Leibeigenschaft, die die wenigen, die planen, und die vielen, die das Geplante ausführen, aneinander bindet.[2] Was normalerweise diese wenigen und diese vielen zusammenhält, ist die Erwartung, daß die Inhaber der Macht auch die Ziele und Wünsche der Gefolgsleute erfüllen werden. Und doch ist es oft so, daß die wenigen, die planen, den vielen Handelnden Schaden zufügen, was uns über die Beständigkeit von Hierarchien staunen läßt. Ganz offensichtlich kann man Menschen für einen ziemlich langen Zeitraum durch Täuschung dazu bringen, Anweisungen zu folgen, die durchaus nicht ihrem wahren Interesse dienen. Auf längere Sicht jedoch machen sie der Unterdrückung ein Ende, indem sie sich weigern, den Befehlen ihrer Führer zu folgen. Der Vietnam-Krieg ist ein Beispiel dafür, was geschieht, wenn die Handelnden auf den unteren Ebenen der Machtstruktur ihre Zustimmung entziehen. Junge Offiziere sahen in diesem Krieg eine Chance für eine schnellere militärische Laufbahn, die einfachen Soldaten an der Front wollten nur überleben, und die Zivilisten sperrten sich gegen den Militärdienst.

Die Präsenz einer Hierarchie ist ein universales Faktum. Sie erklärt sich daraus, daß Hierarchien das beste Mittel zum Organisieren von Macht sind, so daß man sie nutzen kann, die Interessen der Menschen zu fördern. Diese utilitaristische Wahrheit ist offensichtlich schwer zu akzeptieren. Utopisten scheinen die menschliche Natur zu ignorieren und ersinnen ständig neue Mittel zur Überwindung des Ungleichgewichts der Macht zwischen den wenigen und den vielen. Trotz Experimentierens mit dem Machtausgleich bleibt die Tatsache der Hierarchie bestehen. Deshalb brauchen wir ein tieferes Verständnis ihrer Funktionen als wir es gegenwärtig haben.

Vom Königreich der Tiere bis zu Menschengruppen gestalten alle Beziehungen sich zu Hierarchien. Bei den Primaten besteht die Hierarchie aus einem dominierenden Männchen, umgeben von einem Haufen weiblicher Tiere, mit denen das Männchen kopuliert, danach folgen die schwächeren Männchen. Die Schwächeren stehen unter dem

Schutz des dominierenden starken Männchens. Als Gegenleistung beachten sie das Status-Arrangement, das unter anderem auch die Verteilung der Belohnungen regelt. Wenn das dominierende Tier älter und schwächer geworden ist, nimmt schließlich ein anderes Männchen seinen Platz ein, das dann die Vorteile wie die Kosten der Macht in der Gruppe auf sich nimmt.

Seit einiger Zeit erklären Erforscher des Verhaltens der Primaten und auch allgemeine Verhaltensforscher ihre Beobachtungen über die hierarchische Anordnung der Macht mit Modellen der Spieltheorie.[3] Eine Kosten-/Nutzenanalyse mag auf den ersten Blick absurd erscheinen, wenn man sie auf das Studium von Tieren anwendet, da es keine Grundlage gibt, Verstand bei Tieren rechnerisch einzubeziehen. Doch ist dieses utilitaristische Modell das beste Bindeglied zwischen Tatsache und Theorie. Die Theorie funktioniert tatsächlich und führt uns zu der Schlußfolgerung, daß Tieren wahrscheinlich eine Eigenschaft angeboren ist, die Primaten sparsam mit der Macht umgehen läßt. So pflegt das dominierende Tier nicht mehr Macht anzuwenden als zur Erhaltung der Machtstruktur notwendig ist. Bei einer Herausforderung durch ein untergeordnetes Tier genügen normalerweise Drohgebärden, um den Schwächeren zurechtzuweisen. Es ist anzunehmen, daß es im Interesse der Untergebenen liegt, zu warten und sich mit geringeren Belohnungen abzufinden, statt den Anführer zum Machtkampf herauszufordern. Entscheidend dabei ist, daß dieses hierarchische Arrangement von der ganzen Gruppe getragen wird, da eine Gefährdung der Hierarchie eine nicht akzeptable Instabilität schaffen würde. Es gibt Berichte über Fälle, wo Tiere betrügen und dadurch die Dominanzhierarchie gefährden, aber nur unter Bedingungen, in denen das wahrscheinlich nicht entdeckt wird. Leittiere sind ständig auf der Hut vor solch betrügerischem Verhalten und achten darauf, es zu verhindern.

Bei Menschengruppen ist Hierarchie bei der Verteilung von Macht eine allgemeine Tendenz, die durch viele Beobachtungen und Experimente bestätigt wird.[4] Zahlreichen Studien über Gruppenbildung bei der Arbeit und „natürliche" Gruppen zeigen auf, daß Führer und Gefolgsleute sich selbst in eine bemerkenswert voraussagbare Beziehung einordnen, in der sich einige wenige an der Spitze und viele am unteren Ende der Machtpyramide befinden. Die Pyramide kann sich auf sehr unterschiedliche Weise manifestieren. Bei Experimentiergruppen kommt sie in der langen Redezeit zum Ausdruck, die Machtfiguren für sich beanspruchen, sowie in der Richtung, in der sie Antworten geben. In solchen Gruppen reden Anführer mehr als die Geführten, und wenn Gefolgsleute sprechen, dann wenden sie sich dabei gewöhnlich an in der Hierarchie Höherstehende. Ein solches Rangsystem bei menschlichen Gruppen tritt nicht nur nach außen hin in Erscheinung. Das Arrangement der Macht beeinflußt auch die Art, wie die Menschen denken und fühlen, was dann wiederum ihr Tun beeinflußt. Niederrangige Mitglieder neigen zu Bündnissen mit Leuten höheren Ranges, deren Platz innerhalb der Hierarchie jedoch nicht zu hoch über dem eigenen ist.

In Arbeitsgruppen, die für Fabriken typisch sind, bestimmt die hierarchische Anordnung auch die informellen Gruppenstrukturen. Diese scheinen spontan und völlig getrennt von dem in Erscheinung zu treten, was die technologische und formale Organisation eigentlich beabsichtigt. Auch in der informellen Organisation gibt es Führer und Gefolgsleute. Interaktionen finden gewöhnlich zwischen Leuten statt, die einander rangmäßig ziemlich nahe stehen. Mitglieder der unteren Ränge sind oft bestrebt, ihren Status in der Gruppe zu verbessern. Dabei beweisen sie bemerkenswerte Geduld und sind sehr darauf bedacht, ihre jeweilige Position nicht durch aggressives Fordern eines anderen Status zu gefährden. Schlimmer nämlich, als zu einer Gruppe niederen Ranges zu gehören, ist es, ein von der Gruppe ausgeschlossener Außenseiter zu sein.[5]

Eine Hierarchie dient mehreren Zwecken. Eine effiziente Struktur pflegt denjenigen Macht zu geben, die am fähigsten sind, die Gruppe zu führen und ihre Ziele zu erreichen. Gruppenmitglieder, die den von den anderen am meisten geschätzten Eigenschaften und Werten am nächsten kommen, wird ein höherer Status zugestanden. Besitzen sie auch Führungsqualitäten, dann pflegt die Machtstruktur klar definiert und weniger anfällig für Rivalitäten und Herausforderungen zu sein.

Hierarchien stabilisieren sich, wenn die an die Mitglieder einer Gruppe verteilten Belohnungen deren Rang in der Gruppe entsprechen. Die Mächtigen versuchen gewöhnlich, Belohnungen gleichgewichtig zu verteilen. Nichts pflegt die Stabilität einer Machtstruktur mehr zu untergraben, als wenn Gruppenmitglieder das Gefühl haben, die sichtbaren und unsichtbaren Belohnungen würden ungerecht verteilt. Werden Leute besser bezahlt und genießen mehr Achtung, als ihnen rangmäßig zusteht, dann erzeugt das Groll und Unstabilität. Der Nutzen, den die Menschen aus ihrer Zugehörigkeit zu einer Gruppe ziehen, muß dem entsprechen, was sie in die Gruppe investieren.

In Gruppen ohne Hierarchie werden die sozialen Beziehungen von Ängsten beherrscht. Die Menschen bemühen sich dann, die Ursachen dieser Ängste zu beseitigen. In führerlosen Gruppen, die zur Schulung in der Gruppentherapie und Gruppendynamik gebildet werden, erstarrt das Verhalten aller Teilnehmer beim ersten Auftreten von Ängsten.[6] Zum Extrem gesteigerte, aus einem Machtvakuum entstandene Angst kann leicht Reaktionen verursachen, die den psychologischen Wirkungen entsprechen, die ein Mensch empfindet, der isoliert und des Gebrauchs seiner Sinnesorgane beraubt wird. Können Gruppen ihre Statusängste abbauen, dann kommt es zu aggressiven Abwehrhaltungen. Diese können so weit gehen, daß man einzelnen Gruppenangehörigen Böswilligkeit andichtet. Mit anderen Worten – der Zustand der Machtverhältnisse in einer Gruppe beeinflußt erheblich das Denken und Fühlen der Menschen. Eine starke Motivation zum Aufbau einer Machthierarchie liefert der Wunsch, das Gefühl von Chaos zu vermeiden, das für eine desorganisierte Masse typisch ist.

Hierarchien funktionieren, wenn Organisationen gedeihen und ihre Mitglieder darauf vertrauen können, daß die wenigen die wohlverstandenen Interessen der vielen stets berücksichtigen. Erfüllt eine Organisation diese Bedingungen nicht mehr, dann stellen die Mitglieder die Fragen nach Zufriedenheit, Zugehörigkeit und Identität erneut zur Diskussion. Daraus entsteht dann ein gesteigertes politisches Bewußtsein, gekoppelt mit defensivem Verhalten.

Vom Geschäftsführer eines riesigen Konglomerats wußten seine leitenden und mittleren Manager, daß er von der Idee besessen war, die Stammaktien seiner Firma kurzfristig umzusetzen. In der ganzen Organisation war bekannt, daß er zum Ankauf von Aktien viel Geld aufgenommen hatte. Ferner sagte man ihm nach, er wälze stets die Verantwortung für Fehler des Unternehmens auf andere ab, während er insgeheim Abteilungsleiter dabei unterstütze, manchmal sogar nötige, zur Stützung der vierteljährlichen Gewinnrechnung Risiken einzugehen. Da er die Firma fest im Griff und im Vorstand das Sagen hatte, schien kaum eine Möglichkeit gegeben, sein Verhalten zu ändern. Doch verloren die Betriebsleiter der verschiedenen Firmen des Konglomerats den Respekt vor ihm. Während sie ihm öffentlich zustimmten, kritisierten sie ihn untereinander. Sie kommunizierten nicht mehr mit ihm und kümmerten sich hauptsächlich um ihr eigenes Überleben. So taten sie alles, sich der Loyalität ihrer eigenen Leute zu vergewissern. Sie schirmten ihre geschäftlichen Maßnahmen vor dem Einblick des oberen Führungsstabes ab und enthielten sich hartnäckig jeden formellen Widerspruchs gegen die Politik ihres Chefs.

Die Lage muß sich nicht so sehr verschlechtern, daß Integrität und Wirksamkeit der Hierarchie untergraben werden. Schon der leiseste Hinweis darauf, daß Inhaber von Macht nach einem ganz persönlichen Fahrplan agieren, der keine Rücksicht auf die Interessen anderer nimmt, pflegt Gegenbewegungen zum Schutz wohldefinierter individueller und Gruppeninteressen auszulösen. Sie bedienen sich der Methoden der nüchternen Berechnung der eigenen Interessen.

Was tun Mitarbeiter, wenn sie ihrer Chefs überdrüssig werden? Sie wenden drei Prinzipien ökonomischer Nutzung der Macht an, um sich selbst zu schützen. Zunächst kehren sie die normalen Abhängigkeiten in Hierarchien um. Zweitens verstärken sie die eigene Machtbasis durch Bündnisse. Drittens manipulieren sie das Verhältnis zwischen persönlicher Anteilnahme und Belohnungen durch die Organisation zu ihrem persönlichen Vorteil.

Hierarchie heißt Ungleichheit, gerechtfertigt durch die Annahme, daß dies der beste Weg sei, die Dinge geschehen zu lassen und allen Beteiligten maximalen Gewinn zu sichern. Hierarchie beinhaltet im besten Falle gegenseitige Verpflichtungen wie auch Unterschiede hinsichtlich Macht und Belohnung. Von Inhabern der Macht wird erwartet, daß sie sich der Interessen der Menschen mit weniger Macht annehmen. In der heutigen Zeit wird jedoch die Legitimation abhängiger Beziehungen in Frage gestellt. Die Beschäftigten verfügen über eine begrenzte Sicherheit des Arbeitsplatzes. Maximale Sicherheit erlangen sie durch Umkehrung der Abhängigkeit, wenn sie den Boß spüren lassen, daß er sie mehr braucht, als sie ihn brauchen. Dieses Prinzip hat in den Vereinigten Staaten die Beziehungen zwischen den Sozialpartnern seit der Einführung kollektiver Tarifverträge beherrscht.

Der berüchtigte Jimmy Hoffa, der verstorbene Vorsitzende der Gewerkschaft der Lastwagenfahrer, verstand es wie kein anderer, Macht zu erringen, indem er sich unentbehrlich machte. Schon als Halbwüchsiger führte er seine Kameraden beim Streik gegen das Obst- und Gemüsegroßhandelshaus Kroger an. Der Streik begann genau in dem Augenblick, in dem die frischen Erdbeeren eintrafen und verfault wären, hätte man sie auf den Lastwagen oder Laderampen gelassen. Er befolgte das Prinzip der Umkehrung der Abhängigkeit während seines ganzen Aufstiegs in der Gewerkschaftsbewegung und setzte es ebenso ein, um vertragliche Vereinbarungen im Speditionsgewerbe zu erzwingen. Mit dem Segen älterer Gewerkschaftsführer verfeinerte er die Prinzipien der Umkehrung von Abhängigkeit so weit, daß er schließlich als Vorsitzender der Gewerkschaft der Lastwagenfahrer höchstpersönlich die verwundbaren Punkte dieser Branche definierte und sie auf eine Weise ausnutzte, daß die Arbeitgeber ihn schließlich zur Bewahrung der Stabilität des Gewerbes brauchten. Die Struktur der Speditionsbranche ließ seine Taktik funktionieren. Es ist jedoch fraglich, ob die totale Beherrschung dieser Branche durch die Gewerkschaft möglich gewesen wäre, hätte Hoffa nicht auch ein Gespür dafür gehabt, was geschieht, wenn die Hierarchie versagt.

Kollektive Tarifverträge sind ein deutliches Instrument der Strategie und Taktik der Umkehrung von Abhängigkeiten. Innerhalb der vielen

Formen von Autorität in einer Organisation entfalten sich jedoch auch subtilere Aktionen mit ähnlichen Zielsetzungen. Sie reichen von kleineren Täuschungsmanövern beim Manipulieren eines Vorgesetzten bis zu den großen Rivalitäten in dezentralisierten Organisationen.

Die dezentralisierte Organisation begünstigt die Umkehrung von Abhängigkeiten, falls die Mitarbeiter nicht auf allen Ebenen der Hierarchie durch starke psychologische Bande für eine gemeinsame Sache zusammengehalten werden. Von der Fachliteratur wurde die dezentralisierte Organisation nach ihrer Einführung durch Alfred Sloan bei General Motors zur idealen Organisationsform erklärt. In der Tat haben Unternehmensberater Erfolg gehabt, wenn sie Dezentralisation verordneten, obwohl diese neuerdings vermutlich durch das Konzept strategischer Planung verdrängt wurde.

Eine dezentralisierte Organisation schafft selbständige Profitcenter, jeweils unter einem Generalmanager. Je nach dem Geschäftsumfang können sie zu Abteilungen und diese wieder zu Gruppen zusammengefaßt werden. Dabei berichtet jede Schicht des Generalmanagements an die nächsthöhere Schicht in der Hierarchie. Nach dieser Definition ist keine Organisation vollständig dezentralisiert. Mehrere autonome Einheiten können über gemeinsame Abteilungen für Forschung und Entwicklung, Marketing, Finanzen, EDV, Personal- und sonstige Stabsangelegenheiten verfügen. Es bleibt jedoch das Ziel der Dezentralisation, jedem verantwortlichen Generalmanager die Ressourcen zur Verfügung zu stellen, die zur Bewältigung der übertragenen Aufgaben benötigt werden. Wäre dies nicht so, hätte der Generalmanager eine gute Ausrede, wenn die vorgegebenen Ziele nicht erreicht werden.

Ganz gleich, wo sie in der Skala der Hierarchie angesiedelt sind – Generalmanager sind häufig von dem Wunsch besessen, die Machtverhältnisse umzukehren. Statt daß der Manager von seinem Chef abhängig ist, will er den Chef von sich abhängig sehen. Der einfachste und vermutlich zuverlässigste Weg dazu ist, selbst den Ruf der Verläßlichkeit zu erwerben. Mit der Befolgung der goldenen Regel des Managements „Sage, was du tun wirst, und tue es dann auch", steigert ein

Manager seinen Wert. Zunehmende Verhandlungsstärke versetzt ihn in die Lage, das Gefühl von Abhängigkeit zu überwinden, das ihn hemmt und die Ideale des professionellen Managers verletzt.

Abgesehen von der Pflege des Rufes, ein verläßlicher Mitarbeiter zu sein, kann der Manager noch andere Taktiken benutzen, um seinen Vorgesetzten von sich abhängig zu machen. So könnte er etwa trotz seines Rufes der Zuverlässigkeit seine Methode tarnen, gute Leistungen zu erzielen. Je mehr es ihm gelingt, den Vorgesetzten allein für das Erreichen des vorgegebenen Ziels zu interessieren, desto weniger muß er ihm offenbaren, auf welche Weise er es erreicht.

Ich denke an den Fall eines Geschäftsführers in einer dezentralisierten Kapitalgesellschaft. Er war sich sehr bewußt, was zu tun war, um das Gefühl von Abhängigkeit mehr abwärts denn aufwärts in der Hierarchie entstehen zu lassen. Wie in vielen zugleich diversifizierten und dezentralisierten Unternehmen spielte der Führungsstab dabei eine große Rolle. Der Leiter der zentralen Finanzabteilung und sein Stab versuchten, direkte Kommunikationslinien zu den entsprechenden Stabsangehörigen auf Abteilungs- und Gruppenebene einzurichten. Der Führungsstab spielte etwa dieselbe Rolle wie der Stab des Präsidenten im Weißen Haus: den Chef beschützen und seine Macht bewahren. Die Chefs der einzelnen Betriebseinheiten konnten im großen und ganzen die Infiltration durch den zentralen Führungsstab verhindern. Der frustrierte Geschäftsführer verfügte, daß von ihm benannte ältere Topmanager mit den einzelnen Abteilungschefs eng zusammenarbeiten sollten. Vielleicht um die dahinter stehende Absicht zu tarnen, bezeichnete der Geschäftsführer seinen Plan als „Kumpel-System". Die Leiter der Betriebseinheiten fanden das jedoch gar nicht lustig, und dem Plan widerfuhr dasselbe Schicksal wie anderen Tricks, mit denen die obere Führung die sogenannten autonomen Abteilungen zu infiltrieren gedachte. Das „Kumpelsystem" des Geschäftsführers verschwand schließlich in der Schublade, als deutlich wurde, daß niemand es als ernstzunehmende Initiative anwenden würde.

Eine andere Taktik in dieser Schlacht um Abhängigkeiten besteht darin, den alten Grundsatz „eine Hand wäscht die andere" dort zu einem festen Bestandteil zu machen, wo er am wirkungsvollsten ist. Loyalität ist ein Gefühl, das leider aus der Mode gekommen ist. Dagegen sind „Schachergeschäfte" in den Praktiken von Managern sehr en vogue.

In einem Artikel der Zeitschrift *Fortune* stellte Roy Rowan die Frage: „Was wurde aus der Loyalität?"[7] Er sprach darüber mit Leuten in Unternehmen und erhielt zur Antwort: „Sie zahlt sich nicht aus." In den Reihen der leitenden Manager ist sie schnell verschwunden. Denn loyal sein bedeutet, daß man auf Überlegungen verzichtet, wie man den Weg nach oben finden und dann auf den oberen Sprossen der Unternehmensleiter verbleiben kann. Loyal zu sein erfordert vom einzelnen, daß er Gefühle in seine Organisation investiert, sowie in die Leute, die deren Ideale am besten repräsentieren. Manager vermeiden es, sich gefühlsmäßig zu engagieren und das von anderen zu fordern. Sie bauen ihre Beziehungen lieber auf der Grundlage kühler Berechnungen und des Gebens und Nehmens auf. Gelingt es einem Manager, seinen unmittelbaren Untergebenen zu zeigen, daß ihren Interessen am besten gedient ist, wenn sie sich mit ihm und seiner Politik verbünden, dann ist es leichter, seine und seiner Gefolgsleute Unabhängigkeit zu bewahren.

Für die vielen in der Hierarchie setzt das Gefühl von Loyalität eine Verpflichtung der wenigen voraus, bestimmte, in ihrer Abhängigkeit verankerte Verpflichtungen zu übernehmen. Den wenigen erscheinen diese Verpflichtungen als Störung des Managementkalküls, weil bald offenbar wird, daß aus gewöhnlichen Abhängigkeiten Rechtsansprüche abgeleitet werden. Feste Erwartungen ziehen emotionale und monetäre Kosten nach sich, ohne daß dabei zwangsläufig entsprechende Gegenleistungen geboten werden.

Der Leiter einer Betriebsabteilung erwartet in der Regel, daß er eines Tages die Nachfolge des Geschäftsführers antritt. Je professioneller sich Organisationen entwickeln, desto geringer werden jedoch die Chancen linearer Nachfolge in modernen Kapitalgesellschaften. So sagte beispielsweise der Geschäftsführer von Rubbermaid, Inc. seinem leitenden Betriebsmanager Robert E. Fowler, Jr., er werde nicht sein Nachfolger werden, obwohl er bereits sein Stellvertreter war. Nach seiner Reaktion befragt, sagte Fowler: „Ich bin enttäuscht. Meines Erachtens habe ich durchaus die Fähigkeiten, der Geschäftsführer von Rubbermaid zu sein. Aber dazu bin ich nun einmal nicht bestimmt... Ich kam zu Rubbermaid mit dem Ziel, Vorstandsvorsitzender zu werden, sobald Mr. Gault in Pension geht."[8] Bemerkenswert an diesem Beispiel ist das Fehlen jeden Ausdrucks von Bitterkeit.

Bitterkeit auszudrücken offenbart das Bestehen von Abhängigkeit und Erwartungen. In großen Unternehmen gibt es wenig Raum für Emotionen und demzufolge auch wenig Raum für Loyalität. Wer beim Einschlagen einer Managementlaufbahn akzeptiert, daß er künftig ausschließlich mit Berechnung handeln wird, der erkennt bald, daß er die Chancen der Befriedigung im Beruf mindert, wenn er in eine Organisation Wünsche und Erwartungen investiert. Das Individuum, das für sich maximalen Gewinn anstrebt, muß sich wie ein Angestellter auf Zeit verhalten. Heute noch hier, könnte er morgen schon dort sein. Ob er nun bleibt oder geht, sein Ziel bleibt es, die Initiative stets in eigenen Händen zu haben. Die Vorteile des Wechsels in einen anderen Job übertreffen die Aussichten stufenweiser Beförderung beim Verbleiben in derselben Firma. Je loyaler der einzelne sich verhält, desto weniger wird er imstande sein, das Größtmögliche für sich selbst herauszuholen.

Manager erreichen die obersten Sprossen der Machtleiter in management-orientierten Firmen aufgrund guter Berechnung und fachkundigen Verhandelns zu eigenen Gunsten. Haben sie erst die Spitze erreicht, können sie das an Unterstützung von ihren Untergebenen erwarten, was sie mit ihnen aushandeln können. Es besteht eigentlich kein Anspruch auf Loyalität. Manager, die sie fordern, gelten als Heuchler oder als Verführer, die andere Leute zu Beziehungen verleiten wollen, die ihnen keine Vorteile bringen. Clevere Verhandlungen während des Aufstiegs zur Macht produzieren früher oder später einen krassen Widerspruch zwischen dem, wozu professionelle Manager sich bekennen, und dem, was sie dann tatsächlich tun. In der Unternehmenspolitik lernt man, daß Loyalität etwas für Einfaltspinsel oder für die vielen Unglückseligen sei, die es noch nicht gelernt haben, für sich selbst zu sorgen.

Der Anspruch der Loyalität erfordert die Akzeptanz der Abhängigkeit als einen legitimen Aspekt menschlicher Beziehungen. Den Leuten an der Spitze bereitet ihre Macht keine Schuldgefühle, wenn sie einsehen, daß zur Macht auch die Verantwortung für das Wohlergehen der Untergebenen gehört. Loyalität entsteht durch Vorbild. Die Bereitschaft der Leute an der Spitze, Verantwortung für andere zu übernehmen, hat zur Folge, daß man ihnen und der von ihnen geführten Organisation Sympathie entgegenbringt. Natürlich besteht die Gefahr, daß die Akzeptanz von Abhängigkeiten zur Bürde für die Firma wird, wenn nämlich die vielen glauben, sie hätten Anspruch auf Kompensationen und Sicherheit schon alleine wegen ihrer Zugehörigkeit zur Organisation. Abhängigkeiten abzulehnen, würde jedoch bedeuten, daß Organisationen sich ausschließlich auf Nützlichkeitsprinzipien stützen. Arbeit wird dann zu endloser Routine, was menschliches Tun jeder Vitalität beraubt.

Alle Spieler wenden zur Umkehrung der Abhängigkeit kluge Taktiken an. Sie wissen natürlich, daß man dies anderen gegenüber nicht zugibt. Das gilt vor allem für die wichtigste Taktik – wie man eine Beziehung beendet.

Das Wissen, stets die Option zu haben, eine Beziehung zu beenden, verringert Abhängigkeiten, aber auch die Hingabe an eine Sache. Für den, der diese Möglichkeit nicht hat, wird Abhängigkeit zur Realität und möglicherweise zu etwas Erschreckendem, vor allem, wenn allgemein akzeptiert wird, daß jedermann nur mit Berechnung handelt. Die managerhafte Orientierung erzeugt also ihre eigenen Paradoxa, indem sie eine Atmosphäre schafft, die politische Sensibilität schärft. Auf Utilitarismus beruhende Organisationen werden zur Zwei-Klassen-Gesellschaft. Die obere Klasse besteht aus Fachleuten in der Kunst der Berechnung oder zumindest aus „Anwärtern" dazu. Die untere Klasse besteht aus den Abhängigen, die entweder die Taktik der Berechnung nicht verstehen oder aus emotionalen Gründen dazu nicht fähig sind. Die Experten sind die Leute mit dem geringsten Engagement, die gewissermaßen aus dem stets gepackten Koffer leben, jederzeit bereit, die Organisation zu verlassen, wenn Umstände und Chancen das erfordern. Infolge dessen verliert eine Organisation im Laufe der Zeit gerade die Leute, die besonders fähig für die Handhabung der Macht sind, die jedoch die moralische Berechtigung der Hierarchie nicht einsehen können.

Was tun Leute, die sich Vorteile verschaffen wollen? Bei den unteren Klassen der Hierarchie lautet die Frage – was tun diejenigen, die ihre angeborenen Schwächen in der Machtstruktur überwinden wollen? Nun, sie folgen dem schon vor undenklichen Zeiten aufgestellten Muster – sie schließen Bündnisse. Die Kombination von Macht in einem Bündnis kann eine Abhängigkeit erfolgreich umkehren. Wer auf sich alleine gestellt ist, befindet sich in relativ schwacher Position. Bündnispolitik ist daher das zweite Prinzip des sparsamen Umgangs mit Macht, das zum Tragen kommt, wenn Organisationen politische Spiele betreiben.

In einem modernen dezentralisierten Unternehmen gehen die Topmanager Bündnisse vor allem mit ihrem Stab ein. Diese Allianz mit Leuten, die begrenzte oder keine Erfahrung in der eigentlichen Betriebsführung haben, markiert die Fronten in der Unternehmenspolitik. Diese Linie trennt den Geschäftsführer und seinen Stab von den Abteilungs- und Gruppenmanagern, die Verantwortung gegenüber den Leuten an der Produktionsfront tragen. Zur Verteidigung ihrer Interessen versuchen die betriebsnahen Manager, starke Bündnisse gegen Infiltration und Vorherrschaft der zentralen Unternehmensführung aufzubauen. Die Manager in der Produktion unterstützen einander, informieren sich gegenseitig über die Schwächen des Geschäftsführers und seines Stabs und entwickeln gemeinsame Methoden für die Schlacht ums Budget. Da das Gleichgewicht der Macht davon abhängt, wie Erwartungen erfüllt werden, ziehen Leiter von Profitcentern vorsichtige Voraussagen allen aggressiven Zielvorstellungen vor. Ihre Leistungsprämien sind oft so kalkuliert, daß sie den Voraussagen entsprechen oder sie übertreffen. Je zurückhaltender eine Voraussage, desto größer die Aussichten auf handfeste Leistungsprämien. Die Leiter der Profitzentren beachten nicht nur ihre eigenen Interessen. Sie wissen, daß ihre Untergebenen sich widersetzen würden, wenn sie unter dem Druck aggressiver Budgets arbeiten müßten, wodurch sie Leistungsprämien aufs Spiel setzen. Statt also Bindungen zwischen den Hauptgeschäftsführern und den Betriebsleitern zu fördern, reißt die Politik der großen, dezentralisierten Organisationen Gräben auf.

Es ist ein eigenartiges Gefühl zu beobachten, wie die Autoritätsstruktur geschwächt wird, wenn Verteidigungsbündnisse mit Stabsangehörigen informelle Machtstrukturen bilden. Besonders auffällig ist das in multinationalen Unternehmen, die hinsichtlich ihrer Produkte und Märkte sehr diversifiziert sind. Homogene Firmen sind für eine Spaltung durch Bündnispolitik weniger anfällig, weil gemeinsame Interessen, die berufliche Herkunft und gemeinsame Anliegen die Manager, ob in der Produktion oder im Stab, zu engeren Arbeitsbeziehungen veranlassen.

Bei der Firma Wal-Mart Stores, Inc., einer höchst erfolgreichen Einzelhandelskette, findet man die Einheit von Zweck und Selbstverständnis des Unternehmens schon bei der Unternehmensspitze. Sam Walton, Gründer und Chef, ist Einzelhändler. Zusammen mit seinen Partnern besucht er die einzelnen Läden und studiert Vertriebsoperationen auf Märkten, auf denen er nicht vertreten ist. Er ist beispielhaft dafür, wie man sich auf den Daseinszweck der Firma konzentriert, statt sich nur mit innerbetrieblicher Politik und Verfahrensweisen zu befassen. In Unternehmen, die in mehreren unterschiedlichen Branchen tätig sind, klagen Betriebsleiter darüber, wie frustrierend es sei, mit jemandem etwas klären zu müssen, der zwar Autorität besitzt, jedoch wenig von der Sache versteht und sich möglicherweise noch weniger um sie kümmert.

Am unangenehmsten machen sich politische Machenschaften in Unternehmen bemerkbar, wenn Mitarbeiter sich alles mögliche ausdenken, um ihre Lage erträglicher zu gestalten. Am unzufriedensten ist, wer von seiner Tätigkeit viel erwartet und wenig erhält. Für diese Leute wäre die naheliegendste Lösung, anderswo hinzugehen, wo die eigene Leistung besser gewürdigt wird. Von den großen Rechenkünstlern einmal abgesehen, neigen die meisten dazu, am alten Platz auszuharren und ihren Frust durch Anpassung zu verringern. Sie investieren weniger von ihrem Ego und erzielen dennoch Vorteile, weil ihre politischen Fähigkeiten geschärft werden. Engagieren sie sich weiterhin stark und erdulden sie den Frust, dann stellen sich gewisse streßbedingte Krankheiten ein. Wer sich fest in Managementrängen einnistet, der vermeidet Streß durch Identifizierung mit seinem Beruf. Er lenkt seine Aufmerksamkeit nach innen und lernt dabei, die Seile zu manipulieren, an denen er sich dann so hoch hangelt, wie die Situation es erlaubt. Das Geschehen innerhalb der Organisation wird zu einem erregenden Wettkampf, nicht unähnlich der Situation, in der sich Politiker in der Wahlkreispolitik und der praktischen Regierungsarbeit befinden.

Diese psychologische Introvertiertheit schadet dem Unternehmen. Sie zieht die Aufmerksamkeit ab von Produkten und Märkten, von Kunden 020 Konkurrenten, wohin sie alleine gelenkt werden sollte. Sie fördert das Interesse für Taktik und bringt Leute nach oben, die taktische Einfallskraft besitzen. Große Unternehmen werden für kreative Menschen schließlich etwas Mittelmäßiges und Unrentables.

Organisationen formen Denken und Fühlen der Menschen. Da Hierarchien in allen Organisationen existieren, schauen sich die Menschen, die ihnen angehören, nach Persönlichkeiten um, die Macht haben, sowie nach Normen, die erreicht werden müssen, ferner nach erstrebenswerten Idealen. Für jemanden, der rein utilitaristisch denkt, sind Normen und Ideale in das Streben nach Verwirklichung der persönlichen Interessen eingebettet, weshalb es irrelevant wird, nach umfassenderen Werten zu streben. Das Problem verschwindet deswegen jedoch nicht.

Reale Macht pflegt Furcht und Neid, Liebe und Abhängigkeit, Bewunderung und Respekt hervorzurufen. Diese Emotionen veranlassen den Menschen, sich um sich selbst zu kümmern, entweder aus Motiven der Selbstverteidigung oder zur Befriedigung tief empfundener Bedürfnisse. Auf den unteren Ebenen der Hierarchie sind diese Aspekte der Macht gewöhnlich nicht ins Auge fallend, weil Manager auf dieser Ebene wenig Machtbefugnisse haben und ihre Untergebenen in ihnen daher keine Machtfiguren sehen. Die Organisation als Ganzes repräsentiert jedoch Macht, und die Leute an ihrer Spitze geben Anlaß zu den bekannten Reaktionen auf Macht, guten wie bösen.

Die Mitglieder einer Organisation machen sich deren festgelegte Standards sowie die Worte und Handlungen der Mächtigen zu eigen. Wer für jemanden arbeitet, der aufgrund seiner Position oder seiner Sachkunde über Macht verfügt, der identifiziert sich mit ihm. Wer Macht besitzt, hat auch die Möglichkeit, andere Menschen stark zu beeinflussen. Damit übernimmt er eine Verantwortung, die er vielleicht weder ausübt noch überhaupt erkennt.

Einige Mächtige ziehen es vor, nicht auf das Denken und Fühlen der Menschen einzuwirken. Ganz im Sinne einer utilitaristischen Politik erstreben sie nur ein faires Geben und Nehmen, ohne dabei Werte ins Spiel zu bringen, die das für einen perfekten Handlungsablauf Notwendige überschreiten. „Ein fairer Tageslohn für die faire Arbeit eines Tages" – das ist für sie alles, was hinter der Beziehung zwischen Arbeitgeber und Arbeitnehmer stehen soll. Der Utilitarier handelt nach dem Prinzip des geringsten Schadens, wenn nicht gar maximaler Freiheit. Andere Mächtige sind bewußt oder unbewußt stärker daran interessiert. Wer diese Art von Einfluß akzeptiert, wird total abhängig und dadurch zu einer Gefahr für sich selbst und andere. Sein Bewußtsein geht vollkommen im Willen des Mächtigen auf, während seine moralischen Kräfte verkümmern. Sollen Hierarchien jedoch funktionieren, müssen für die innere Bindung und Identifizierung mit dem Arbeitsleben Gründe gefunden werden, die über das neutrale faire Geben und Nehmen und den Verlust des Ego als Folge totaler Abhängigkeit hinausreichen.

Der Punkt, an dem man mit der Suche danach beginnen sollte, ist der Daseinszweck des Unternehmens, sind die Aktivitäten, die das eigentliche Wirken der Organisation ausmachen. Macht und Daseinszweck miteinander zu verbinden, ist rational und persönlich zugleich, weil alle Beteiligten den Wert dessen erkennen müssen, was sie selbst tun und was die Organisation leisten soll. Zugleich wird die Politik dem übergreifenden Ziel untergeordnet, den hohen Standard des Unternehmens zu wahren, statt das Streben nach persönlichen Vorteilen zu verewigen. In einem solchen Fall widmen sich die Leute an der Spitze wie an der Basis der Hierarchie den höheren Zielen und Idealen. Sie schließen sich zusammen, um wertvolle Arbeit zu leisten und gewinnen an Selbstachtung ohne Rücksicht auf Macht und Stellung innerhalb der Hierarchie.

In jeder Organisation ist Hierarchie eine Realität. Wer das leugnet, ignoriert einen fundamentalen Machtfaktor. Viele Menschen mißtrauen den Hierarchien, weil die ungleiche Verteilung der Macht zum Mißbrauch verführt. Was ist jedoch der Grund für diesen Mißbrauch? Liegt er in den jeder Hierarchie angeborenen Unvollkommenheiten oder in den Motiven und Charakteren der leitenden Personen? Lassen sich diese Mißbräuche abstellen, wenn die Macht gerechter verteilt wird, ihre Inhaber besser kontrolliert werden, oder wenn man schließlich tieferes Verständnis für die menschliche Psyche erwirbt und dann die Qualität der Führung zu verbessern sucht?

Kapitel 10

Die Korruption der Macht

Vor über zehn Jahren trat Richard Nixon als Präsident der Vereinigten Staaten zurück. Statt mit Anstand und dem Ausdruck des Bedauerns abzutreten, startete er eine überlegte Kampagne, um Watergate aus dem Bewußtsein zu löschen. Mit cleverem Gespür für den Einsatz der Medien und einem unfehlbaren Instinkt, aus allem materiellen Gewinn zu erzielen, versuchte Nixon, folgende Botschaft an den Mann zu bringen: Einen Repräsentanten der Macht soll man nach den Entscheidungen beurteilen, die er in wirklich bedeutsamen Situationen (Krieg und Frieden) getroffen hat, aber nicht nach seinen Versehen und Irrtümern in weniger wichtigen Angelegenheiten (etwa bei der Führung seines Wahlkampfes). Vor allem sollte man nicht nach dem Charakter fragen und sich nur auf die Ergebnisse seines Wirkens konzentrieren. Diese Botschaft impliziert: Der Mensch überlebt durch die Ergebnisse der Politik und nicht durch die Mittel, mit denen sie erzielt werden. Diese Botschaft ist verführerisch, jedoch moralisch korrupt.

Führer haben durch ihre Wirkung auf Ethik und Moral und die grundsätzliche Haltung gegenüber Autorität und Macht starken Einfluß auf die Gesellschaft. Amerikaner haben ein sehr zwiespältiges Verhalten zur Autorität. Größere Skandale wie die Iran/Contra Affäre und Watergate sowie kleinere wie der Bankrott der Continental Illinois Bank im Jahre 1984 sind schuld daran, daß der Bürger nicht mehr ohne weiteres bereit ist, sich bei Wahlen und Ernennungen mit den Mächtigen zu identifizieren, was das Führen erschwert. Spätere Generationen mögen vielleicht die Politik Nixons billigen, der die Tür zu neuen Beziehungen zu China aufstieß. Sie können jedoch nicht die langfristigen Auswirkungen übersehen, die Unehrlichkeit auf die Bereitschaft des Volkes ausübt, seinen Führern zu trauen und mit ihnen zusammenzuarbeiten. Die Fähigkeit zu führen hängt teilweise davon ab, wie die Bevölkerung sich gegenüber der Autorität verhält – von ihrer Bereitschaft zur Zusammenarbeit, sich des Urteils zu enthalten und den Führern Gelegenheit zu geben, ihren Wert zu beweisen.

Inhaber von Macht in Politik und Wirtschaft täten gut daran, über das nachzudenken, was Lord Acton in seiner Antrittsvorlesung bei Übernahme der Regius-Professur für Moderne Geschichte in Cambridge sagte:

> „Ich ermahne Sie, niemals die Währung Moral abzuwerten oder den Standard der Rechtschaffenheit zu senken, sondern andere an der endgültigen Maxime zu messen, die Ihr eigenes Leben beherrscht. Lassen Sie nichts unversucht, der unentrinnbaren Strafe zu entgehen, die die Geschichte Menschen aufzuerlegen die Macht hat, die im Unrecht sind... Meinungen ändern sich, Sitten wandeln sich, Glaubensbekenntnisse entstehen und vergehen. Das moralische Gesetz jedoch ist auf den Tafeln der Ewigkeit festgeschrieben."[1]

Diese strenge Mahnung an die Historiker, wie sie über Führer urteilen sollen, beruht auf der Besorgnis, daß der Besitz von Macht einen korrumpierenden Einfluß auf die Menschen ausübt. Actons Worte sind wohlbekannt: „Macht neigt dazu, den Menschen zu korrumpieren; absolute Macht korrumpiert absolut ... Bedeutende (soll heißen mächtige?) Männer sind fast immer böse Männer..."[2]

Werden bedeutende Männer und Frauen schlecht, weil die Macht sie arrogant und empfindungslos gegenüber den Beherrschten sowie grandios in ihrer Selbsteinschätzung macht? Oder tragen Individuen, die nach Größe streben, schon oft fatale Mängel in sich, sich von der Macht korrumpieren zu lassen, einer Macht, die als solche neutral und amoralisch ist, eine Kraft, die auf Zielsetzungen und Anleitung wartet? Mängel im Urteilsvermögen und letztlich im Charakter gestalten Macht von einer konstruktiven zu einer destruktiven Kraft. Von der Macht korrumpierte Mächtige erzählen oft von ihrem tiefsitzenden persönlichen Verlangen nach Kontrolle, von der Furcht, von anderen beherrscht zu werden, und von ihren Zweifeln an der Legitimität der eigenen Macht.

Überprüft man Fälle von Versagen der Autorität, dann erkennt man auf

Die Korruption der Macht 221

den ersten Blick, daß Inkompetenz an der Spitze die eigentliche Ursache ist. Würde beispielsweise jemand die Geschichte der Continental Illinois Bank schreiben, dann müßte Inkompetenz des Topmanagements ein Hauptthema sein. Das Ausscheiden der für Kreditvergabe zuständigen Angestellten macht deutlich, daß sie für die Schwierigkeiten verantwortlich gemacht wurden. Die Schuld weniger hochrangigen Sachbearbeitern zuzuweisen, konnte den Schaden nicht ungeschehen machen, der durch sorglose Vergabe von Krediten für fragwürdige Ölgeschäfte entstanden war. Einige Beobachter meinten, der Druck der Konkurrenz und fehlerhafte Prämienanreize, gekoppelt an neue Leistungsstandards, seien die Ursache des Scheiterns gewesen. Diese Beobachter übersahen jedoch, daß Strukturmängel die Folge von Ideen, Motiven und Handlungen des Topmanagements sind. Der Vorstandsvorsitzende von Continental Illinois muß Sorglosigkeit geradezu gepflegt haben, entweder durch unangebrachtes Delegieren von Vollmachten oder durch unmittelbare abgekartete Handlungen, so risikoreich, daß die Vorstandsmitglieder sie nicht verstanden oder aber bewußt ignorierten. Schuldzuweisungen an Untergebene stellen einen Versuch dar, die Macht des Vorstandsvorsitzenden trotz eklatanter Beweise für seine Unfähigkeit zu bewahren. Das Abschieben der Verantwortung nach unten kann zwar die Sicht Außenstehender beeinflussen. Insider kennen jedoch die Wahrheit: Der oberste Boß ist inkompetent, und die Firma ist in Gefahr.

In einer anderen Firma, die unter der Inkompetenz ihres Geschäftsführers zu leiden hatte, waren die Untergebenen nach außen hin loyal (vielleicht ist ‚gefällig' ein passenderer Ausdruck), aber untereinander erregten sie sich über die miserable Urteilskraft des Chefs. Dem Geschäftsführer gelang es, die Schuld an den begangenen Fehlern direkt auf andere abzuwälzen, und er überzeugte auch Außenstehende, darunter Kreditgeber, daß er am Mißgeschick seiner Firma unschuldig sei. Die Untergebenen sahen die Lage jedoch anders. Die Arbeitsmoral litt in der ganzen Organisation; einige der Besten kündigten, während die weniger Tüchtigen, die an ihrem Job klebten, nur zu überleben hofften.

Inkompetenz, nicht einfach intellektuelles Versagen oder bloßes Pech, ist häufig eine Folge von Unreife. Die Phantasie junger Menschen, die von Machtstreben besessen sind, sieht nur selten die nüchterne Tatsache ein, daß Macht eine Bürde ist, die mit Verantwortung und Rechenschaftsablegung verbunden ist. In einigen Fällen manifestiert die Unreife sich als Arroganz, als Glaube an die Allmacht der eigenen Ideen. In anderen äußert sie sich als Streben nach Macht. Mit Macht assoziierte Phantasien sind oft infantil, grandios, unerfüllbar und sehr eng mit den neurotischen inneren Kämpfen des Individuums verbunden.

Probleme mit dem Besitz und dem Gebrauch von Macht entstehen häufiger aus psychischen Konflikten des Individuums als durch von außen verursachte Frustrationen. Auseinandersetzungen mit Mitmenschen oder Schwierigkeiten bei der Bewältigung komplexer Situationen sind oft das Ergebnis und nicht die Ursache psychischer Probleme. Innere Konflikte äußern sich in starken Begierden, die sich nicht so ohne weiteres durch produktive Aktivitäten kompensieren lassen. Unerfüllte starke Begierden richten sich gegen das Individuum selbst und beeinflussen seine Handlungen und emotionalen Reaktionen.

Kurz vor dem Abschluß seiner beruflichen Laufbahn fand der Leiter eines großen Unternehmens niemanden, dem er, ohne viel zu überlegen, den Mantel der Macht übergeben konnte. Seine eigene Karriere war eine Geschichte verlorener oder zerstörter Freundschaften, Partnerschaften und Bindungen gewesen. Für ihn war Macht stets ein Mittel gewesen, sich gegen andere durchzusetzen. Sein ganzes Leben war eine Häufung von Episoden der Rache. Nur zwei Typen von Menschen waren anscheinend imstande, für ihn zu arbeiten. Das waren zunächst die Jungen und Unerfahrenen, die noch nicht begriffen, daß er sie mit Versprechen an sich binden wollte, die niemals erfüllt werden konnten. Sobald sie das schließlich erkannten, kündigten sie und ließen ihren Chef noch verbitterter zurück. Der zweite Typ verstand dessen Motive, entschied sich jedoch dafür, aus dieser Beziehung so viel wie möglich herauszuholen, in ständigem Kleinkrieg um Gehaltserhöhungen oder sonstige Barprämien.

Dieser Geschäftsmann war sich seiner Konflikte bewußt. Er führte sein

Die Korruption der Macht

Verhalten auf den Tod seines Vaters zurück, der ganz plötzlich zu dem Zeitpunkt eingetreten war, als beide mit einer Zusammenarbeit begannen, die einen von Vater und Sohn lange gehegten Traum erfüllen sollte. Als der Sohn nach seinem Militärdienst zurückkam, um ins Unternehmen des Vaters einzutreten, fiel dieser einem Herzinfarkt zum Opfer. Der junge Unternehmer, der niemals imstande war, seinen Verlust wirklich zu betrauern, gab sich dann seinem bitteren Traum der Rache hin. Er interessierte sich wenig für jüngere Leute, weil er, ohne sich dessen bewußt zu sein, den Gedanken nicht ertrug, sie könnten Nutzen aus jener Form väterlicher Fürsorge ziehen, die er sich gewünscht, jedoch niemals wirklich erfahren hatte.

Es ist nicht ungewöhnlich, daß Menschen dem Verständnis eines Problems an sich sehr nahe, jedoch nicht imstande sind, es zu verarbeiten und daraus zu lernen. Auch im Falle dieses Unternehmers lag der entscheidende Gedanke nicht außerhalb seines Bewußtseins, sondern in der Spitze einer Pyramide von Assoziationen, an deren Basis man auf tiefsitzende Emotionen stößt. Dieses unterhalb der Wahrnehmungsschwelle liegende Fundament von Emotionen beeinflußt den Charakter und nährt Konflikte, die eine vernünftige und humane Nutzung von Macht verhindern.

Macht ist das Vermögen eines einzelnen, das Verhalten anderer Menschen zu ändern. Ob sie wirklich Veränderungen bewirkt, hängt von vielen Bedingungen ab, deren nicht geringste die Fähigkeit der Menschen ist, ihre Interessen abzuwägen und entsprechend zu handeln. Mit anderen Worten – Macht zu haben bedeutet nicht, daß man automatisch bekommt, was man sich wünscht. Leitende Manager sind oft frustriert und verärgert wegen der Diskrepanz zwischen dem, was sie wollen, und dem, was sie erhalten. Dieses Problem ist oft eine Folge unrealistischer Erwartungen. Diese aber entstanden aus vorhergehenden Frustrationen und einem überwältigenden Verlangen oder auch aufgrund mangelhafter zwischenmenschlicher Beziehungen. Dann werden die Menschen eher zu Hindernissen als zu Helfern, blockieren sie die Erfüllung von Wünschen, statt sie zu erleichtern. Je nachdem, ob sie als Hindernisse oder als Helfer empfunden werden, bestimmen sie das Verhalten anderer, und wie eine sich selbst erfüllende Prophezeiung wird das Wirklichkeit, was man glaubt.

Harold Geneen liebte Fakten. Die Suche nach Gewißheit war der Grundzug seines Charakters. Als Vorstandsvorsitzender und Geschäftsführer von ITT errichtete Geneen – trotz deutlich erkennbarer Delegierung von Aufgaben – eine Kontrollstruktur, die es ihm ermöglichte, diese komplexe, weltweit operierende Firma fest im Griff zu haben. Über seinen Managementstil sagte er: „Hätte ich genug Arme, Beine und Zeit – ich würde alles alleine machen."[3]

Geneen suchte Gewißheit durch Einführung eines Systems monatlicher Reports der Manager der Profitcenter und der Buchprüfer. Zur Zeit seines Abschieds beschäftigte das Unternehmen 375 000 Menschen innerhalb eines breiten Spektrums von Tätigkeiten. Um eine so unübersichtliche Firma zu kontrollieren, teilte Geneen sie in 250 Profitcenter auf. Ausgenommen im August und Dezember, mußte der Manager jedes einzelnen Profitcenters in einem Monatsbericht alles aufführen, was auf die Leistung seiner Unternehmenseinheit Einfluß hatte.

Diese Monatsberichte mußten finanzielle Analysen der Umsätze, der Gewinne, des Ertrags des investierten Kapitals und andere relevante Geschäftsergebnisse aufführen, desgleichen mögliche Probleme und ihre Ursachen beschreiben. Informationen mußten auf unerschütterlichen Fakten basieren, alle potentiellen Probleme besonders markiert werden. Manchmal umfaßten diese Berichte nicht weniger als zwanzig eng beschriebene Schreibmaschinenseiten.

Um zu gewährleisten, daß sein Stab „unerschütterliche Fakten" von „sogenannten Fakten" unterscheiden konnte, schrieb Geneen ein Memo:

> „Kein Wort unserer Sprache vermittelt stärker die Absicht der Unumkehrbarkeit, d. h. „endgültiger und zuverlässiger Realität" als das Wort „Faktum"... Doch wird auch kein anderes bei der

tatsächlichen Verwendung mehr mißbraucht. Die hohe Kunst des professionellen Managements verlangt nach der wörtlichen Fähigkeit, ein „echtes Faktum" unter allen anderen „herauszuspüren". Darüber hinaus sollte man den Mut, die intellektuelle Neugier und notfalls die direkte Unhöflichkeit haben, sich wirklich zu *vergewissern*, daß das, was man in Erfahrung gebracht hat, tatsächlich ein „unerschütterliches Faktum" ist."[4]

Die Verläßlichkeit der Fakten in den Reports wurde auf monatlichen Zusammenkünften getestet. Von jedem Manager eines Profitcenters wurde erwartet, daß er sämtliche Berichte gelesen hatte und gerüstet war, seinen eigenen zu verteidigen und andere zu kritisieren. Geneen las anscheinend alle Reports und machte mit roter Tinte Anmerkungen zu Angaben, die für ihn Fragen aufwarfen. Er leitete die Mammutsitzungen, die manchmal bis zu fünfzehn Stunden ohne Unterbrechung dauerten, mit fester Hand.[5] Da er nichts von der Theorie hielt, niemanden in Gegenwart anderer zu kritisieren, unterwarf er so manchen Manager einem unerbittlichen Kreuzverhör, um an die „Fakten" zu kommen. Er konnte hin und wieder einen eingestandenen Irrtum verzeihen, wurde jedoch wütend, wenn er meinte, man wolle ihn an der Nase herumführen oder etwas vertuschen.

Viele Mitarbeiter fanden Geneens Fragemethoden in ihrer Intensität nahezu sadistisch, und so mancher Manager war am Ende einer solchen Besprechung am Boden zerstört. Die meisten jedoch waren der Ansicht, Geneen attackiere seine Mitarbeiter nicht nur, um sie seine Macht spüren zu lassen, sondern weil er es wirklich für notwendig erachtete. Er selbst sagte dazu:

> „Ich bin nicht der Typ, der den Dingen ihren Lauf läßt und sagt „Lassen Sie mich in sechs Monaten wissen, wie die Sache läuft." Ich möchte stets wissen, was im Gange ist. Ich will nicht, daß irgendein eingebildeter Bursche sich sein eigenes Vietnam bereitet und mir danach plötzlich sein Entlassungsgesuch überreicht. Den Teufel auch... sein Ausscheiden gibt mir nicht die zehn Millionen Dollar zurück, die durch ihn verloren gingen. Deshalb

verlange ich von jedem, daß er mich über seine Problembereiche informiert – Dinge, wo sich Schwierigkeiten zusammenbrauen könnten."⁶

Ein andermal sagte er: „Ich glaube daran, daß man stoßen und ziehen, kneten und schütteln muß, bis schließlich die beiden purpurroten Tropfen herausquellen."⁷

Geneen führte sein System von Berichten und monatlichen Zusammenkünften ein, während er in Raytheon tätig war. Als zusätzliche Kontrolle der Manager überschwemmte er das Unternehmen mit Rechnungsprüfern, die einen detaillierten monatlichen kritischen Bericht über die Fortschritte jeder einzelnen Unternehmenseinheit direkt an den Hauptrechnungsführer des Unternehmens schicken mußten. Bevor Geneen die Führung des Unternehmens übernahm, hatten Rechnungsführer und Abteilungsleiter bei der Leitung ihrer Abteilungen und den Berichten an das obere Management zusammengearbeitet. Daher wurde die Neuerung nur widerwillig aufgenommen. In Raytheon gab man den Monatsberichten den Spitznamen „Gelbe Gefahr"-Berichte (nur zum Teil deswegen, weil sie in gelbe Deckel eingebunden waren). Der Fortschritt einer Abteilung wurde nur am Gewinn gemessen – dem Ziel, dem Geneen seine ganze Energie widmete.⁸

Die Teilnahme an den monatlichen Treffen der Generalmanager kostete enorm viel Zeit und Energie. Geneen schätzte einmal, ihm stünden für jedes Treffen insgesamt 2400 Jahre Managererfahrung zur Verfügung. Ein andermal addierte er die bei solchen Treffen verbrachten Stunden und kam zu dem Ergebnis, sie beanspruchten insgesamt 35 Wochen seiner und seiner Manager Zeit. Nach Abzug der Ferien und Feiertage (die es für Geneen persönlich nicht gab) „blieben knappe 13 Wochen ‚sonstiger' Zeit, um das Unternehmen in Gang zu halten."⁹ Diese knappe Zeit wurde durch Arbeit an den Wochenenden und Abenden ausgeglichen.

Geneen rechtfertigte den Zeitaufwand für die Zusammenkünfte mit der Bemerkung: „Die Firma ITT wurde im Grunde durch diese Zusammenkünfte und persönliche Besprechungen bis herunter in unsere Zweigstellen geleitet und in Gang gehalten."[10] Das war seiner Ansicht nach auch der Grund dafür, daß ITT und er selbst „niemals Überraschungen erlebten". „Es gibt keinen Ersatz für die Kenntnis der Fakten. Denn ist man sich erst einmal der Probleme bewußt, beginnt man an Lösungen zu denken."[11]

Das Thema Kontrolle und Verlassen auf „Fakten" statt auf Menschen kehrte bei Geneen immer wieder. Viele leitende Manager streben nach Macht durch Verewigung von Phantasien aus ihrer frühen Kindheit, wie man die Eltern kontrollieren könne, damit ihr Verhalten vorhersehbar wird. Über andere Menschen statt über Situationen zu herrschen, kann zum Antrieb für das Streben nach Macht werden. Diese Phantasien können das Gefühl für Macht vergiften und den Ausbruch irrationalen Verhaltens bewirken, das für den einzelnen und die Organisation oft verheerende Ergebnisse produziert.

Geneen lebte ziemlich isoliert von seinen Eltern, die sich getrennt hatten, als er noch ein kleines Kind war. Dabei lernte er, gegen Gefühle von Einsamkeit und Abhängigkeit anzugehen. In seinen Lebenserinnerungen berichtet er auch über seine Zeit als Internatsschüler in einer Klosterschule.

> „Ich erinnere mich noch lebhaft, wie ich im Alter von sechs Jahren allein an einem Tisch in einem leeren Klassenzimmer saß und ein Buch las. Die Mutter Oberin kam vorbei. Betroffen über meine offensichtliche Einsamkeit, fragte sie mich, was ich da tue. Ich antwortete, ich sei dabei, ein Buch zu lesen. Sie lächelte mich mitfühlend an. Vielleicht fiel mir das Mitleid in ihrem Gesichtsausdruck auf. Doch muß ich sagen, daß sie sich damals irrte, weil ich mich niemals unbehaglich gefühlt habe, wenn ich alleine war. Ich fand immer etwas, womit ich mich beschäftigen konnte, selbst in diesem frühen Alter. Vielleicht hat mich die damalige Isolation gelehrt, selbständig zu sein, meine kleinen Alltagsprobleme gründlich zu durchdenken und auf diese Weise echtes Selbstvertrauen zu erlangen."[12]

Für jemanden, der sich so sehr zur Unabhängigkeit bekannte und der „sich niemals unbehaglich fühlte, wenn er alleine war", gelang es Geneen ausgezeichnet, sein Kontrollsystem im Griff zu haben, bei dem er fast ständig von Menschen umgeben war. Für ihn lag darin kein Widerspruch zu seiner Grundeinstellung, daß er eigentlich niemanden brauchte. Er bediente sich seiner Macht, um zu bekommen, was er haben wollte, und verbarg vor sich selbst und anderen die Abhängigkeit, die hinter dem Image einer mächtigen und selbstgenügsamen Persönlichkeit verborgen war.

Wie Geneens Karriere bei ITT aufzeigt, nahm sein Machtbedürfnis ihn schließlich völlig gefangen und verwickelte ihn selbst und sein Unternehmen in fragwürdige Geschäfte mit Chile und unangebrachte Zuwendungen an die Republikanische Partei, mit denen er das Justizministerium zur Genehmigung beträchtlicher Firmenübernahmen veranlassen wollte. Er überspannte den Bogen mit seinem phänomenalen Programm, ITT zur „Nummer Eins aller Kapitalgesellschaften der Welt" zu machen.[13] Schon bevor seine Schwierigkeiten mit der Regierung nach außen drangen und sein Image in der Öffentlichkeit beeinträchtigten, offenbarte Geneens frenetischer Trieb nach immer neuen Übernahmen (im Jahre 1968 übernahm ITT zwanzig einheimische Firmen) ein neurotisches Verlangen nach Macht, das er nicht mehr zu zügeln vermochte.

Viele Menschen bescheiden sich mit ihren Wünschen und tolerieren dabei Frustrationen, weil sie glauben, die ersehnte Befriedigung sei möglich und ihr Verlangen werde abnehmen, sobald etwas in der Richtung unternommen werde. Wer ißt, dämpft seinen Hunger; sexuelle Aktivität schafft Befriedigung und beseitigt sexuelle Spannungen. Im Charakter eines Menschen äußert sich die Erwartung von Befriedigung als Fähigkeit, Belohnung hinauszuschieben; außerdem ist sie eine unerhörte Quelle der Selbstbeherrschung. Mit ihr kann man auf die Macht warten oder darauf, daß die Macht Ergebnisse bringt, so wie man bei Tische auf das Essen warten kann.

Ein perverses Verlangen funktioniert in entgegengesetzter Richtung. Je mehr man erhält, desto mehr will man haben. Machtstreben erscheint im Widerspruch zu der von leitenden Managern oft zur Schau gestellten Selbstsicherheit. Unterhalb dieser Selbstsicherheit lauert jedoch Leere und geringe Selbstachtung. Ein perverser Machthunger kann niemals seine Herrschaft über den menschlichen Geist aufgeben. Neidische Menschen sind zornige Menschen, die, wenn der Zorn sich nach innen kehrt, krankhaft depressiv werden. Der Erwerb von mehr Macht kann die Depression abwehren, doch fördert das perverse Verlangen selbstzerstörerisches Verhalten. Isoliert der Mensch die Perversion, verheimlicht er sie und macht er vor ungesetzlichen oder unethischen Handlungen halt, dann bleibt das Individuum vielleicht vor Depressionen bewahrt und kann tatsächlich gut funktionieren. Es bleibt jedoch die Ungewißheit, wie fest der in der Perversion eingekapselte Ärger eingedämmt bleiben wird. Platzt die Hülle, kommt destruktives Verhalten zum Vorschein.

Offene Verletzungen von Gesetz und Ethik können Folge des verzweifelten Verlangens sein, das gestreßte Innenleben zu stabilisieren. Handlungen müssen aber gar nicht ungesetzlich oder unethisch sein, um die Aufmerksamkeit auf das Verhältnis zwischen Motiv und Rolle zu lenken. Erfordert die Rolle Ausübung von Macht, dann pflegen Menschen mit Machtkonflikten Ziele zu verfolgen, die egozentrisch, defensiv und gewöhnlich ohne jedes Gespür für die Realität sind. Trotz ihres eigenen massiven Verlangens nach Kontrolle sind sie ohne jede Selbstkontrolle.

Zur Fähigkeit, Entscheidungen zu treffen und zu handeln, gehört auch ein gutes Gespür für das richtige Timing. Man muß zum richtigen Zeitpunkt dazu in der Lage sein, assoziatives Denken anzuwenden und eine Sache zum Abschluß zu bringen. Das Timing von Denken und Handeln kann durch pervertierte Machtbedürfnisse gestört werden. Die Störung kann die Form von Impulsivität annehmen, von Unfähigkeit, vor dem Handeln zu denken, oder das Denken bis zur Schlußfolgerung voranzutreiben und erst dann zu handeln.

Ein Manager übernahm die Position des Generalmanagers einer Betriebsabteilung in einer großen Kapitalgesellschaft. Diese Abteilung befand sich in ernsthaften finanziellen Schwierigkeiten. Sie benötigte entschiedenes Handeln, einen Plan für eine Tendenzwende mit organisatorischen und personellen Veränderungen in Bereichen, wo Schwachstellen erkennbar waren. Der neue leitende Mann dachte jedoch im Kreise und konnte daher in seinem Job nicht funktionieren. Als beispielsweise überlegt wurde, unrentable Abteilungen aufzulösen, pflegte er immer wieder die Möglichkeit zu erörtern, sie doch noch rentabel zu machen. Er meinte, er müsse erst absolut sicher sein, ehe er etwas unternehmen würde. Es war jedoch unmöglich, ihm diese Gewißheit zu verschaffen.

Eine weitere Eigenschaft dieses Denkens im Kreise trat in seiner Methode in Erscheinung, organisatorische Strukturen zu begründen und Jobs zuzuteilen. Er konnte Autorität nicht eindeutig delegieren und bestand wegen seines Zögerns, eine Angelegenheit endgültig abzuschließen, auf überlappenden Verantwortungsbereichen. Dieses Zögern rechtfertigte er dadurch, daß er die Vorteile einer „open end"-Organisationsstruktur besonders hervorhob.

Dieser leitende Manager inspirierte seinen Untergebenen Loyalität und persönliche Ergebenheit. Man hatte ihn auf diese Position gesetzt wegen seiner Fähigkeit, Menschen zu motivieren und dementsprechend eine gut zusammenhaltende Organisation zu schaffen, die sich einig dem Ziel verschwor, die mißliche Lage der Abteilung ins Gegenteil zu verkehren. Die Fähigkeit, sich Loyalität zu sichern, war teilweise ein Ergebnis seiner attraktiven Persönlichkeit, seiner Geschicklichkeit, Gedanken auf interessante Weise darzustellen, vor allem jedoch seiner Abneigung, andere Menschen unglücklich zu machen. Diese letztgenannte Eigenschaft war eine der Ursachen für seine Entscheidungsschwäche und die daraus folgende Handlungsunfähigkeit. Er schreckte zutiefst davor zurück, andere zu kränken und zu verletzen. Als Leiter einer schlecht funktionierenden Abteilung konnte er jedoch wenig unternehmen, ohne auf diese oder jene Weise Mißfallen hervorzurufen, vor allem wenn es darum ging, Verantwortungsbereiche zu ändern und Jobs neu zu besetzen.

Seine Sorge, andere zu verletzen, entsprang zwei Quellen. Zunächst einmal beneidete er, wenn auch unbewußt, seinen jüngeren Bruder, der, ebenfalls Manager einer Firma, als zäher Geschäftsmann galt. Daraus läßt sich schließen, daß er und sein Bruder unbewußt unterschiedliche Charaktereigenschaften und Verhaltensweisen kultivierten, um ihre Rivalitäten auszutragen. Zweitens wollte er mehr von seinem Leben haben als sein Vater. Ein erheblicher Teil der Rivalität war tatsächlich dadurch entstanden, daß er seine Konkurrenzgefühle von seinem Vater auf den Bruder übertrug. Um es kurz zu sagen: Dieser Manager empfand Schuldgefühle angesichts der Möglichkeit, mit seinen Entscheidungen andere Menschen zu verletzen, selbst wenn die Motive und Gründe überhaupt nicht darauf angelegt waren. Er lehnte sich stets weit zurück, um ja keinen Anstoß zu erregen. Seine Vorsicht äußerte sich in übertriebenem Nachdenken, als müsse er vor jeder einzelnen Handlung absolute Gewißheit haben.

Früher einmal galt Entscheidungsfreudigkeit ganz allgemein als eine der wichtigsten Fähigkeiten eines erfolgreichen Managers. Inzwischen hat jedoch ein subtiler Wandel stattgefunden. Heute preist man immer mehr Doppelsinnigkeit und die Fähigkeit, nicht fest begrenzte, sondern *open-ended* Organisationsformen zu ersinnen und zu praktizieren. Man entfernt sich immer mehr von gradlinigen Organisationen, ebensolcher Managerverantwortung und der Fähigkeit, Entscheidungen als ganz individuelle Akte des Engagements für sein Unternehmen zu treffen. Diese Akzentverschiebung könnte sich als Irrtum erweisen.

An sich hat dieser Wandel das Ziel, Starrheit im Denken sowie die Neigung zu überwinden, alles nur als schwarz oder weiß, richtig oder falsch einzuschätzen. Starres Denken autoritärer Persönlichkeiten kann in der Tat Entscheidungen und Organisationen nachteilig beeinflussen. Bevor man sich jedoch allzu sehr für eine neue Welle von Managementpraktiken begeistert, erdacht, um Probleme zu lösen, sollte man sich der potentiellen Probleme bewußt werden, die sich wiederholende und im Kreise drehende Denkmuster schaffen können. Die neue Managementpraxis könnte gerade diese fördern. Allzu vieles Nachdenken kann eine Manifestation von Charakterkonflikten innerhalb des Individuums sein. Rechtfertigt man sie und weitet sie auf das tägliche Geschehen innerhalb einer Organisation aus, dann können sie den Willen und die Handlungsfähigkeit lähmen. Sich durch übermächtiges Nachdenken und Manipulieren von Worten im Kreise bewegen, stellt gegenüber der Starre autoritären Verhaltens keine Verbesserung dar.

Vielleicht fördern Managementorganisationen verfeinerte Methoden und Verfahren sowie das Verknüpfen verschiedenartiger Ideen als Reaktion auf das Potential an korrumpierender Macht. Geschieht das, kommt es bald zu Kommunikationsschwierigkeiten. Statt dem Problem durch Vereinfachung des Verfahrens beizukommen, reagiert man darauf oft mit noch mehr Verfahren.

Hinter dieser Betonung formaler Verfahren steht eine psychologische Abwehrhaltung: die Isoliertheit des Denkens und Empfindens. Sie bildet vermutlich den Kern der Schwierigkeiten, die viele Manager haben, wenn sie Entscheidungen treffen und mit anderen kommunizieren müssen. Eine hochgestellte Managerin stellte fest, daß ihr in ihrer Organisation niemand wirklich zuhörte oder das verarbeitete, was sie sagte, wenn sie bei dienstlichen Besprechungen das Wort ergriff. Zunächst schloß sie daraus, daß sie bei ihren Kollegen, vor allem den männlichen, Konkurrenzgefühle auslöste und die Männer sie einfach ignorierten, weil sie ihr die intellektuelle Brillanz neideten. Bei näherer Betrachtung stellte sich jedoch eine andere Erklärung als wahrscheinlicher heraus. Ihre Beteiligung an den Diskussionen war rein verbal und ermangelte jeden emotionalen Wertes. Man spürte zwar ihre Ernsthaftigkeit, doch manifestierte sie so erfolgreich isoliertes Denken und Fühlen, daß es ihren Worten an Farbe, relativer Anteilnahme und Humor fehlte – Eigenschaften also, die es uns ermöglichen, Ideen zu übermitteln.

Bei dieser Managerin war es so, daß die Abneigung der Organisation gegenüber Gefühlsausdrücken einen bereits in ihrer Persönlichkeit vorhandenen Trend noch verstärkte – die strenge Beherrschung von Gefühlen. Während ihrer ganzen beruflichen Entwicklung hatte sie sich gegen Gefühle gewappnet und sich ganz auf ihren Intellekt kon-

Die Korruption der Macht 233

zentriert. Als Ergebnis dieser Ablehnung eines Teils ihrer eigenen Persönlichkeit mangelte es ihr an Spontaneität und letztlich an Effizienz.

Bei autoritären Persönlichkeiten besteht die Gefahr, daß sie ihre Trennung zwischen Denken und Fühlen auf das Verhältnis zu anderen Menschen übertragen. In einer Management-Machtstruktur wirkt sich ein solcher Trend verheerend aus, weil er den konstruktiven Meinungsaustausch des Vorstandsvorsitzenden mit dem Vorstand und den Untergebenen und damit eine ordentliche Unternehmenspolitik blockiert.

Der Vorstandsvorsitzende einer großen Kapitalgesellschaft reichte seinen Rücktritt ein, wobei er offiziell Gesundheitsprobleme als Begründung nannte. Er hatte seit einiger Zeit ein Magenleiden, das eine Operation erforderlich machte, und danach eine Arthritis, die ihn zur Bettruhe zwang. Doch verbarg sich hinter dem offiziell verkündeten Grund für sein Ausscheiden ein langes und oft erbittertes Ringen zwischen ihm und den Vorstandsmitgliedern. Es war die Folge schwerer finanzieller Verluste der Firma im Zuge eines katastrophalen Diversifizierungsprogramms, das der Vorstandsvorsitzende in Gang gebracht hatte. Er war fest entschlossen, sein Programm durchzubringen, der Vorstand ebenso entschlossen, ihn zu verabschieden.

Sah man sich einmal die Geschichte der Firma unter der Leitung dieses Vorstandsvorsitzenden näher an, dann zeigte sich, daß er einige bedeutsame Initiativen ergriffen hatte, um die verlorengegangene Wettbewerbsposition des Unternehmens zurückzugewinnen. Je mehr er dabei jedoch an Macht und Kontrolle über die Organisation gewann, desto mehr isolierte er sich von seinen Untergebenen und dem Vorstand. Ein Vorstandsmitglied war so strikt gegen die Entscheidung, in Geschäftsbereiche zu diversifizieren, in denen die Firma kaum sachkundig und stark war, daß er seinen Posten mit der Begründung niederlegte, der Vorstandsvorsitzende weigere sich, Ratschläge anderer anzunehmen. An die Medien sickerte durch, die Untergebenen empfänden gegenüber ihrem obersten Chef nur Feindseligkeit, und jemand berichtete sogar, er „herrsche durch blanken Terror".

Schon vor diesen Schwierigkeiten ließen einige Fakten über die Laufbahn des Vorstandsvorsitzenden erkennen, daß er in einer Machtposition für Selbstisolierung anfällig war. Am Beginn seiner Geschäftsführung schienen alle seine Maßnahmen von Vorsicht und Geduld bestimmt, womit er vermeiden wollte, bei vielen der Manager Anstoß zu erregen, die sich den Traditionen des Unternehmens verpflichtet fühlten. Sobald er jedoch alle seine Leute in wichtigen Positionen untergebracht hatte, schien er sich zu wandeln. Seine Einschätzung, was die Firma erreichen konnte, war von übersteigertem Ehrgeiz geprägt. Er isolierte sich innerhalb des Vorstands und behandelte seine Untergebenen rücksichtslos.

Wer sich als leitender Manager gefühlsmäßig von Untergebenen und höheren Autoritäten zugleich isoliert, überschätzt sich wahrscheinlich. Jemand, der mit überbetontem Ego und einem Gefühl der Großartigkeit tätig ist, zeigt wenig Rücksichtnahme auf andere Menschen.

Das Gefühl von Großartigkeit signalisiert, daß das betreffende Individuum nicht imstande ist, die Aggression zu beherrschen, die aus der Konsolidierung seiner Macht hervorbricht. Sobald jemand Macht erworben und seine Herrschaft über wirkliche oder eingebildete Rivalen konsolidiert hat, kommen verborgene Identifizierungen an die Oberfläche und übernehmen die Kontrolle über die Persönlichkeit. Diese geheimen Identifizierungen reflektieren Kindheitsphantasien über mächtige Eltern in Begriffen von Herr und Sklave, Unterdrücker und Unterdrückte. Die in solchen Vorstellungen verborgene Aggression entwickelt sich aus einem tiefen Gefühl der Einsamkeit und der ständigen Furcht, man könne von mächtigen Leuten im Stich gelassen und das Opfer einer feindseligen Welt werden. Bei dem Bemühen, diese Ängste zu überwinden, identifiziert die betreffende Person sich unbewußt mit dem Aggressor, mit der Machtperson, die das Leben garantiert oder vorenthält, die belohnt oder nimmt, die Leben schafft oder vernichtet.

Vor allem, wenn ein leitender Manager während seines Aufstiegs zur Macht ehrerbietig und unterwürfig war, könnte der Anschein von

Die Korruption der Macht 235

Großartigkeit ein Hinweis darauf sein, daß die Macht selbst der korrumpierende Einfluß gewesen ist. Macht kann jedoch nur korrumpieren, wenn die grandiosen Phantasien als Folge früherer Erlebnisse bereits vorhanden waren.

Großartigkeit und Einsamkeit: Welche Rolle spielen sie im Leben von Managern, die von der Macht angezogen werden? Existieren beide Faktoren, dann werden sie verdrängt, um das Überleben des Betreffenden in der Managementkultur zu sichern. Denn es gehört zum Ideal dieser Kultur, sich gefühlsmäßig so wenig wie möglich zu engagieren, rational zu erscheinen, seine Reaktionen total unter Kontrolle zu haben und in seinem Handeln vorhersehbar zu sein.

Ein Manager im mittleren Lebensalter erlitt bald nach seiner Beförderung einen Anfall von Angst. Er erwachte abrupt und in Schweiß gebadet mit einem beklemmenden Gefühl, als sei ihm die Kehle zugeschnürt. In Panik (weil er an einen Herzanfall glaubte) rief er die Polizei an, die ihn mit Blaulicht zum nächsten Krankenhaus brachte. Nach intensiver Beobachtung und klinischen Tests versicherten ihm die Ärzte, er habe keinen Herzanfall und sei physisch bei guter Gesundheit. Die Angstanfälle wiederholten sich, und alle ihnen folgenden Untersuchungen bestätigten die frühere Diagnose, daß er unter Angst und nicht an einer Herzkrankheit leide. Man überwies ihn daher einer psychotherapeutischen Behandlung.

Im Laufe der Therapie schilderte er seine Situation: er sei einsam, ohne Familie, hauptsächlich auf seine Arbeit konzentriert. Trotz nach außen betonter Selbstsicherheit hatte er von sich selbst eine ziemlich geringe Meinung. Selbst die Unterstützung derjenigen, die seine Arbeit kannten, und die Stärkung seiner Position durch die kürzlich erfolgte Beförderung konnten sein Vertrauen in die eigene Leistung nicht festigen. Weitere Befragungen ergaben, daß er im Grunde sein isoliertes und promiskuitives Sexualleben verabscheute. Er verachtete den von ihm ausgewählten Partnertyp und stellte fest, daß es allen seinen Beziehungen an Qualität mangelte, weil es rein sexuelle Aktivitäten blieben.

Die Geschichte seiner Kindheit deutete auf ein Muster gefühlsmäßiger Isolierung von seinen Eltern hin. Zwar schien der Vater in seinem Leben die wichtigste Person gewesen zu sein, doch hatte er während seiner ganzen Kindheit gespürt, daß er seinen Vater enttäuschte. Dennoch bemühte er sich weiterhin um dessen Zuneigung. Unbewußt identifizierte er sich jedoch mit seiner Mutter. Diese Identifizierung erwies sich für ihn als Problem bei der Zusammenarbeit mit Männern, wenn er Autorität ausüben sollte und beim Bemühen um gute Beziehungen zu Frauen.

Seine Anfälle von Angst im Gefolge seiner Beförderung entstanden aus der Erwartung, seine Untergebenen würden ihn fortan ebenso hassen, wie er unbewußt seinen Vater gehaßt hatte. Er reagierte darauf wie auf einen Angriff, und obwohl die Gefährdung selbstgemacht war, erwies ihre Auswirkung sich als ebenso schädlich wie eine reale Gefahr von außen. Vielleicht war diese selbstgemachte Gefährdung noch schädlicher, weil er die Gefahr weder identifizieren noch sich gegen sie wehren konnte.

Der Mensch kompensiert seine selbst empfundenen Mängel. Jemand, dem es an Statur mangelt, versucht diesen selbst-definierten Mangel durch aggressives Verhalten zu überwinden. Als egoistisch und tyrannisch zu gelten, mag leicht erträglich erscheinen verglichen mit der Befriedigung, Stärke und angemessenes Verhalten demonstrieren zu können. Die Literatur ist voll von Geschichten über Menschen, die aus niedrigsten Verhältnissen kommend, sich bis zur obersten Sprosse der sozialen Leiter durchboxen, um ein Siegesgefühl zu erlangen, das mit Macht, Geld und gesellschaftlichem Rang verbunden ist. Bei diesem Machtkampf können auch Grausamkeit und Gemeinheit eingesetzt werden. In seinem Drama *Richard III* läßt Shakespeare seinen körperlich entstellten Helden seine Handlungen damit rechtfertigen, daß die Natur ihn betrogen habe:

„Ich, um dieses schöne Ebenmaß verkürzt,
von der Natur um Bildung falsch betrogen,
entstellt, verwahrlost, vor der Zeit gesandt,

Die Korruption der Macht 237

> in diese Welt des Atmens, halb kaum fertig
> gemacht, und zwar so lahm und ungeziemend,
> daß Hunde bellen, hink' ich so vorbei.
> Ich nun, in dieser schlaffen Friedenszeit
> weiß keine Lust, die Zeit mehr zu vertreiben...
> Und darum, weil ich nicht ein Verliebter
> kann kürzen diese fein beredten Tage,
> bin ich gewillt, ein Bösewicht zu werden
> und Feind den eitlen Freuden dieser Tage." [14]

Machthunger zur Überwindung selbsterkannter Mängel reicht tiefer als reale oder eingebildete Mängel, die unbewußte Ängste auslösen. Angst vor Versagen ist ein vertrauter und sogar plausibler psychologischer Zustand. Wer Angst vor Versagen hat, pflegt die mit Macht verbundene Verantwortung zu scheuen. Die Gründe für die Angst vor dem Versagen findet man in den kraftraubenden Auswirkungen unbewußter Phantasien. Besonders selbstzerstörend wirkt die Phantasie, in der die Macht auf Kosten eines anderen erlangt wird. Häufig ist die Gestalt, mit der man im Unbewußten um Macht ringt, ein Elternteil desselben Geschlechts. Statt Schuldgefühle und eingebildete Bestrafung für den Erfolg in diesem ödipalen Konflikt zu riskieren, setzen sich im Geist der Betroffenen Verdrängungen und die Angst vor Versagen fest. Im Augenblick des Erfolges mischen sich dann Verdrängungen ein, und es kommt zum Versagen, das man von Anfang an befürchtet hat.

Der Vorstand eines Unternehmens, das sich in ernsthaften Schwierigkeiten befand, ernannte einen neuen Hauptgeschäftsführer. Die Direktoren waren mit dem Ergebnis dieser Ernennung sehr zufrieden. Der neue Hauptgeschäftsführer arbeitete sehr schnell einen Plan für eine Tendenzwende aus und baute nach Einstellung neuer Manager eine wirksame Organisationsstruktur auf. Diese Veränderungen schienen zu gut, um wahr zu sein, und tatsächlich kamen den Vorstandsmitgliedern etwa ein Jahr später beunruhigende Informationen zu Ohren. Leitende Angestellte berichteten von alarmierenden Veränderungen im Verhalten und in der Persönlichkeit des Hauptgeschäftsführers. Sie hatten nicht die Absicht, Unruhe zu stiften, waren ihrem Chef treu ergeben und verhielten sich loyal gegenüber den Programmen, die er in Gang gebracht hatte, um die Firma wieder auf den Weg zum Erfolg zu führen. Nun beobachteten sie, daß der Chef sich auf einmal von seiner Arbeit zurückzog, kaum noch Interesse für sie zu haben schien und oft falsche Entscheidungen traf. Außerdem ergab er sich dem Alkohol.

Der Vorstand befaßte sich mit dem Problem und beschloß, den Hauptgeschäftsführer vorzuladen. Man hoffte auf eine Erklärung, die die Sorge nehmen und Gewißheit verschaffen würde, daß der Mann wieder seine gewohnte Art der Betriebsführung aufnehmen würde.

Dieser leugnete jedoch vehement, Probleme mit dem Alkohol zu haben. Er leide an Depressionen und habe sich in psychiatrische Behandlung begeben, sagte er. Das gegen seine Depressionen verschriebene Medikament rufe Symptome hervor, als nehme er übermäßig Alkohol zu sich. Er erhielt Krankheitsurlaub. Es stellte sich heraus, daß er neben seinen schweren Depressionen auch noch alkoholabhängig war, ein Zustand, der offensichtlich mehr eine Reaktion auf seinen beruflichen Erfolg als auf Angst vor nahem Versagen zurückzuführen war. Schließlich mußte er seinen Abschied nehmen.

Angst als Reaktion auf Erfolg widerspricht jeder Vernunft und dem gesunden Menschenverstand. Setzt etwa der Erfolg verborgene Schuldgefühle frei („Ich verdiene ihn nicht.")? Wäre das der Fall, dann schiene es wenig Unterschied zu geben zwischen Angst vor Versagen und Angst vor Erfolg. Es gibt jedoch einen wesentlichen Unterschied. Bei der Angst vor Erfolg ist das Individuum nicht schuldbewußt, sondern strebt nach Macht, um unrealisierbare Phantasien aus früheren Zeiten zu erfüllen.

Psychologische Erklärungen, warum Leute die Macht korrumpieren, erzeugen oft Skepsis. Man reagiert vielleicht noch zurückhaltender, wenn die Erklärungen sich auf die Theorie unbewußter Motivation berufen. Das mag unwissenschaftlich erscheinen und zu sehr an den Haaren herbeigezogen. Man fragt sich häufig, wer denn überhaupt noch eine Machtposition übernehmen könnte, wollte man davon alle

Neurotiker fernhalten. Niemand, würde wahrscheinlich die Antwort lauten. Es trifft zu, daß macht-orientierte Menschen an beträchtlichen psychischen Konflikten leiden. Ebenso wahr ist, daß Macht eine Bühne liefert, auf der die Individuen ihre Probleme austragen, ihre Träume offenbaren und eine Welt schaffen können, die besser ist als die, die sie kennen und täglich erleben. Ist das alles ungesund und Quelle der Korrumpiertheit der Macht? Henry Kissinger soll gesagt haben, Macht sei ein starkes Aphrodisiakum. Für die einen ist sie eine großartige Therapie, für andere Gift. Die schwierige Aufgabe besteht darin, beide auseinanderzuhalten.

Der fundamentale Unterschied zwischen denen, die durch Macht korrumpiert werden, und denen, die durch sie zu wachsen scheinen, besteht in der Natur ihrer Ideale und moralischen Normen. Ideale und sittliche Normen wirken als seelische Erzieher, die mithelfen, einen Charakter zu formen, der nach vorne schaut und für die mit Macht einhergehende Verantwortung empfänglich ist. Macht aus rein egoistischen Gründen zu erwerben (gezielt Geld für ganz persönliche Zwecke anzuhäufen) oder um andere Menschen aus bloßem Herrschaftsbedürfnis zu kontrollieren (unbewußt selbst erkannte Mängel zu kompensieren oder einstige Kränkungen zu rächen), ist von Grund auf regressiv.

Der Gedanke an die Zukunft gewinnt Form und Sinn aus der persönlichen Lebensgeschichte. Niemand kann traumatischen Erlebnissen seiner Kindheit ganz entkommen. Auch wenn der Mensch den Schmerzen der eigenen Entwicklung nicht entgehen kann, so haben einige von uns doch das Glück, Ideale und ethische Normen anzunehmen, die von einem Erwachsenen vorgelebt werden, der als nachahmenswertes Vorbild dient. Bei der Formung von Führerpersönlichkeiten ist viel von der Rolle des Mentors die Rede. Doch treten Mentoren gewöhnlich erst lange nach der Reifezeit in Erscheinung. Die Persönlichkeit festigt sich früh im Leben. Diejenigen, die Standards setzen und positive Ideale fördern, üben ihre Wirkung schon lange vor dem späteren Kindesalter und der Zeit des Heranwachsens aus. Sind diese konstruktiven Einflüsse jedoch erst einmal vorhanden, dann besitzen die Menschen auch die

Fähigkeit, aus dem, was Vorbilder und Mentoren ihnen zu bieten haben, Nutzen zu ziehen.

Ethische Standards und Ideale, die durch Identifizierung mit guten und vorbildlichen Eltern verinnerlicht werden, behalten ihre Kraft als Ergebnis des Charakters und unbewußter mentaler Aktivität. Aus frühen Einflüssen gewinnt das Individuum die Kraft, Macht zu einem segensreichen und dennoch kraftvollen Bewußtsein zu gestalten, zu einem vorwärtsblickenden wie auch humanen Ich-Ideal. Auf diese Weise strebt das Individuum ständig nach weiterer Vollendung, um eine Vision dessen aufzubauen, was sein könnte, ohne dabei die gegenwärtigen Bedürfnisse des Menschen aus dem Auge zu verlieren. Solche Menschen haben es nicht notwendig, über Leichen zu gehen, um an die Macht zu kommen, ebenso wenig pflegen sie andere Menschen im Namen der Tüchtigkeit zu schikanieren. Wer die Hilfe findet und akzeptiert, die Mentoren bieten, der verinnerlicht das Image von Vorbildern. Er fürchtet sich nicht vor den eigenen Aggressionen, weil es im Innern seines verinnerlichten Vorbilds einen Standard gibt, der Aggression in maßvoller und auf menschliche Ziele gerichteter Weise erlaubt, ohne Gier nach Selbsterhöhung. Wer zu Aggression eine ambivalente Einstellung hat, auch wenn sie in die Struktur von Autorität und Macht eingebettet ist, hat allen Grund, seinen Motiven zu mißtrauen. Diese Menschen sind anfällig gegenüber ihrer eigenen Macht, weil ihr innerer Dialog mit früheren Vorbildern ein Ringen zwischen Liebe und Haß enthält, zwischen Akzeptanz und Zurückweisung schwankt, sowie das zwanghafte Bedürfnis deutlich macht, die persönliche Lebensgeschichte neu zu schreiben.

Es gibt zahlreiche Beweise für den böswilligen Umgang mit Macht, sobald die korrumpierenden Einflüsse in Erscheinung treten. Die Geschichte unseres Jahrhunderts legt beredtes Zeugnis ab für die Leiden, die der Menschheit von Personen angetan wurden, die Macht erlangten und sie dann für zerstörerische Ziele einsetzten. In politischen Strukturen, wie auch in Geschäftsunternehmen, pflegt die Irrationalität des Führers zur Plage seiner Gefolgsleute zu werden.

Selbst Versuche, sich gegen die Gefahren individueller Irrationalität zu wappnen, können zur Korruption von Macht führen. Organisatorische Normen als Ersatz für individuelles Bewußtsein machen es Besitzern von Macht nahezu unmöglich, ihren Verpflichtungen nachzukommen. Weil sie von institutionellen Standards geprägt sind, geben solche Manager der Organisation und nicht dem Individuum den Vorrang. Sie betrachten sich selbst nicht als schädlich, richten jedoch Schaden an, weil ihr individuelles Bewußtsein den organisatorischen Normen untergeordnet wird. Die guten Absichten so manches Managers treten in den Hintergrund als Reaktion auf die Überlebensangst in einer großen Organisation, in der die Macht schwer definierbar erscheint. Sobald Manager meinen, Ziele und Zwecke einer Organisation leiteten sich aus deren Verfahrensweisen ab und lägen daher völlig außerhalb persönlicher Überzeugungen und der Interessen aller Beteiligten, will niemand mehr Rechenschaft ablegen. Organisationen werden unweigerlich politisiert, wenn ihre leitenden Persönlichkeiten gesichtslose Individuen sind, nur dem Spiel um die Macht hingegeben, jedoch ohne tieferes Verständnis für deren humane Anwendung. Sie haben nur noch das Ziel, den morbiden Auswirkungen zu entgehen, die mit der Korruption der Persönlichkeit durch die Macht verbunden sind.

Früher einmal wurde die Korruption der Macht durch die Natur der Organisationen als „bürokratische Malaise" bezeichnet. Die Bürokratie begünstigte die Loslösung des Individuums von der Rolle, die ihm an sich zugewiesen war. Zu den Tugenden der Bürokratie gehören Unparteilichkeit, das Fehlen von Vorurteilen sowie Objektivität. Eine bürokratische Organisation gleicht im besten Falle Impulsivität und Destruktivität von Führern aus, die in Schwierigkeiten geraten sind. Wie uns jedoch das Beispiel Hitler-Deutschland lehrt, besitzt Bürokratie keine menschlichen Werte. Sie kann mit Leichtigkeit objektive Fähigkeiten und Leistungsvermögen ebenso zum Morden wie zur Arbeit für humane Zielsetzungen einsetzen. Die Unfähigkeit zu ethisch begründetem Urteilen ist eine Konsequenz von Organisationspolitik, gekoppelt mit engherzigem Karrieredenken von Menschen, denen es an substantiellen Interessen mangelt.

In der Theorie verfügen Organisationen angeblich über Verfahrensweisen, die verhindern, daß die Korruption der Macht es ermöglicht, gute Mittel zu bösen Zwecken zu verwenden. Sobald das Streben nach technischer Vollkommenheit die humanen Zielsetzungen überwältigt, sollten korrigierende Mechanismen eingreifen. Diese Mechanismen verursachen jedoch allzu oft Laxheit des individuellen Urteilens und Bewußtseins. Die Verfahrensweisen von Organisationen betreffen in der Hauptsache Interaktionen ihrer Mitarbeiter. Sie erhöhen die Sensibilität für die Akzeptanz von Ideen, nicht jedoch zwangsläufig deren Richtigkeit, gemessen an ökonomischen und ethischen Parametern. Nach einiger Zeit erzeugt das Image der Akzeptanz das, was William H. Whyte in der Zeitschrift *Fortune* als den „Organisationsmenschen" bezeichnet hat, einen Menschen, der die Zugehörigkeit zu einer Organisation an die Stelle individueller Identität bei der Verwirklichung von Selbstachtung setzt.[15]

Wenn Organisationen die geistige Haltung ihrer Mitarbeiter beeinflussen, ist das in wichtigen Bedürfnissen dieser Menschen begründet. Eines davon ist Selbstachtung, die von jedem Individuum erstrebte Gewißheit, eine Person von Wert zu sein. Früher leiteten die Menschen Selbstachtung aus erfolgreichen Leistungen und zwischenmenschlichen Beziehungen ab. Neuerdings versuchen leitende Manager, Selbstwert aus ihrer Zugehörigkeit zu angesehenen Organisationen wie General Motors oder IBM zu gewinnen.

Die natürliche Folge von Selbstachtung ist Selbsterkenntnis oder das, was der angesehene Literaturkenner und Kritiker Norman Holland das „ICH" nennt.[16] Die Erkenntnis des „ICH" oder der Identität ist trügerisch. Sie kann zu Zeiten sicher sein und dann wieder verschwommen werden. Diese Augenblicke (oder Jahre), in denen die Identität verschwommen ist, sind Zeiten voller Angst. Was Menschen in diesen Perioden des Zweifelns an sich selbst und der Verwirrung tun, sagt viel über ihre Charakterstärke und ihre Lernfähigkeit aus.

Die Berufe oder Beschäftigungen, denen die Menschen nachgehen, wiegen schwer im Hinblick auf ihre Identität. Im Management kann die

Die Korruption der Macht

Aufgabe der Identitätsfindung risikoreicher sein als in anderen Berufen, in denen berufliches und persönliches Wissen gleichzeitig wachsen. Insbesondere die Managementmystik kann sich am Ende als fehlerhafte Verbindung zwischen dem Individuum und seiner Rolle erweisen. Sie zwingt geradezu das Individuum, tiefer nach Antworten auf die Frage zu schürfen: „Wer bin ich?" Leider erforschen die meisten Manager nicht genug ihr Innenleben und geben sich mit der Antwort ihrer Profession zufrieden. Das hat zur Folge: Sie können Macht erlangen, ohne dadurch als Individuen zu wachsen. Statt dessen verstärkt das vielleicht eine bereits vorhandene Neigung zur Korruption der Macht. Bei einem Inhaber von Macht löst die Verschwommenheit der Identität das Verlangen aus, sich gegen Angst auf Kosten der Objektivität zu verteidigen.

Kapitel 11

Verschwommene Identität

Heute wird oft die Ansicht geäußert, Organisationen hätten jeweils eine eigene Kultur. Doch ist nicht klar, was der Ausdruck *Kultur* bei der Beschreibung moderner Organisationen bedeuten soll. Bedeutet Kultur nichts weiter als eine Ansammlung von Erwartungen, wie das Verhalten von Menschen in Organisationen zu lenken sei, dann besitzen alle Organisationen eine Kultur und werden sie stets haben. Hat der Begriff jedoch eine tiefere Bedeutung und will er etwas aussagen über Tradition, Symbole, überliefertes Wissen und Beschaffenheit zwischenmenschlicher Beziehungen, dann ist Kultur ein Phänomen, das aus der Welt der Unternehmen langsam verschwindet.

Das Fehlen einer Unternehmenskultur gilt nicht zwangsläufig als Problem. Der jeweilige Geschäftsführer muß sich mit Energie und Sorgfalt um die Erhaltung einer solchen Kultur bemühen, angefangen bei der Berücksichtigung der Vergangenheit und der Beachtung von Ritualen. Für Topmanager, die besonderen Wert auf Flexibilität und mehr Optionen legen, ist Organisationskultur ein Hindernis, auf das sie gerne verzichten würden. Die Respektierung einer solchen Kultur macht es ihnen unmöglich, einen Betrieb objektiv zu führen, so als sei er ein Portfolio von Anlagewerten, die man erwerben, halten und wieder abstoßen kann, je nachdem wie ihr Wert steigt oder fällt.

Sanford Sigiloff wurde von der Wickes Corporation zu Hilfe gerufen. Sie wurde von ihren Kreditgebern unter Druck gesetzt, als deutlich wurde, daß die Firma durch ein Programm von Akquisitionen, die sie nicht managen, und eine Schuldenlast, die sie nicht tragen konnte, in Schwierigkeiten steckte.[1] Sigiloff nahm für das Unternehmen Chapter 11 des Konkursgesetzes in Anspruch. Nach einer Reihe schwieriger und cleverer Manöver, die es ihm ermöglichten, die verschiedenen Gläubigerausschüsse zu steuern, gelang es ihm, die Firma zu sanieren.

Wie ihm schließlich die Sanierung gelang, das ist eine sehr interessante Geschichte, vor allem auch deswegen, weil er einen Reporter eingeladen hatte, alle einzelnen Aktionen genau zu verfolgen. Der Macht der Öffentlichkeitsarbeit sehr bewußt, ließ Sigiloff einen Journalisten in den inneren Kreis. Der schrieb einen recht aufschlußreichen Bericht über einen Meister der Taktik bei der Arbeit. Ganz sicher wäre Sigiloff bei allen Maßnahmen auf erhebliche Schwierigkeiten gestoßen, hätte er großen Wert auf persönliche Bindungen gelegt und der Unternehmenskultur seinen Respekt erwiesen. Die beträchtlichen Schwierigkeiten der Firma basierten zum Teil auf riskanten Übernahmen und einer Schuldenlast, die der frühere Geschäftsführer und die Vorstandsmitglieder nicht bewältigen konnten. Sigiloff erhielt völlige Handlungsfreiheit, ein Manager, der sich so wenig von persönlichen Bindungen und von Traditionen beeindrucken ließ, daß er ohne mit der Wimper zu zucken Mitarbeiter fristlos entlassen und unrentable Unternehmensteile liquidieren konnte, um die Liquidität des Ganzen wiederherzustellen und die Firma von ihrer exzessiven Schuldenlast zu befreien.

Jeder von uns hat seine eigene Vorstellung von menschlicher Psychologie. Die Erfahrung stattet uns mit einem Fundus von Verhaltensregeln aus, die wir unter gewissen Umständen für geeignet halten, andere Menschen zu beeinflussen, um das zu erhalten, was wir von ihnen wollen. Man will, daß etwas geschieht – wann informiert, fordert, befiehlt oder droht man zu diesem Zweck? Wann appelliert man an das Eigeninteresse, hofiert man den anderen mit Schmeicheleien, manipuliert man die Menschen, indem man einen Bedarf schafft und sich dann als derjenige präsentiert, der ihn befriedigen kann? Wann verschleiert man zur Tarnung die eigenen Motive, und wann läßt man die Muskeln spielen? Der Managementberuf hat sein eigenes „Regelbuch" geschaffen, wie man Macht anwendet und Denken und Handeln der Menschen beeinflußt.

Auch wenn Machiavelli das Funktionieren dieser Regeln manipulierender Psychologie sehr gut beurteilt hat, konnte er selbst nicht den Unternehmerstaat voraussehen und dessen ausgetüftelte, wenn auch ungeschriebene Regeln, wie man andere dazu bringt, zu tun, was man

Verschwommene Identität 247

von ihnen will. Ebensowenig konnte er die Mentalität des modernen Managers vorhersehen, der eine Flexibilität und Anpassungsfähigkeit entfaltet, wie nur Menschen es können, denen Geschichte und Tradition wenig bedeuten.

Offen bleibt die Frage, welche Menschentypen die flexibelsten sind. Wie denken sie über sich selbst? Besitzen sie eine Identität? Oder schränkt Identität das Verständnis professioneller Manager ein?

Sind Flexibilität und Anpassungsfähigkeit Tugenden? Charakterzüge beschreiben menschliche Eigenschaften, sind aber auch Werte. Flexibilität und Anpassungsfähigkeit sind zu Normen geworden, nach denen Menschen streben und auf die sie konditioniert sind. Diese Eigenschaften sind für angehende Manager wünschenswert und sogar notwendig geworden.

In den Anschauungen der Menschen, die sie besitzen, stellen diese Werte Gutes dar – etwas so Gutes, daß sie als unbedingt erstrebenswert gelten. Anders ausgedrückt – man kann gar nicht flexibel und anpassungsfähig genug sein. Gemäß der Goldenen Mitte des Aristoteles wird jedoch jede im Extrem geübte Tugend zum Laster. Es gehört zu den ungeschriebenen Regeln des professionellen Managements, Flexibilität und Anpassungsfähigkeit zu pflegen. Als Charaktereigenschaften, die man durch Übung und Erfahrung erwirbt, sind beide in der realen Welt weit verbreitet und funktional. Als dominierende Eigenschaften jedoch, oder, was bedeutsamer ist, als Werte unbegrenzter Tugend, werden Flexibilität und Anpassungsfähigkeit zur Quelle vieler Probleme in persönlichen und geschäftlichen Beziehungen und für die Leistungsfähigkeit von Organisationen.

Organisationen sind nicht unbedingt der geeignete Platz, zu beobachten, was Menschen und ihrer Arbeit geschieht, wenn sie versuchen, sich perfekt in ihre Umwelt einzufügen. Kurzfristig scheinen die Auswirkungen positiv zu sein, langfristig sieht das anders aus. Zur Beobachtung der langfristigen Wirkung eignet sich leider nur das Konsultationszimmer des Therapeuten, den man um Hilfe bittet, das zu bereinigen, was man im Leben im Stil eines Chamäleons angerichtet hat.

Der Hauptgeschäftsführer eines erfolgreichen Unternehmens wurde infolge von Verletzungen bei einem Autounfall ängstlich und depressiv. Er war zwar nicht lebensgefährlich verletzt worden, mußte jedoch wochenlang das Bett hüten und war nicht imstande, seine stets sorgsam organisierten Routinearbeiten wahrzunehmen. Während dieser Ruhezeit beschäftigten sich seine Gedanken mit früheren Erlebnissen im Elternhaus. Ein scheinbar vergessenes Gefühl tauchte wieder auf, daß nämlich seine kühle und anspruchsvolle Mutter sowie sein stets distanzierter und passiver Vater ihn nicht geliebt hatten. Als Kind und als junger Mann packte er aggressiv alle Aufgaben an, die das Leben ihm stellte. In der Schule gehörte er immer zu den Besten. Auch zu Beginn seiner beruflichen Laufbahn wartete er mit guten Leistungen auf, zunächst als Verkäufer, später als Leiter der Verkaufsabteilung und als Marketingmanager. Infolge seines makellosen Lebenslaufs wurde er zum Hauptgeschäftsführer ernannt. In dieser Position interessierten ihn jedoch die Möglichkeiten, neue Strukturen im Vergleich zu denen, denen er sich früher stets angepaßt hatte, zu schaffen, wenig. Vielmehr setzte er nur die Routine und Methoden seines Vorgängers fort, mit Ergebnissen, die seine Vorgesetzten zufriedenstellten.

Nach dem Unfall stellte sich wieder das Gefühl ein, ungeliebt zu sein. Er glich das durch harte Arbeit aus, als wollte er mit seiner Leistung ein Gefühl von Unwürdigkeit überwinden und für ihn unakzeptable Wünsche und Gefühle unterdrücken. Er war zu einem Chamäleon geworden, das Form und Identität änderte, je nach den Anforderungen, die der Alltag ihm stellte. In seiner erzwungenen Untätigkeit nach dem Unfall wurde er gegen seinen Willen mit seinen verborgenen Gefühlen von Selbstzweifel und Widerwillen konfrontiert, die er als Kind verinnerlicht hatte – als Reaktion auf eine kalte, des Gebens nicht fähige und sehr beherrschte Mutter sowie eines in sich zurückgezogenen, uninteressierten Vaters.

Bei seiner Beschäftigung mit geistigen Störungen konzentrierte sich Sigmund Freud auf Syndrome, die wir heute Hysterie und Zwangsneurose nennen. Zu den Symptomen der Hysterie gehören physische Fehlfunktionen ohne bekannte oder erkennbare organische Ursache

Verschwommene Identität 249

sowie emotionale Zustände, in denen die Betroffenen in einem tranceähnlichen Zustand oder, weniger auffällig, blind gegenüber ihrem eigenen Verhalten sind, vor allem in ihren Beziehungen zu anderen Menschen. Früher glaubten die Psychiater, Hysterie sei eine Krankheit, die nur Frauen befällt. Der Ausdruck kommt aus dem Griechischen: *hystera*, was „Gebärmutter" bedeutet.

Freud hat nicht nur nachgewiesen, daß Männer *und* Frauen von Hysterie befallen werden, sondern auch noch eine überzeugende und bahnbrechende Erklärung ihrer Ursachen und Dynamik geliefert. Seine Theorie dreht sich um den Komplex der bewußten wie der unbewußten Motive, die Beginn und Ablauf der Hysterie auslösen. Die sexuellen Tabus der Gesellschaft zwingen das Individuum, verbotene Wünsche zu verdrängen. Das führt zu einer seltsamen und für ungeschulte Augen geheimnisvollen Erkrankung, die überhaupt keine erkennbaren Ursachen zu haben scheint.

Eine Zwangsneurose äußert sich in störenden und isolierten Gedanken, die immer wieder auftauchen. Eng mit ihnen verknüpft ist der Zwang, gewisse Handlungen nach einem bestimmten Ritual immer und immer wieder zu wiederholen. Die Gedanken tauchen zu unvorhersehbaren Zeiten auf, ohne jeden Zusammenhang mit dem, was der Betroffene gerade tut. Oft muß die betreffende Person als Reaktion darauf ein Ritual praktizieren, das diese Gedanken vertreiben oder, wie sie meint, verhindern soll, daß sie Wirklichkeit werden. Zu solchen fixen Ideen gehört es beispielsweise, wenn eine junge Frau ständig von dem Gedanken verfolgt wird, ihr Vater werde bei einem Autounfall ums Leben kommen. Sobald sie von dieser Idee befallen wird, fühlt sie sich genötigt, eine Stelle aus einem Gedicht aufzusagen, das sie vor langer Zeit auswendig gelernt hatte, oder zu versprechen, bei ihrer nächsten Mahlzeit auf eine Zigarette oder den Nachtisch zu verzichten.

Fixe Ideen und zwanghaftes Verhalten ähneln dem Aberglauben oder Gedanken, die Kinder bei bestimmten Spielen haben, etwa wenn sie vermeiden wollen, auf Spalten im Pflaster des Bürgersteiges zu treten, denn das würde Unglück bringen. Aberglauben, magischem Denken und rituellem Verhalten begegnet man bis zu einem gewissen Grad bei jedem normalen Erwachsenen, weshalb eigentlich jeder von uns mit der Natur fixer Ideen vertraut sein müßte.

Störungen durch fixe Ideen sind Krankheiten als Folge ungelöster Aggression und Schuld. Zwangsideen sind bewußt und übermäßig ausgeprägt. Bei einer Hysterie liegt das Gefühl an der Oberfläche und ist auf Kosten logischen Denkens übersteigert. Hysterie scheint die Konsequenz der Verdrängung und Unterdrückung von Sexualität zu sein. Zwangsneurosen entstehen aus Gefühlen von Liebe oder Haß gegenüber Eltern, eine Ambivalenz, die das Individuum nicht aufzulösen vermag. Häufig wird die Liebe so übersteigert, daß man einen Elternteil oder Elternersatz idealisiert. Im Gegensatz dazu geht Aggression in den Untergrund, um danach als besondere Störung im Denken und Handeln wieder in Erscheinung zu treten. Zu den Symptomen gehört oft ein tiefes Schuldgefühl, das dann in verschiedene Aktivitäten verdrängt wird, beispielsweise in den Zwang zu harter Arbeit, beflügelt von der Angst vor Vergnügen. Hysterie und fixe Ideen gelten wegen der Häufigkeit ihres Auftretens und ihrer Rolle bei der anfänglichen Entwicklung der Psychoanalyse oft als „klassische" Neurosen.

Seit Freud achten die Psychoanalytiker besonders auf die Rolle von Gesellschaft und Familie beim Entstehen dieser Krankheit. So kommt es beispielsweise zu sexueller Verdrängung, wenn die Eltern eine besondere Aversion gegen Sexualität hatten. Kinder halten dann Sexualität für sündig und brutal.

Autoritäre Familien mit ungewöhnlich strengem Moralkodex spielen eine Rolle beim Entstehen klassischer Neurosen. Man könnte die These vertreten, die Besessenheit von einer Idee sei die Folge eines moralischen Overkills, wobei das Bewußtsein des Individuums so streng und strafend wirkt, daß es den bloßen Gedanken bereits für die Handlung hält. Das Gewissen wird so tyrannisch, daß dem Individuum wenig Raum für das Wachsen seiner Persönlichkeit oder für moralisches Urteilen bleibt, weshalb es Schuldgefühlen zum Opfer fällt, für die es keine objektive Rechtfertigung gibt.

Verschwommene Identität

Während sich die Normen einer Gesellschaft wandeln, verändern sich parallel dazu auch die der Familie und des einzelnen. Die zur viktorianischen Kultur gehörigen sexuellen Hemmungen wurden mit hinüber ins 20. Jahrhundert genommen. Nach der Erfindung der Pille hat die sexuelle Revolution der sechziger Jahre dann gezeigt, wie schnell ein Wandel der Sitten den technologischen Entdeckungen folgt; Entdeckungen, die das einst Unmögliche möglich machten. Die sogenannte Befreiung der Jugend hat den gesellschaftlichen Druck etwas vermindert, der zur Entwicklung von Hysterie und Zwangsneurosen geführt hatte. Hat aber diese größere Freiheit sexueller Betätigung wirklich Freiheit von Neurosen bewirkt? Es liegen Beweise dafür vor, daß die Häufigkeit seelischer Störungen unter Gebildeten, also auch unter Menschen, die irgendwann einmal Manager werden, nicht abgenommen hat (vielleicht sogar zugenommen). Doch haben sich die Formen gewandelt, in denen diese Erkrankungen auftreten.

Dieser Wandel erfolgte in zwei Stufen. Zunächst einmal verschwanden die fest umrissenen Symptome von Hysterie und Zwangsneurosen. An ihre Stelle trat eine Charaktererkrankung, deren Symptome in den individuellen Stil des Denkens und Handelns eingebettet sind. Wenn Symptome sich im Charakter manifestieren, trägt die betreffende Person ein übersteigertes Verhalten zur Schau, das die Beziehungen zu anderen Menschen beherrscht. Zwangsneurosen äußern sich nicht nur in klar definierten Ideen oder Zwangshandlungen, sondern ganz allgemein in Form von Ambivalenz, übertriebenem Nachdenken und Isolierung des Denkens vom Fühlen. Nach dem Zweiten Weltkrieg waren für die Psychoanalytiker Hysterie und durch fixe Ideen gesteuerte Charakterneurosen die am meisten beobachteten Beschwerden.

Die zweite Stufe trat in den sechziger Jahren in Erscheinung und gab Anlaß zu ernsthaften Debatten unter Experten. Oft baten Patienten, die an sich auf dem Wege zu einer erfolgreichen Karriere waren, um Hilfe, weil sie unter einem Gefühl der Leere litten. Das behinderte ihre Fähigkeit, sich wirklich für eine Sache zu engagieren. Versagen in der ehelichen und außerehelichen Intimsphäre war eine Folge ihrer Unfähigkeit, sich anderen Menschen zu öffnen. Das Ende einer zwischenmenschlichen Beziehung wurde rational damit begründet, die andere Person habe den in sie gesetzten Erwartungen nicht entsprochen. Mit größter Leichtigkeit wechselte man Beziehungen und Arbeitsplätze und schien um jeden Preis alles Dauerhafte vermeiden zu wollen. Rein gefühlsmäßig hatten diese Patienten es gelernt, sozusagen aus dem Koffer zu leben und einen vorübergehenden Geisteszustand einem gefestigten Gefühl vorzuziehen. Oft fiel es ihnen schwer, sich fest für eine Laufbahn zu entscheiden; taten sie es dennoch, war auch sie nur temporär. Ihnen erschien das als Tugend und Begabung. Sie hielten sich für so talentiert, daß sie taten, was sie wollten, um ihre unmittelbaren Ziele zu erreichen. Sie vermochten es, die Aufmerksamkeit ihrer Vorgesetzten auf sich zu ziehen, gradlinig in der Arbeit zu sein und relativ leicht in andere Fachgebiete überzuwechseln. Sie stellten eine komprimierte Version des flexiblen Individuums dar, was die Psychoanalytikerin Helen Tartakoff veranlaßte, ihren Zustand als den „der normalen Persönlichkeit unserer Zeit"[2] zu charakterisieren. Sie litten an der Krankheit der Anpassungsfähigkeit, die nach außen hin zwar attraktiv erschien, jedoch innere Verarmung bedeutete.

Angesichts zu vieler Auswahlmöglichkeiten sahen diese Patienten in Rollenexperimenten einen Ausweg aus ihrem Dilemma, sich für nichts dauerhaft engagieren zu können. Sie glaubten, ihnen würden sich viele andere Türen verschließen, wenn sie mit persönlichem Engagement durch eine bestimmte Türe eintreten. Mit dem Vermeiden einer festen Wahl riskierten sie, ihre eigene Reifeperiode zu verlängern und sich eines Tages zu spät als Erwachsener „selbst zu finden". Als Ausweg aus diesem Dilemma nutzten sie ihre Fähigkeit zum Experimentieren mit verschiedenen Rollen, flexibel zu sein und die Kunst zu praktizieren, andere Menschen zu täuschen, darunter auch Persönlichkeiten mit Autorität und potentielle Liebhaber(innen).

Für diese flexible Persönlichkeit gibt es anscheinend keinen besseren Platz als eine große Organisation. Dort fordert man keine Loyalität, bietet jedoch Mitarbeitern, die gute Rollenspieler sind, enorme Vergünstigungen. Sie ist der rechte Ort für Leute, die zu rechnen verstehen, ihr Verhalten anpassen und die Farbe ihrer jeweiligen Umgebung anneh-

Verschwommene Identität

men können, und die begriffen haben, wie man das Spiel von Herrschen und Unterwürfigkeit spielt.

Eine begabte junge Dame, MBA, machte sich daran, es mit der Welt der Unternehmen aufzunehmen. Sie war von dem Drang beseelt, ihren Bruder zu übertreffen und ihre Position als Lieblingskind ihres Vaters zu festigen, weshalb sie lernte, sich anzupassen. Sie las Zeitschriften für Karrierefrauen und kleidete sich entsprechend männlich in graue Röcke, weiße Blusen und passende Seidenschals. Sie konzentrierte sich auf ihren Lebens- und Arbeitsstil, lernte bei Gruppendiskussionen seriöse Beiträge zu liefern, Berichte termingerecht abzuliefern und während der Cocktails nach dem Dienst und bei Abendessen „dazu zu gehören". Beförderungen und Gehaltserhöhungen erfolgten pünktlich, und sie hatte das Gefühl, auf der Karriereleiter fest Fuß gefaßt zu haben, auf der sie Stufe für Stufe zum Gipfel des Erfolgs kletterte.

Nicht lange nachdem sie es bis zur stellvertretenden Vorstandsvorsitzenden gebracht hatte, stellten sich bei ihr Konzentrationsschwierigkeiten ein. Während dienstlicher Besprechungen schweiften ihre Gedanken ab. Es fiel ihr schwer, sich auf Probleme ihrer Untergebenen zu konzentrieren, und ihre Arbeit, die sie einst spielend erledigt hatte, wurde zu einem ständigen Kampf mit dem Terminkalender.

Geschockt durch den damit einhergehenden Verlust an Vertrauen, suchte sie einen Psychiater auf. Es stellte sich heraus, daß sie mitten in einer Rebellion steckte gegen den selbst auferlegten Zwang zur Anpassung, Rollen zu spielen und latente Vorstellungen von sich selbst zu unterdrücken, die sie als „mein wirkliches Ich" empfand. Nach intensiver psychotherapeutischer Behandlung wechselte sie in eine andere Laufbahn über. Sie hatte erkannt, daß ihr Rollenspiel zwar erfolgreich gewesen war, sie jedoch von echten substantiellen Interessen ferngehalten hatte, die in ihrer gegenwärtigen Firma nicht befriedigt werden konnten. Je größer ihr Erfolg in der alten Firma war, desto mehr mußte sie sich auf ihr Rollenspiel verlassen, um ihn auch künftig zu sichern. Denn je höher sie in der Hierarchie aufstieg, desto ferner fühlte sie sich der eigentlichen Arbeit ihrer Organisation.

Es gibt Wissenschaftler, die diesen sich stets anpassenden Menschentyp verteidigen. Robert Jay Lifton, Psychiater und Sozialwissenschaftler, machte sich einen Namen mit seinen Forschungen über die Überlebenden der Atombombe von Hiroshima und Soldaten, die während des Koreakrieges einer Gehirnwäsche unterzogen wurden. Er schrieb einen Essay über „eine neue Art von Mensch", der imstande ist, sich häufig zu verändern und in einem Zustand des Fließens zu leben.

> „Ich möchte nun einige psychologische Muster untersuchen, die für das Leben in der Gegenwart charakteristisch sind und einen neuen Menschentyp schaffen – einen „proteischen Menschen"... Aus der griechischen Mythologie wissen wir, daß Proteus mit Leichtigkeit seine Gestalt ändern konnte – vom Wildschwein in einen Löwen oder Drachen sowie in Feuer oder Wasser. Was ihm jedoch schwer fiel und was er nur tat, wenn man ihn gefangen nahm und in Ketten legte, war die Festlegung auf eine einzige, seinem Wesen am nächsten kommende Form, um seine Funktion des Prophezeiens auszuüben. Dasselbe kann man vom proteischen Menschen sagen, wobei wir jedoch seine Möglichkeiten wie seine Schwierigkeiten berücksichtigen müssen... Der proteische Stil der Selbstverwandlung ist durch eine nie endende Reihe von Experimenten und Erkundungen gekennzeichnet, von denen jedes einzelne zugunsten einer noch neueren psychologischen Suche aufgegeben werden kann. Ich möchte betonen, daß der proteische Stil keineswegs krankhaft ist, sondern durchaus ein funktionales Muster unserer Zeit sein kann. Er reicht in alle Bereiche menschlicher Erfahrung hinein – ins politische ebenso wie ins sexuelle Verhalten, in die Bewahrung und Verbreitung von Ideen und die allgemeine Organisation unseres Lebens."[3]

Hätte Lifton das Geschehen innerhalb großer Organisationen studiert, dann wäre ihm aufgefallen, wieviel Raum es dem proteischen Menschen bietet. Lifton fand an diesem Prototyp besonders anziehend seine Fähigkeit und Bereitschaft, Rollen zu übernehmen und wieder abzulegen. Auch wenn Lifton darauf hinweist, daß der proteische Stil nicht

Verschwommene Identität 255

zwangsläufig Glück beschert, kommt er doch zu der Schlußfolgerung, man solle ihn weniger als krankhaft ansehen denn als Anpassung an die Erfordernisse der Zeit.

Äußerlich betrachtet bekennt Lifton sich hier zur positiven Seite des proteischen Stils. Psychisch gesehen ergibt sich eine auffallende Verschiebung zur negativen Seite des flexiblen Menschen. Es entsteht ein von sich selbst eingenommener, narzißtischer Typ, völlig in Anspruch genommen von seinem idealisierten Selbstbildnis und gewöhnlich außerstande, einen anderen Menschen zu lieben. Diese Anschauung läßt auf einen Charakterfehler schließen, auf das Fehlen eines in sich gefestigten Selbst oder auf etwas, was wissenschaftliche Beobachter als Identitätsstörung bezeichnen. Mit wenig Selbstverständnis und wenig Selbstwertgefühl paßt der Mensch sich seinem Umfeld an. Man sollte diesen Persönlichkeitstyp nicht mit dem verwechseln, der sich unter kritischen Bedingungen anpassen muß, um überleben zu können. Die flexible Persönlichkeit scheint erfolgreich, und das nirgendwo mehr als in großen Unternehmen.

Der Leiter der Finanzabteilung eines schnell wachsenden mittelgroßen Unternehmens geriet ins Kreuzfeuer einer Auseinandersetzung zwischen dem Geschäftsführer und einem Abteilungsleiter, der den Leiter der Finanzabteilung kritisierte, er habe es versäumt, ein automatisches Verfahren zur Aufzeichnung der Routinearbeiten zu entwickeln und jeweils termingerecht Berichte herauszugeben. Der Geschäftsführer reagierte auf diese Kritik mit dem Hinweis auf die langen und harten Arbeitsstunden des Kritisierten und hob dessen frühere Erfolge beim Aufbau einer Kreditlinie und seine Fähigkeit hervor, auf die Erfordernisse der speziellen Projekte des Geschäftsführers angemessen zu reagieren. Der Leiter der Finanzabteilung ging in der Tat stets besonders auf die Belange des Geschäftsführers ein. Zunächst fand er heraus, wo seine eigene Macht lag, dann versicherte er sich der Zustimmung der dominierenden Machtfigur, um schließlich die Prioritäten in direkter Relation zur Macht seiner „Klienten" festzusetzen.

In ihrem 1968 erschienenen Buch *The Temporary Society* vertreten

Warren G. Bennis und Philip E. Slater dieselbe Ansicht wie Lifton und betrachten das anpassungsfähige Individuum in positivem Licht.[4] Ihre Einschätzung ist politisch begründet. Bennis und Slater behaupten, das flexible Individuum sei für die demokratische Gesellschaft eine Notwendigkeit. Demokratie sei nicht eine von der Gesellschaft erkorene Regierungsform, sondern langsam entstanden aus vielen in der Industrialisierung wurzelnden Zuständen, aus der Ethik der Wissenschaft und dem Anwachsen des Professionalismus. Für diese beiden Autoren ist Demokratie in allen Institutionen unausweichlich, also auch in Regierungen, Wirtschafts- und Bildungswesen.

Angesichts des schnellen technologischen Wandels, des Wettbewerbsdrucks und der Verlagerung von der nationalen zur globalen Volkswirtschaft müssen große Organisationen demokratische Praktiken übernehmen, wenn sie überleben wollen. Für Bennis und Slater verzögern autoritäre Strukturen das Vorankommen der Demokratie, so wie „große Männer" den Fortschritt behindern. Große Unternehmen ersetzen große Männer durch ein „solides Managementteam".[5] Gleichzeitig verschwindet der „Organisationsmensch". An seine Stelle tritt der „Profi", dessen Aufgabe nicht darin besteht, der Organisation zu helfen, sondern Probleme zu lösen. Einer demokratischen Familie entstammend und in egalitären und pluralistischen Schulen erzogen, ist diese neue Gattung ein Produkt der wissenschaftlichen Revolution. Diese Leute brauchen offene Organisationen, die auf wechselhaften Druck von innerhalb und außerhalb der Organisation reagieren. Die neuen „Profis" entsprechen auf bemerkenswerte Weise der Vorstellung von einem demokratischen System, „das keine neue Stabilität und keinen Endpunkt sucht" und keinen anderen Zweck verfolgt, als „ständigen Übergang, fortdauernden Wechsel, nie aufhörende Instabilität".[6] Sie sind, mit einem Wort ausgedrückt, anpassungsfähig.

Lifton, Bennis und Slater meinen, dieser neue Menschentyp sei durch seine Anpassungsfähigkeit zwar erfolgreich, deswegen jedoch nicht ohne weiteres glücklich. Die flexible Persönlichkeit fühlt sich isoliert, von psychischem Streß und von Gefühlen der Unentschlossenheit und Sinnlosigkeit geplagt. Als Ersatz für das fehlende Glücksgefühl kulti-

Verschwommene Identität 257

viert man eine Gesellschaft, die großen Wert legt auf die Austauschbarkeit der Menschen, Orte und Jobs sowie auf die Entwicklung flexiblerer moralischer Muster. Bennis und Slater akzeptieren die Homogenisierung des Menschen als befriedigendes Ergebnis, vorausgesetzt, daß alle Individuen ihre Charakterzüge stärker variieren: „Jeder Einzelmensch muß die Fähigkeit haben, introvertiert *und* extrovertiert zu sein, beherrscht *und* spontan, unabhängig *und* abhängig, gesellig *oder* in sich gekehrt, liebend *und* feindselig, stark *und* schwach, und so weiter."[7] Ihrer Ansicht nach repräsentiert dieser komplette Einzelmensch das neue Ideal einer demokratischen und organisierten Gesellschaft.

Es kann eigentlich nicht wirklich überraschen, daß dieses Modell einer neuen Persönlichkeit – man mag sie narzißtisch oder proteisch nennen – aus der Erforschung des Verhaltens Heranwachsender entstanden ist. Junge Menschen engagieren sich ganz typisch eine Zeitlang in Rollenexperimenten, stehen sie doch vor der monumentalen Aufgabe, sich von ihren Eltern zu trennen, sich an andere Menschen und an eine berufliche Laufbahn zu binden, sowie auf den Schock zu reagieren, daß die Zeit für niemanden still steht. Diese Experimente mit verschiedenen Rollen erscheinen oft seltsam und unheilvoll, und zwar wegen der Geschwindigkeit, mit der Rollen angenommen und wieder aufgegeben werden. Fast jedes Individuum beteiligt sich an solchen Rollenexperimenten, weil das ganz natürlich zu seinem Wachstum gehört. Probleme entstehen dann, wenn der Mensch keinen Sinn für sich selbst finden kann und auf sein Muster als Heranwachsender fixiert bleibt.

In seinem Roman *Der Scherz*, der sich mit „den Paradoxa der Geschichte und des Privatlebens" befaßt, beschreibt der tschechische Autor Milan Kundera Geschehnisse während des Jünglingsalters seines Romanhelden Ludvik nach dem Prager Frühling. Mit Rollenspiel paßt Ludvik sich den Versuchen der Kommunistischen Partei an, die Individualität zu unterdrücken und die Vorherrschaft des Staates zu verkünden. Zwecks Zerstörung der Individualität verlangt die Partei von den Studenten die Teilnahme an „Studiengruppen", die jedes einzelne Mitglied kritisieren und bewerten, vor allem seine Hingabe an Marxismus, Staat und Partei. Ludvik stellt später Überlegungen über sich selbst, die Studiengruppen und seine Freundin an:

„Manchmal verteidigte ich mich (mehr als Sport, denn als echtes Anliegen) gegen den Vorwurf des Individualismus. Ich forderte meine Kameraden auf, mir nachzuweisen, warum ich ein Individualist sei. Mangels konkreter Beweise pflegten sie zu sagen, „Weil du dich wie so einer benimmst". „Und wie benehme ich mich?" „Du hast so ein seltsames Lächeln." „Na und wenn schon. Damit gebe ich doch meiner Freude Ausdruck." „Nein, du lächelst, als ob du in dich hinein denkst."
Als die Genossen meine Haltung und mein Lächeln als *intellektuell* brankmarkten (ein weiteres Schimpfwort jener Zeit), da glaubte ich ihnen tatsächlich. Ich konnte mir nicht vorstellen (hatte einfach nicht den Mut dazu), daß alle anderen, ja selbst die Revolution und der Zeitgeist unrecht haben könnten und ich, ein Einzelmensch, recht. Ich begann, mein Lächeln zu beherrschen, und bald spürte ich, wie sich zwischen der Person, die ich gewesen war, und der Person, die ich (dem Zeitgeist entsprechend) sein sollte und zu sein versuchte, ein winziger Spalt öffnete.
Welches war aber nun mein richtiges Ich? Um ganz ehrlich zu sein: Ich war ein Mann mit vielen Gesichtern. Und meine Gesichter wurden immer mehr. Etwa einen Monat vor Beginn des Sommers kam ich Marketa näher (sie schloß gerade ihr erstes, ich mein zweites Studienjahr ab). Wie alle Zwanzigjährigen versuchte ich, Eindruck auf sie zu machen, indem ich mir eine Maske aufsetzte und vorgab, älter zu sein (an Geist und Erfahrung) als ich wirklich war. Ich gab mich distanziert und verschlossen, erweckte den Anschein, als hätte ich eine zusätzliche, unsichtbare und undurchdringliche Hautschicht. Ich meinte (zu Recht), Scherze würden meine Distanziertheit betonen, und meine Haltung gegenüber Marketa schien gezwungen und künstlich.
Welches war mein wirkliches Ich? Ich kann nur wiederholen: Ich war ein Mensch mit vielen Gesichtern.
Bei dienstlichen Zusammenkünften war ich ernst, enthusiastisch und engagiert; unter Freunden – ein provozierender Hans Dampf in allen Gassen; in Gegenwart von Marketa – zynisch und gelegentlich geistreich. Wenn ich alleine war (und an Marketa dach-

te), war ich meiner selbst nicht sicher und aufgeregt wie ein Schuljunge.
War dieses letzte Gesicht das wahre?
Nein. Sie waren alle echt: Ich war kein Heuchler mit einem echten und vielen falschen Gesichtern. Ich hatte mehrere, weil ich jung war und nicht wußte, wer ich war oder sein wollte. (Ich war erschreckt über die Unterschiede zwischen einem Gesicht und dem nächsten; keines schien genau zu mir zu passen, und zwischen ihnen bahnte ich mir mühselig meinen Weg.)"[8]

Statt mutig durch die Gefahren des Jünglingsalters hindurchzusteuern und ein verläßliches Gespür für sie zu erwerben, scheinen viele Erwachsene diese besonderen Formen des Verhaltens Heranwachsender bewußt beizubehalten. Am Ende dominiert das, was Christopher Lasch „Kultur des Narzißmus" genannt hat. Für ihn repräsentiert die moderne Pathologie eine gesteigerte Version von Normalität. Lasch glaubt, daß jedes Lebensalter „seine ganz eigenen Formen von Pathologie entwickelt, die in übertriebener Form die darunterliegende Charakterstruktur zum Ausdruck bringt."[9] Es lohnt sich daher, die pathologischen Ergebnisse der narzißtischen Persönlichkeit zu studieren, um zu verstehen, was in der amerikanischen Kultur und Gesellschaft vor sich geht. Nach Lasch „versteht der narzißtische Typ es leicht, den Eindruck zu steuern, den er bei anderen hinterläßt, ist begierig, andere zu beeindrucken; er empfindet einen unersättlichen Hunger nach emotionalen Erfahrungen, um seine innere Leere zu füllen, und kann nur mit Schrecken an Alter und Tod denken."[10]

Patienten von Psychoanalytikern, die nicht unbedingt eine intensive Psychoanalyse wünschen, da ihre Krankheitserscheinungen im Zusammenhang mit ihrer Tätigkeit stehen, leiden mehr an ungenauen Empfindungen der Unzufriedenheit denn an genau definierbaren Symptomen. Irgendwie sind sie mit dem Leben unzufrieden; alles erscheint ihnen sinn- und zwecklos. Sie empfinden Leere und Depressionen. Als Reaktion auf die Anschauungen anderer ist ihre Selbstachtung starken Schwankungen unterworfen.

So lange der einzelne Mensch seine Fähigkeit zur Anpassung erfolgreich praktizieren kann, mag er imstande sein, eine Zeitlang das Gefühl der Leere durch harte Arbeit und das Genießen der ihm von anderen entgegengebrachten Bewunderung zu überspielen.

Für diese Verewigung des normalen Jünglingsalters gibt es zwei Erklärungen. Erstens wird genau dieses Muster als Reaktion auf die Geschwindigkeit und Intensität des Wandels von den Organisationen gefördert. Organisationen brauchen flexible Mitarbeiter, die viele Rollen übernehmen und sie auch wieder aufgeben können, ohne einen Verlust zu empfinden. Diese Erklärung stützt die weitverbreitete Anschauung, Narzißmus sei angesichts der in unserer heutigen Gesellschaft gegebenen Umstände kein krankhaftes, sondern ein normales Verhalten.

Die zweite Erklärung blickt in das Individuum hinein und versucht, den narzißtischen Schutzschild zu verstehen, der Rollenflexibilität und Anpassungsfähigkeit notwendiger macht als einen frei gewählten Stil. Die Interpretationen sind unterschiedlich. Die überzeugendste ist jedoch, daß die Furcht vor einer näheren Bindung der Unfähigkeit entstammt, im früheren Leben erfahrene Verluste zu betrauern. Wer sich bindet und Verpflichtungen eingeht, der wird Verlusten gegenüber verwundbar. Der Narzißt zieht es vor, nichts oder wenig zu fühlen, statt Schmerzen über unvermeidliche Verluste zu ertragen.

Angst vor Verlusten und Unfähigkeit zu trauern sind krankhaft. Die Tatsache jedoch, daß Organisationen und die Rolle des Managers wenig Spielraum für Verlust und Trauer lassen, vermischt das Problem individueller Pathologie mit dem gesellschaftlicher Anpassung. Dieses Problem wird deutlicher, betrachtet man die Trümmer, die diese Manager zurücklassen. Das Krankhafte zeigt sich in ihrem Privatleben, vor allem da ihre Flexibilität, gekoppelt mit der Unfähigkeit zum Eingehen von Bindungen, ihren Kindern die Last übermäßigen Zorns aufbürdet.

Diese Flexibilität und Anpassungsfähigkeit wird den Organisationen langfristig schaden. Angesichts einer Führungslücke im Unternehmen läßt Kreativität sich schwer in Gang bringen und beibehalten. Gewiß gibt es Gewandtheit und Cleverness in Hülle und Fülle, doch sollten diese Eigenschaften nicht mit Kreativität verwechselt werden.

An seinem Lebensabend spielte ein weithin bekannter Vorstandsvorsitzender mit dem Gedanken, seine Lebensgeschichte zu schreiben. Zusammen mit einem befreundeten Psychoanalytiker überlegte er, wie er diese Autobiographie abfassen sollte. Was mit einer Diskussion unter Freunden begann, wurde zu einer Form von Therapie. Sie gab ihm Anlaß, über seine Unfähigkeit nachzudenken, ein engeres Verhältnis zu seinen Geschäftspartnern, Geschwistern, zu Frau und Kindern aufzubauen, von denen er bei zahlreichen Gelegenheiten den Vorwurf gehört hatte, er sei unnahbar. Ähnlich wie Milan Kunderas Ludvik, trat er der Welt mit vielen Gesichtern gegenüber, verursacht durch innere Zweifel, wer er als Mensch, Vater, Führer einer Gemeinschaft und mächtiger Unternehmenschef eigentlich war.

Anders als Ludvik empfand dieser gealterte Topmanager über seinen unergründlichen Charakter große Befriedigung. Er fand ihn nützlich zur Stärkung seiner Macht. Wenn er bei wichtigen Unternehmensentscheidungen seine Untergebenen im Ungewissen über seine Meinung ließ, dann erweckte er damit bei Gegnern den Anschein, sie hätten seine Unterstützung gewonnen. In Wahrheit besaß er nur selten gründlich durchdachte Anschauungen zu wichtigen Angelegenheiten. Seine begrifflichen Fähigkeiten waren bescheiden und sein analytisches Talent bestenfalls durchschnittlich. Dennoch errang er Macht und entdeckte schon zu Beginn seiner Laufbahn folgendes: Folgte er den unternehmenspolitischen Debatten aus sicherer Distanz, dann mußte er niemals seine Grenzen offenbaren und stärkte statt dessen bei anderen Leuten das Gefühl, sie brauchten ihn, um das zu erreichen, was sie wollten. Auf diese Weise brachte er es dazu, daß Erfolge des Unternehmens ihm selbst, Mißerfolge aber anderen zugeschrieben wurden. Gelegentlich spielte er seine Fähigkeiten anderen gegenüber herunter: „Ich bin kein geschäftliches Genie. Es gibt eine Menge Leute, die smarter sind als ich." Seine Zuhörer bewerteten diese Bemerkungen als Bescheidenheit, vor allem wenn sie mit dem für ihn charakteristischen Charme geäußert wurden.

Eines Tages äußerte er sich über seine freien Assoziationen. So nannte er das Verhältnis zu seinem Vater gegenüber seinem befreundeten Psychoanalytiker. Sein Vater war handlungsunfähig, wenn er geschäftliche Entscheidungen treffen sollte. Er wurde mit seinem Streß nicht fertig, verließ sich mehr und mehr auf den Sohn. Dennoch war er kritisch, zögerte mit Lob und schmollte, als seine Abhängigkeit vom Sohn deutlich wurde. Der Vorstandsvorsitzende fragte sich, was sein Vater wirklich von ihm hielt.

Er weinte, als er sich darüber beklagte, daß er Lob und Wertschätzung von seinem Vater gewünscht, doch niemals erhalten hatte. Es wurde klar, daß er zutiefst davon überzeugt war, seine heutige Macht sei ein unrechtmäßig erworbener Preis der niemals endenden Rivalität mit seinem Vater. Er wollte Macht, empfand jedoch Schuldgefühle, als er sie bekam. Aus diesem Grunde wurde er für andere Menschen unergründlich, ebenso wie er sich selbst nicht wirklich kannte.

Führung und Kreativität haben vieles gemeinsam. Dauerhafte Wandlungen in Kunst, Wissenschaft und im Wirtschaftsleben setzen voraus, daß ein Individuum eine innere Vision akzeptiert. Fühlt die betreffende Person sich leer, dann kann sie auch keine Vision haben. Die kreative Person muß jedoch auch die Welt sehen, wie sie ist und bereit sein, eine Vision so zu präsentieren, daß auch jeder andere sie versteht. Menschen, die sich ihren Verlusten stellen, statt ihnen auszuweichen, sind in der Lage, potentielle Kreativität und Führungsfähigkeiten freizusetzen. Sie sind genau das Gegenteil von denjenigen, die, wie menschliche Radars, Signale aussenden, um aufzufangen, was die Welt von ihnen erwartet, um sich dann entsprechend anzupassen. Macht das Wirtschaftsleben die voll anpassungsfähige Persönlichkeit zum Ideal, dann bleibt wenig Raum für Kreativität und Führung. Schließlich werden die Organisationen darunter leiden, weil sie jene Individuen an den Rand drängen, die aus ihrem persönlichen Engagement für die Arbeit und den Menschen leben.

Kapitel 12
Streß und Macht

Aus einem Amt zu scheiden, sei es wegen einer verlorenen Wahl, einem Regierungswechsel, dem Verlust des Arbeitsplatzes oder wegen des Verlangens nach einem anderen Beruf, ist eine Erfahrung, die mit Streß verbunden ist, vor allem weil mit dem Verlust der Macht auch die Grundlage der Selbstachtung schwinden kann. Es wäre naiv zu sagen, so sollte es aber nicht sein. Wer einmal Macht besessen und dann verloren hat, kennt die Niedergeschlagenheit und den Zorn, den dieser Verlust mit sich bringt. Die Sache wird dadurch noch schlimmer, daß es keine gesellschaftlich akzeptierte Form der Trauer gibt, so wie es Sitten und Rituale gibt, die uns beim Trauern um den Verlust eines geliebten Menschen helfen.

Wer im Wirtschaftsleben oder in der Politik Macht verliert, erfährt auch einen Verlust an Selbstgefühl. Was diese Menschen einmal gewesen sind, ist so eng mit der Rolle verknüpft, die sie vorher gespielt haben, daß sie sich nun ihrer Selbstachtung und ihrer gesellschaftlichen Position beraubt fühlen. Das Fehlen greifbarer Manifestationen und Symbole von Macht tut weh. Aus einer Machtstruktur ausscheiden, ist gleichbedeutend mit dem Eintreten in eine neue Welt, in der man ein Niemand ist.

Machtsymbole helfen leitenden Managern, ein Gefühl der Identität zu bewahren. Anerkennung durch andere verstärkt die aus der offiziellen Position erworbene Macht. Obwohl es in Amerika weniger auffallend ist als in Europa und Asien, kann eine mit Macht ausgestattete Person von anderen Respekt und Ehrerbietung erwarten. So lehnen es beispielsweise die meisten leitenden Manager ab, jemanden persönlich fristlos zu entlassen, weshalb sie diese Aufgabe gewöhnlich einem Untergebenen übertragen. Sie wollen damit nicht nur emotionalen Konfrontationen aus dem Weg gehen, sondern auch nicht die Ehrerbietung in Gefahr bingen, an die sie sich so gewöhnt haben. Jemand, der freiwillig oder unfreiwillig auf Macht verzichtet, erfährt schnell, was es bedeutet, außerhalb dieser Sphäre der Ehrerbietung zu leben: Die Atmosphäre dort ist zumindest frostig und beängstigend, weil es schwer fällt, angesichts des Fehlens ständiger Respektierung durch andere das eigene Selbstgefühl zu bewahren.

Lee Iacocca beschreibt in seiner Autobiographie den Kummer, den er nach seiner Trennung von der Ford Motor Company empfand.[1] Seine ganze Wut ließ er an dem Mann aus, der ihn entlassen hatte, Henry Ford. Wie Iacocca schreibt, war er vor seiner Entlassung Gegenstand einer überlegten Kampagne zur Demontage der Achtung, die er als Chef des Unternehmens genossen hatte. Konferenzen wurden einberufen, zu denen er nicht geladen wurde. Ihm nahestehende Mitarbeiter verloren ihren Job. Während dieser Periode des Fegefeuers wurde die Machtstruktur der Ford Motor Company mehrmals geändert, um ihn seiner Befugnisse innerhalb des Unternehmens zu berauben. Henry Ford beauftragte McKinsey & Company, eine führende Firma für Unternehmensberatung, mit der Ausarbeitung einer neuen Topstruktur, genannt Office of the Chairman and Chief Executive (Büro des Vorstandsvorsitzenden und Hauptgeschäftsführers) und zahlte ihr dafür mehr als eine Million Dollar. In diesem Büro regierte eine Troika von Inhabern der Macht auf der obersten Unternehmenssprosse, auf der es vorher nur zwei gegeben hatte, nämlich Ford und Iacocca. Ziel dieses Störfeuers war es, ihn zum Rücktritt zu bewegen, was er jedoch verweigerte. Diese Eingriffe dauerten drei Jahre, bis Henry Ford in Gegenwart seines Bruders William schließlich Iacocca mitteilte, er sei nicht mehr Vorstandsvorsitzender der Ford Motor Company.

Iacocca beschreibt dieses Erlebnis so: „Nach meiner fristlosen Entlassung war mir, als hätte ich aufgehört zu existieren. Formeln wie „Vater des Mustang" konnten nicht mehr verwendet werden. Menschen, die für mich gearbeitet hatten, meine Kollegen und Freunde, hatten Angst, mich zu treffen. Gestern war ich noch ein Held. Heute war ich jemand, dem man, koste es was es wolle, aus dem Wege gehen mußte."[2]

Iacocca hatte mehr Glück als die meisten Menschen, die infolge des

Verlusts der Macht Streß erleiden müssen. Kurz nach seiner Entlassung fiel ihm die Chefposition bei Chrysler zu. Dieser Job gab ihm nicht nur eine Machtposition zurück, sondern auch die Chance, mit Henry Ford und den Direktoren abzurechnen, die ihm im entscheidenden Augenblick ihre Unterstützung versagt hatten. Der Streß des Jobs bei Chrysler – die Suche nach Überlebensmöglichkeiten für die Firma, Verhandlungen mit Bankiers, Regierungsbeamten und Gewerkschaftsführern – war psychisch unbedeutend verglichen mit dem vorangegangenen Streß des Machtverlustes. Die Symbole eines hohen Amts waren wieder in seiner Hand.

Präsident Truman sagte über die Probleme, die General Eisenhower als Präsident haben würde: „Der wird hier sitzen und sagen ‚Tut dies! Tut jenes!' *Und nichts wird geschehen.* Armer Ike – es wird auch nicht ein bißchen so sein wie bei der Armee."[3] Truman erwartete, Eisenhower werde zutiefst darüber frustriert sein, wie wenig getan wird und wie selten Anweisungen befolgt werden, zumindest so, wie sie erteilt wurden. Allerdings berücksichtigte Truman nicht, daß Eisenhower ein sehr erfahrener Politiker war, der bei seinen verschiedenen militärischen Missionen gelernt hatte zu verhandeln, zu feilschen und zu überzeugen. Er hatte auf diesem Gebiet gute Lehrer und sehr viel praktische Übung gehabt, beginnend mit seiner Lehrzeit unter General MacArthur auf den Philippinen und endend als Oberbefehlshaber der Alliierten Streitkräfte, wo er es mit so monumentalen und von sich überzeugten Persönlichkeiten wie Feldmarschall Montgomery und General Patton zu tun hatte.

Kenner der verschlungenen Wege der Macht stört es nicht unbedingt, wenn ihren Entscheidungen nicht sofort Ergebnisse folgen. Im allgemeinen Schema einer Organisation geben sie sich damit zufrieden, Schlüsselfunktionen zu bekleiden. Schließlich geht es einzig und alleine darum, Macht zu besitzen, und nicht, daß immer sofort geschieht, was man will. Fällt die Rolle als wichtiger Mitspieler weg, dann läuft alles auch ohne den Betroffenen weiter. Der Machtverlust lädiert die Selbstachtung, weil die „Ausgestoßenen", die nicht mehr am Geschehen beteiligt sind, weiterhin an den Platz „dort oben" denken.

Iacocca behandelt in seinem Buch auch die Frage, warum er die schmerzlichen Demütigungen drei Jahre lang hingenommen hatte, bis er die Macht verlor. Warum klammern leitende Manager sich in solchen Situationen so lange wie möglich an ihren Posten? Iacocca antwortet darauf sehr freimütig. Er liebte seinen Job, der ihm die Achtung und Ehrerbietung nicht nur seiner Untergebenen, sondern auch die einer nationalen Händlerorganisation verschafft hatte. Er genoß es auch sehr, fast eine Million Dollar im Jahr zu verdienen. Außerdem glaubte er, in der Autobranche gebe es für ihn keine Alternativen, und diese Branche sei diejenige, in die er gehöre.

Die fehlende Alternative verstärkt noch den Schmerz des Machtverlustes und stärkt die Neigung, auszuharren und überleben zu wollen. Im Falle Iacocca war dieser Wunsch so stark, daß er sogar erwartete oder es sich in seiner Phantasie vorstellte, die Mitglieder des Vorstands würden gegen Henry Ford für ihn stimmen, so daß er letzten Endes den Machtkampf gewinnen werde. Iacocca nährte seine Phantasie mit dem rationalen Gedanken, er stelle für die Firma einen beachtlichen Wert dar und verfüge über größere unternehmerische Fähigkeiten als seine Rivalen. Später erkannte er, wie naiv das war und wie er sich selbst etwas vormachte, weil er es einfach nicht ertragen konnte, als Mitspieler in der Automobilarena auszuscheiden, die er liebte und in der er sich bestens auskannte.

Der Hauptgeschäftsführer eines großen Unternehmens, der das Pensionierungsalter bereits überschritten hatte, rief einen Unternehmensberater zu sich, um das Problem der Managementnachfolge zu diskutieren. Eine seiner ersten Fragen dazu war, ob er nach Übergabe seines Postens an den Nachfolger noch zu Vorstandssitzungen und öffentlichen Ausschüssen eingeladen würde. Der Unternehmensberater sagte ihm ehrlich, daß er das nicht mehr erwarten könne. Während zahlreicher Gespräche mit ihm begann der Hauptgeschäftsführer sich mit der ganzen Fülle an psychischer Belastung vertraut zu machen, die der Machtverlust mit sich bringen würde. Er beschrieb, was er aus der Sicht des bisherigen Mitspielers vermissen werde: die schnellen einzelnen Schachzüge, die Aktion und die Herausforderung, wenn es darum ging, einen Gegner in einem begrenzten und weitgehend symbolischen Konflikt zu schlagen. Wie bei so vielen anderen leitenden Managern, die nur schwer „loslassen" können, bestand das Problem nicht so sehr in seinem Glauben, nur er könne die Firma leiten. Der Verzicht auf die Macht bedeutete vielmehr, daß er fortan außerhalb des Geschehens stehen und das Spiel auch ohne ihn weitergehen werde.

Der Streß, den Angehörige innerhalb einer Organisation empfinden, hat dieselbe Ursache wie der Streß, der durch den Verlust einer Position entsteht. Macht schützt vor Streß, da sie dem Menschen das Gefühl gibt, Herr der eigenen Handlungen zu sein. Das Fehlen von Macht ist mit einem Gefühl der Hilflosigkeit verbunden, das Streß erzeugt. Eine junge Managerin, die auf dem Wege zur Hauptgeschäftsführerin eines Unternehmens ein gutes Stück vorangekommen war, beschrieb, was Macht für sie bedeutete, und wie sie sich im Besitz von Macht vor Streß geschützt fühlte. Abgesehen davon, daß ein lange gehegter ehrgeiziger Wunsch in Erfüllung gegangen war, bedeutete der Besitz der Macht für sie, daß sie ein Tempo einschlagen und ein Timing fixieren konnte, wie es ihrem Temperament entsprach. Wer sich nicht im Einklang mit dem Tempo des Geschehens fühlt, ist für Streßsymptome anfällig. Zu langsames Tempo langweilt; Stop and Go oder zu schnelles Tempo kann leicht Ängste erzeugen. Je mehr Macht jemand in einer Organisation hat, desto wahrscheinlicher pflegen Tempo und Timing seinen persönlichen Präferenzen zu entsprechen, und alle anderen passen sich seinen Neigungen an. Was vielleicht Streß beim Chef abbaut, kann ihn bei seinen Untergebenen verursachen.

Streß kann auch bei jemandem entstehen, der sich bei seiner Planung den Präferenzen eines anderen unterordnen muß. Wenn ein Chef Stabsbesprechungen zu früher Morgenstunde bevorzugt, kann das für Untergebene, die zwischen Wohnort und Arbeitsstelle pendeln müssen, bedeuten, daß sie schon einen Zug bei Sonnenaufgang benutzen müssen. Weit davon entfernt, sich deswegen zu beklagen, zählen die Untergebenen immer wieder alle Gründe auf, warum ein früher Beginn genau die Zeit ist, die auch sie bevorzugen. In Wahrheit suchen sie eine rationale Begründung für die Tatsache, daß die Nummer Eins stets und überall das Tempo bestimmt, dem alle anderen sich anzupassen haben.

Auch das Bedürfnis der Menschen nach Feedback kann unter Umständen Streß auslösen. Das Verlangen nach Belohnung oder die Unfähigkeit, deren Verzögerung zu verkraften, übt Druck auf das Individuum aus. Manche Manager hängen hinsichtlich ihrer laufenden Erfolgsberichte an der kurzen Leine. In einigen Branchen – der Einzelhandel ist hier ein gutes Beispiel – ist die Zeitspanne zwischen einer Handlung und der Information über ihr Ergebnis nur kurz. Manager in Branchen mit kurzen Geschäftszyklen werden über das Ergebnis ihrer Tätigkeit in absoluten Angaben informiert, und zwar im Vergleich mit ihren vorherigen Leistungen und denen ihrer Konkurrenten. In Branchen mit langen Geschäftszyklen, bei denen ein Produkt erst Jahre nach Unterzeichnung des formalen Auftrags geliefert wird (hierfür bietet der Schiffsbau ein gutes Beispiel), gibt es keine sofortigen Ergebnisse, durch die man Achtung erwerben oder an denen die persönliche Leistung gemessen werden kann. Warum die einen bei der Bewertung ihrer Leistung lange, andere jedoch kurze Zyklen vorziehen, ist unklar. Das scheint komplizierte psychologische Gründe zu haben.

Ein Mensch, der Streß vermeiden will, muß Harmonie empfinden zwischen seinem Bedürfnis, eine Angelegenheit abzuschließen, und dem natürlichen Zeitzyklus innerhalb der Organisation. Keine noch so große Macht gestattet es einem Manager, einen Arbeitszyklus zu verordnen, der nicht der Situation angepaßt ist, zu der die Art des Marktes, die Technologie, die Konkurrenz und die Usancen der Branche gehören. Doch haben Inhaber von Macht die Möglichkeit, das von ihnen bevorzugte Umfeld auszuwählen. So pflegen Unternehmenschefs bei Akquisitionen oder beim Abstoßen unrentabler Teile des Unternehmens unterschwellig vorhandene Präferenzen zu berücksichtigen.

In den Vereinigten Staaten wechseln Manager aus gewinnorientierten Branchen selten in gemeinnützige Aktivitäten über, zu Behörden, philantropischen Institutionen, sozialen Dienstleistungen oder in die akademische Forschung und Lehre. Abgesehen davon, ob spezielle Fähigkeiten sich immer übertragen lassen, hängt das vermutlich mit den persönlichen Präferenzen für das Tempo und die Qualität der Zeit zusammen. In gewinnorientierten Branchen wird schneller gehandelt.

Wer aufgrund von Veranlagung und Temperament auf schnelles Tun aus ist, dem erscheint das Tempo in gemeinnützig orientierten Organisationen unglaublich langsam. Die Gewöhnung an dieses langsamere Tempo erfordert beträchtliche Anpassung, die nur unter Streß erreicht werden kann. Scheinbar triviale Aktivitäten in langsam arbeitenden Organisationen, etwa akademischen Institutionen, sollen dazu beitragen, den Streß des Wartens zu vermeiden. Ein Schulausschuß, der Normen für den Erwerb von Diplomen und damit zusammenhängende Fragen überprüft, braucht viel Zeit und Konzentration für seine Arbeit. Obwohl deren Endergebnis kaum wichtig ist, scheint der beträchtliche Zeitaufwand bei dieser kollektiven Aktivität vielen Menschen die Angst zu nehmen.

Die Annahme, viele Geschäftsleute würden nicht in den gemeinnützigen Sektor überwechseln, weil er ihnen keinen ökonomischen Anreiz bietet, ist nicht stichhaltig. Wären wirtschaftliche Motive wirklich die wichtigsten – warum wechseln Manager aus dem gemeinnützigen Sektor nicht in gewinnorientierte Branchen über, wo die Bezahlung wesentlich besser ist?

Die Präferenz für den einen oder anderen Sektor ergibt sich wohl eher aus fundamentalen Temperamentsunterschieden und der Balance zwischen passivem und aktivem Verhalten. Die Harvard University hat eine Studie über die normale Persönlichkeitsentwicklung erstellt. Darin äußert ein Befragter, das plötzliche Fehlen jeglicher Aktion und ein Zustand von Passivität habe ihn unter Streß gesetzt. Er brauche für sein Wohlbefinden eine Herausforderung, Hindernisse, die überwunden werden müssen. Er beschrieb den Befragern seine Situation folgendermaßen:

> „Für mich war es stets schwieriger, mich an der Spitze eines Haufens als an seinem unteren Ende zu befinden. Sobald ich oben angelangt bin, weiß ich nicht mehr, was ich mit mir anfangen soll, und sehr bald tue ich gar nichts mehr. Dann aber packt es mich wieder. Ich fühle mich wohler, wenn ich von den Dingen überwältigt werde und sie von allen Seiten auf mich eindringen,

wenn ich mit dem Rücken an der Wand stehe. Dann gürte ich gewissermaßen mein Schwert und suche nach einem Ausweg. Und den scheint es fast immer auch zu geben.
Es ist ein miserables Leben, und ich weiß nicht, warum ich das tue, doch habe ich es schon immer so gehalten...
Fast nichts von allem, was ich getan habe, war für mich von dauerhaftem Interesse oder etwas, was mir keine Angst gemacht hätte. Das trifft selbst für meine gegenwärtige Position zu und auch fürs Reiten. Ich reite gerne, und doch habe ich auf dem Rücken der Pferde häufig Angst. Oft manövriere ich mich in eine Situation – ich weiß nicht, ob durch Besessenheit oder Verlangen – in der mich Furcht befällt, die ich aber schließlich doch bewältige und aus der ich mich befreie. Ich kann nicht sagen, welche Kraft mich in solche Situationen treibt. Doch bin ich immer wieder hineingeraten und scheine auch immer wieder herauszukommen."[4]

Bei vielen Menschen zeigt sich eine bewußte Abneigung gegenüber jeglicher Form von Passivität. Passiv zu bleiben, ist ein subtileres Verhalten. Ein leitender Manager stellte fest, daß sein Geschick sich vom Schlechten zum Schlimmeren wandelte. Er konnte sich nur mit Mühe in seinem Job behaupten, und seine Ehe war dem Scheitern nahe. Es erwies sich, daß dieser Mann seinen Kollegen gegenüber lieber eine passive Rolle gespielt hätte. Er fühlte sich als Beobachter wohler denn als aktiver Teilnehmer. Schließlich geriet er in Schwierigkeiten, als er in kritischen Situationen versagte, in denen seine Mitarbeiter zu Recht auf seine Entscheidungsfreudigkeit bauen mußten, um wichtige Arbeiten abschließen zu können. Er war eine intelligente und attraktive Persönlichkeit. Seine Vorgesetzten erkannten nicht eher, wie nahe er oft daran war zu scheitern, als bis es schließlich zu spät war, ernsthafte Probleme noch zu verhindern.

Dieser Mann hatte zwei Möglichkeiten. Entweder mußte er seine Passivität überwinden, oder er mußte eine seinem Temperament gemäße Tätigkeit finden. Das Temperament zu ändern, würde keine leichte Aufgabe sein, besser wäre es deshalb für ihn, seinen Job zu wechseln.

Harte Arbeit und Aktivität verursachen selten psychische Krankheiten oder Streßreaktionen. Am schlimmsten für die meisten Manager ist das Gefühl der Hilflosigkeit, das mit mangelnder Aktivität oder fehlender Kompetenz einhergeht. Ein an Macht und ein gewisses Arbeitstempo gewöhnter Manager riskiert plötzliche Streßreaktionen, beispielsweise einen Herzinfarkt, eher bei Beginn eines Urlaubs als mitten in der Arbeit. An die Stelle äußerer Arbeitsanreize tritt eine innere Welt von Gefühlen und Phantasien, die nicht immer angenehm sind. Tatsächlich besteht eine Nebenfunktion harter Arbeit und der Konzentration auf äußere Geschehnisse darin, die Eindringlichkeit innerer Anreize zu dämpfen, die in Augenblicken der Passivität oder Inaktivität zum Vorschein kommen.

Leitende Manager wären gesünder und kreativer, wenn sie es lernten, eine Unterbrechung ihrer Aktivitäten zu tolerieren oder gar zu genießen. Die meisten Manager fürchten ihre Phantasiewelt so sehr, daß sie sich bemühen, den Einfluß einer potentiell reichen Quelle von Ideen und tieferem Verständnis der menschlichen Natur zu meiden.

Das Gefühl von Meisterschaft kann von jeder Art von Beschäftigung ausgehen, bei allein ausgeübter wie bei in Organisationen praktizierter Arbeit. Ein Mechanikermeister in seiner heimischen Werkstatt kann es genauso empfinden wie ein hochgestellter Manager in einer Kommandostelle. Beide sind mit einem Gefühl der Meisterschaft tätig, sind völlig absorbiert von der Arbeit, die sie gerade tun, und fühlen sich durch das unwillkommene Eindringen beunruhigender und schmerzlicher Phantasien nur behindert. Weniger glücklich sind Menschen, die weder ein besonderes Talent noch eine Position in einer Organisation haben, die ihr Wohlergehen garantieren.

Im allgemeinen hat ein Manager das Image eines von Streß geplagten Menschen. Es entstand aus der Annahme, Manager würden es als Streß empfinden, Entscheidungen treffen zu müssen, die Risiken bergen und das Leben zahlreicher Menschen beeinflussen. Statt dessen muß die wirkliche Quelle des Stresses neu definiert werden. Macht oder eine Position zu bekleiden, in der solche Entscheidungen anfallen, kann therapeutisch wirken. Ihr Gegenteil, das Fehlen von Macht und das Gefühl von Hilflosigkeit, ist es oft, was streßbedingte Krankheiten verursacht.

Zu Beginn der siebziger Jahre veranlaßte die Canadian Broadcasting Corporation eine Untersuchung über Streßreaktionen. Sie schuf eine einzigartige Gelegenheit, das Verhältnis zwischen Macht und psychischem Streß zu studieren.[5] Diese Rundfunkgesellschaft war das Zentrum politischer Stürme im Gefolge des Zweiten Weltkriegs. Im Jahre 1952 wurde sie beauftragt, alle erforderlichen Einrichtungen zu schaffen und zu betreiben, die das Fernsehen in jedes kanadische Haus in allen Regionen des riesigen Landes bringen sollten. Während der Bauzeit wurden die dafür zusammengestellten technischen Gruppen zu Machtzentren der Organisation.

In dieser Bauperiode kam das Topmanagement zu der Überzeugung, ein erfolgreicher Rundfunk- und Fernsehbetrieb sei nur durch Zentralisierung aller Entscheidungen möglich. Wie so oft bei riesigen Organisationen wurde ein an sich erfolgreiches Konzept überstrapaziert, wurde die Kontrolle weit über das Maß des Nützlichen ausgedehnt. Die zentrale Leitung in Ottawa war in Richtung Regierung, Parlament und des für die CBC zuständigen Staatsministers orientiert. Sie war in bezug auf die geographische Entfernung und die Mentalität weit entfernt von den Programm- und Betriebszentralen in Toronto für die englischsprachige und in Montreal für die frankophone Bevölkerung. Toronto und Montreal befaßten sich mit Programmen, einschließlich der künstlerischen und journalistischen Aspekte der Sendungen. Als Folge des gewandelten Bewußtseins der frankophonen Bevölkerung Kanadas und ihrer neuen Bestrebungen wurde das französische Sendenetz zu einem Sammelpunkt für die spätere separatistische Bewegung in Quebec. Leiter dieser Bewegung war ein Journalist und Produzent des CBC namens René Levesque. Er wurde Premierminister von Quebec, als die separatistische Partei die Liberalen bei den Wahlen in dieser Provinz besiegte. Im Jahre 1958 führte er einen Streik der französischsprachigen Produzenten an. Dieser brachte der Öffentlichkeit nicht nur die Feindschaft zwischen den Programmzentren und dem politischen und administrativen Zentrum in Ottawa zur Kenntnis, sondern auch die zwischen der englischsprachigen und der frankophonen Gruppe in Kanada.

Zur Zeit des Streiks wurde CBC von einem Ingenieur namens J. Alphonse Ouimet geleitet. Durch die Regierungskommissionen, die den Auftrag hatten, sich mit der CBC zu befassen, und aufgrund der internen Berichte der CBC an diese Kommission, war die Öffentlichkeit über die Probleme der CBC bestens informiert. Deren Mitarbeiter waren nicht nur Informanten für die verschiedenen Berichte, sondern zugleich auch Angehörige der an den Ergebnissen interessierten Öffentlichkeit. Die andauernde kritische Beurteilung der CBC trug allmählich auch zu deren moralischen Problemen bei. Als Reaktion auf die wachsende Kritik an der CBC seitens der Öffentlichkeit und auch interner Gruppen holte Ouimet führende Manager nach Ottawa, wo sie unter seiner direkten Aufsicht arbeiten sollten. So wurden beispielsweise die stellvertretenden Chefs aus dem englischsprachigen Toronto und dem französischsprachigen Montreal in die Zentrale nach Ottawa geholt, die bald den Spitznamen „Der Kreml" erhielt. Diese räumliche Trennung der Leiter der Netzwerke von ihren Mitarbeitern verstärkte noch den schon vorhandenen Argwohn, die Feindschaft und das Mißtrauen zwischen der Verwaltung und dem praktischen Sendebetrieb.

Im Jahre 1964 hatte die CBC eine besondere Abteilung Personal und Verwaltung geschaffen, um vor allem die Leiter der Programmabteilungen von lästigen Personal- und Verwaltungsangelegenheiten zu entlasten. Sie erhielt bald den Spitznamen „Pest- und Erschwerungsabteilung", weil ihre Bürokratie immer wieder als Abschreckung für jede Kreativität bei der Programmgestaltung, dem Hauptprodukt der CBC, bezeichnet wurde. In einem Brief an eine der Regierungskommissionen nannte ein leitender Manager die Personal- und Verwaltungsabteilung ein „Pilzgeschwür, das jetzt die ganze CBC wie grüner Schimmel überzieht".[6]

Ouimet reagierte auf diese Kritik, indem er einen noch engeren Ring um sich und seine Geschäftszentrale zog, zweifellos mit der bewußten

Absicht, eine Festungsmentalität zu schaffen. Für ihn bestand der Feind nicht nur aus den Regierungskommissionen und der Presse, sondern auch aus dem CBC-Stab für die Programmgestaltung und den Sendebetrieb. Außerdem schuf die Spaltung in zwei Kulturen ein weiteres Schlachtfeld. In der Zentrale befürchtete man ständig, Levesque und seine Gruppen könnten das französischsprachige Netz als politisches Werkzeug zur Förderung der separatistischen Bewegung nutzen.

Im Jahre 1968 trat Ouimet unter dem Trommelfeuer der Kritik zurück. Er wurde durch George Davidson ersetzt, einen Angehörigen des Öffentlichen Dienstes. Zu seinem Stellvertreter ernannte er Laurend Picard, der sich an der Harvard Business School während seiner Vorbereitung für eine akademische Laufbahn in der Wirtschaftswissenschaft in Montreal ausgezeichnet hatte. Die Arbeitsteilung zwischen dem Anglokanadier Davidson und dem Frankokanadier Picard kam der klassischen Aufgabenverteilung zwischen Managern im Außen- und Innendienst recht nahe. Picard hatte sich um Budget, Programmgestaltung und Verwaltung innerhalb der CBC zu kümmern. Davidson nahm sich der Beziehungen zur Regierung und der Öffentlichkeit an, auch wenn Davidson als Präsident und Hauptgeschäftsführer für die gesamte Organisation verantwortlich zeichnete.

Davidson und Picard beschlossen, die CBC zu dezentralisieren. Im Rahmen dieses Planes verlegten die Vizepräsidenten der beiden Netzwerke ihre Büros zurück in die Sendezentren von Toronto und Montreal. Sie wollten die Kluft zwischen der Verwaltung und der Programmabteilung schließen, wozu die Verlegung der beiden Chefabteilungen in die Nähe der Sendezentren ein wichtiger Schritt war. Es blieb noch die Frage, wie man Sendungen beeinflussen oder möglicherweise kontrollieren könnte. Zwar standen jetzt unbestritten zwei Topmanager an der Spitze der CBC, doch hatte keiner der beiden Erfahrungen im Rundfunkwesen, in der Öffentlichkeitsarbeit, den Künsten oder dem Journalismus. Wie sollten sie sich Respekt und Unterstützung der Praktiker sichern, wenn man sie nicht tatsächlich oder symbolisch mit Inhalt und Technik von Rundfunk und Fernsehen identifizieren konnte?

Davidson und Picard hatten beunruhigende Berichte über streßbedingte Erkrankungen unter leitenden Mitarbeitern der CBC erhalten. Dazu gehörten Fälle der allgemeinen Malaise, die man „ausgebrannt" nennt, von Depressionen, Alkoholismus und Selbstmord. Sie wählten 3000 Angestellte aus der Geschäftsleitung, dem Sendebetrieb und dem technischen Personal für eine Untersuchung über Streß am Arbeitsplatz aus. Beide Chefs waren sich der Trennungslinie zwischen Verwaltung und Sendebetrieb bewußt. Ihre Entscheidung für diese Untersuchung bezeugte ihr Interesse am Wohlergehen der CBC-Mitarbeiter und ihre Überzeugung, daß die Begabungen und die Kreativität der Programmgestalter das Herzstück der CBC bildeten.

Die ausgewählten CBC-Mitarbeiter nahmen an der Untersuchung mit großer Anteilnahme teil. Sie waren überzeugt, daß noch viel zur Verbesserung der Arbeitsbedingungen und der Moral getan werden müsse, damit am Ende bessere Ergebnisse erzielt werden könnten. Aufgrund der Informationen aus Interviews, Fragebogen, Persönlichkeitstests, Verhaltensübersichten und Lebensgeschichten ließen sich Häufigkeit und Vorherrschaft bestimmter Streßsymptome erkennen. Man studierte die CBC als eine Art geschlossenes Universum (es war unmöglich, Vergleiche mit anderen Organisationen anzustellen). Die statistische Analyse lokalisierte dann die verschiedenen streßbedingten Krankheitsbilder und machte Vorschläge, wie man die wahrscheinlichen Ursachen erforschen könne. Die Untersuchung schloß mit Empfehlungen ab, wie sich die Streßsymptome verringern und die Arbeitsmoral und Produktivität der Mitarbeiter verbessern ließen.

Das Herausfiltrieren der Häufigkeit und des Überwiegens von Symptomen war eine einfache Aufgabe. Fünf Syndrome (Bündelungen von Streßsymptomen) traten dabei in den Vordergrund: (1) gefühlsmäßiges Unbehagen mit vorwiegend depressiven Reaktionen; (2) ärztliche Behandlung ohne medizinische Rezepte oder definitive Diagnosen bei Gefühlen von Malaise, vielleicht hypochondrisch; (3) Kreislaufkrankheiten und Bluthochdruck; (4) gastritische und Darmstörungen; (5) Allergien und Probleme der Atmungsorgane.

Der analytische Teil der Untersuchungen brachte einige Überraschungen und auch Schwierigkeiten bei der Erklärung der entdeckten Probleme. Die Syndrome waren nicht wahllos in der ganzen Organisation verbreitet. Mitarbeiter in Managementpositionen waren verhältnismäßig frei von Streßsymptomen, während Angehörige des Sendebetriebs zahlenmäßig mehr Symptome aufwiesen als erwartet, vor allem das Syndrom emotionalen Unbehagens. Auch beim technischen Stab, zu dem auch die Ingenieure und Buchhalter gezählt wurden, war die Zahl der Symptome höher als erwartet, vor allem solche, die mit physischen Schwierigkeiten verbunden waren.

Das CBC-Management nahm die Ergebnisse mit Vorbehalt und Unbehagen auf. Die implizierte Aussage, das Betriebsklima bei CBC sei angenehm für das Management und krankmachend für die Angehörigen des Sendebetriebs, hätte die Kluft zwischen Management und Operationsabteilungen noch verbreitern können. Es wäre eine Bestätigung der Ansichten gewesen, die bereits gegenüber verschiedenen Untersuchungskommissionen geäußert wurden, daß nämlich das, was gut für die leitenden Herren der CBC sei, nicht zwangsläufig auch gut für die Programmgestalter sein müsse. Eine andere Deutung der Untersuchungsergebnisse ließ das Management in besserem Licht erscheinen. Es war die These, daß die Angehörigen des Managements psychisch stabiler waren und leicht mit einem Betriebsklima fertig wurden, das für alle Beschäftigten gleich streßerzeugend war. Mit anderen Worten – die Bereitschaft, Streß auf sich zu nehmen, ist eine der Vorbedingungen für eine Beförderung ins Management. Das war eine Möglichkeit, die geringere Streßanfälligkeit der Angehörigen des Managements im Vergleich zu der der Mitarbeiter des Sendebetriebes zu erklären.

Die sorgfältige Analyse der Daten erbrachte, daß die Umweltbedingungen bei der CBC für das Management andere waren als für die Mitarbeiter des Sendebetriebs. Der Stab reagierte auf den mit den Dezentralisierungsbemühungen der neuen Leitung verbundenen Verlust an Macht. Die Angehörigen der Operationsabteilungen reagierten auf das weiterhin vorherrschende Gefühl von Machtlosigkeit. Die Dezentralisierung mit der Rückverlegung der Leitung der beiden Sendenetze nach Toronto und Montreal reichte nicht aus, um den Leuten das Gefühl zu vermitteln „jetzt hat alles, was ich tue, mehr Sinn". Und genau das ist der entscheidende Punkt, der Streßreaktionen in Organisationen und im Leben ganz allgemein hervorruft.

Das Gefühl, Leistung zu erbringen oder etwas zu tun, worauf es wirklich ankommt, ist der Kernpunkt subjektiver Erfahrung von Macht. Auf das Gefühl von Hilflosigkeit, also das Gegenteil von dem Gefühl, etwas zu leisten, reagiert der Mensch mit Apathie. Verringert man die in eine Arbeit investierte geistige und gefühlsmäßige Energie, dann läßt auch der Frust nach und die Situation wird erträglicher, als wenn das Bewußtsein des einzelnen vom Gefühl der Hilflosigkeit beherrscht wird. Das Auftreten von Streßreaktionen hängt von der Fähigkeit der betreffenden Person ab, Energien in positivere Aktivitäten zu lenken. Interessen außerhalb der beruflichen Tätigkeit verhindern Streßsymptome, die sich aus mangelnder Arbeitsleistung ergeben. Lassen sich Aufmerksamkeit und Interesse nicht so ohne weiteres auf andere Gebiete lenken, dann maskiert Apathie den Ärger, der sich im Auftreten von Streßsymptomen manifestiert.

Psychische Symptome haben ihren Sinn, der jedoch oft in verschlüsselter Sprache präsentiert wird. Es lohnt sich, diese Sprache zu entziffern, um die Bedeutung der Symptome zu erkennen. Ein Teil der Verschlüsselung reflektiert kulturelle Erfahrung. So neigten in der CBC-Studie Angehörige der frankophonen ethnischen Gruppe zu Symptomen emotionalen Unbehagens; erreichte der Frust seinen Höhepunkt, dann herrschten bei Frankokanadiern Depressionen und Angstvorstellungen vor. Bei den Anglokanadiern manifestierte sich das Unbehagen in physischen Symptomen, etwa Störungen des Magen/Darmkanals. Ein frankokanadischer Manager erklärte die englischen Symptome mit dem Essen bei den Anglo-Kanadiern: „Haben Sie jemals zu essen versucht, was die da zusammenkochen?" Hinter dieser humorvollen Bemerkung verbarg sich nur mühsam verdeckte Feindseligkeit gegenüber der anderen Kultur. Die Untersuchung ergab auch, daß die frankophonen Mitarbeiter gewöhnt waren, ihren Gefühlen freien Lauf zu lassen, auch wenn sie nicht in der Lage waren, die Situation zu verändern, die ihren Frust verursachte.

Auch Erlebnisse im Kindesalter legen Grundsteine für Frust und die Form späterer Symptome. Einige Menschen lernen schon als Kinder, ihre Gefühle zu verdrängen. Sie werden vermutlich eher als andere sich selbst und anderen durch körperliches Unbehagen kund tun, wie frustriert und hilflos sie sich fühlen. Wer es lernt, Gefühle zu erkennen und auszudrücken, kann die gleichen ernsthaften Streßreaktionen haben wie derjenige, der Emotionen verdrängt. Die Tatsache, daß die Reaktionen emotional geäußert werden, sollte nicht zu dem Schluß verleiten, das Unbehagen werde damit beseitigt oder richte beim Betroffenen keinen Schaden an. Das Gefühl von Frust, Hilflosigkeit und Unfähigkeit zur Veränderung der Lage ist selbst dann schädlich, wenn die Emotionen erkannt und ausgedrückt werden. Den Gefühlen freien Lauf zu lassen, ist nur dann reinigend, wenn der Betreffende daraus lernt und das neue Wissen dazu verwendet, sein Leben im positiven Sinne zu verändern. Sonst bringt diese Katharsis nur vorübergehend Erleichterung und muß bei erneutem Ansteigen des Frustpegels wiederholt werden.

Die hier erörterte Studie lieferte folgende Anregung. Zur Verbesserung der Arbeitsbedingungen sollte das Topmanagement der CBC einen wagemutigen Schritt tun und die Dezentralisierung noch wesentlich erweitern, über das durch die Rückkehr der Chefs der beiden Sendenetze nach Toronto und Montreal bereits Erreichte hinaus. Die Situation schien ideal, um echte Führung, Mitbestimmung und Leistungsfähigkeit zu fördern. Dazu mußten Produktionseinheiten gebildet werden, die mit ihrer Bandbreite von Begabungen und Spezialisierungen in der Lage waren, eigene Programme zu produzieren. Diese autonomen Produktionseinheiten sollten um Etats konkurrieren, unter haushaltsmäßiger Kontrolle arbeiten und an ihren Erfolgen bei der Entwicklung und Ausstrahlung von Programmen gemessen werden. In einer Produktionseinheit unter der Aufsicht eines deutlich herausgestellten Produzenten würde der Sinn für die Leistungskraft jedes einzelnen wahrscheinlich stärker wachsen als in seiner zufälligen Einbeziehung in technische und professionelle Kategorien.

Die CBC-Studie bedeutete für die Führung eine Herausforderung, sich mit der Machtvariablen zu befassen. Diejenigen, die Macht besaßen und vom Streß am wenigsten betroffen waren, wurden aufgefordert, mit der Machtstruktur zu experimentieren, um den Streß bei anderen zu vermindern. Das sollte gewagt werden, auch wenn dieses Experiment etwas bewirken konnte, was sie als Verlust von Macht empfinden würden, und es zu einer Situation käme, die nun auch ihnen Streß einbringen könnte. Eine Kombination von verschiedenen Umständen sowie Angst vor dem Unbekannten veranlaßten das Topmanagement, die Empfehlungen der Studie nicht zu verwirklichen. George Davidson übernahm den Posten des stellvertretenden Verwaltungschefs der Vereinten Nationen und reichte seinen Rücktritt ein. Picard wurde daraufhin Chef der gesamten CBC. Als Neuling in diesem Amt war er nicht bereit, die Risiken kühner Experimente mit der Macht auf sich zu nehmen. Die Studie verschwand in der Versenkung, obwohl sie vom wissenschaftlichen Standpunkt aus ein Erfolg war.

Jedes Team, das eine Zeitlang zusammenarbeitet, entwickelt eine feste Meinungsstruktur. Der Politologe Nathan Leites nannte diese Struktur „Operationskodex" der Elite[7], der Anthropologe Clifford Geertz „Weltanschauung".[8] Sie leistet Hilfestellung und emotionale Unterstützung für eine besondere Art der Betrachtung des Universums. Geertz schreibt, die Struktur fasse zusammen, was man über die Welt weiß, über die Qualität des von ihr getragenen emotionalen Lebens sowie die Art, wie wir uns in ihr verhalten sollten.[9]

Bei der CBC existierte zum Beispiel die verbreitete und tiefsitzende Meinung, es drohe Gefahr, wenn unverantwortliche Menschen Zugang zu Rundfunkwellen erhielten. Die Furcht vor lauernden Gefahren erzeugte das beherrschende Gefühl, man müsse das Verhalten der Mitarbeiter kontrollieren. Die Besessenheit vom Wunsch nach Kontrolle trat an die Stelle des Produzierens hochwertiger Programme für die kanadische Öffentlichkeit. Am Ende schuf diese Besessenheit auch ein fundamentales Mißtrauen zwischen den für die kreative Programmgestaltung Verantwortlichen und der die eigentliche Macht ausübenden Verwaltung.

Ein weiteres Beispiel: Bei General Motors herrschte der tief verwurzelte Glaube, kreative Technologie könne die Organisation in die Irre führen, wie am Beispiel des kupfer-gekühlten Motors ersichtlich sei. Wie Alfred Sloan in seinen Erinnerungen *My Years with General Motors* erzählt, wiegt die Reaktion auf das Gefahrenspektrum schwer zugunsten der Bewahrung der Instrumente der Koordination. Das Resultat ist die Unterbewertung technischer Kreativität und von Innovationen in der Produktion.

Die Identifizierung mit der Machtstruktur und der Glaube an die sie tragenden Mythen haben mehrere Funktionen, von denen keine in Organisationshandbüchern oder Erklärungen über Unternehmenspolitik und Verfahren beschrieben werden. Dennoch verewigen diese Funktionen den Zusammenhalt in Organisationen und schützen die Machtelite vor Streß – bis eine Krise kommt, die die Gültigkeit der Mythen über das Unternehmen in Frage stellt.

Die wichtigste Funktion der Mythen in einem Unternehmen ist, Leuten Wohlbefinden zu verschaffen, die an sie glauben. Durch Mythen entwickeln sie ein Bild von sich selbst, identifizieren sich mit der Machtelite und genießen Selbstachtung. Solange die mythologische Struktur besteht, erleiden die Gläubigen bei ihrer Arbeit für die Organisation wenig Streß. Wird die Struktur geschwächt oder schließt ein einzelner sich nicht dem kollektiven Glauben an, dann kann das Leben von Streß geplagt werden, in manchen Fällen sogar streßbedingte Krankheiten begünstigen.

Die Managementmystik hat es geschafft, die mythologische Struktur über die Grenzen des einzelnen Unternehmens auszudehnen und jeden einzubeziehen, der in irgendeiner Form als Manager tätig ist. Viele leitende Manager haben jedoch in jüngster Zeit erfahren, daß nichts umsonst ist. Das gilt vor allem für Manager in den von ausländischer Konkurrenz überrannten herkömmlichen Industrien sowie für Banken, die ihre Kredite nicht hereinbekommen. Die Manager haben ihre Fähigkeit, sicher mit der Wirklichkeit umzugehen, gegen persönliche Sicherheit und Befreiung von dem Streß eingetauscht, den die nicht zur Machtelite gehörenden erleiden.

Neben ihrer Anfälligkeit für Streß ist einer der wichtigsten Unterschiede im Leben derer, die planen, und jener, die den Plan ausführen, also zwischen Machthabern und Vollstreckern, die Geschwindigkeit, mit der die Realität ihre Botschaften übermittelt. Topmanager wissen oft als letzte über anhängige Probleme Bescheid, während ein einfacher Maschinist in der Fabrikhalle zu den ersten gehört, die etwas über Qualitätsprobleme und Produkintegrität erfahren. Die Menschen lernen und ändern sich unter dem Druck der Realität. Wenn eine der Funktionen des kollektiven Glaubens und der Unternehmensmythen darin besteht, der Elite ihre Selbstachtung zu bewahren und sie vor Streß zu schützen, dann ist die Überlebensfähigkeit der Organisation bedroht. Die Realität kann vielleicht erst die mythologische Struktur einholen, wenn das Unternehmen ins Schleudern gerät und schließlich die Bande gekappt werden, die Gefolgsleute und Führer verbinden.

Teil IV
Genesung
durch echte Führung

Kapitel 13

Das Wesen der Führung

Es ist erstaunlich, wie sehr bei Überlegungen über die Kunst des Führens das Offenkundige außer acht gelassen wird. Der wesentliche Inhalt des Wirtschaftslebens ist die Wirtschaft: Man stellt Produkte her und bringt etwas auf den Markt, was für den Kunden wertvoll ist. Bücher zum Thema Führung enthalten viel über Charaktereigenschaften, Situationen und Managementstile. Die Dinge jedoch, die für den Manager besonders interessant sind, behandeln sie nur flüchtig oder ignorieren sie. Doch bringen gerade diese Begabungen ans Licht, die etwas Besonderes, spezifisch und für den Erfolg eines Unternehmens wesentlich sind. So muß etwa ein Marketingmanager die Bedürfnisse und Verhaltensweisen der Kunden kennen und technisches Wissen nutzen, um bestimmte Probleme zu lösen, etwa wie man die Preise der verschiedenen Produkte festsetzt und für sie wirbt. Verständnis und technisches Wissen des Marketingfachmanns sind jedoch seiner Befähigung untergeordnet, aus bloßen Gelegenheiten echte Chancen zu machen. Insgesamt gesehen beschreiben diese Fähigkeiten, was Führung im Wirtschaftsleben ausmacht: Einfallsreichtum.

Die Schwierigkeit, das Wesen der Wirtschaft in Zusammenhang mit Führung zu bringen, ergibt sich zum Teil aus den konventionellen Abstraktionen, derer die Leute sich bedienen, wenn es gilt, Führung zu verstehen. Unweigerlich begreifen sie dann Führung als Interaktion, als zwischenmenschliche Beziehung und als Methode, statt an das Wesentliche zu denken, nämlich an das, was sich im Kopf des Führers abspielt. Theorien über Führung nähern sich diesem Wesentlichen selten mit Begriffen wie „Initiieren von Strukturen" oder „Aufgabenzuteilung". Für den Sozialwissenschaftler bedeutet Initiieren einer Struktur, daß ein Führer Richtlinien gibt, seine Leute lenkt oder ihnen sagt, was sie tun sollen. Das Eingeständnis, Führung habe einen richtungsweisenden Aspekt, wird kaum der Erwartung gerecht, daß Führen den Inhalt der Unternehmenspolitik und die mit ihr zusammenhängenden Entscheidungen beeinflußt. Auch der Gedanke, daß Führer bestimmte Rollen in der Aufgabenverteilung übernehmen, untertreibt beträchtlich ihren Beitrag zu der von ihren Organisationen eingeschlagenen Richtung. Man betont zu sehr die „soziale Rolle", die Führer ausüben, um die Räder der zwischenmenschlichen Beziehungen zur Vermeidung von Reibungen zu schmieren. Diese typischen Vorstellungen, die angeblich das Verhalten von Führern beschreiben, verfehlen die wichtige Fragestellung, was Führer tun, um einem Unternehmen zum Erfolg zu verhelfen, und wo sie Emotionen und geistige Energie in die Leitung ihres Betriebs investieren. Schon bei oberflächlicher Betrachtung eines Unternehmens wird deutlich, daß Führer ihre Arbeit mit Freude und Einsatz verrichten und auch ihre Untergebenen dazu stimulieren. Es ist undenkbar, daß menschliche Beziehungen auf irgendeiner Ebene der Hierarchie positiv sein können, wenn es an einer positiven Tätigkeit fehlt, die den Menschen wirklich in Anspruch nimmt und seine Aufmerksamkeit erfordert. Der Versuch, Beziehungen oder eine Arbeitsmoral aufzubauen, ohne daß eine gewisse Arbeitsfreude besteht, ist sinnlos und letzten Endes erniedrigend.

Die Bindung zwischen Führer und Geführten in einer kooperativen Beziehung hängt weitgehend von dem Respekt ab, den der Geführte vor der Fähigkeit des Führers hat, Ideen zu produzieren, Lösungen für Probleme vorzuschlagen und vor allem Visionen in weitreichende Zielsetzungen umzusetzen. Die Ausstrahlung eines Führers ist sowohl richtungsweisend als auch von großer Bedeutung. Die Richtung ergibt sich aus seiner Beherrschung des wesentlichen Gehalts eines Unternehmens und findet ihren Widerhall in den Entscheidungen, die ein Unternehmen voranbringen. Die besondere Bedeutung wächst proportional zur Verbundenheit des Führers mit seinen Ideen.

Führung bedeutet mehr als nur andere Menschen zu ermutigen und anzuleiten, nach Lösungen für Probleme zu suchen. Führer müssen Denkanstöße geben, die notwendig sind, einem Unternehmen über die Lösung von Problemen hinaus echte Chancen zu verschaffen. Das unternehmerische Vorausdenken hat viele Aspekte. Der Ideenreichtum beim Marketing bezieht seine Kraft aus genauem Erkennen menschlicher Bedürfnisse und der Möglichkeiten, sie durch ein Produkt oder eine Dienstleistung zu befriedigen. Er ist vielleicht das Wichtigste für eine erfolgreiche Führung, weil es kaum möglich ist, in vielen Aspekten unternehmerischer Aktivitäten das Richtige zu tun, wenn das Marketing falsch ist. Viele leitende Manager haben Visionen im Finanzsektor, aber keinen Sinn für Produkte und Märkte. Ist dann noch die finanzielle Seite bei ihnen so überbetont, daß sie die Realitäten des Marketing und der Produktion nicht richtig erkennen, dann gibt es früher oder später Schwierigkeiten. Sie glauben irrtümlich, ein mühsam zustandegekommener Geschäftsabschluß garantiere, daß er auch vom wirtschaftlichen Standpunkt aus gesund sei.

Die Erkenntnis des Daseinszwecks eines Unternehmens sichert dem Manager in der Regel auch Wohlergehen. Ebenso respektieren die Mitarbeiter einen Kollegen, der etwas zum Erfolg der Firma beiträgt. Grundlage guter Führung oder der Bereitschaft des Menschen, anderen zu vertrauen, ist die Achtung, die eine Person einer anderen entgegenbringt. Organisationen, die Mitarbeiter mit besonderen Begabungen nicht genügend achten oder, was noch schlimmer ist, daran hindern, Machtpositionen zu erreichen, stehen vor dem Abstieg.

Im heutigen Wirtschaftsleben hat man dieses offenkundige Faktum, das dem Respekt vor jeder Autorität zugrunde liegt, vergessen. Allzu oft wird jemand zum Hauptgeschäftsführer gemacht, weil er ein guter Finanzleiter ist oder gut mit Menschen auskommt. Leider wird aus einem guten Finanzleiter nicht ohne weiteres ein guter Hauptgeschäftsführer, weil es ihm am substantiellen und genauen Wissen um Marketing und Herstellung mangelt und er das Unternehmen aufgrund bloßer Zahlenangaben leitet. Er täuscht sich selbst, wenn er Zahlen mit der Realität gleichsetzt. Zahlen liefern bestenfalls ein teilweises Bild der Realität. Was gutes Auskommen mit Menschen anbetrifft, so reicht auch das nicht als Grundlage für echte Führung aus, denn schriftliche und mündliche Berichte können nicht unzureichende Einfallskraft ersetzen. Und noch eines. Wer in seinem Managementstil soziale Fähigkeiten hervorhebt, der fürchtet oft die Isolierung, die beim Konkurrenzkampf um Ideen entsteht. Die Nutzung des eigenen Ideenreichtums kann eine Person vorübergehend von Kollegen und Freunden isolieren. Für eine echte Führung kommt es entscheidend darauf an, diese Isolierung zu akzeptieren, ohne dabei die bedeutsamen Bindungen zu unterbrechen, die eine Autoritätsbeziehung aufrecht erhalten.

Das Wirtschaftsleben braucht Leute, die ein Unternehmen mit ihrer Einfallskraft voranbringen. Um ihren Ideenmangel zu kompensieren, versuchen Autoritätspersonen es mit Charme. Sie schmeicheln den Menschen und führen sie sogar in die Irre – eine Taktik, die am Ende ihre Autorität nur mindert. Ein Führer, der fest auf seine eigene Einfallskraft vertraut, respektiert und nutzt die Begabungen anderer Personen. Inhaber von Macht mit geringer Vorstellungskraft sind für Gefühle der Unsicherheit anfällig, können sich durch Talente anderer bedroht fühlen und einen Rückzieher machen, wenn man von ihnen substantielle Beiträge fordert. Oft suchen sie sich als Untergebene in leitenden Funktionen Menschen aus, die verfahrensorientiert statt substanzorientiert sind. Diese fungieren dann als Echo, statt die Begabungen des leitenden Managers zu ergänzen. Schlimmer noch: Diese Untergebenen tendieren dazu, in der Unternehmenspolitik mitzumischen. Dann kommt es zu einer festgefahrenen Situation, in der Politik, Selbstbezogenheit und Statusbewußtsein in den täglichen Wechselbeziehungen zwischen Managern und Untergebenen die notwendigen Ideen verdrängen.

Vorstellungskraft im Wirtschaftsleben ist die Fähigkeit, Chancen zu erkennen. Einige Wirtschaftsanalytiker denken selten über das hinaus, was gegeben ist, noch ziehen sie Möglichkeiten für neue Produkte oder Verfahren in Erwägung. Das Wort *Chance* hat in seinem allgemeinen Gebrauch den negativen Beigeschmack, eine günstige Gelegenheit zum Nachteil eines anderen oder auf unmoralische Weise auszunutzen. Richtig verwendet bezeichnet es die Fähigkeit, eine günstige Gelegenheit ohne negative Implikationen wahrzunehmen und entsprechend zu handeln. In diesem Sinne ist Chance der Kern unternehmerischen Denkens und der Anwendung von Einfallskraft. Einfallskraft ist die Fähigkeit, sich aufgrund der Beobachtung dessen, was *ist*, vorzustellen, was *sein könnte*. Eine Chance nutzen ist die Fähigkeit, einer Vision praktische Form zu geben. Im Wirtschaftsleben, wenn nicht ganz allgemein, kann sie auf mindestens zweifache Weise genutzt werden. Man kann sie aggressiv suchen oder passiv auf sie warten. Der aggressive Weg besteht darin, den Markt zu sondieren und auf ihm Situationen so zu verändern, daß sich Chancen ergeben. Beim passiven Weg schafft man ein Vorstellungsbild von einer vorteilhaften Situation, das mehrere gut definierte Elemente enthält. Dann wartet man auf den Augenblick, in dem das Zusammentreffen dieser Elemente Wirklichkeit wird. Sobald dieser gekommen ist, handelt man schnell, um das gewünschte Ziel zu erreichen. Die aktive und die passive Form der Ausnutzung von Chancen unterscheiden sich im Stil, im Risiko und schließlich in der Persönlichkeit der Handelnden, doch sind beide bei der Führung von Unternehmen erfolgreich.

Nehmen wir als Beispiel Ideenreichtum bei der Herstellung von Produkten. Eine der wichtigsten Visionen in der Geschichte der Fabrikation war das Konzept austauschbarer Teile. Die Erfindung oder Entdeckung der Austauschbarkeit läßt sich schwer einer bestimmten Person zuschreiben. Thomas Jefferson erkannte die Bedeutung auswechselbarer Teile, als ihm Honoré Blanc das Herstellungsverfahren demonstrierte, „jeden Teil einer Muskete so genau zu fabrizieren, daß er problemlos auch in jeder anderen Muskete der Waffenkammer Verwendung finden kann".[1] Es ist eine Ironie der Geschichte, daß Jefferson, der sich mit leidenschaftlicher Beredtsamkeit gegen die Einführung mechanischer Herstellungsmethoden in der Landwirtschaft der Neuen Welt stemmte, der erste war, der die Austauschbarkeit von Ersatzteilen befürwortete, vielleicht mehr aus Notwendigkeit denn aus eigenem Verlangen. In diesem Fall bot sich die Chance in der Notwendigkeit, die Abhängigkeit von anderen Nationen auf dem Gebiet der Rüstung zu verringern. Die Mittel dazu boten sich in diesem Konzept, von dem Jefferson erstmals erfuhr, als er 1785 als Gesandter in Frankreich war. Später nutzte Eli Whitney, der wie Blanc eine starke Vorstellungskraft im Bereich der Fabrikation besaß, die Chance zur Förderung der Austauschbarkeit von Ersatzteilen, die sich als Folge der starken Nachfrage nach Waffen ergab.

Die Chancen, die ein großer Markt bietet, haben auch andere Ideen im Bereich der mechanischen Fabrikation angeregt. Der Gedanke der Präzision, der Herstellung von Teilen, die genau festgelegten Normen entsprechen, führte auch zu sparsamerer Massenproduktion. Außerdem stimulierte er Bestrebungen, Maschinen zu entwerfen und herzustellen, die millimetergenaue Toleranzen berücksichtigen.

Heute bezieht die Vorstellungskraft bei der fabrikmäßigen Produktion auch die Informationstechnologie zum Bau von Maschinen ein, die im Volksmund Roboter genannt werden und menschliche Bewegungen simulieren. Bis zur Erfindung des Roboters war der Ersatz menschlicher Arbeit durch Maschinen weitgehend auf die Herstellung von Teilen beschränkt. Ihre Montage zum Endprodukt wurde immer noch von Menschenhand vorgenommen. Die Notwendigkeit der Präzision und die Winzigkeit der Komponenten beschleunigten dann in der elektronischen Industrie die Entwicklung automatisierter Herstellungsmethoden. Das Aufdrucken von Stromkreisen auf Chips bot beispielsweise einen neuen Weg zur Herstellung von Komponenten elektronischer Instrumente und Produkte.

Wie bei anderen Arten wirtschaftlicher Vorstellungskraft beruht der Ideenreichtum im Bereich der Herstellung mehr auf begrifflicher Vorstellungskraft als auf reinem Experimentieren. Versuch und Irrtum, vor allem bei komplexen Produktionsprogrammen, sind nutzlos und Vergeudung, wenn die betreffende Aktivität nicht von einer entsprechenden Theorie und von begrifflichen Vorstellungen geleitet wird. Ein beredtes Argument für diese Art begrifflicher Vorstellung stammt von Daniel E. Whitney, Leiter der Abteilung Robotereinsatz und Montagesysteme bei Draper Laboratory. Ersetzt man einen Menschen durch eine Maschine ohne entsprechende vorherige begriffliche Vorstellung von dem, was man erreichen will, dann ist das etwa so, als ob ein Golfspieler ohne Konzept übt, wobei er eher einen schlechten Stil als einen wirkungsvollen Schlag entwickelt.[2] Viele Manager sehen im Robotereinsatz die magische Lösung zur Wiederherstellung unseres Wettbewerbsvorsprungs, vor allem gegenüber den Japanern. Auf diese Idee kommen sie jedoch nur wegen eines Fehlers im begrifflichen Denken.

Begriffliche Vorstellungskraft beginnt mit der richtigen Formulierung des Problems. Im Bereich der industriellen Herstellung stellt man sich zum Beispiel in Gedanken ein Ganzes vor, in dem Teile und Funktionen richtig zusammenpassen. Die begriffliche Vorstellung von Natur mag einfach sein, ist jedoch niemals simplifiziert. Die Wissenschaft von den Robotern hat eine einfache begriffliche Vorstellung von dem, *was* die Leute tun, sagt Whitney. (Die Funktionen, die sie ausüben, in Beziehung zum ganzen Produkt und zum Herstellungsprozeß.) Die simplifizierte Vorstellung konzentriert sich darauf, *wie* sie es tun, um dann eine Maschine zu erfinden, die dieses „wie" nachahmt.³ Der Fehler im Denken bei Managern entsteht dann, wenn sie sich mehr auf das „Wie" als auf das „Was" konzentrieren und zu der Überzeugung gelangen, daß das, was die Leute heute tun, morgen die Roboter tun werden. Der Schritt vom „wie" zum „was" bedeutet eine Verschiebung vom Besonderen zum Begrifflichen. Und diese Verschiebung ist typisch für Wirtschaftsmanager, ganz gleich, welche Art von Vorstellungskraft sie anwenden.

Trotz seiner späteren Neigung, alles zu konkretisieren, ging der ältere Henry Ford beim Entwurf des Wagens, aus dem das Modell T wurde, und bei der Planung der Produktion dieses Gefährts von einer begrifflichen Vorstellung aus. Er stellte sich ein Automobil vor, das vor allem den Bedürfnissen des Farmers dienen sollte. Es mußte im Design so einfach sein, daß der Besitzer es leicht reparieren konnte. Ferner mußte es zuverlässig sein und sich zu einem Preis verkaufen lassen, den der Kunde sich leisten konnte. Es sollte der Wagen für den „kleinen Mann" in den Vereinigten Staaten werden, nicht für den „reichen Burschen", für den Automobile entworfen wurden, ehe Henry Ford die Szene betrat.

Ein Konzept ist veränderbar. Daher ist auch das Konzept eines Produkts unzähligen Manipulationen unterworfen, was gefährlich werden kann. Da begriffliches Denken so flexibel ist, kann es vielleicht nie zu einem endgültigen Schluß gelangen und daher auch kein verkäufliches Produkt hervorbringen. Dennoch läßt die extreme Form konkreten Denkens – Denken, das sich auf einen besonderen Gegenstand konzentriert, der gegenwärtig existiert und funktioniert – keinen Raum für grundsätzliche Überlegungen und Veränderungen. Das mit allzu konkretem Denken assoziierte Versäumnis, etwas zu verändern, ist in der Wirtschaft weitaus mehr verbreitet als das mit begrifflicher Vorstellung assoziierte Versäumnis, eine Sache endgültig abzuschließen. Menschen mit begrifflicher Vorstellungskraft werden gewöhnlich von dem Wunsch motiviert, ihre Vision auch zu verwirklichen und zugleich aus ihren Bemühungen Gewinn zu ziehen. Demzufolge sind sie auch imstande, eine Sache zum Ende und in eine Form zu bringen, die wirtschaftlichen Wert besitzt.

In der Wirtschaft ist Vorstellungskraft nicht dasselbe wie Kreativität. Während sie schon verhältnismäßig selten anzutreffen ist, gilt das noch mehr für Kreativität. Würde Führung von echter Kreativität abhängen, dann befänden wir uns in der mißlichen Lage großer Nachfrage bei nur geringem Angebot. Zum Glück besteht ein Unterschied zwischen wirtschaftlichem Vorstellungsvermögen und Kreativität. Alle Formen wirtschaftlichen Ideenreichtums – bei der Produktion, der Finanzierung, im Marketing – beruhen vorwiegend auf Nachahmung und Anwendung bereits vorhandener Methoden. Dies funktioniert beim Analysieren und Formulieren von Problemen, die durch Bedarf entstehen, und bei der Suche nach Lösungen auf der Grundlage von Erfahrungen und Analogien. Dabei wird das Denken nicht so weitgehend verändert wie im Falle von Kreativität. Es handelt sich hier um eine anregende und wichtige geistige Aktivität, auch wenn sie, genau definiert, nicht als kreativ gelten kann.

Soichiro Honda, der die Honda Motor Company gründete, liebte Motoren in der Idee und als fertiges Produkt. Er hat die Verbrennungsmaschine nicht erfunden, aber perfektioniert. Jeder Besucher Tokios in den fünfziger Jahren stellte fest, daß die Luft dort stank und fast nicht mehr zu atmen war. Honda erkannte den Bedarf an sauberen Motoren in den verstopften Großstädten und entwickelte Abgasreiniger. Diese haben seit den achtziger Jahren die Luftqualität so verbessert, daß Tokio selbst während der heißen Sommermonate eine angenehme Stadt ist. Ohne selbst eine formale Ingenieurausbildung genossen zu haben, besaß Honda eine Vorstellungskraft im Bereich Technik und Herstellung, der ein Gespür für Ästhetik der Form, der Bewegung, für Leistungskraft und Design zugrunde lag.

Hisagi Shinto baute nach dem Zweiten Weltkrieg die IHI Shipbuilding Company wieder auf und wurde später Vorstandsvorsitzender der Nippon Telephone & Telegraph Company. Die Geschichte, wie er IHI für den Nachkriegsboom im Schiffsbau vorbereitete, zeigt, wie durch abstraktes Denken ein dringendes Wirtschaftsproblem gelöst und zugleich umfassendere Probleme wie Arbeitslosigkeit und drohende totale Destabilisierung der japanischen Nachkriegswirtschaft beseitigt wurden. Nach der Säuberung Japans zu Beginn der militärischen Besetzung des Landes von Industriellen aus der Kriegswirtschaft ernannte General MacArthur Herrn Shinto zum Chef der IHI. Dieser befand sich in einer bedrückenden Situation, mußte er doch ein Unternehmen leiten, das keine Aufträge hatte, und dennoch den Anschein von Ordnung und Kontinuität in einer demoralisierten Nation wahren sollte. Statt in Panik zu handeln, beschloß Herr Shinto zunächst einmal nachzudenken. Das begann mit der Beobachtung, daß der japanische Schiffsbau ineffizient war und es ihm, abgesehen von den Arbeitslöhnen, an Kostenvorteilen mangelte. Trotz fehlender Schiffsbauaufträge glaubte Shinto, daß auf ihn und seine Firma eine Chance warte. Die Handelsschiffahrt würde früher oder später ihre veraltete Hochseeflotte durch neue Schiffe ersetzen müssen. Sobald sich die Chance bot, sollte darum sein Unternehmen mit einem wettbewerbsfähigen Produkt zur Stelle sein. Um eine effizientere Schiffsbaumethode zu entwickeln, die seine Werft in hohem Maße konkurrenzfähig machen konnte, studierte er viele Schiffsbaupraktiken. Er suchte nach Analogien und fand eine solche in der amerikanischen Flugzeugbauindustrie während des Zweiten Weltkriegs.

Vor dem Kriege wurden Flugzeuge eines nach dem anderen nach traditioneller Methode an einem zentralen Ort gebaut. Als Präsident F. D. Roosevelt ein Produktionsziel von 50 000 Flugzeugen pro Jahr festsetzte, entwickelten die Flugzeugbauer neue Herstellungsmethoden – den Modulbau. Das Produkt wurde so entworfen, daß es in Einzelteile oder größere Einheiten zerlegt werden konnte. Die Einzelteile wurden in getrennten Werkstätten gebaut, die auf ein spezifisches Modul spezialisiert waren. Danach wurden sie zu einem zentralen Montageplatz transportiert, wo das Endprodukt bei guter Kontrolle der Lagerbestände und Produktionszeitpläne schnell zusammengebaut wurde. Dadurch wurden Probleme vermieden, die oft entstehen, wenn am Ort der Endmontage große Zahlen von Arbeitern mit vielen verschiedenen Montagearbeiten beschäftigt sind.

Herr Shinto übertrug das Konzept des Flugzeugmodulbaus auf den Schiffsbau. Das setzte die sorgfältige Prüfung des Produktdesigns voraus, um funktionsfähige Bausteine zu bestimmen und Vorarbeiter und Arbeiter in dem neuen Verfahren zu schulen. Als sich dann der amerikanische Reeder Daniel Keith Ludwig in Japan nach billigen Schiffen umsah, waren Shinto und IHI Shipbuilding in der Lage, seinen Bedarf zu decken und durch Ausnutzung der Produktionskapazitäten neue Arbeitsplätze zu schaffen.

Man könnte nun sagen, IHI habe großes Glück gehabt, daß Mr. Ludwig zum günstigen Zeitpunkt nach Japan kam. In Wahrheit hätte jedoch alles Glück der Welt nichts erbracht, wäre die Firma nicht aufgrund der technischen Vorstellungskraft ihres Chefs in der Lage gewesen, den Bedarf zu decken. Shinto wies dem Unternehmen die grundlegende neue Richtung und demonstrierte mit seinem persönlichen Einsatz für neue technische Verfahren wahre Führung. Ganz offensichtlich besaß er das technische Verständnis für diese selbstauferlegte Aufgabe. Auch wenn er dabei Ressourcen anderer benutzte, so verloren er und seine Organisation niemals die Vision aus den Augen, die er als Daseinszweck des Unternehmens aufgestellt hatte.

Diese Geschichte hat noch ein kleines, aber interessantes Nachspiel. Die amerikanische Firma Avondale Shipyards ließ eine Studie über die Häufigkeit des Arbeitsplatzwechsels und das wiederholte unbegründete Fernbleiben vom Arbeitsplatz erstellen. Ihr Ergebnis bestätigte die intuitive Erkenntnis der Firmenleitung, daß zur Steigerung der Produktivität weniger Arbeiter auf jeweils verschiedenen Produktionsebenen beschäftigt werden müßten. Ungewöhnlich häufiger Wechsel des Arbeitsplatzes und Abwesenheit am Arbeitsplatz trugen erheblich zu den Produktivitätsverlusten der Werft bei. Der Bau von Modulen versprach bessere Produktivität und höhere Löhne bei verbesserten Arbeitsbedingungen für einen kleineren, jedoch permanenten Beschäftigtenkader. Das Avondale Management war klug genug, IHI um Rat zu bitten, obwohl die japanischen Methoden vom Konzept her aus den Vereinigten Staaten stammten.

Chancen mit Hilfe des abstrakten Vorstellungsvermögens zu nutzen, ist auch für einen ganz anderen Bereich der Unternehmensführung typisch, nämlich für die Finanzabteilung. Die Theorie effizienter Märkte besagt, der Austausch von Informationen bringe Preis und Wert automatisch wieder ins Gleichgewicht. Einem ideenreichen Geschäftsmann verschafft jedoch auch ein Ungleichgewicht bzw. eine Marktanomalie die Chance, Vorteile und Gewinne zu erarbeiten. Liegt etwa der Kurs einer Aktie beträchtlich unter dem Wert der Kapitalanlagen oder der künftigen Gewinnaussichten des betreffenden Unternehmens, dann regt diese Anomalie Geschäftsleute mit hoher Vorstellungskraft im Bereich der Finanzierungsmöglichkeiten zum Handeln an. In den achtziger Jahren hat es eine wahre Epidemie von Übernahmen und Firmenzusammenschlüssen gegeben. Sie war das unmittelbare Ergebnis eines größeren Ungleichgewichts zwischen der Bewertung einer Aktie durch die Börse und der Bewertung der Kapitalanlagen und Gewinnaussichten der betroffenen Firmen. Unternehmen, die Produkte herstellen und vertreiben, sowie Investmentbanken, die von Unternehmenszusammenschlüssen profitieren, nutzen derartige Anomalien als Chancen, durch Akquisition unterbewerteter Firmen Fabrikanlagen, Kundenstämme und neue Produkte zu erwerben.

Eine ganz andere Anomalie ist gegeben, wenn die selbständige Abteilung eines großen Unternehmens als Folge von Irrtümern ihres Managements ein vorhandenes Potential nicht voll nutzt. Unternehmen mit unrentablen Abteilungen pflegen diese an andere Firmen zu verkaufen, um auf diese Weise einen Geschäftszweig abzustoßen, der die Gesamtrechnung ständig negativ beeinflußt. Eine Firma, die sich für fähig hält, die unrentable Abteilung einer anderen Firma wieder rentabel zu machen, kann einen solchen ‚Verlierer' oft zu einem vernünftigen oder gar Spottpreis erwerben. Hat der neue Besitzer Erfolg, dann verbessert er damit seinen Gewinn und seine Kapitalrendite. Entscheidend für diese Art von Transaktion ist, daß die betreffende Firma sich ihrer eigenen Kompetenz ganz sicher ist und erkennen kann, ob die anvisierte Firma infolge bestimmter Probleme ihr wirtschaftliches Potential nicht voll ausnutzt. Derartige Transaktionen erfordern auch die Fähigkeit, auf Finanzierungsmethoden zu verfallen, die sich besondere Chancen auf den Finanzmärkten zunutze machen. „Strukturierungs"geschäfte zu arrangieren, das ist ein seltenes Talent, für das Investmentbanken und ihre Klienten Höchstpreise zu zahlen bereit sind. Solche Fähigkeiten findet man häufig auch unter Topmanagern von Herstellungs- und Dienstleistungsbetrieben. Diese Form finanziellen Ideenreichtums setzt einen sechsten Sinn für die Bewertung von und den Umgang mit Risiken voraus.

Sich mit Anomalien auf den Finanzmärkten zu befassen, ist trotz vorhandener Risiken kein bloßes Spielvergnügen. Financiers verfügen gewöhnlich über einen Plan, der es ihnen ermöglicht, verborgene Werte an die Oberfläche zu bringen. Sie verkaufen Kapitalanlagen an andere Firmen oder stoßen einzelne Abteilungen der Firma ab, während sie Einheiten zurückbehalten, die den verbleibenden Hauptteil stärken. In einigen Fällen mögen die zurückgehaltenen Kapitalanlagen wenig kosten, wenn man berücksichtigt, was die diversen Verkäufe und Abtrennungen in bar erbracht haben.

Vielleicht ist finanzieller Einfallsreichtum kaum mehr als eine ausgeklügeltere Version des bei uns allen vorhandenen Strebens, ein gutes Geschäft zu machen. Hinter der Jagd nach einem guten Geschäftsabschluß steht vielleicht noch die Fähigkeit, sich im voraus die verschiedenen Möglichkeiten des Geldverdienens bildlich vorzustellen. Aufkäufer von Unternehmen, die sich nicht scheuen, schäbige Übernahmegebote abzugeben, haben diese Fähigkeit ganz besonders entwickelt. Sie verdienen Geld, wenn ihr Übernahmeangebot akzeptiert wird. Sie verdienen aber auch, wenn die Firma, die sie aufkaufen wollen, sich dafür entscheidet, die vom Aufkäufer gehaltenen Anteile abzulösen.

Finanzielle Vorstellungskraft ist eine intellektuelle Übung, Informationen aufzuspüren und aus ihnen auf Anomalien zu schließen. Investmentbanken geben riesige Summen dafür aus, an Informationen zu kommen und sie zu analysieren, in der Hoffnung, Ungleichgewichte auf den Märkten zu entdecken. Die Lektüre von Geschäftsberichten und Akten der Börsenaufsichtsbehörde kann sehr aufschlußreich sein. Menschen mit finanzieller Phantasie sind zudem darauf aus, neue Beziehungen anzuknüpfen. Die Oberen und Mächtigen zu kennen und bei ihnen bekannt zu sein, das gibt nicht nur Zugang zu Informationen, sondern auch zur Beteiligung an Geschäften aller Art.

Carey Reich hat eine Biographie zu André Meyer geschrieben. Darin schildert er, wie besessen Meyer davon war, mit vielen Menschen Kontakte zu pflegen.[4] Er nahm es übel, wenn Leute ihn nicht regelmäßig aufsuchten oder anriefen. Psychologisch gesehen läßt diese Besessenheit sich als eine Sucht nach Zuneigung und Bewunderung seiner wichtigen Freunde deuten. Angenommen, in dieser Interpretation stecke ein Kern von Wahrheit. Dann verstärkt dieses psychologische ein noch deutlicheres rationales Motiv. Es ist verheerend für einen Financier, wenn er den Kontakt mit dem Informationsfluß verliert. Hochstehende Leute pflegen vor allem Verbindungen zu Inhabern von Macht und verkünden lauthals, wen sie alles kennen. Sie tun das nicht, um ihre Unsicherheit zu verbergen und ihren Status zu betonen, sondern um zu signalisieren, daß sie zum Informationsnetz gehören und daher beachtet werden sollten.

Leute aus dem Finanzierungsbereich gedeihen am besten durch Partnerschaften, die ihnen nicht nur Zugang zu Geschäften aller Art verschaffen, sondern ihnen auch den Erhalt ihrer Position im Macht- und Informationsnetz garantieren. Man kann nicht erwarten, immer zur Beteiligung an Geschäften anderer aufgefordert zu werden, wenn man nicht auch anderen solche Chancen bieten kann. Partnerschaften haben auch den Vorteil, das Risiko der Bewertung von Informationen auf mehrere zu verteilen, bevor man eine Investition tätigt. Personen mit echtem oder eingebildetem finanziellem Ideenreichtum sind oft arrogant. Sie glauben, alles zu wissen, und weisen daher den Rat und die

Ansichten anderer zurück. Rat zu erhalten und zu erteilen sind jedoch besondere Fähigkeiten, die Verstandesschärfe und Charme, Zähigkeit und Takt, sowie das Verlangen, ohne Habgier Geld zu machen, voraussetzen. Man sagt, Charme sei dabei der wichtigere Teil, doch wird er bedeutungslos, wenn die Transaktion sich nicht auszahlt. Vielmehr steht bei der finanziellen Einfallskraft die Fähigkeit an erster Stelle, Anomalien zu entdecken und als solche zu erkennen.

Menschen mit finanziellem Vorstellungsvermögen nutzen ihren Erwerbstrieb als persönlichen Leistungsbeweis. Die Anhäufung eines Vermögens legt Zeugnis ab über eine Person und sorgt dafür, daß sie von anderen ernst genommen wird. Dieses Geld wird nicht immer nur zum Ausgeben angehäuft. Geld verleihen schafft oft ein besseres Ansehen als auffälliger Konsum. Dieser kann nämlich auch als Mangel an Disziplin angesehen werden und ein Grund sein, die Verläßlichkeit des Betreffenden anzuzweifeln.

Finanzieller Scharfsinn war in der Vergangenheit oft auch Ursache von Kontroversen. Wurde er übertrieben praktiziert, am häufigsten zur Spekulation, dann wurde er oft mit sozialen Katastrophen, etwa wirtschaftlichen Depressionen, in Verbindung gebracht. In vielen Fällen wird die finanzielle Einfallskraft übersteigert und ist dann keiner Selbstbeschränkung zugänglich. Die wachsende Verschuldung der Unternehmen Mitte der achtziger Jahre infolge von Firmenübernahmen durch Schuldenaufnahme sowie die Manie der Firmenzusammenschlüsse sollten als mögliches Ergebnis übersteigerter finanzieller Phantasie sorgfältig studiert werden.

Der Anfang der achtziger Jahre bot viele Chancen, als durch die Stärke des US-Dollars riesige Summen für Investitionen verfügbar waren. Man erfand ein neues Instrument zur Unternehmensfinanzierung, die sogenannten *junk bonds*. Eine Flut von Geschäftsübernahmen und Umwandlungen öffentlicher in private Betriebe schöpfte einen großen Teil dieses überschüssigen Geldes auf der amerikanischen Investmentszene ab. Zwar verursachten die für die Unternehmensfinanzierung genutzten *junk bonds* starke Aktivitäten an der Wall Street und verschafften Investmentbanken riesige Summen, doch wurde der ökonomische Wert dieser wahnsinnigen Finanzmanöver ernsthaft bezweifelt. Stärken solche Manöver die Unternehmen? Festigen sie die Wettbewerbsposition der amerikanischen Industrie auf den Weltmärkten gegenüber der Aggressivität europäischer und japanischer Unternehmen? Schaffen sie neue Arbeitsplätze und fördern sie das Wohlergehen der Bevölkerung? Oder machen sie nur die Reichen noch reicher?

Die Politik und Wirtschaftspolitik der achtziger Jahre hat versucht, diese Fragen überflüssig zu machen. Entsprechend den Grundsätzen des freien Marktes sollte unser Verhalten nur von den Chancen bestimmt werden. Eventuelle Exzesse werden stets durch Anpassungen korrigiert. Selbst wenn kurzfristig Schaden entsteht, erzeugen die Aktivitäten des Marktes langfristig das größte Gut für die größte Zahl von Menschen. Ethische Fragen pflegen daher zumeist rein ökonomisch gelöst zu werden. Ausnahmen gibt es natürlich im Falle betrügerischer Aktivitäten. Das jedoch ist eine Angelegenheit der Justiz und erfordert nicht die Revision marktwirtschaftlicher Prinzipien.

Das Argument des freien Marktes kann nicht völlig befriedigen. Reglementierung durch die Regierung oder Kontrolle aus pragmatischen oder weltanschaulichen Gründen bringen ebenfalls keine Lösung. Exzessive Demonstration finanziellen Ideenreichtums scheint im Charakter der Menschen zu liegen, die nach Macht streben, und hat oft auffallend schlechte geschäftliche Entscheidungen hervorgebracht. Vielleicht sollte man fairerweise die falsche Ausnutzung finanziell erfolgversprechender Gelegenheiten kritisieren und nicht die finanzielle Einfallskraft selbst. Auch ihre besten Praktiker bleiben nicht von sozialen und ökonomischen Risiken verschont.

Unternehmer haben manchmal ein schlechtes Urteilsvermögen im Umgang mit Bankiers, die bei großem Geldüberhang die gebotene Sorgfalt bei Krediten vernachlässigen. Solche Bankiers unterstützen eine aggressive Unternehmenspolitik, wenn sie Firmen drängen, leichtsinnig große Kredite aufzunehmen. Der Anreiz, Geld zu verleihen oder zu borgen, ist dann stärker als das Urteilsvermögen des Bankiers oder des Geschäftsmannes. Ganz gewiß ist dabei auch Habgier im Spiel. Sieht ein Financier die Chance für einen hohen Spekulationsgewinn, dann fällt es ihm schwer, das gesunde Urteilsvermögen zu bewahren. Diesen Charaktermangel weisen vor allem Typen auf, die sich gedrängt fühlen, eine Chance bewußt herbeizuführen, statt auf sie zu warten. Solche Leute machen ein Geschäft um des Geschäfts willen. In diesem Zusammenhang beachte man die Aktivität von Promotern von Konglomeraten wie Harold Geneen, der ständig zu befürchten schien, er lasse vielleicht nicht genug die Puppen tanzen. Außer Habgier kann auch Angst vor Passivität eine Rolle spielen, die Furcht, nicht alles unter Kontrolle zu haben und schließlich sogar Opfer der Umstände zu werden. Wer Chancen nutzt und es versteht, zu warten und zu handeln, scheint für Habgier und den Druck der Finanzwelt weniger anfällig zu sein.

Ein Wirtschaftsführer sollte vor allem mit Ideenreichtum im Bereich des Marketing begabt sein. Eine sorgfältige Untersuchung dieser Begabung in den Sparten Herstellung und Finanzierung würde zeigen, daß in beiden ein starkes Gefühl für Marketing vorhanden ist. Wie auch in anderen Bereichen setzt gutes Marketing die Nutzung von Chancen voraus sowie die Analyse von Informationen mit dem Ziel, Anomalien zu erkennen. Wer viel Phantasie für Marketing besitzt, scheut sich nicht, alte Lehren neuen Gegebenheiten anzupassen oder sie nachzuahmen.

Was Ideenreichtum im Marketing von anderen Formen geschäftlichen Spürsinns unterscheidet, ist Einfühlungsvermögen, mit anderen Worten – ein besonderes Gespür für die Bedürfnisse, Gefühle und Wünsche der Kunden. Das gilt für den industriellen Bereich ebenso wie für den der Konsumgüter. Der Marketingspezialist beschäftigt sich mit den Problemen des Kunden und mit möglichen Lösungen. Wegen der Fixierung auf Probleme anderer Leute hängt er nicht an speziellen Produkten und Dienstleistungen. Statt dessen konzentriert er sich auf das, was der Kunde für eine wirksame und ökonomische Lösung seines Problems braucht.

Eine leitende Managerin schildert, wie sie ihre Begabung fürs Marketing nutzt, um die Probleme potentieller Kunden zu ergründen. Sie hat es sich zur Gewohnheit gemacht, neben Fachliteratur auch viele Tageszeitungen und Zeitschriften zu lesen. Fallen ihr dabei Artikel über eine andere Firma oder Anzeigen für ein Produkt auf, die direkten Bezug zu ihrem eigenen Geschäftszweig haben, oder spürt sie einen solchen Zusammenhang, dann ruft sie unter Umständen den Chef der Firma an, die sie interessiert. Sie stellt Fragen über die gegenwärtige Art der Geschäftsführung und schlägt Möglichkeiten zur Erkundung des Marktes vor, die für beide Seiten von Vorteil sind. Diese telefonische Unterhaltung kann einen weiteren Austausch von Informationen in Gang bringen, in etlichen Fällen auch neue Geschäftsabschlüsse.

Natürlich reagiert der Gesprächspartner am anderen Ende der Telefonleitung auf das Wissen und die Erfahrung der Anrufenden. Es ist jedoch noch eine andere Komponente im Spiel, die eine solche Reaktion und weitere Kommunikation begünstigt. Durch ihr genaues Sachwissen gibt die erwähnte Managerin zu erkennen, wie gut sie die Situation der potentiellen Kunden versteht, womit sie ein Band von Interessen und gegenseitigen Überlegungen knüpft. Das mag einzig und allein als guter Geschäftssinn erscheinen. Doch ist hier mehr am Werk als nur die Verbindung von guter Beobachtung, intellektueller Neugier, technischem Wissen und dem Verlangen nach Kommunikation, beruhend auf dem Gespür für die Bedürfnisse des Kunden. Bei dem Meinungsaustausch lernen beide Seiten etwas. Außerdem erweckt er Interesse für weitere gemeinsame Erkundungen.

Die meisten leitenden Manager fühlen sich zu beschäftigt und distanziert für solche Anrufe „ins Blaue". Aber wie halten sie dann den Finger am Puls des Marktes, und wie erfahren sie, was der Kunde braucht? Ganz bestimmt nicht aus den Reports und den üblichen Zusammenkünften zur Überprüfung der laufenden Tätigkeiten mit schriftlichen Berichten und den darin enthaltenen Zahlenangaben. Vielmehr verschafft ihnen das Einfühlungsvermögen in die Marketingvorstellungen die für geschäftliche Beziehungen so wertvolle Flexibilität beim Definieren der Kundenbedürfnisse. Das ist nicht immer so deutlich ausgeprägt und sollte nicht als selbstverständlich angesehen werden. Mary Kay Ash schuf ein Unternehmen für Kosmetik vorwiegend mit Produkten für Frauen, die an Hautpflege besonders interessiert sind. Eine wichtige Rolle beim geschäftlichen Erfolg von Mary Kay Ash spielte eine Gruppe von Frauen, die aus verschiedenen Gründen flexible Arbeitszeiten brauchten und außerhalb ihrer Wohnung tätig sein konnten. Mary Kay Ash hat Hausbesuche als Mittel für Marketing und Umsätze nicht erfunden. Tupperware und Avon hatten diese Methode erfolgreich vor ihr benutzt. Nachahmung oder nicht – Mary Kay Ash benutzte diese Methode für ihre Firma, indem sie beträchtliche Prämien und Anreize für „Schönheitsberaterinnen" zahlte, die wiederum andere rekrutierten und ausbildeten, und zwar nicht einfach als Verkäuferinnen. Diese Frauen sind vielmehr geschult, ihre Kundinnen in Hautpflege zu beraten und Hausbesuche für entsprechende Demonstrationen zu nutzen. Natürlich werden bei solchen Vorführungen Kosmetika verkauft, doch gehören zur Verkaufsmethode auch Unterweisung und gesellschaftliche Konversation. Die beratenden Damen erhielten hohe Prämien, wenn sie sich gründlich schulen ließen, um ihre Kunden mit größter Aufmerksamkeit bedienen zu können.

Das Mary Kay Ash-Programm war sorgfältig auf zwei Gruppen ausgerichtet, nämlich auf Frauen, die die Produkte kauften, und Frauen, die arbeiten wollten, und breitete sich auf dieser Basis schnell aus. Auf seinem Höhepunkt versorgten mehr als 130 000 Schönheitsberaterinnen ein Vielfaches dieser Zahl an Kundinnen mit Produkten und Dienstleistungen.

Im Marketing spielt Einfühlungsvermögen eine ganz andere Rolle als bei dynamischen Psychotherapien. Dort gibt die Fähigkeit des Therapeuten, die Welt mit den Augen des Patienten zu sehen, um Konflikte und Abwehrhaltungen verstehen, klären und interpretieren zu können, den entscheidenden Anstoß zur Persönlichkeitsveränderung des Patienten. Für den Therapeuten ist die intensive Beziehung von Mensch zu Mensch entscheidend. Einfühlungsvermögen ist im Marketing selten intensiv. Gewöhnlich wird hier aus einem Einzelfall in eine große Population extrapoliert. Niemand versteht, *wie* und von welcher Basis aus das vor sich geht. Von der Beobachtung nicht gängig befriedigter Bedürfnisse bis zur Formulierung eines Marketingkonzepts scheinen verschlungene Wege zu führen, wobei Einfühlsamkeit eine wichtige Rolle spielt.

Im Jahre 1983 verkündete die Firma J. C. Penney deutliche Veränderungen ihrer Verkaufspolitik, ihrer Orientierung auf den Kunden und ihres eigenen Images. Die Gewinne des Unternehmens waren rückläufig. Für Donald V. Seibert, den Vorstandsvorsitzenden und Hauptgeschäftsführer, war das ein erster Hinweis, daß der Vertrieb von Massenware sowie die Einkaufszentren der Firma J. C. Penney Verluste brachten. Statt noch weitere Indizien dieser Art abzuwarten, beschloß die Firma, sich deutlich von ähnlichen Unternehmen, etwa Sears oder K Mart, zu unterscheiden. Die bisherigen agressiven Verkaufsmethoden wurden aufgegeben, die Verkaufszentren für Kraftfahrzeugzubehör aufgelöst. Die Firma konzentrierte sich ganz darauf, ein Modezentrum zu werden. Dieser Plan wurde von Vorstellungen motiviert, die mit Beobachtungen über demographische Verschiebungen, mit gesteigertem Modebewußtsein und einem neuen Wohlstand der amerikanischen Mittelklasse zusammenhingen. In den siebziger Jahren wurde das Konsumdenken von der Lust inspiriert, Lebensfreude zum Ausdruck zu bringen, wofür sich der Bereich Bekleidung und Wohnungseinrichtung besonders anbot. Die Firma plante, über eine Milliarde Dollar zur Unterstützung des neuen Programms auszugeben. Beabsichtigt waren erhebliche Investitionen zur Modernisierung der Läden, um das neue Image der Mode entsprechend herauszustellen. Im Jahre 1984 startete sie eine Werbekampagne für ihre Kaufhäuser unter dem Motto „Gruß an Italien" mit dem Ziel, das große Ansehen der italienischen Mode mit dem der Firma zu verknüpfen und „etwas Einzigartiges im Bereich von Mode, Styling, Qualität und Gespür für Design zu bieten".[5] Weitere modische Werbekampagnen und ein Exklusivabkommen mit dem Designer Halston stärkten das Image der Firma im Bereich des Handels mit Textilien und verwandten Produkten. Im November 1985 landete die Firma einen großen Coup mit dem Besuch von Prinz Charles und Prinzessin Di im Penney-Kaufhaus von Springfield, Virginia, anläßlich einer Werbekampagne für britische Waren.

Seiberts grandioser Schachzug war in der Geschichte der Firma J. C. Penney nicht ohne Präzedenzfall. Im Jahre 1957 hatte der damalige stellvertretende Vorstandsvorsitzende William (Mel) Batten einen Ausschuß geleitet, der empfahl, das Image der einzelnen Kaufhäuser des Unternehmens zu verbessern. Diese waren bisher auf Textilien spezialisiert und machten einen mehr oder weniger rustikalen Eindruck. Batten und sein Ausschuß empfahlen, die Firma solle Gebrauchsgegenstände, Gartenmöbel sowie Autozubehör in ihr Sortiment aufnehmen, um mit Sears zu konkurrieren. Zu Beginn der achtziger Jahre warf man das Steuer wieder herum, zurück zu Textilien. Doch diesmal geschah das auf modischer Ebene und zu Preisen, die nichts mehr mit denen der Firma J. C. Penney, ihres Gründers und seines Kompagnons Earl Sams gemein hatten. Mel Batten hatte mit Penney als Personalchef für den Außendienst zusammengearbeitet. Von ihm stammte ein Memo über die Marktstellung der Firma und ihre Aussichten angesichts der veränderten Zusammensetzung der Bevölkerung und der frei verfügbaren Vermögen der Käufer und ihrer Familien. Die zentrale Geschäftsführung war davon so beeindruckt, daß sie Batten zurück in die Zentrale holte, die von ihm empfohlenen Maßnahmen unterstützte und ihn zum Vorstandsvorsitzenden und Hauptgeschäftsführer machte. Diese Veränderung erwies sich als sehr erfolgreich, wurde jedoch nicht zum Dogma des Unternehmens erhoben.

Die Kühnheit der einzelnen Maßnahmen und ein integrierter Plan für die Verwirklichung des Wandels sind ein starkes Indiz, daß in den höchsten Machtpositionen eines Unternehmens ein besonderer Einfallsreichtum im Bereich des Marketing am Werk ist. Es spielt keine Rolle, ob die Aktionen der Firma Penney langfristig erfolgreich bleiben. Sie zeigen jedenfalls Ideen einer echten Führung. Zunächst einmal ist Unternehmensführung etwas wirklich Existierendes, mit Ideen, *was* man tun soll, anstatt *wie* es getan werden sollte. Zweitens gehört dazu eine Vision; man kann sie auch als auf das Wesentliche zielende Einbildungskraft bezeichnen, die ein Zukunftsbild des Unternehmens entwirft. Drittens muß die Geschäftsführung, wenn die Vision es wert ist, Energien und Ressourcen dafür aufs Spiel setzen – das Standvermögen besitzen, dafür zu sorgen, daß die Vision realisiert wird.

Kapitel 14

Der persönliche Einfluß

In ihrer reinsten Form leugnet die Managementmystik jeden persönlichen Einfluß. Macht ist auf jeder Ebene der Hierarchie unpersönlich. Denken und Handeln werden von einer Struktur, einem System oder einem Verfahren gelenkt, nicht von einzelnen. Die Entscheidung, welche Aktionen getätigt, welches Verhalten gutgeheißen und welche Beziehungen gefördert werden, ergibt sich aus einem Prozeß. Unternehmenspolitische Maßnahmen und Entscheidungen werden durch die Legitimität dieses Prozesses gerechtfertigt, nicht durch das persönliche Engagement einer Autoritätsperson. Es fällt auf, daß der endgültige Test für eine Entscheidung, nämlich ihre Wirksamkeit auf dem Markt, gar nicht so wesentlich ist. Keine Einzelperson ist für Erfolg oder Fehlschlag von Entscheidungen verantwortlich, weil sie durch einen Prozeß herbeigeführt werden. Erweisen sie sich als richtig, dann wird dieser Prozeß noch verstärkt; ist sein Resultat dürftig, dann ist niemand direkt verantwortlich. Der Fehler liegt beim Prozeß, der dann korrigiert werden muß. Wer verantwortlich ist, bleibt daher zwangsläufig unklar und die persönliche Anteilnahme am Geschehen gering, wenn sie nicht überhaupt fehlt.

Neben dem Daseinszweck eines Unternehmens, der Einbildungskraft und der Begabung verdient der persönliche Einfluß besondere Beachtung. Wer in einem Unternehmen eine solide Führung mit Vorgesetzten und Untergebenen, die an den geschäftlichen Aktionen Anteil nehmen, aufbauen will, muß die Formen persönlichen Einflusses wirklich begreifen. Nicht alle gleichen sich hinsichtlich ihrer Motivation, weshalb sie auch auf Untergebene und Organisationen unterschiedlich wirken.

Die Sozialpsychologie definiert Einfluß im allgemeinen als Ergebnis einer Beziehung zwischen Einzelpersonen mit ungleicher Macht.[1] Was tut oder sagt eine mit Macht ausgestattete Persönlichkeit, um das Verhalten anderer zu beeinflussen? In der Praxis braucht sie nicht einmal persönlich anwesend zu sein, um ihren Einfluß geltend zu machen. Psychologen haben lange einen Mechanismus studiert, den sie Identifizierung nennen. Dabei werden Ideen, Anschauungen und Wertvorstellungen einer Person in die mentalen Verhaltensweisen einer anderen aufgenommen; wodurch der Einfluß dieser Person auf eine andere erhalten bleibt.

Beziehungen zwischen zwei Personen sind oft asymmetrisch. Die eine (die angebetete) übt einen außergewöhnlichen Einfluß auf die andere (die anbetende) aus und verändert sie in vielen Bereichen, angefangen bei ihren Ansichten bis hin zu Interessen oder ihrem Geschmack. Auf ähnliche Weise übt ja auch ein Elternteil Einfluß auf ein Kind aus, nicht nur wegen der realen Abhängigkeit des Kindes, sondern auch weil es sich seine Eltern zu seinem Schutz in einer überlegenen Position vorstellen muß. Kinder schreiben ihren Eltern Macht zu; damit leihen sie sich Stärke aus für ihr fragiles und noch in der Entwicklung befindliches Ich.

Freundschaften werden auf gemeinsamen Interessen aufgebaut und unterhalten. Sobald sie existieren, bieten sie auch Einflußchancen. Bevor es Sitte wurde, sich bei persönlichen Problemen von Fachleuten beraten zu lassen, sprachen Freunde sich untereinander aus, entweder um ihren Gefühlen freien Lauf zu lassen oder um Rat zu suchen. Auf diese Weise wurden die Bande der Freundschaft durch gegenseitige Hilfe und Trost gestärkt und die Möglichkeit von Einflußnahme vermehrt.

Persönlichen Einfluß gibt es auch in Bündnissen, die Elemente der Freundschaft enthalten können, sonst aber auf beiderseitigen Verpflichtungen beruhen. Der britische Journalist Henry Fairlie hat einmal gesagt, Bündnisse in politischen Beziehungen gründen auf *amicitia*.[2] *Amicitia* ist eine Beziehung auf der Grundlage gegenseitiger Verpflichtungen, bei der die Inhaber von Macht sich ausdrücklich oder implizit einigen, die wechselseitigen Interessen zu schützen. Wenn auf *amicitia* beruhende Bündnisse von Dauer sein sollen, müssen alle Teilnehmer ihre Fähigkeit unter Beweis stellen, ihre Verpflichtungen zu erkennen und zu erfüllen, um in gegenseitigem Interesse handlungsfähig zu sein.

Anders als bei Bindungen auf Vertrauensbasis ist *amicitia* nach allen Seiten offen. Unausgesprochen ist die Bedingung, Verpflichtungen zu akzeptieren und sie auch zu erfüllen, jedoch niemals so weitgehend, daß ein Partner vom anderen erwartet, dabei Nachteile in Kauf zu nehmen und sein Eigeninteresse zu vernachlässigen. Verpflichtungen sind gegenseitig, deshalb verlangt kein Bündnispartner ein Verhalten, das zu einem Ungleichgewicht führt.

Laut Fairlie leitet sich *Amicitia* in der Politik aus dem Charakter des Amtsträgers ab, vor allem

> „aus der Beziehung, die er zwischen den Idealen und den Realitäten des politischen Lebens herstellt; aus der Art seiner Beziehungen zu politischen Freunden und seines Umgangs mit politischen Rivalen; aus der Form, wie er das Vertrauen erwidert, das er von anderen Menschen fordert; aus seinem Gespür für die Würde seines Amtes und ihre tägliche Stärkung durch seine ganz persönliche Würde. Vor allem erwartet man von ihm die Erkenntnis, daß er nicht nur im Mittelpunkt der Macht, sondern auch der Zuneigung steht, nicht nur im Zentrum der Interessen, sondern auch der Loyalitäten, nicht nur der Ängste, sondern auch der Sehnsüchte, nicht nur der Funktionen, sondern auch der Ideale."[3]

Amicitia ist weder pure Berechnung noch pures Gefühl. Sie verbindet beides auf eine Weise, die persönliche und gegenseitige Interessen stärkt. Verpflichtungen werden erfüllt und Zielsetzungen in dem Maße erweitert, in dem die einzelnen Menschen sich verändern. Die Beziehung ist sowohl persönlich als auch zweckdienlich.

Zu den Faktoren, auf denen der Erfolg der Immobilienfirma Trammel Crow beruht, gehört die praktische Anwendung von *amicitia*. Großzügige Kompensationspläne, zu denen auch Aktienanteile im Verhältnis zu den für die Firma erbrachten Leistungen gehören, reichen gewöhnlich aus als Motivation für harte und kreative Arbeit der Mitarbeiter. Abgesehen davon, daß sie Gewinnanteile ansammeln, bleiben begabte Grundstückserschließer jedoch bei der Firma. Dies beruht auf den

Verpflichtungen, die sie schon während ihrer „Lehrjahre" eingehen und der Möglichkeit, in der Hierarchie aufzusteigen. Diese jungen Leute werden von der Hochschule weg eingestellt, sobald sie ihren akademischen Grad erworben haben. Dann lernen sie bei in der Grundstückserschließung versierten Mitarbeitern, die einst ebenfalls ohne besondere praktische Erfahrung begonnen haben. Geldprämien verstärken den Anreiz, bei der Firma zu bleiben und dort ihre Wertpapieranteile anzulegen. Wer früh ausscheidet, muß gewöhnlich schwere finanzielle Nachteile in Kauf nehmen. Diese Kombination von Geld und Verpflichtung ist die Grundlage der modernen Version von *amicitia*.

Die Dauerhaftigkeit von Abmachungen hängt von der Führung ab, kann aber in Unternehmen, die auf expliziter oder impliziter Partnerschaft aufbauen, gut funktionieren; Trammel Crow ist eine charismatische Persönlichkeit, die Loyalität und Engagement geradezu herausfordert, während sie zugleich wachsenden Wohlstand verspricht. Abmachungen von Dauer bedürfen einer neuen Art der Führung. *Amicitia* gerät ins Schwanken, wenn die Bindungskraft des charismatischen Führers sich abschwächt. Ohne die Übertragung von Macht auf andere starke Führer verflüchtigen sich die Empfindungen, auf die *amicitia* sich stützt, in Neid, Rivalität und handfeste Konflikte. Ersetzt man wirkliche Führung durch Ausschüsse, dann beginnt oft der Verfall, der deutlich sichtbar wird, sobald wichtige Mitarbeiter sich von den eingegangenen Verpflichtungen befreit fühlen und die Firma verlassen. Auf diese Weise verlor die Investmentbank First Boston zwei ihrer hervorragendsten Partner für Firmenzusammenschlüsse und Akquisitionen. Bruce Wasserstein und Joseph Perella gründeten ein eigenes partnerschaftliches Unternehmen in der Erwartung, künftig über ihr eigenes Geschick bestimmen und ihren persönlichen Wohlstand mehren zu können.

Die Behauptung, *amicitia* könne nur als Partnerschaft zwischen einzelnen Unternehmern, nicht aber in Kapitalgesellschaften funktionieren, ist kurzsichtig. Die H. J. Heinz Company erlebte unter der Führung ihres Vorstandsvorsitzenden und Hauptgeschäftsführers Anthony O'Reilly bemerkenswerte Erfolge.[4] Die Rendite bei Heinz stieg von

14,6% im Jahre 1978 auf 24,6% im Jahre 1987, weit über den Durchschnitt in der Nahrungsmittelindustrie. Die Topmanager bei Heinz zögerten keinen Augenblick, die hervorragende Geschäftslage der Firma der Führung von O'Reilly zuzuschreiben, der durch starke persönliche Bindungen und höchst lukrative Prämien echte *amicitia* schuf. Die Manager erhielten beträchtliche Barprämien für gute Leistungen sowie Aktienanteile im Rahmen eines großzügigen Optionsprogramms für Stammaktien. In einem Interview mit einem Reporter der *New York Times* sagte der stellvertretende Vorstandsvorsitzende Paul I. Corddry, der schon 24 Jahre bei Heinz tätig war: „Tony (O'Reilly) setzt die Ziele sehr hoch an, doch sind sie beständig, unmißverständlich und fair. Nehmen Sie dazu die Zuteilung von Besitzanteilen, und Sie erhalten als Ergebnis ein Team von begeisterten, motivierten und kongenialen Managern." David W. Sulley, Vorstandsvorsitzender von Heinz USA, der damals seit vierzehn Jahren bei der Firma tätig war, fügte hinzu: „Tony ist sehr wettbewerbsbewußt. Sein Ziel ist eine gesunde Geschäftsbilanz. Doch wird er auch durch Freundschaft motiviert. Er tut viel für andere, so wie wir für ihn alles tun werden."

Persönliche Beziehungen, von Liebe bis zu Bündnissen, lassen sich je nach Vorhandensein oder Fehlen von Autorität unterscheiden. Der Psychiater Jacob Moreno, ein Pionier in den Bereichen Soziometrie und Psychodrama, demonstrierte den fundamentalen Unterschied zwischen Beziehungen, die auf Autorität gebaut sind (Arbeit) und solchen, die auf Vertrautheit beruhen (Spiel). Bei seinen Experimenten fragte er junge Mädchen in einem reinen Wohngebiet, mit wem sie gerne spielten und arbeiteten. Moreno sorgte bei seinen Experimenten dafür, daß die Teilnehmer nicht allzu hypothetisch reagierten. Dann wurden die gewünschten Arbeits- und Spielgruppen auf der Grundlage seiner Tests zusammengestellt. Dabei fand Moreno heraus, daß seine Testpersonen sich für die Arbeit andere Gefährten aussuchten als zum Spielen.[5]

Untersuchungen verwandtschaftlicher Beziehungen in analphabetischen Gesellschaften offenbaren die gleiche Trennung zwischen Autorität und vertrautem Umgang. In patriarchalischen Gesellschaften, in denen die Autorität vom Vater ausgeht, ist das Verhältnis zwischen

Vater und Sohn distanziert und respektvoll. Der Bedarf an Vertraulichkeit zwischen einem Knaben und einem älteren Mann wird durch die besondere Rolle des Bruders der Mutter erfüllt, der Freund, Ratgeber und Helfer zugleich ist. Der Vater und der Bruder der Mutter haben den Haupteinfluß auf das männliche Kind, wobei ihr Einfluß auf einem unterschiedlichen Verhältnis beruht, das unterschiedliche Bedürfnisse befriedigt. Der Einfluß des Vaters ist der eines Vorbilds; der Einfluß des Bruders der Mutter der eines älteren Freundes.

Die Existenz von Autorität läßt eine Mischung von Gefühlen entstehen, die von Respekt bis Furcht reicht, jedoch nicht unbedingt Wärme und Zuneigung einschließt. Untergebene müssen bei ihrer Arbeit für eine Autoritätsperson oft eine erträgliche Distanz in der Beziehung herstellen. Eine zu große Distanz vermindert den Nutzen des Lernens. Kennt man andererseits jemanden zu gut, dann entwickeln sich Gefühle, die die Beziehung beeinträchtigen. Das Verhältnis zwischen Autorität und Untergebenen erweckt starke und ambivalente Gefühle bei beiden. Starke Gefühle – feindliche wie freundliche – sind nur schwer zu verbergen und ihre Existenz kann das Verhältnis gefährden. So fällt es vielen Autoritätspersonen schwer, negative Gefühle zu akzeptieren, etwa den Neid, der das Verhältnis von Untergebenen gegenüber der Autorität begleitet. Im Extremfall pflegen junge Leute mit einem ambivalenten Verhältnis zur Autorität auf Distanz zu gehen, sogar so sehr, daß sie aus der Gesellschaft „aussteigen". Es ist ja nicht so, daß sie das von Personen mit Autorität angebotene Wissen und deren Erfahrung nicht nutzen könnten. Doch sehen sie sich nicht imstande, mit den starken widersprüchlichen Emotionen fertig zu werden, die bei ihnen in Gegenwart von Autorität entstehen.

Von einem Führer, der starke positive Gefühle erweckt und Anschauungen und Verhaltensweisen beeinflußt, sagt man, er besitze Charisma. Seit der Präsidentschaft von John F. Kennedy ist in der volkstümlichen Literatur und der Presse viel von Charisma die Rede. Die Tatsache, daß gewisse Führertypen Verehrung und Ehrerbietung hervorrufen, ist unbestreitbar. Der Gedanke, daß ein Führer verehrt werden sollte, ist inzwischen so weit verbreitet, daß es für einen Politiker fast zum absoluten Erfordernis gehört, Unterricht in „Charismatik" zu nehmen, bevor er sich um ein öffentliches Amt bewirbt.

Der Ausdruck *charisma* stammt aus der Theologie und bedeutet „eine göttlich inspirierte Begabung oder Macht, etwa die Befähigung, Wunder zu vollbringen".[6] Der Soziologe Max Weber übernahm diesen Ausdruck, um die legale Autorität von der zu unterscheiden, die sich auf die besondere Macht eines einzelnen zur Beeinflussung anderer stützt.[7] Für die Psychologie ergibt sich die charismatische Wirkung aus der Einbeziehung der verehrten Gestalt in die Psyche ihrer Gefolgsleute. Für Freud hält sich dieses Geschehen an Muster, die in der frühen Kindheit geprägt werden. Er behauptet, Grundlage des Zusammenhalts einer Gruppe sei die Identifizierung mit dem Führer. Je stärker die Identifizierung, desto stärker der Zusammenhalt.[8] Obwohl man weithin eine Analogie zwischen dem charismatischen Führer und der Vaterfigur herstellt, ergeben Untersuchungen über das Charisma, daß die charismatische Wirkung noch stärker ist, wenn der Führer sowohl Vater wie Mutter symbolisiert. Das Geheimnis, das mit der früheren Muttergestalt assoziiert ist, wird auf den Führer übertragen, der dieselbe Anbetung hervorruft, die das Kind der guten und hingebungsvollen Mutter entgegenbringt.[9]

Die Stärke des Einflusses von Führern hängt von ihren persönlichen Eigenschaften ab, davon, wie die Gefolgschaft auf sie reagiert, sowie von den allgemeinen Umständen. Untergebene schmücken die Eigenschaften, die sie für notwendig und attraktiv halten, noch aus. Die Gefolgsleute handeln nicht nur in Übereinstimmung mit den Anweisungen der charismatischen Persönlichkeit. Sie nehmen auch Wertvorstellungen und Meinungen auf, die ihre feste Überzeugung stärken, der Führer sei mit besonderen Gaben ausgestattet.

Untersuchungen an Gefolgsleuten charismatischer Gestalten in Kulturgruppen haben ergeben, daß sie gefühlsmäßig gestört und der Umwelt entfremdet sind. Sie fühlen sich unfähig, ihr Leben zu ändern.[10] Ihre Abhängigkeit macht sie für absonderliche Anschauungen besonders anfällig. Gelegentlich verlieren sie die Fähigkeit, zwischen Recht und Unrecht zu unterscheiden, und sind bereit, zu töten oder sich selbst umzubringen – siehe die Manson-Bande und der Kult des Reverend Jones. Die Erfahrung mit einigen charismatischen Führern – man denke an Adolf Hitler – scheint das große Mißtrauen gegenüber den von ihnen ausgelösten Gefühlsausbrüchen voll und ganz zu rechtfertigen.

Das meiste von dem, was wir über Charisma wissen, entstammt der Beschäftigung mit politischen Persönlichkeiten, wobei sich herausstellt, daß die charismatische Wirkung am ehesten in Krisenzeiten auftritt. Der charismatische Führer verspricht die Lösung der Krise. Erzielt er dabei schnelle Erfolge, wie etwa Ayatollah Chomeini bei der Förderung der islamischen revolutionären Bewegung, sind seine Gefolgsleute von seinen göttlichen Kräften überzeugt und ihm dann noch mehr ergeben und verstärkt bereit, seinen Anweisungen Folge zu leisten.

Charismatische Wirkung scheint das Ergebnis des zeitlichen Zusammentreffens eines begabten einzelnen, einer Krisensituation und von Gefolgsleuten mit gesteigertem Abhängigkeitsbedürfnis zu sein. Ihr Auftreten in der einen oder anderen Form ist keine Ausnahmeerscheinung. An irgendeinem Punkt seiner Entwicklung schreibt jedes Kind den Eltern besondere Kräfte zu. Es gibt Lehrer, die ihre Schüler auf eine Weise zum Lernen inspirieren, die alle Erwartungen übertrifft. Die Verehrung von Sportlern, Schauspielern usw. zeugt davon, daß charismatische Wirkungen in unserem Alltag weit verbreitet sind. Professor Bernard M. Bass, der Führungsprobleme erforscht, stellt folgendes fest:

> „Auf Charisma trifft man in erheblichem Maße bei Industriellen, im Bildungswesen, bei politischen und militärischen Führern... Viele Gefolgsleute beschreiben die Vorgesetzten in ihrer Organisation als Personen, die jedermann begeistern, Loyalität gegenüber der Organisation inspirieren, jedem Achtung abverlangen, eine besondere Begabung für das Erkennen des wirklich Wichtigen und ein Gespür für die Mission des Unternehmens haben.

Diese begeisterten Untergebenen hatten volles Vertrauen in ihre
Führer und fühlten sich in deren Nähe wohl. Sie erklärten, auf
ihre Verbindung zu charismatischen Führern stolz zu sein, und
vertrauten auf deren Fähigkeit, alle Hindernisse zu überwinden.
Charismatische Führer dienten ihren Gefolgsleuten als Symbole
für Erfolg und hervorragende Leistung."[11]

Offensichtlich besteht ein gewaltiger Unterschied der möglichen Konsequenzen charismatischer Wirkung einerseits in Situationen, wo zwischen Führer und Gefolgsleuten eine neurotische Bindung besteht und beide sich der übrigen Gemeinschaft entfremdet haben, und andererseits in Situationen mit konstruktivem Zweck. Da Charisma jedoch intensive Emotionen und innere Anteilnahme auslöst, scheint es mit Risiken belastet zu sein, ist es eine Form von Führerschaft, die so mancher lieber gar nicht beachten würde. Die psychologische Grundlage des Managements ist ein gewisser Ersatz für ein mit charismatischer Führung verbundenes persönliches Engagement, nicht eine Abwehr dagegen.

Wenn das Management großer Organisationen Charisma und persönlichen Einfluß nach Möglichkeit vermeidet, dann muß man das mit einem beträchtlichen Maß an Ironie aufnehmen. Das moderne Management unterscheidet sich erheblich von früheren Formen der Unternehmensführung durch Patriarchen wie Andrew Carnegie oder John D. Rockefeller, als sie ihre riesigen Unternehmen aufbauten. Sie wirkten charismatisch auf ihre unmittelbar Untergebenen, die Masse der Beschäftigten und die breite Öffentlichkeit. Dieses Charisma verdankten sie ihrem Wagemut, ihrer Cleverness beim Abschluß von Geschäften und auch ihrem Reichtum. Der erste Henry Ford begeisterte das amerikanische Volk mit seinem Automobil T, dem Fließband und dem präzedenzlosen Tageslohn von fünf Dollar. Er machte sich zum Sprecher überlieferter Anschauungen, Vorurteile und Befürchtungen, als er die einfachen Tugenden des Ackerbaus predigte, die Juden zum Sündenbock stempelte und über Banken und den Kapitalismus herzog. Die Öffentlichkeit (und Ford selbst) glaubten bald, seine Fähigkeiten reichten weit hinaus über das, was die Automobilindustrie brauchte – er könnte Senator, Präsident oder mit Wunderkraft ausgestatteter Friedensstifter zu Beginn des Ersten Weltkrieges sein.

Charisma kennt jedoch auch Rückschläge. Im Jahre 1892 setzte die Stahlfirma Carnegie die Privatpolizei von Pinkerton ein, um einen Streik in Homestead, Pennsylvania, niederzuschlagen, wobei zehn Menschen getötet wurden. Die Öffentlichkeit und die Beschäftigten gaben Carnegie die Schuld am Tod dieser Menschen, obwohl er leugnete, den Einsatz der Pinkerton-Leute befohlen zu haben. Die Feindschaft, die ihm nun von der Belegschaft und der Öffentlichkeit entgegengebracht wurde, stand in direktem Verhältnis zur Stärke seines Charismas. Die Bevölkerung und die Presse fragten sich, wie es möglich sein konnte, daß ein so mächtiger Mann nicht in der Lage gewesen sein sollte, seine Untergebenen unter Kontrolle zu halten. Man kam zu der Schlußfolgerung, daß Beauftragte von Carnegie seine Befehle ausgeführt hatten. Seine spätere Großzügigkeit beim Bau von Bibliotheken und der Finanzierung von Stiftungen zum Wohle der Öffentlichkeit haben diesen Verlust an Achtung kaum kompensiert. Auf ähnliche Weise veranlaßten die Arbeiteraufstände im Herbst 1913 bei der Firma Colorado Fuel and Iron in der Nähe von Trinidad, Colorado, John D. Rockefeller und seine Teilhaber, eine Werbekampagne zu organisieren, die vom PR-Berater Ivy Lee gelenkt wurde.

Der Sündenfall dieser charismatischen Patriarchen war zum Teil das Ergebnis des Unterschieds zwischen ihren (oder in ihrem Namen ausgeübten) Taten und dem außergewöhnlichen Maß, mit dem sie gemessen wurden. Eine andere Deutung ihres Verhaltens bietet eine bessere Erklärung, warum der persönliche Einfluß des patriarchalischen Charismas so in Mißachtung geraten ist. Richard Sennett, Professor für Geisteswissenschaften an der New York University, interpretiert das Abtreten patriarchischer Führung im Wirtschaftsleben als Konsequenz des von ihr repräsentierten Typs von Autorität. Sennett nennt sie eine „Autorität der falschen Liebe" als Gegensatz zum Managementethos der „Autorität ohne Liebe".[12]

Sennett meint, väterliches Verhalten in einem Unternehmen sei eine

Metapher, die Familie und Arbeit so miteinander verbindet wie Vater und Chef. In diesem Fall steckt in der Metapher mehr als nur eine Kombination unterschiedlicher Vorstellungen. Sie erzeugt ein neues Bild, mächtiger als die kombinierten ursprünglichen Bilder, wobei zugleich Erwartungen entstehen, die nicht zu erfüllen sind. Der Chef eines Unternehmens kann unmöglich die Versprechungen einhalten, die mit dem Bild eines Vaters verbunden sind. Außerdem unterscheiden sich die Ziele einer väterlichen Herrschaft in einem Wirtschaftsbetrieb von väterlicher Herrschaft in der Familie. Der Vater nimmt sich nicht nur seiner Kinder an, er fördert auch ihr Reifen und schließlich ihre Selbständigkeit. Die Vaterfigur in einer Firma kann ernsthaft wünschen, das Wohlergehen seiner Untergebenen zu fördern, aber nicht deren Unabhängigkeit. Sie sucht nach einer Form von Kontrolle und nach Mitteln, sich die gewissenhafte Mitarbeit ihrer Untergebenen zu sichern, und somit ihr Leben zu beherrschen.

Andrew Carnegie war die Vaterfigur für seine unmittelbar Untergebenen und eine charismatische Persönlichkeit für das Unternehmen insgesamt. Er sicherte sich die Kontrolle über seine leitenden Angestellten durch Anstellungsverträge, in denen die Bedingungen der Beteiligung an den Stammaktien der Firma fixiert wurden. Theoretisch waren die leitenden Manager seine Partner. Sie hatten Grund, ihm für die Beteiligung am Aktienkapital dankbar zu sein, doch waren die Bedingungen für ein mögliches Ausscheiden so schwierig, daß die Höhe des Aktienbesitzes der Angestellten praktisch das Ausmaß der Kontrolle wiedergab, die Carnegie über sie ausübte. Je mehr Aktien sie besaßen, desto schwieriger wäre es für sie gewesen, die niedrige Summe zu akzeptieren, die ihnen bei Rückgabe der Aktien ausgezahlt worden wäre. Carnegie ist ein typisches Beispiel dafür, wie eine patriarchalische Kontrolle die Unabhängigkeit von Untergebenen am Ende verringert, anstatt sie zu stärken. Das Versprechen großer Belohnungen in der Zukunft mit einem nicht festgelegten Auszahlungsdatum mindert ernstlich die Autonomie der Untergebenen bei gleichzeitiger Stärkung des Egos des Chefs. Wegen dieser Kombination bezeichnete Sennett den persönlichen Einfluß des patriarchalischen Führers als eine Autorität falscher Liebe. Die Autorität wirklicher Liebe, die ein Vater gegenüber seinen

Kindern ausübt, strebt danach, deren Reifen und Selbständigkeit zu fördern, selbst bis zu dem Punkt, an dem ein Vater sich mit einer Rebellion seiner Kinder abfinden muß. Vater sein auf der Grundlage wirklicher Liebe erhält seinen Lohn durch das Reifen des Egos der Kinder.

Daß väterliche Fürsorge in der Industrie häufiger falsche Liebe repräsentiert, ist unbestreitbar. Die Neigung zu dieser Führungsform sickert in die Struktur ein und durchdringt alle Ebenen der Autorität – auch das kann nicht bestritten werden. Der vielzitierte sture und hinterwäldlerische Vorarbeiter war ebenso autoritär wie sein Chef und der Chef seines Chefs. Die Idee des Managements war zum Teil ein Gegengift gegen diese Autorität falscher Liebe. Laut Sennett schuf sie jedoch eine Autorität „ohne Liebe", das heißt, ohne persönliche Rücksichtnahme auf Untergebene. Das Verständnis der psychischen Tyrannei früherer Autoritätsformen sollte uns jedoch nicht veranlassen, alle zur Schau getragene Väterlichkeit als unangemessen zu betrachten. Moderne Organisationen von jedem persönlichen Einfluß zu befreien, wäre in diesem Zusammenhang veraltet, schädlich für das Ganze und auch unwirksam. Persönlicher Einfluß ist Führung, jedoch nicht, wenn er dazu dient, das Ego des Führers zu stärken und die Selbstachtung der Untergebenen zu schwächen. Charismatische Führer, die als Vaterfiguren gesehen werden, können in dieser emotionsgeladenen Beziehung das Reifen ihrer Untergebenen und den Wohlstand ihrer Unternehmen fördern.

Ein gutes Beispiel liefert die Führung von William Hesketh Lever (1851–1925), des ersten Viscount Leverhulme, der die Firma Lever Brothers gründete und aufbaute. Nach seinem Tode schloß sich das große Marketingunternehmen mit den holländischen und britischen Margarine- und Suppenerzeugern zur Firma Unilever zusammen. Lever Brothers war die erste Firma, die einzeln gepackte Seifenriegel aus pflanzlichen Ölen statt aus Talg herstellte. Unter William Lever ging die Firma neue Wege beim Vermarkten von Konsumgütern und beim Aufbau eines weltweiten Netzes von Tochtergesellschaften für Herstellung und Vertrieb von Seifenprodukten. Lever Brothers war auch beispielgebend mit seinen sozialen Programmen für die Beschäftigten, mit Pensionszahlungen, Arbeitslosengeld, Zuschüssen zur medizinischen Betreuung, Beteiligung am Gewinn und Versicherungsschutz.

William Lever war für seine Manager und Arbeitnehmer eine Vaterfigur, jedoch ohne die negativen Implikationen, die oft mit „väterlicher Fürsorge" in der Wirtschaft assoziiert werden. Er versuchte, für seine Mitarbeiter eine vorbildliche Gemeinde aufzubauen (Port Sunlight, benannt nach seinem berühmten Seifenriegel), doch kannte er seine Grenzen und gestand später ein, daß die Beschäftigten es vorzogen, Arbeit und Privatleben zu trennen.

William Lever beschrieb sein Führungsideal für sich und seine Nachfolger als „natürlichen Geschäftsinstinkt". Entsprechend diesem Instinkt

> „hört ein Führer, was die Leute sagen, ist jedoch klug genug, selbst den Mund zu halten... Er mischt sich niemals in Angelegenheiten ein, die ihn nichts angehen. Ich habe nie erlebt, daß er sich von einer Zielsetzung abbringen läßt. Er bildet sich seine Meinung, und dann kann man ihn weder durch Drohungen noch Überredung von ihr abbringen. Er verfolgt beharrlich seine Ziele und gibt keine Ruhe, bis er sie erreicht hat. Von Natur aus uneitel, bedeutet ihm solider Komfort seines Lebens mehr als irgendwelche Äußerlichkeiten. Er verlangt von allen, die eine Vertrauensstellung haben, strengste Befolgung ihrer Pflichten. Erfüllen sie ihre Pflicht, dann haben sie volle Freiheit bei der Erledigung ihrer eigenen Angelegenheiten. Er macht keine Versprechungen und belügt niemanden, und ich kann noch hinzufügen, daß er sich robuster Gesundheit erfreut."[13]

Andrew M. Knox, ein Direktor der Firma Unilever, schilderte die Wirkung Levers auf andere Menschen. Seine ihm unmittelbar unterstellten Direktoren und die Untergebenen, die im Laufe der Jahre für ihn gearbeitet hatten, nannten ihn nur „den Alten". Für sie war William Lever „fast dämonisch in der ihn antreibenden Energie, rastlos dabei, immer wieder Neues anzupacken, den Blick in die Zukunft gerichtet, um Chancen zu erkennen und zu ergreifen. Er war niemals mit dem zufrieden, was er hatte."[14] Knox beschrieb Levers Verhalten in allen Einzelheiten. Er kannte die Bedürfnisse seiner Kundschaft genau, desgleichen alle Innovationen von Produkten. In der Werbung und Verkaufsförderung war er seiner Zeit weit voraus.

Lever führte in seinem Unternehmen die Langzeitplanung ein. Die Manager in Herstellung und Vertrieb mußten entsprechende Planungen vorlegen. Doch wurde das Ziel von ihm persönlich vorgegeben. Er setzte für jede Einheit seines Unternehmens die Daten fest und erwartete von seinen Managern harte Arbeit zum Erreichen der gesteckten Ziele. Die langfristige Planung war ein Kontrollinstrument, ihr Endpunkt war zugleich eine Angelegenheit seines höchstpersönlichen Engagements, was wiederum eine Verpflichtung für alle Generalmanager bedeutete. Es handelte sich also nicht nur um eine Prozedur, die durch Routine ihren persönlichen Charakter verliert.

Lever galt als ein Mann, der Menschen aufbaute und nicht zerstörte. Er bewies große Sympathie für die kleinen Angestellten. Beim Besuch einer Tochtergesellschaft begrüßte deren Chef Lord Leverhulme aufgeregt mit einem Bericht über die großartigen Umsätze. „Sie werden mit Freuden hören, Mylord, daß die Umsätze unserer Firma im vergangenen Monat eine absolute Rekordhöhe erreicht haben." „Daran habe ich keinen Zweifel", antwortete Lord Leverhulme. „Doch wie steht es mit den Waschräumen für das Personal, die ich vor einem Jahr hier beanstandet habe?"[15] Seinem Neffen, damals leitender Direktor und Vorsitzender des Aufsichtsrates, schrieb er: „Welche Maßnahmen ergreift der Aufsichtsrat gegenüber angeschlossenen Firmen, die Verluste verbuchen oder deren Gewinne unter den Vorgaben liegen? Nimmt man das nur zur Kenntnis – welchen Sinn hat dann noch Kontrolle? Wenn Du nichts unternimmst, dann sage es mir, und ich werde mich selbst mit der Sache befassen. Ich bin sehr betroffen über die gelassene Nervenstärke, die man Umständen gegenüber zeigt, die den Ruin bedeuten."[16] Diese „Umstände, die den Ruin bedeuten", mögen eine Übertreibung gewesen sein, doch gab Lever dem Geschehen eine persönliche Note, weil er mit seinem ausdrücklichen Mißfallen auf die Bedeutung der Kontrolle allen Geschehens hinwies. Ein verantwortlicher Manager muß sich gründlich mit allen Problemen befassen und sie aktiv lösen.

Zum Abschluß seiner Erinnerungen an William Hesketh Lever schreibt Andrew Knox, Levers Tod habe das Ende einer Ära bedeutet. Lever baute sein Unternehmen in einer von väterlicher Fürsorge geprägten Ära auf, in der sich niemand auf Kosten anderer größer machte. Nach Ansicht von Knox und all derer, die Lever nahestanden, „war es eine großartige Ära, und Lever war ein großartiger Mann, der in sie hineinpaßte. Er war auch ein guter Mensch, der die Herzen der Menschen anrühren konnte und das auch tat."[17]

Die Befähigung eines Führers, Einfluß auf seine Untergebenen auszuüben, beruht auf mehreren Motiven. Schon Weber hat festgestellt, daß es verschiedene Grundlagen der Autorität gibt: Autorität, entstanden aus Tradition, aufgrund rechtlicher Gegebenheiten und aufgrund charismatischer Wirkung. In modernen Kapitalgesellschaften hat traditionelle Autorität wenig Gewicht, vor allem in Zeiten massiver Firmenübernahmen und Umstrukturierungen. Autorität auf rechtlicher Grundlage wird natürlich in den Organisations-Charts mit Bezug auf den Verantwortungsbereich jedes einzelnen Jobs näher definiert. Aus Fachwissen abgeleitete Autorität wird ausgeübt in proportionalem Verhältnis zur Fähigkeit des Experten, Probleme aufgrund seiner Spezialkenntnisse zu lösen. Rein theoretisch braucht man Experten als Einflußquelle nicht zu fürchten.

Die charismatische Wirkung ist komplizierter als die von Autorität, die auf der jeweiligen Position innerhalb der Hierarchie oder auf Sachwissen beruht. Es gibt Fälle von charismatischer Führung, die weder von der Position im Unternehmen noch von Sachkunde herrühren. Gandhi, Schweitzer und Mutter Teresa gleichen Heiligen mit ihrer Selbstverleugnung und ihrem Engagement für eine Sache und das unmittelbare Wohlergehen der Armen. Das Charisma dieser Führer steht seiner ursprünglichen Definition sehr nahe, als besondere göttliche oder spirituelle Begabung. Der Einfluß solcher Charismatiker ist eindeutig persönlich. Er reicht auch über die unmittelbare physische Präsenz hinaus. Sind Charismatiker aus dem öffentlichen Leben verschwunden, dann treten stärker bürokratische Formen des Einflusses in Erscheinung, auch wenn versucht wird, die bisherige Wirkung des Charismatikers in einer Art „Routine" fortzuführen, oder die Ideale des Führers in der Organisation zu bewahren. Das ist eine schwierige und gewöhnlich erfolglose Aufgabe. Sobald die charismatische Führerfigur nicht mehr da ist, kommt es zu inneren Auseinandersetzungen und Kungeleien, und was vom früheren engen Zusammenhalt noch verblieben ist, verschwindet bald, vor allem, wenn die Organisation Rückschläge hinnehmen muß.

Das Wirtschaftsleben bietet weitreichende Gelegenheiten für persönlichen Einfluß und charismatisches Wirken. Lee Iacocca gehört zu den Persönlichkeiten, die aufgrund substantieller Einbildungskraft und innovativer Befähigung zu einer charismatischen Gestalt für die Untergebenen und ein breites Publikum wurden. Charisma beschränkt sich nicht auf leitende Unternehmer und Gründer großer Unternehmen. Überall in Organisationen können leitende Mitarbeiter Charisma entwickeln, wenn ihre Persönlichkeit und ihr Verhalten Dimensionen erreicht, die sich von denen der hervorragenden Unternehmensführer deutlich unterscheiden.

Menschliche Reaktion auf persönlichen Einfluß und Charisma auf allen Ebenen von Status und Prestige ist Ehrfurcht. Überlegenes Können, physische Tapferkeit, menschliche Sensibilität, Selbstdisziplin und Jenseitigkeit, die sich durch Selbstverleugnung und Verzicht auf die einfachsten Bedürfnisse ausdrückt, rufen bei den Mitmenschen ein Gefühl von Ehrfurcht hervor. Dieses Gefühl ist so allgemein, daß man sich fragen muß, warum seine Assoziation mit Charisma nicht von mehr Leuten verstanden wird. Jedes Kind erlebt Ehrfurcht in den Beziehungen zu seinen Eltern. Die Fähigkeit, Ehrfurcht zu empfinden, besteht latent und kann in Gegenwart einer Person mit besonderer Begabung und großartigem Charakter jederzeit in Erscheinung treten.

Zumindest ein Teil der charismatischen Wirkung hängt von den Erwartungen der Untergebenen ab. Ein charismatischer Führer erweckt Ehrfurcht schon durch die Legenden, die sich um seine Person ranken. Über solche Menschen wird vieles erzählt. In den meisten Fällen ist ihr Wirken wie eine Geschichte, in der sich eine Vision des von ihnen geleiteten Unternehmens mit Fakten aus dem persönlichen Leben verbindet. Aber auch Untergebene, die den Führer verehren, können Geschichten über ihn verbreiten, die sogar wahr sein können. Beim Erzählen und Wiedererzählen antizipieren sie das Gefühl von Ehrfurcht, die sie dann auch empfinden.

James MacGregor Burns ist ein begabter Politologe und erfahrener Wissenschaftler in Fragen der Menschenführung. Er verwies auf die Fähigkeit von Führern, die Wertvorstellungen der Menschen zu verändern, statt sie einfach zu akzeptieren und zur Grundlage des Handelns zu machen.[18] Bevor ein Führer jedoch das Denken und Handeln anderer Menschen verwandelt, muß er selbst eine persönliche Wandlung erleben, die ihn auf die Probe stellt und verändert. Diese psychische Verwandlung erzeugt Klarsicht und Objektivität, was den Führer in die Lage versetzt, sich an die Vergangenheit zu erinnern und sie zu nutzen. Aus diesem Grund ist es so schwierig, Führung zu lehren. Man kann zwar leicht Eigenschaften aufführen, die Führer allgemein haben sollten, doch ist es schwierig, den Umdenkenden dazu zu bringen, den Rahmen des Traditionellen zu überschreiten.

Konosuke Matsushita schilderte seine Erfahrungen als Gründer und Führer der Matsushita Electric Industrial Company. Er gab ihnen den Titel *Not for Bread Alone: A Business Ethos, a Management Ethic.* (Der Mensch lebt nicht vom Brot allein: Ein Geschäftsethos, eine Managementethik.)[19] Die persönlichen Erlebnisse, die zu seiner Wandlung beigetragen haben könnten, werden nur knapp geschildert. „Bereits als junger Mann verlor ich Eltern und ältere Brüder, ferner litt ich unter chronischen Lungenbeschwerden. Mein körperlicher Zustand zwang mich oft, längere Zeit das Bett zu hüten, und selbst in den Anfangszeiten meiner Firma mußte ich oft meinen Stab und meine Teilhaber vom Bett aus dirigieren." Die Lektüre vermittelt eine Befähigung zu besinnlichem Nachdenken, die für Topmanager ungewöhnlich, für charismatische Führer jedoch charakteristisch ist. Zweifellos war das Unternehmen für ihn, den Gründer, stets eine sehr persönliche Angelegenheit, anders als für typische professionelle Manager.

Katsuhiko Eguchi, Leiter des PHP Institute, schrieb eine Einführung zu *Not for Bread Alone*, in der er ausführlicher auf die möglichen Ursachen eingeht, warum Matsushita seine Arbeit so sehr mit seiner Person verband. Matsushitas Vater erlebte eine wirtschaftliche Katastrophe, die den Verlust des Hauses und Grund und Bodens der väterlichen Familie zur Folge hatte. Bald danach starben die beiden älteren Brüder, und der Vater, „unfähig, die Familie selbst aus der Notlage herauszuführen, richtete seine ganze Hoffnung auf Konosuke, der im Alter von vier Jahren das Matsushita-Erbe antrat. Mit neun Jahren verließ Konosuke die Volksschule und ging nach Osaka, wo er Lehrling bei einem Händler für Holzkohle wurde."[20]

Wenn eine Führerpersönlichkeit sich wandelt, dann gewöhnlich als Folge eines Traumas. Solche Personen haben oft das Gefühl, ihre Fähigkeit zum Ertragen von Streß werde auf die Probe gestellt. Das Bestehen dieser Bewährungsprobe stärkt eine einzigartige Kombination von Innenschau, Mut, Entschlossenheit und Optimismus. Menschen, die nach innen gewandt sind, neigen zu Pessimismus, wenn nicht gar zu Depressionen. Letztere findet man häufig bei begabten Künstlern und Schriftstellern. Eine depressive Veranlagung stört die Fähigkeit von Wirtschaftsführern, das Kommando zu übernehmen und mit Entschiedenheit zu handeln. Leitende Manager, die tatkräftig und verinnerlicht zugleich sind, trifft man selten. Die Fähigkeit, in sein Inneres zu schauen, und die Fähigkeit, sich seinen Optimismus zu erhalten, sind ganz wesentliche Führungseigenschaften.

Die Befähigung zur Innenschau begünstigt tiefes Nachdenken über Probleme und Möglichkeiten ihrer Lösung. Probleme und die Suche nach Lösungen bedeuten für den Führer einen Test, vielleicht in Erinnerung an eine frühere Bewährungsprobe, als es darum ging, die Verantwortung für das Erbe der von den Eltern in ihr Kind gesetzten Hoffnungen zu übernehmen.

Der Lebenslauf von Matsushita liefert viele Beispiele, wie jemand durch geschäftliche Probleme auf die Probe gestellt wird. Eines dieser Beispiele stammt aus dem Jahre 1952, als er versuchte, mit der holländischen Firma N. V. Philips ein Abkommen über technische Zusammenarbeit auszuhandeln. Die Verhandlungen waren nahe daran, an Meinungsverschiedenheiten über die Zahlung von Royalties zu scheitern. Matsushita war der Meinung, die Firma Philips fordere für ihren technischen Beitrag übermäßig hohe Lizenzgebühren. Er hätte natürlich offen über eine niedrigere Gebühr verhandeln können. Dann aber hätte er sich selbst in eine Position manövriert, die kaum zu einem Klima der Kooperation beigetragen hätte. Aus Wettbewerbsgründen hielt er jedoch eine niedrigere Lizenzgebühr für notwendig.

Matsushita merkte, wie fest die Unterhändler von Philips davon überzeugt waren, daß ihre Sachkunde beträchtlich zum Erfolg des Jointventure beitragen werde. Er bewunderte ihr Selbstvertrauen und ihre Selbstachtung, war jedoch nach reiflichen Überlegungen der Ansicht, daß die Managementfähigkeiten seiner Firma ein ganz entscheidender Beitrag zur Sicherung des Erfolgs des Joint-venture sein würden. Ebenso wie Philips eine überdurchschnittliche Lizenzgebühr für den technischen Beitrag und das darin gesetzte Vertrauen verdiente, stand seiner Firma eine Entschädigung für ihre einzigartigen Managementfähigkeiten zu, in die er besonderes Vertrauen setzte. Deshalb schlug er folgende Lösung vor: Philips solle eine Gebühr für die Fähigkeiten des Matsushita-Managements zahlen, seine eigene Firma eine Gebühr für die technische Unterstützung von Philips. Auf diese Weise erkannten beide Seiten den einzigartigen Beitrag der jeweils anderen Firma an und legten zugleich ein Fundament gegenseitiger Achtung.

Zu einem anderen Zeitpunkt seiner Laufbahn informierten ihn leitende Angestellte, seine Lagerhäuser seien überfüllt, weil die Fabriken mehr elektrische Haushaltsgeräte fertigten, als die Firma verkaufen konnte. Die einfachste Lösung wäre nun gewesen, Fabriken zu schließen und Mitarbeiter zu entlassen, bis Angebot und Nachfrage wieder ausgeglichen waren. Dieser Ausweg bereitete ihm jedoch Sorgen. Mit welchem Recht sollte er Menschen schaden, die an dem vorliegenden Problem keine Schuld hatten? Und warum sollten sie ihm später vertrauen und ihr Bestes für die Firma geben, wenn man sie zuvor schlecht behandelt hatte? Er suchte und fand eine andere Lösung: Die Wochen-Arbeitszeit wurde ohne Lohnabzüge verkürzt. Als Ausgleich dafür sollten die Arbeiter mit einzelnen Mustern von Tür zu Tür gehen, um ihre Produkte zu verkaufen. Die Idee funktionierte, und bald war auch der Normalzustand wiederhergestellt.

In Geschichten, die Führer wie Konosuke Matsushita erzählen, gibt es stets etwas, was über die Aufzeichnung interessanter Geschehnisse aus ihrer Laufbahn hinausgeht. Geschichten werden mit dem Ziel erzählt, Wertvorstellungen zu übermitteln. Untergebene erwarten von ihren Führern Hinweise auf Anschauungen und Werte, die bei der Leitung eines Unternehmens eine Rolle spielen sollen. Eingebettet in diese Wertvorstellungen sind Richtlinien für menschliches Verhalten, Regeln, welche die Qualität menschlicher Beziehungen im Geschäftsleben bestimmen sollten.

Alle Geschäftsleute brauchen Modelle und Leitfiguren, die zeigen, wie man miteinander umgeht, als unausgesprochene und explizite Regeln für soziales Verhalten in einem besonderen System. Manager sammeln mit ihren Erfahrungen ein umfangreiches System von Regeln, die sie schließlich glauben lassen, sie verhielten sich wirklich klug bei ihrem Bemühen, anderen Menschen ihren Willen aufzuzwingen.

Die Meinungen von Managern darüber, wie man andere Leute beeinflussen kann, lassen traditionelle Regeln außer acht, die bewährte Führer uns in ihren Lebensgeschichten übermitteln. Diese stammen aus der Zeit, als autoritäre Persönlichkeiten ihre Untergebenen wie Unmündige behandelten und es im Alltag noch direkte und vertraute menschliche Beziehungen zwischen Führern und Geführten gab. Unbehelligt durch Managementstrukturen befolgten Führer damals einfache Richtlinien für den Umgang mit Menschen. Führer sind Traditionalisten in der Kunst, Macht zu nutzen. Bei ihnen haben philosophische Überlegungen über die menschliche Natur nur eine kurze Galgenfrist. Ob der Mensch von Natur aus gut oder böse ist, ob tugendhaft oder sündig, hat wenig Einfluß auf das Problem, andere Menschen zu kooperativer Arbeit in Organisationen zu bewegen. Statt dessen unterliegen die Regeln menschlicher Beziehungen einer praktischen Psychologie. So will jeder von uns bei seinen Handlungen Erfolg haben. Zeige ihnen, wie sie Erfolg haben können, und sie werden sich in deiner Schuld fühlen. Man lege ihnen Stolpersteine in den Weg, und sie werden es mit Haß oder gar Rache vergelten.

Hat jemand einen erfolgreichen Weg eingeschlagen, will er ihn auch weiter verfolgen. Die Aufforderung, künftig etwas anderes zu tun, stößt gewöhnlich auf Widerstand. Es führt zu nichts, wenn man nur erklärt, warum der neue Weg besser ist. Wer eine Veränderung in Gang setzt, sollte die davon Betroffenen für ihre Verluste entschädigen.

Die Menschen werden von strengen Regeln der Gerechtigkeit gelenkt. Wer sich nach ihnen richtet, verdient Respekt. Ihre Verletzung beschwört Feindschaft herauf. Wer Veränderungen einführt, sollte Risiken aufteilen und die Mitarbeiter an Belohnungen beteiligen.

Ein wahrer Führer vermeidet es, Anweisungen zu geben, die nicht durchführbar sind. Sie sind sinnlos und versetzen den Untergebenen in eine potentiell demütigende Lage. Darauf reagiert dieser dann mit Unwahrheit und ausweichendem Verhalten, was am Ende destruktiv wirkt. Um herauszufinden, ob Anordnungen auch durchführbar sind, sollte man am besten erst einmal zuhören. Die Kunst des Zuhörens ist eine Herausforderung für die Neigung leitender Manager, aktiv zu handeln und Passivität zu vermeiden. Zuhören hängt von der konstruktiven Nutzung der Passivität ab. Der Impuls zu sofortigem Handeln behindert das Verstehen.

Zuhören ist eine Kunst, die man lernen kann, wenn ein Führer einmal ihre Bedeutung für die Beziehungen zwischen Vorgesetzten und Untergebenen erkannt hat. Folgende Richtlinien sollte man beachten:

1. Bezeugen Sie Interesse für Ihr Gegenüber.
2. Vermeiden Sie verbale Auseinandersetzungen, indem Sie mit

dem Urteil über das zurückhalten, was die andere Person sagt. Vermeiden Sie es, Rat und Anweisungen zu geben, bevor Ihr Gegenüber seine Ansichten voll und ganz ausgedrückt hat. Antworten Sie erst, wenn Sie sicher sind, daß Sie auch verstanden haben, was der andere gesagt hat.
3. Hören Sie mit Ihrem „dritten Ohr" zu. Dem Rat von Elton Mayo folgend, sollten Sie auf das hören, was der andere sagen will, ferner auf das, was er nicht sagen möchte, und schließlich auf das, was er ohne Hilfe nicht sagen kann.[21]

In der physischen Welt folgt auf jede Aktion eine Reaktion. In der sozialen Welt führt jede Aktion, vor allem einer Autoritätsperson, zu multiplen Reaktionen, von denen einige deutlich ausgedrückt, andere jedoch getarnt sind. Wer ihre Auswirkungen beurteilen will, muß den Kontext begreifen, innerhalb dessen ein Untergebener auf eine Initiative reagieren muß.

Die Menschen handeln in Gruppen oder als Individuen. Gewöhnlich ist es ihnen sehr wichtig, wie sie in den Augen der anderen Gruppenmitglieder dastehen. Wird das Ansehen eines Untergebenen durch seine Beziehungen zur Autoritätsperson gefestigt, dann bemüht er sich auch, die Erwartungen des Vorgesetzten zu erfüllen. Entsteht durch das Verhalten der Autoritätsperson eine Kluft zwischen dem einzelnen und seinen Kollegen, dann erzeugt das nicht nur beim einzelnen, sondern auch bei dessen Kollegen feindselige Gefühle. Die Kraft des Mitgefühls ist in Gruppen sehr ausgeprägt. Eine Gruppe, die bemerkt, daß eines ihrer Mitglieder benachteiligt wird, schließt sich zu dessen Unterstützung enger zusammen, weil Schaden, der *einem* der Ihren zugefügt wird, vor allem, wenn er ungerecht und willkürlich erscheint, als Benachteiligung *aller* empfunden wird.

Führer sollten sich normalerweise nicht mit Untergebenen auf eine Stufe stellen. Beziehungen zu Vorgesetzten erzeugen gewöhnlich Spannungen, die einem lockeren gesellschaftlichen Umgang im Wege stehen. Eine Autoritätsperson, die diesen Umgang als Mittel zum Abbau von Spannungen ansieht, gilt als jemand, der sich bei Untergebenen anbiedern und beliebt machen will. Das schafft keine Freundschaft, stattdessen geht jedoch der Respekt verloren.

Von Führern wird erwartet, daß sie ihre Untergebenen bei ihrer Tätigkeit unterstützen und dabei deren Integrität als Individuen und als Mitglieder einer Gruppe bewahren. Die Antwort auf Autorität ist nicht Liebe, sondern Anerkennung. Die Autorität kann mit Recht Respekt erwarten, vor allem wenn sie deutlich ihre Integrität zum Ausdruck bringt. Führer vermeiden Schmeicheleien und andere Formen, sich bei Untergebenen beliebt zu machen oder sich deren Unterstützung zu sichern. Wenn auch Handlungen mehr aussagen als Worte, vor allem in moralischen und ethischen Belangen, so werden Führer doch daran gemessen, inwieweit sich ihre Handlungen und Worte wirklich decken.

Führer sollten von den Geführten nicht erwarten, daß diese sie höher einschätzen als sich selbst. Vielmehr sollten sie ihre Selbsteinschätzung auf das begrenzen, was realistisch und ständig beweisbar ist. Selbstachtung unterscheidet sich sehr von Angeberei, die den Respekt anderer verringert, und auch von falscher Bescheidenheit, die Mißachtung hervorrufen würde.

Zu jeder Zeit sollten Führer sich so verhalten, daß das, was ihrer Ansicht nach getan werden soll, dem entspricht, wozu sie ihre Mitarbeiter auffordern. Fragt ein Führer einen Untergebenen nach seiner Meinung, um ihm das Gefühl der Mitwirkung zu geben, ohne jedoch dessen Ansichten wirklich zu beachten, dann wird der Untergebene weder Anteilnahme empfinden noch für die angebliche Mitbestimmung dankbar sein. Er wird vielmehr dem Vorgesetzten gegenüber Mißtrauen empfinden, dem es umgekehrt dann schwer fallen dürfte, das Interesse des Mitarbeiters zu wecken, wenn es wirklich einmal darauf ankommt.

Führer sollten nichts versprechen, was sie nicht halten können. Ihr Ansehen beruht zum Teil darauf, daß sie ihren Untergebenen soziale Leistungen verschaffen, die ihnen zustehen. Glaubt der Mitarbeiter, es sei ihm mehr versprochen, dann ist der Führer verpflichtet, seine Versprechungen einzuhalten.

Führer, die Befehle erteilen oder Untergebene auffordern, etwas Bestimmtes zu tun, sollten sich vergewissern, daß die Angesprochenen auch verstehen, was von ihnen erwartet wird und wie sich die gewünschte Handlung in die Zielsetzungen der Organisation einfügt. Führer sollten von der Richtigkeit ihrer Initiativen überzeugt sein. Glauben sie nicht an eine von höherer Stelle ausgegebene Initiative, dann sollten sie das Problem mit ihrem Chef austragen und nicht ihre Untergebenen auffordern, Anordnungen von Vorgesetzten blind Folge zu leisten.

Diese Regeln über persönlichen Einfluß in Organisationen sowie andere über das Verhalten von Autoritätspersonen haben Tradition und beruhen auf Lehren, die aus Erfahrungen gezogen wurden. Leider werden sie immer weniger beachtet, weil sie für das Ethos der Managementmystik nicht mehr als notwendig erachtet werden. Somit werden Lehren aus Zeit und Erfahrung nicht mehr von einer Generation an die nächste und von Vorgesetzten an Untergebene weitergegeben. Im Wirtschaftsleben mißachtet man die persönlichen Aspekte von Autorität, zu denen gehört, daß die Menschen sich gegenseitig achten.

Heute neigt man allgemein dazu, institutionelle Verfahren höher zu bewerten als persönlichen Einfluß, als ob diese Verfahren die Kontinuität der Führung sicherten, der persönliche Einfluß aber nur ein vorübergehender Zustand sei. Persönlicher Einfluß wird fälschlicherweise oft als Manipulation gedeutet. Eine dominierende Persönlichkeit beherrscht das Denken einer anderen Person und verleitet diese zu Handlungen, die nicht im echten Interesse der Gefolgsleute liegen. Nach Ansicht von Burns rührt das Problem der Manipulation an den Kern des Verhältnisses zwischen Führer und Geführten.

> „Versucht ein Führer oder Lehrer eine andere Person durch Appellieren an ihre grundlegenden Motive zu beeinflussen, dann stellt sich die implizite Frage: An *welche* spezifischen Motive wird appelliert? Wer ist das wahre „Ich", das hier an das wahre „mich" appelliert? Mit welchen Ressourcen oder von welcher Machtbasis aus geschieht das? Mit welchem Ziel und für *wessen* Ziele?

> Welches ist das soziale Umfeld? Das soll heißen: Die Motive und Ressourcen welcher größeren Gruppen und welcher Führer-Gefolgschaft-Beziehung werden angesprochen? Und über welchen Zeitraum hinweg?"[22]

Diese Fragen können ohne Untersuchung der moralischen Dimension des Führens weder gestellt noch beantwortet werden. Die moralische Dimension läßt sich leichter ausklammern, wenn man den Einfluß unpersönlich gestaltet. Verantwortung kann nur durch persönlichen Einfluß empfunden und akzeptiert werden. Diese Verinnerlichung der Verantwortung ist die moralische Grundlage echter Führung.

Kapitel 15

Die moralische Dimension

Im März 1987 spendete John Shad, ehemals Leiter der Securities and Exchange Commission (SEC) und damaliger amerikanischer Botschafter in den Niederlanden, der Harvard Business School 20 Mio. Dollar zur Finanzierung von Forschung und Lehre auf dem Gebiet der Wirtschaftsethik. Andere Sponsoren beabsichtigten, weitere 10 Mio. zur Aufstockung dieser Summe zu spenden. Es ist in diesem Zusammenhang von Bedeutung, daß John McArthur, Dekan der Harvard Business School, es vermied, bei Investmentbanken und Kapitalgesellschaften um weitere Beträge zur Vervollständigung des Shad-Programms zu bitten.

Shad hatte beschlossen, dieses Ethik-Programm zu finanzieren, weil er wegen einer wahren Epidemie von unerlaubten Insider-Geschäften an der Wall Street besorgt war. Als Kommentar zu seiner Spende schrieb er:

> „Sehr beunruhigend ist das jüngste Ansteigen von Insider-Geschäften junger Menschen im Lebensalter von zwanzig bis dreißig Jahren, alles Absolventen führender Wirtschafts- und Rechtsfakultäten, der obersten Schicht der Elite zugehörig. Inzwischen wurden zehn promovierte Absolventen der Wirtschafts- und Rechtsfakultäten von Harvard, Stanford, Columbia, Wharton sowie anderer Universitäten als Verbrecher verurteilt. Die meisten von ihnen werden ins Gefängnis gehen. Diese Zahl ist möglicherweise nur die Spitze des Eisberges – was symptomatisch für ernsthaftere Probleme des heutigen Amerika ist."[1]

Shad stellte dann einige relevante Fragen:

> „Warum waren diese jungen Leute bereit, ihre glänzende Zukunft und Selbstachtung aufs Spiel zu setzen? Selbst wenn das tiefsit-

zende psychologische Gründe haben sollte, bleiben andere Fragen offen. Waren die Versuchungen zu groß geworden? War es die Herausforderung oder die Erregung, einmal zu sehen, ob sie davonkommen würden, wenn sie das System schlagen könnten? Trieb sie der Druck gleichgestellter Kameraden oder die Rivalität, das Spiel zu gewinnen, dessen Ergebnis in Dollar notiert wird? Oder ist in der moralischen Haltung Amerikas seit dem Zweiten Weltkrieg ein Wandel eingetreten – als Folge des Zerfalls der Familien, der steigenden Scheidungsrate, der Permissivität der 60er und 70er Jahre, des Vietnamkrieges und der Drogen? Die Antwort liegt vermutlich in der Kombination dieser Faktoren. Doch stehen wir heute vor der Frage: Was können wir dagegen tun?"[2]

Eine Antwort auf diese letzte Frage gab Shad mit seiner 20 Mio.-Dollar-Spende. Die damit finanzierte Ausbildung in Fragen der Ethik sollte künftige Wirtschaftsführer gegenüber allen ethischen Nuancen im Wirtschaftsleben sensibilisieren. Professor David Vogel von der Wirtschaftsfakultät der University of California gab die Ansicht vieler Erzieher wieder, als er schrieb:

„Schulen können die Menschen kein ethisches Verhalten lehren, jedoch das Engagement derjenigen stärken, die bereits ein gut entwickeltes Gespür für persönliche Moral haben. Sie können helfen, diese Menschen für jene Formen verzwickter ethischer Situationen zu sensibilisieren, mit denen sie im Wirtschaftsleben konfrontiert werden, und können ihnen die analytischen Werkzeuge vermitteln, mit denen sie klarer über die Arten von Verantwortung und Verpflichtungen nachdenken können, die wir alle einander in einer Marktwirtschaft schuldig sind. Am wichtigsten ist jedoch, daß diese Fakultäten die künftigen Wirtschaftsführer der Nation lehren können, ihre Unternehmen, Abteilungen oder Einheiten so zu managen, daß so wenige wie möglich die Unternehmenspolitik oder das Gesetz verletzen."[3]

Wirtschaftsfakultäten und andere Fachschulen behandeln ethische

Themen in besonderen Lehrgängen. Sie sollen nicht nur die Aufmerksamkeit der Studenten für das Problem erwecken, sondern auch Kriterien liefern für ethisches geschäftliches Verhalten in Situationen, in denen Wertvorstellungen gegensätzlicher Art aufeinanderstoßen. Vor allem die Wirtschaftsfakultäten lehren heute professionelle Verhaltensweisen, die ihre Studenten vor künftigen unethischen und illegalen Aktivitäten bewahren sollen. Ein prinzipieller Grundsatz des Professionalismus ist Objektivität, die alle rassischen, religiösen und sexuellen Vorurteile überwindet (oder überwinden sollte). Ein weiterer Grundsatz lehrt, ein „offenes System" zu vertreten, das Verfahren und Methoden breiten Spielraum läßt und daher vielen Leuten die Möglichkeit bietet, an Entscheidungen mitzuwirken. Im geschlossenen System autoritärer Herrschaft und des Personenkults variieren die Verhaltensnormen je nach dem Führer. Die Einschränkung der Mitwirkung vieler schließt breitgestreuten Einfluß von Partnern und Interessengruppen aus.

Diese Grundsätze des Professionalismus gelten nicht nur für die Welt der Wissenschaft, sondern es gibt sie auch in großen Unternehmen. Die Aufsichtsräte von Unternehmen in öffentlichem Besitz müssen Aufsichtskommissionen ernennen, die schriftliche Normen für ethisches Verhalten erlassen, mit positiven wie negativen kritischen Feststellungen. Firmen müssen sich verpflichten, offene Praktiken bei der Einstellung von Personal zu pflegen, nur Qualitätsprodukte zu liefern, keine sexuellen Belästigungen ihrer Angestellten, keine Bestechungen noch sonstige ungesetzliche Praktiken zu dulden. Die entsprechenden Ausschüsse der Firmen überprüfen im allgemeinen diese Erklärungen zur Ethik und veranlassen, daß sie in Umlauf gegeben werden. Sie formulieren auch Prozeduren für die Weitermeldung von Verstößen und bieten „Denunzianten" einen gewissen Schutz. Nach der Genehmigung erhalten das Management und der Stab diese Erklärungen und zeichnen sie ab als Beweis, daß sie die vom Unternehmen verkündeten Regeln zur Kenntnis genommen haben und bereit sind, sie zu erfüllen und durchzusetzen.

Professionalismus als Gegenmittel bei unethischem Verhalten hat ein Problem: Es dauert zu lange, bis die Wirkungen sich durchsetzen.

Außerdem kann der Professionalismus selbst in einigen unserer angesehensten Branchen nicht die Verlockungen überwinden, dennoch unethisch und ungesetzlich zu handeln. So stand seinerzeit die Respektabilität von E. F. Hutton an der Wall Street bzw. die Respektabilität seiner Bank in der Investmentbranche außer Frage. Daher hat es allgemein überrascht, als man Hutton der Wechselreiterei beschuldigte und ihm vorwarf, er habe kommerzielle Banken um Millionen Dollar transitorischer Zinserträge geprellt.

Der weitreichende Beschaffungsskandal im Pentagon im Jahre 1988 bewies, daß Professionalismus denen wenig bedeutet, die mit Informationen schachern, um die gesetzlich vorgeschriebenen Beschaffungsverfahren bei militärischen Aufträgen zu umgehen. Abgesehen von Beamten des Pentagon und ehemaligen Beamten, die „Beraterverträge" für militärische Aufträge übernommen hatten, findet man in der Liste der in diese fragwürdigen und möglicherweise illegalen Aktionen verwickelten Unternehmen Namen wie Unisys, Litton Industries, McDonnel Douglas, United Technologies und andere Vertragspartner im Verteidigungsbereich. Trotz allem Professionalismus zeigen Aufzeichnungen aus den achtziger Jahren eines: Je größer das Spiel der Marktkräfte (also mit dem Trend zur Deregulierung und einer reineren Form freien Wettbewerbs), desto lockerer das moralische Verhalten der Geschäftsleute, darunter viele professionelle Manager mit akademischen Titeln. Je größer die Gelegenheit, viel Geld zu verdienen, desto lockerer die moralischen Normen der Menschen in Situationen, in denen sie durch ungesetzliches und unethisches Verhalten viel für sich herausschlagen können.

Man braucht sich daher nicht zu wundern, daß die Spende von Shad in der Presse auf erheblichen Zynismus und bei führenden Managern auf wenig Zustimmung stieß. Shad hat sich diesen Zynismus selbst zugezogen, als er den Versuch unternahm, seine Spende als Mittel zur Förderung erfolgreicher Geschäftspraktiken mittels ethischer Praktiken zu verkünden. Sein Kommentar: „Ich glaube, daß Ethik sich auszahlt, daß es klug ist, ethisch zu handeln. Meiner Ansicht nach werden diejenigen, die das Äußerste riskieren, wie auf den Berg-und-Tal-Bahnen in Las

Die moralische Dimension 335

Vegas, am Ende von der Bildfläche verschwinden."⁴ Es ist alles andere als ein Axiom, daß ethische Praktiken sich immer lohnen, obwohl viele Lehrer der Wirtschaftswissenschaft und leitende Angestellte gerne an diese hoffnungsvolle Verkündung glauben würden. Richtiger wäre wohl die Behauptung, es gäbe so viel unethisches und illegales Verhalten, weil es sich lohnt. Warum sonst würden wohl intelligente Leute ihre Karriere und ihr ganzes Wohlergehen riskieren?

Die Gier nach Geld und allem, was es symbolisiert, dämpft zu oft die Stimme des Gewissens, die normalerweise den Impuls zum Betrügen bremst. Anscheinend sind die Mächtigen und die Schwachen ähnlichen Versuchungen ausgesetzt, obwohl die Risiken unterschiedlich groß sind. So wurde beispielsweise Robert B. Anderson, Finanzminister in der zweiten Eisenhower Administration, wegen Betrugs zu einer Gefängnisstrafe verurteilt. Paul Thayer, stellvertretender Verteidigungsminister der ersten Reagan Administration, wurde überführt, Informationen an einen Börsenmakler weitergeleitet zu haben. Er und seine Mittäter zahlten 1 Mio. Dollar Strafe, und Thayer, ehemaliger Vorstandsvorsitzender und Hauptgeschäftsführer der LTV Corporation, wurde zu vier Jahren Gefängnis und einer Geldstrafe von 5000 Dollar verurteilt. Der Watergate Skandal der 70er Jahre in Verbindung mit den fragwürdigen Handlungen des ehemaligen Generalstaatsanwalts Edwin Meese lassen erkennen, wie weit die Mächtigen zu gehen bereit sind, wenn Geld und Macht auf dem Spiel stehen.

Auch unethische Aktivitäten weniger bekannter Persönlichkeiten wirken sich auf größere Institutionen aus. Tatsächlich gibt es viele Geschichten aus bescheideneren Gesellschaftskreisen, die uns daran erinnern, wie wenig Aufmerksamkeit man Handlungen schenkt, die eindeutig unethisch und sogar ungesetzlich sind. So gab es eine Absprache zwischen R. Foster Winans, der die angesehene Kolumne „Heard on the Street" für das *Wall Street Journal* verfaßte, und Peter Brant, einem Aktienmakler der Firma Kider Peabody. Winans versprach Brant, ihm vorweg die Aktien bekanntzugeben, die er in seiner nächsten Kolumne empfehlen wollte. Brant bezahlte Winans etwa 20 000 Dollar für die Tips, die Brant sehr viel mehr Geld einbrachten. Dieser Betrag erscheint so dürftig im Vergleich zu den Folgen – Winans verlor seine Arbeit, und nach einem langwierigen Prozeß und dem Urteil des Obersten Gerichtshofes mußte er eine Gefängnisstrafe absitzen. Was hatte wohl Winans motiviert, den Ehrenkodex seines Berufsstandes zu verletzen, seinem Namen Schande zu machen und das *Wall Street Journal* in Verruf zu bringen?

Obwohl Winans in seinem Buch *Trading Secrets* es sorgsam vermeidet, seine innersten Gedanken und Motive preiszugeben, liefert er in dem Bericht über sein Mißgeschick beim Verschachern von Informationen gegen Bargeld doch genug Fakten, die Rückschlüsse auf individuelles ethisches Fehlverhalten zulassen.[5] In seine Machenschaften waren keine anderen Angestellten des *Wall Street Journal* verwickelt, was die Schlußfolgerung zuläßt, Winans habe es auf sogenannten *windfall*-Profit abgesehen. Winans brauchte das Geld als Anzahlung für den Kauf eines Wochenendhäuschens, das er und seine Geliebte sich so sehr wünschten. Von seinem Gehalt hätte er niemals 20000 Dollar abzweigen können, und die Versuchung war für ihn zu groß. Auch bestand unter den Angestellten des *Wall Street Journal* kaum ein wirkliches Gemeinschaftsgefühl, so daß es Winans wenig ausmachte, mit seiner Tat auch Kollegen und Freunde zu diskreditieren. Winans schreibt, seine Vorgesetzten hätten sich wenig um ihn oder andere Mitarbeiter gekümmert, so daß in seiner Kosten/Nutzen-Rechnung die Loyalität gegenüber der Autorität oder Institution wenig zählte. Die Tat selbst, obwohl konkret genug, erschien Winans hinsichtlich des angerichteten Schadens recht abstrakt. Wer war denn überhaupt geschädigt? Wie bei so vielen von Kopfarbeitern verübten Verbrechen waren die Opfer unpersönlich, abstrakt und deshalb leicht zu ignorieren. Zweifellos wird der Gedanke, eine Tat ohne Opfer könne kein Verbrechen sein, als Verteidigung in Prozessen um Insidergeschäfte vorgebracht werden.

Das ethische Problem wird noch abstrakter, wenn die Betreffenden zwar erkennen, daß sie das Gesetz verletzen, ihr Verhalten jedoch verstandesmäßig damit begründen, es habe einem höheren Zweck gedient. Diese Rationalisierung des Geschehens läßt es dann so erscheinen, daß die Handlung zwar nicht harmlos, jedoch bei Abwägung von

Die moralische Dimension

Kosten und Nutzen in Wahrheit für die Institution oder andere segensreich war (abgesehen natürlich vom ganz persönlichen Nutzen).

Bei unethischen Verhaltensweisen größeren Ausmaßes haben einige Kapitalgesellschaften sich auf etwas eingelassen, was man als Monopol für Spekulationsbetrug bezeichnen könnte. So wurden am 18. April 1961 45 leitende Manager von neunundzwanzig Betrieben der Elektroindustrie, darunter General Electric, Westinghouse und Allis-Chalmers wegen Verabredung von Festpreisen, Scheingeboten und interner Aufteilung von Aufträgen über die Lieferung von Ausrüstungen im Wert von 1,75 Mrd. Dollar jährlich verurteilt. Die geheimen Absprachen gingen so weit, daß sie sich sogar auf billige Isolatoren im Werte, die Bestandteile von Turbinengeneratoren im Werte von Millionen Dollar waren, erstreckten.[6]

Die schriftlich niedergelegte Ethik für die Unternehmenspolitik von General Electric war ein beliebter Lesestoff für leitende Manager. In Anweisung 2,35 hieß es: „Es war und ist die Politik dieses Unternehmens, sich strikt an die Antitrust-Gesetze zu halten." Der Vertriebsmanager der Transformatorenabteilung von General Electric glaubte, und gab es wahrscheinlich so an seine Untergebenen weiter, die Antitrust-Politik des Unternehmens gelte nicht für die Aktivitäten seiner Gruppe. „Die Antitrust-Direktive bezog sich nicht auf das, was wir taten."[7] Er sagte auch aus, er und seine Mitarbeiter seien der Meinung gewesen, „was wir taten, war genau das, was die Firma von uns wollte".[8] Ein anderer Angeklagter bei diesem Prozeß war leitender Manager der Abteilung für den Bau von Telefonvermittlungen. Man hatte ihn später, offensichtlich zur Verbesserung der Kommunikation mit Konkurrenten, in die Abteilung zur Herstellung von Stromkreisunterbrechern versetzt. Er verteidigte sich mit dem Argument, die Manager der Produktabteilungen hätten auf Anweisung von oben gehandelt. „Ich glaube, die Wettbewerbssituation hat uns gezwungen, etwas zu unternehmen. Eine Menge Leute mit sehr langer Betriebszugehörigkeit hielten vertrauliche Absprachen für die beste Lösung. Das geschah dann bei Besprechungen in Hotelzimmern. Wir wurden jedesmal ermahnt, unseren Juristen nicht zu erzählen, was wir taten, und auch alle Spuren bei unseren Spesenabrechnungen zu verwischen."[9] Dieser Manager war der Meinung, sein Chef habe den Grundsatz „Leben und leben lassen" befolgt und sich an die Praxis gehalten, seinen Angestellten „Kontakt mit der Konkurrenz" zu empfehlen.

Trotz der zahlreichen Verurteilungen und den ruinierten Karrieren von Männern, die in der Gesellschaft hoch geschätzt waren, überwog der Zynismus. So sagte ein Manager: „Aus alledem habe ich eines gelernt – künftig werde ich immer nur mit Einzelpersonen Gespräche führen und niemals zu Treffen gehen, an denen viele Leute teilnehmen." Viele Angeklagte meinten, sie seien schließlich nur „kleine Fische", und vertrauliche Absprachen gehörten zum „Way of life" im amerikanischen Geschäftsleben.

Ein solcher Zynismus läßt viele Leute daran zweifeln, ob Erziehung und die Grundsätze des Professionalismus den ethischen Standard verbessern werden. Die Antwort auf die Frage, was in dieser Situation getan werden könne, liege beim Gesetzgeber und seinen Verordnungen. Würde man der Justiz das Instrumentarium geben, die Gesetze auch durchzusetzen, dann wurde sich auch das Kalkül derjenigen ändern, die selbstgesetzte Normen („Ich kann das machen, weil niemandem geschadet wird, wenn ich mich bereichere." oder „Das geht schon in Ordnung, weil es zum Nutzen der Firma ist.") über Recht und Gesetz stellen. Gesetze werden bei dem Versuch fortentwickelt, das zu unterstützen, was die Gemeinschaft wünscht und erwartet. Die Rechtsabteilungen der Firmen informieren die Manager über neue rechtliche Normen, wie sie in Gerichtsurteilen und in der Gesetzgebung festgesetzt werden. Ein Anwalt von General Electric wies darauf hin, wie das Recht sich fortentwickelt: „Ein Unternehmen wird strafrechtlich für die Handlungen eines seiner Angestellten zur Verantwortung gezogen, solange diese in einem vernünftigen Zusammenhang stehen mit der ihm anvertrauten allgemeinen Verantwortung. Dabei spielt es keine Rolle, ob solche Handlungen unter Verletzung von Anweisungen erfolgen, die von der Firma in gutem Glauben erteilt wurden."[10] Diese Interpretation besagt: Die Existenz eines schriftlich niedergelegten Ehrenkodex befreit eine Firma noch nicht von der Verantwortung, wenn Angestellte und andere Beauftragte bei Erledigung normaler Firmengeschäfte das Gesetz verletzen. Eine strengere Rechtsnorm erhöht die Wachsamkeit und wartet nicht darauf, daß Erziehung und Professionalismus zustandebringen, was die Gesellschaft von ihren Bürgern erwartet.

Einige Branchen erscheinen wiederholt in den Annalen betrügerischen Verhaltens, und ständig kommen neue Branchen hinzu. Im Pentagon-Beschaffungsskandal heuerten Manager der Rüstungsindustrie ehemalige Regierungsbeamte als Berater an, damit sie Insider-Informationen lieferten und bei Geboten für Rüstungsaufträge die Kontakte zu den Behörden herstellten. Gegen die Betrugsvorwürfe verteidigten sie sich mit dem Argument, die leitenden Manager, die Regierungsbeamten und die Berater hätten gehandelt, um die Beschaffungsprobleme und die Verteidigungsbemühungen zu erleichtern, nicht um ihnen zu schaden. Die Angeklagten behaupteten, sie hätten den bürokratischen Papierkrieg überwunden und dafür gesorgt, daß die Aufträge an die leistungsfähigsten Firmen vergeben wurden, womit sie die Ziele der militärischen Beschaffung mehr gefördert als behindert hätten. Ferner behaupteten sie, es liege kein „Verbrechen" vor, weil es bei ihren Handlungen „keine Opfer" gab. Auch hätten ihre Taten mit dem Umgehen eng gezogener und unvernünftiger Verordnungen über konkurrierende Gebote einem höheren Zweck gedient. Wie am Beispiel des Iran-Contra-Skandals unter Präsident Reagan ersichtlich war, werden Beamte in hohen Positionen behaupten, sie hätten von derlei Praktiken nichts gewußt. Anderenfalls hätten sie diese Praktiken natürlich gestoppt.

Was wir auf der gegenwärtigen Szene rechtlicher und ethischer Verstöße erleben, ist die Allgegenwart des Ableugnens. Das Topmanagement leugnet regelmäßig, von begangenen Unehrlichkeiten gewußt zu haben, und schiebt die Schuld an derartigen aufgedeckten Handlungen schlechten Charakteren weiter unten in der Hierarchie zu. Der einzige Hinweis, der eine Verantwortung an der Spitze der Hierarchie zumindest andeutet, ist die klischeehafte Formel vom „Versagen der Kommunikation". Standhaft wird behauptet, das oberste Management halte an seinen ethischen Grundsätzen und der Beachtung der Gesetze fest;

leider würden seine Intentionen auf unteren Organisationsebenen nicht immer verstanden. Die Herren im obersten Management werden unweigerlich als ehrlich, ethisch motiviert und peinlichst auf Beachtung der Gesetze bedacht dargestellt. Ihr einziger Irrtum, wenn man das überhaupt als Irrtum bezeichnen könne, habe darin bestanden, sich nicht genug bemüht zu haben, die ethischen Normen der Firma an die Belegschaft weiterzugeben, oder sie nicht verständlich genug formuliert zu haben. Das Topmanagement bietet die halbherzige Selbstbeschuldigung, der Fehler liege weder in der Absicht noch in mangelnder persönlicher Ehrlichkeit, sondern einfach im Versagen der Kommunikation. Das ist der wesentliche Inhalt des Prinzips, alles zu leugnen. Wenn überhaupt etwas dem Gedanken echter Unternehmensführung schadet, dann ist es dieses Leugnungsprinzip.

Am 2. Mai 1985 bekannte E. F. Hutton sich vor einem Bundesgericht des postalischen und telegrafischen Betruges in 2000 Fällen für schuldig. Das Gericht verurteilte ihn zu einer Geldstrafe von 2 Mio. Dollar und wies ihn an, Geld an mehr als 400 Banken zurückzuzahlen. Als die Anklage gegen die Firma publik wurde, behauptete Hutton wiederholt, seine finanziellen Praktiken seien nicht kriminell, sondern nur Ausdruck von „aggressivem Cash Management".

Mehrere Regierungsbehörden machten Stichproben. Darunter waren zwei Untersuchungen durch den Kongreß, eine durch die Börsenaufsicht SEC, eine des Justizministeriums und verschiedene Nachforschungen von seiten einiger Bundesstaaten. Das Justizministerium beschuldigte die Firma Hutton, ihre leitenden Angestellten hätten das Zinsaufkommen gesteigert und Banken betrogen, indem sie bewußt und ohne Wissen der Banken Konten bzw. Kredite überzogen. Eine dreijährige Untersuchung des Ministeriums kam zu dem Ergebnis, daß die Hutton-Manager in einem Verfahren, das man „chaining" (Verketten) nennt, mehr als 10 Mrd. Dollar auf Konten verschoben haben, wodurch ihnen fast eine Milliarde noch nicht eingegangener Gelder vom Juli 1980 bis Februar 1982, als die Zinssätze zwischen 18 und 20% lagen, zinsfrei gutgeschrieben wurden.[11] Das Justizministerium ermittelte ferner, daß Hutton serienweise Einlagen mit sofortigen Abhebun-

Die moralische Dimension 341

gen bei zahlreichen regionalen Banken arrangiert hatte. Durch Ausnutzen der zeitlichen Verzögerungen bei der Verrechnung der Schecks konnte Hutton nicht weniger als 250 Mio. Dollar täglich reinvestieren und Zinsgewinne verbuchen, die er sonst nicht erzielt hätte. Hutton reagierte auf diese Beschuldigung mit der Behauptung, untergeordnete Angestellte hätten diese Kettenpraxis in isolierten Aktionen betrieben, die zwar von der Politik des Unternehmens abwichen, das Gesetz jedoch nicht verletzten.[12]

Die Wirtschaft hat sich die Regierung zum Vorbild genommen und praktiziert ebenfalls das Prinzip des Ableugnens – womit der Chef und andere leitende Mitarbeiter auf Kosten der unteren Manager und der Angestellten insgesamt geschützt werden. Inzwischen hat sich eine neue Branche etabliert: Anwaltsfirmen offerieren spezielle Nachforschungen, vergleichbar denen der von Präsident Reagan eingesetzten Tower Commission zur Untersuchung des Iran-Contra-Skandals. Wie vorherzusehen war, fand die Tower Commission heraus, daß der Präsident weder von den Waffenverkäufen an den Iran noch von der Weiterleitung der Einnahmen an die Contras in Nicaragua wußte. Die Tower Commission gab die Schuld einem übereifrigen Stab und nicht dessen oberstem Chef. Präsident Reagan habe zu keinem Zeitpunkt seine Untergebenen zu sich bestellt, um die Fakten von ihnen persönlich zu erfragen. Das ist eine Unterlassung, die dem gesunden Menschenverstand zwar widerspricht, jedoch zum Prinzip gehört, alle Anschuldigungen zu leugnen.

Während der Untersuchungen der Geschäftspraktiken der Firma Hutton beschlossen deren Topmanager, den ehemaligen Generalstaatsanwalt Griffin Bell und seine Anwaltskanzlei als unabhängige Nachforscher anzuheuern. Sie zahlten der Kanzlei 2,5 Mio. Dollar, wovon über 800 000 an Bell persönlich gingen. Bell und seine Mitarbeiter erhielten folgenden Auftrag: Finden Sie heraus, ob die Geschäftspraktiken der Firma Hutton ungesetzlich waren. Im bejahenden Fall sind die dafür verantwortlichen Einzelpersonen zu benennen.

Nach Abschluß der Untersuchung entlastete Bell das Topmanagement der Firma Hutton, darunter den Vorstandsvorsitzenden und Hauptgeschäftsführer Robert Fomon und den früheren Vorstandsvorsitzenden George Ball. Nach den Untersuchungsergebnissen reichte die direkte Managementverantwortung nicht höher in der Hierarchie als bis zum stellvertretenden Vorsitzenden, der für das Finanz-Management verantwortlich war. Dieser habe, so sagte Bell, seine Pflicht verletzt, weil er die illegalen Kontenüberziehungen nicht entdeckte. Was Fomon angehe, so sei zwar alles unter seinen Augen geschehen, doch könne man ihn nicht für die Handlungen untergeordneter Manager verantwortlich machen.[13]

Bell folgerte ferner, kein Mitglied des Topmanagements sei für die unerlaubten Kontenüberziehungen strafrechtlich verantwortlich. Zwar „stehe außer Zweifel", daß der frühere Vorstandsvorsitzende und andere leitende Manager Memos sowie Daten über Zinsgewinne als Ergebnis unsauberer Geschäftspraktiken erhalten haben, doch reiche das Beweismaterial nicht aus, „diese Angestellten eines Verbrechens zu beschuldigen".[14]

Bell nannte namentlich einige Zweigstellenmanager, die aktiv an den Unrechtshandlungen beteiligt waren. Ihre Überziehungen seien so exzessiv gewesen, „daß keine verantwortungsbewußte Person dieses Verhalten für rechtmäßig halten konnte". Der Untersuchungsbericht der Bundesbehörden benannte sechs Manager, die Geldstrafen zwischen 25 000 und 50 000 Dollar, ein Jahr Bewährung und eine schriftliche Ermahnung erhielten. Bell benannte auch mehrere regionale Manager, „deren Verhalten von keinem vernünftigen Menschen für rechtmäßig gehalten werden konnte". Drei von ihnen erhielten dreißigtägige Gefängnisstrafen auf Bewährung, aber keine zusätzlichen Geldstrafen.[15]

Bei seinen Nachforschungen entdeckten Bell und seine Mitarbeiter achtzehn Dokumente, in denen die illegalen Aktivitäten in allen Einzelheiten aufgelistet waren. Sie bewiesen, daß das Topmanagement die Zweigstellenmanager und Kassierer aktiv ermutigt hatte, die Zinseinkünfte durch aggressives Überziehen der Konten aufzublähen. Aus Memoranden ging hervor, daß das Topmanagement solche Praktiken

Die moralische Dimension 343

ermutigte, den Gewinn der Zweigstellen zu verbessern, wobei genau beschrieben wurde, wie der Zweigstellenmanager dabei sein persönliches Einkommen vermehren konnte. Schließlich bewiesen die Dokumente, wie sich Hutton persönlich große Mühe gab, die Zinseinnahmen jeder Zweigstelle genau aufzuzeichnen. Er stellte in diesem Zusammenhang sogar eine Rangfolge der Zweigstellen auf, vermutlich als Ansporn für trägere Manager, ihr Zinsaufkommen zu steigern. In einigen Memos wurde gefordert, die Zweigstellen sollten sich bemühen, Zinseinnahmen zumindest auf dem Niveau des Durchschnittszinses als Prozentsatz am Bruttoeinkommen zu verbuchen.[16]

Bei dieser Hutton-Story gibt es eine interesssante Fußnote zur Frage, wer etwas wußte und wer schuldig war. John M. Pearce, ein ehemaliger Zweigstellenmanager der Firma Hutton, verklagte Bell und dessen Kanzlei und forderte eine Entschädigung von 10 Mio. Dollar. Er behauptete, Bell habe ihn bei der Untersuchung im Jahre 1985 diffamiert. Pearce gab an, er habe die Anweisungen Huttons befolgt, Bankkonten zu überziehen. Bell habe ihn als Zweigstellenleiter in unfairer Weise belastet, das leitende Management jedoch von jeder Schuld entlastet, obwohl dort die wahren Gesetzesbrecher säßen, deren Politik Pearce nur ausgeführt habe. Bell wurde am 20. Juni 1988 freigesprochen. Die Moral von der Geschichte scheint folgende zu sein: Anwaltsfirmen, die Spezialuntersuchungen im Auftrag von Firmen annehmen, die in gerichtliche Verfahren verwickelt sind, sollten ihr Honorar erhalten, bevor die Untersuchung beginnt. Bisher scheint man sich weder in den Reihen der Anwälte noch der Unternehmen Gedanken darüber gemacht zu haben, welches Potential an Verleugnung von Verantwortlichkeit geschaffen wird, wenn hervorragende Persönlichkeiten des öffentlichen Lebens und angesehene Anwaltsfirmen dazu gebracht werden, die These zu unterstützen, Topmanager wüßten nicht, was unterhalb ihrer Ebene geschieht, wo ethische und juristische Verstöße am ehesten vorkommen.

Natürlich, wenn ein Sonderermittler einen rauchenden Revolver findet – Beweise für eine Anweisung eines leitenden Managers an Untergebene, etwas Illegales zu tun, etwa Preisabsprachen mit Konkurrenten,

Wechselreiten oder falsche Rechnungen für das Verteidigungsministerium auszustellen – dann wird der Sonderermittler das Ergebnis melden und dem Vorgesetzten die Schuld zuweisen. Doch pflegen Sonderermittler oder staatliche Verfolgungsbehörden solche rauchenden Revolver selten zu finden, wenn überhaupt. Die rechtlichen Prozeduren gehen ihren eigenen Weg. Vor allem forschen sie nicht nach, was in den Köpfen der Menschen vorgeht. Sie pflegen ihre Methoden nicht so weit auszudehnen oder besondere Energie darauf zu verwenden, herauszufinden, ob ein Wink oder ein Augenzwinkern von höherer Stelle eine ganze Serie höchst illegaler und unmoralischer Aktionen in Gang setzte. Angenommen, ein Vorgesetzter äußert gegenüber Untergebenen, wie idiotisch doch diese ruinöse Preisgestaltung ist und wieviel besser es für jedermann wäre, würden alle das Prinzip ‚leben und leben lassen' befolgen. Ist dann der Vorgesetzte verantwortlich, wenn die Untergebenen eine Kette von Handlungen in Gang bringen, die mit verbotenen Preisabsprachen endet? Ein Gerichtsverfahren würde mit Freispruch mangels Beweisen enden. Rein menschlich geurteilt, wäre der Manager verantwortlich, doch bestehen gute Aussichten, daß ein anderes Prinzip den Vorrang erhält – Schutz der Autorität. Niemand wird aussagen, er habe gehört, wie der Chef laut nachgedacht habe, und sei Zeuge gewesen, wie seine Gedanken aufgenommen und in die Tat umgesetzt wurden. Die Strafen für die Verletzung dieses Prinzips sind zu schwer. Deshalb wird es dabei bleiben, daß alles geleugnet wird. Oliver North und John Poindexter werden sich selbst opfern, ehe sie aussagen, woher sie die Ermunterung erhielten, sich auf die rechtswidrigen Iran-Contra-Geschäfte einzulassen.

Man könnte nun argumentieren, dieses hartnäckige Leugnen sei ein Zeichen der Gewissensschwäche der Untergebenen. Auch wenn sie „Signale" empfangen hätten, was die Firma von ihnen erwarte, müßten sie ja nicht entsprechend handeln. Sie könnten sie ignorieren, wenn ihr moralisches Empfinden ihnen sage, sie würden bei Befolgung dieser Andeutungen strafbare Handlungen begehen, mit allen möglichen rechtlichen Konsequenzen. Dieses Argument mag wörtlich genommen wahr sein. Doch wird es im Grunde nur vorgetragen, um die Frage der Verantwortung zu verwischen und am Ende doch das Prinzip des Ableugnens zu unterstützen.

Die moralische Dimension

Das deutlichste Beispiel dieser Politik des Ableugnens liegt vor, wenn ein leitender Manager verbale Anweisungen zu unmoralischen oder ungesetzlichen Handlungen erteilt, sich dann aber mit anderen Managern abspricht, alle diesbezüglichen Beweise zu vernichten. Präsident Nixon wußte angeblich nicht, daß seine Agenten in das Hauptquartier der Demokratischen Partei in Watergate einbrechen würden. Dennoch äußerte er den Wunsch, Informationen in die Hand zu bekommen, die eine Verbindung zwischen Parteiführern und einem Skandal herstellen würden, in den Gewerkschaftsführer und Aufrührer verwickelt waren. Außerdem war Präsident Nixon möglicherweise besorgt, die Demokraten könnten belastende Informationen über ihn besitzen, etwa über illegale Spenden des Industriellen Howard Hughes.

Wie tief das Prinzip des Ableugnens in die Mentalität des Managements eingedrungen ist, illustriert wohl die oft geäußerte Ansicht, der einzige Fehler, den Präsident Nixon in der Watergate-Affäre gemacht habe, sei gewesen, daß er die Tonbänder behielt. Hätte er sie zerstört, wäre ihm die Präsidentschaft erhalten geblieben. Dann hätte es kein direktes Beweisstück für ein Verbrechen und dessen Vertuschung gegeben. Demzufolge wäre es auch nicht zur öffentlichen Anklage gekommen, und er hätte nicht zurücktreten müssen.

Es muß nicht immer offene oder explizite Absprachen über die Geheimhaltung von Vereinbarungen geben, um das Spiel mit dem Ableugnen in Gang zu bringen. Bei Regierungen kann Leugnen aus Gründen der nationalen Sicherheit legitim sein. Die Gesellschaft akzeptiert den Gedanken, daß gewisse Zweideutigkeiten und Lügen notwendig sind, um nationale Interessen zu schützen, vor allem in Fragen von Krieg und Frieden. Als Nikita Chruschtschow verkündete, die Russen hätten am 1. Mai 1960 eine amerikanische Aufklärungsmaschine vom Typ U2 abgeschossen, leugnete Präsident Eisenhower, daß die US-Regierung Spionageflüge über sowjetischem Territorium autorisiert habe. Erst als feststand, daß die Russen Francis Gary Powers, den Piloten dieses unglückseligen Spionagefluges durch die Stratosphäre, gefangen hatten, gab Präsident Eisenhower zu, daß die USA diesen Flug genehmigt hatten.

Diese Episode brachte Eisenhower in große Verlegenheit und wurde die Ursache der Absage des für den 17. Mai 1960 in Paris geplanten Gipfeltreffens. Wenn es nicht schon eine vorher geübte Standardpraxis war, wurde sie es fortan – der Präsident erhielt keine Kenntnis von geheimen Missionen und Spionageaktivitäten, obwohl er und seine Beauftragten die Organe kontrollierten, in denen solche Aktionen ausgebrütet wurden.

Aber selbst in Staatsangelegenheiten sind der Akzeptanz des Ableugnens und des Mangels an Verantwortungsgefühl zum Nachteil moralischer Standards Grenzen gesetzt. Als der ehemalige Generalstaatsanwalt Meese nach der Feststellung des Sonderstaatsanwalts McKay, für eine formelle Anklage gegen ihn lägen keine ausreichenden Beweise vor, seine Entlastung forderte, versuchte er, ethische Standards zu ignorieren. Vergeblich organisierte er Pressekonferenzen, öffentliche Vorträge und PR-Mittel (er feuerte sogar seinen Pressechef, weil dieser nicht genug getan hatte, die ethischen Fragen zu seiner Amtsführung zu übertünchen). Meese kam aber nicht gegen das Urteil der Öffentlichkeit an, seine Handlungen seien unterhalb der Schwelle akzeptablen Verhaltens eines Amtsträgers erfolgt, ganz zu schweigen davon, daß es seine Aufgabe war, über Recht und Gesetz in den Vereinigten Staaten zu wachen.

Die amerikanische Gesellschaft akzeptiert Konkurrenzkampf als eine Lebensform und auch, daß man im Wettbewerb nach Vorteilen strebt. Der zähe Kämpfer wird nicht nur akzeptiert, sondern bewundert. Der Coach, der seine Sportler hart anfaßt, wird zum Helden gemacht und wegen seines aggressiven Wettbewerbsgeistes laut gepriesen, wenn sein Team gewinnt. Bei aller Wertschätzung des Wettbewerbsgedankens erwartet die Gesellschaft dennoch Fair Play. Männer und Frauen sollen hart miteinander konkurrieren, um ihre Interessen zu wahren, doch sollen sie ihre Kraft nicht nutzen, anderen zu schaden. Im Wirtschaftsleben verbietet das Gesetz Preisabsprachen, mit denen der Wettbewerb ausgeschaltet werden soll. Die Gesellschaft unterstützt es, wenn jemand alle Vorteile von Steuergesetzen nutzt, etwa die Verlagerung der Firma in einen anderen Bundesstaat, wo die Steuern niedriger sind. Sie

Die moralische Dimension

wird es aber nicht tolerieren, wenn das so weit getrieben wird, daß ein mächtiges und reiches Unternehmen wenig oder gar keine Steuern zahlt.

Um die Veröffentlichung der Höhe ihrer zu versteuernden Einkünfte zu vermeiden, nutzten General Electric und andere für die Rüstung tätige Unternehmen eine Bestimmung im Steuergesetz, die es erlaubte, Gewinne auf mehrere Firmen zu verteilen. Als dieser Vorteil jedoch öffentlich bekannt wurde, unterstützten selbst konservative Politiker wie Präsident Reagan und der ehemalige Finanzminister und Stabschef des Weißen Hauses Donald Regan einen Gesetzentwurf zur Beseitigung dieses Fehlers im Steuergesetz, der es einer gewinnträchtigen Firma ermöglichte, wenig oder keine Steuern zu zahlen.

Die einzelnen Kulturen reagieren unterschiedlich auf Abweichungen von moralischen Standards. In den Vereinigten Staaten sind die Standards über das moralische Verhalten von Beamten und Managern strenger als in vielen europäischen Ländern. Viele hochgebildete und gescheite Europäer waren ausgesprochen verblüfft über die Anklageerhebung gegen Präsident Nixon und seinen Rücktritt vom Amt. Für sie waren Watergate und das Vertuschen akzeptierbare Gesetzesübertretungen. Dieselben Europäer schildern Praktiken der Steuerhinterziehung als allgemein üblich und sind erstaunt darüber, wie sehr der amerikanische Bürger die Steuergesetze (noch) befolgt. Trotz des Erbes aus der Zeit der Eroberung des Wilden Westens, als das Gesetz den Spuren der Pioniere mit einiger Verspätung folgte, sind die Amerikaner gesetzestreu und erwarten von anderen dasselbe, auch von den Reichen und Mächtigen. Bei der Beurteilung führender Wirtschaftsmanager werden noch strengere Maßstäbe angelegt als bei Beamten.

Ein gutes Beispiel liefert der Versuch von ITT-Chef Harold Geneen, Beamte der Nixon Administration zu beeinflussen (möglicherweise Nixon selbst, wenn auch indirekt). Auch seine Zusammenarbeit mit der CIA, um die Wahl Salvador Allendes zum Präsidenten Chiles im Jahre 1970 zu verhindern, muß in diesem Zusammenhang erwähnt werden.

Harold Geneen bewies ein ungewöhnliches Bedürfnis (und eine entsprechende Befähigung), das Tun seiner Untergebenen sowie das Schicksal der zum ITT-Konglomerat gehörenden verschiedenen Unternehmen zu kontrollieren. Am Ende stellte sich jedoch stets heraus, daß die Kluft zwischen dem Wunsch nach Kontrolle und ihrer tatsächlichen Ausübung zunehmend unerträglicher wurde und schließlich zu unklugen Handlungen führte. Ob die Situation im Falle Geneen dieses Extrem erreichte, ist eine Frage der Interpretation, doch steht fest, daß Geneen Skandale drohten und er beinahe wegen Meineids angeklagt wurde. Schließlich büßte er das Vertrauen der Vorstandsmitglieder ein, was deren Entschlossenheit stärkte, ihn zum Rücktritt zu zwingen.

Im Laufe des Jahres 1968 übernahm ITT zwanzig einheimische Firmen, darunter Continental Baking, Pennsylvania Glass Sand, Levitt and Sons, Rayonier und die Sheraton Corporation of America. Als das politische Klima gegen Ende des Jahres sich mit der Wahl Richard Nixons, eines Mannes, von dem das Big Business angeblich wenig zu fürchten hatte, änderte, machte ITT sich daran, mit der Hartford Fire Insurance Company zu fusionieren.

Am 6. Juni 1969 ließ jedoch eine Rede von Nixons Generalstaatsanwalt John Mitchell auf eine bevorstehende Antitrust und Anti-Konglomerat-Politik der Regierung schließen. Zu diesem Zeitpunkt hatte ITT bereits die bevorstehende Fusion mit Hartford angekündigt, die auch von den Aktionären gebilligt worden war. Die Akquisition war für Geneen und ITT wichtig, versprach Hartford doch, eine ergiebige Cash-flow-Quelle für ITT zu werden. Winston Morrow, Leiter von ITT-Avis, formulierte das so: „Was Geneen daran so besonders anzog, war, daß Hartford die ständig Milch (Geld) spendende Kuh sein würde. Er konnte einen Verlust von 75 Mio. Dollar hinnehmen, ohne mit der Wimper zu zucken. Diese Fusion würde ihm die endgültige Flexibilität verschaffen, den Schlüssel, um alles in Gang zu bringen, was er wollte. Damit wäre sein Unternehmen die Nummer Eins in der ganzen Welt geworden."[17]

Richard Nixons neuer stellvertretender Generalstaatsanwalt für Anti-

Die moralische Dimension 349

trust-Fragen, der Chicagoer Anwalt Richard W. McLaren, hatte vor seinem Amtsantritt viel Energie darauf verwendet, Klienten gegen Antitrust-Aktionen der Regierung zu verteidigen. Nun war er ebenso fest entschlossen, ITT wegen Verletzung der Antitrust-Gesetze zu attakkieren. Im Frühjahr 1969 leitete er unter Bezug auf Section 7 des Sherman Act mehrere Klagen gegen ITT ein. Im August kam eine Klage wegen Hartford dazu. Wutentbrannt versuchte Geneen, Nixon zu sprechen. Als ihm das nicht gelang, sprach er mit vielen Leuten in Nixons näherer Umgebung, darunter John Connally, John Ehrlichman, John Mitchell und Charles Colson. In einem späteren Bericht eines Senats-Untersuchungsausschusses heißt es dazu: „Wahrscheinlich gilt es in amtlichen Kreisen als Statussymbol, wenn Harold Geneen höchstpersönlich als Lobbyist vorgesprochen hat..."[18]

Mit dem Gefühl, eine gerechte Sache zu vertreten, genoß Geneen es augenscheinlich, seinen Kampf gegen McLaren auszufechten, dessen Position in Antitrustfragen wahrscheinlich unhaltbar war, da die Gegner im Big Business bezweifelten, daß Section 7 auch auf Konglomerate anwendbar sei. Vielleicht wollte McLaren die Sache bis zum Obersten Gerichtshof vorantreiben, um von ihm ein Urteil zu erhalten, mit dem er die Anwendung des Sherman Act erweitern konnte. Doch wurde die Angelegenheit beigelegt, bevor es dazu kam.

Im Sommer 1971 war Geneen angesichts eines Klimas gemilderter Feindschaft gegenüber Konglomeraten gewillt, weiter an seinem Ziel zu arbeiten, ITT zur größten Kapitalgesellschaft der Welt zu machen. Leider wurde der außergerichtliche Vergleich in der Antitrust-Klage erst in den letzten Julitagen bekanntgegeben, obwohl er schon im Juni arrangiert worden war. Fünf Tage später verbreiteten die Medien die Meldung über eine Spende der ITT-Sheraton in Höhe von 100 000 Dollar und die bedingte Zusage eines weiteren gleich hohen Betrages für den San-Diego-Parteitag und sein Tourist Bureau, ein Bemühen, den Parteikonvent des Jahres 1972 nach San Diego zu ziehen. Trotz beträchtlicher lokaler Opposition hatte Nixon Druck auf wichtige Leute ausgeübt, San Diego zum Veranstaltungsort des Parteikonvents zu machen. Ralph Nader, ein eiserner Gegner der Konglomerate, fiel das zeitliche Zusammentreffen der Beilegung des Rechtsstreits und der Spende von ITT auf. Er fragte Richard Kleindienst, den stellvertretenden Generalstaatsanwalt bei der Anklage gegen ITT, ob beide Geschehnisse irgendwie zusammenhingen, was Kleindienst leugnete.

Im Februar 1972 enthielt Jack Andersons Kolumne in der *Washington Post* ein Memo, das angeblich von Dita Beard stammte, der schillernden Washingtoner Lobbyistin, die Geneen im Jahre 1961 angeheuert hatte. Dieses Memo trug die Überschrift „Thema San Diego Parteikonvent". Es war vom 25. Juni 1971 datiert und an William, Leiter des Büros in Washington, adressiert. Neben anderen Bemerkungen, die eine Verbindung zwischen der Beilegung der Antitrust-Klage und der Spende für den Parteikonvent herstellten, schrieb Beard: „Ich bin überzeugt, daß unsere großzügige Spende sehr viel dazu beigetragen hat, unsere Verhandlungen über den Zusammenschluß so ausgehen zu lassen, wie Hal es wünscht."[19]

Die seltsamen Umstände beim Verschwinden von Dita Beard bei Erscheinen der Kolumne von Anderson und ihr Wiederauftauchen in einem Krankenhaus in Denver sowie die Anzeichen für einen Skandal an hoher Stelle erweckten ein starkes Interesse der Medien. Kleindienst und auch ITT erlitten Schaden durch die Ungereimtheiten und Verwirrungen in den Vernehmungen. Während die Aussagen von Kleindienst während der Hearings völlig undurchsichtig waren, schien Geneen gerade ein Muster von Aufrichtigkeit zu sein. Er beantwortete fast alle Fragen mit einer Mischung von Offenheit, Humor und Ablehnung jeglichen unmoralischen Handelns. Dann jedoch wurde er gefragt, was er zu der hektischen Vernichtung von Dokumenten im ITT-Büro in Washington im Zusammenhang mit den Beschuldigungen gegen Anderson zu sagen habe. Geneen antwortete:

> „Darüber weiß ich wirklich keine anderen Einzelheiten als die, über die in der Presse berichtet wurde. Ich habe darüber mit unserem Anwalt gesprochen. Ich weiß, daß einige – zumindest wurde mir gesagt, es seien einige gewesen – Dokumente in den Reißwolf kamen. Ich gebe mich mit der Anschauung zufrie-

Die moralische Dimension 351

den..., daß dies vermutlich eher eine Reaktion auf das Gefühl war, unsere Akten würden plötzlich der Öffentlichkeit offengelegt, oder so etwas ähnliches, aber gewiß nicht irgendeine Aktion, um, wie man sagen könnte, den Einblick durch eine dazu autorisierte Behörde zu verhindern."[20]

Geneen und das ITT-Büro hatten mit Beeinflussungsversuchen keine Gesetze verletzt, waren auch nicht angeklagt. Obwohl viele Bürger die Moral solcher Bemühungen durch die Hintertür in Frage stellten, waren solche Aktivitäten weit verbreitet. Doch hatte das Benehmen vieler Zeugen von ITT und ihrer Anwälte beträchtliche Kritik ausgelöst, vor allem wegen ihrer fast höhnischen Äußerungen zu den bei den Hearings aufgeworfenen ethischen Fragen.

Während einer Unterbrechung der Kleindienst-Hearings im März 1972 veröffentlichte Jack Anderson weitere Memos, die angeblich aus ITT-Akten stammten. Sie enthielten deutliche Hinweise darauf, daß ITT der CIA geholfen hatte, Salvador Allende daran zu hindern, bei den Wahlen des Jahres 1970 Präsident von Chile zu werden. Erneut veranstaltete der Kongress Hearings im Zusammenhang mit den Beschuldigungen gegen Anderson. Senator William Fulbright aus Arkansas forderte, ein Unterausschuß solle die Rolle amerikanischer multinationaler Unternehmen in der amerikanischen Außenpolitik untersuchen. Wegen der politisch sensiblen Natur der Themen wurden die Hearings bis nach den Präsidentschaftswahlen des Jahres 1972 verschoben. Als sie schließlich am 20. März 1973 begannen, brachten die Enthüllungen über Watergate ein wahres Wespennest von Lügen und Intrigen ans Tageslicht.

Die auf Anordnung des Kongresses vorgelegten Dokumente und das Kreuzfeuer von Fragen brachten den Nachweis, daß ITT eindeutig Gespräche mit der CIA geführt hatte, wie man sich am besten in die chilenischen Wahlen einmischen konnte. Die Zeugenaussagen von ITT-Angestellten waren widersprüchlich und ausweichend. Senator Frank Church sagte als Vorsitzender des Unterausschusses: „Das paßt alles überhaupt nicht zusammen. Es ist einfach unglaubwürdig."

Als Geneen in den Zeugenstand trat, bedrängte Church ihn mit Fragen über das angebliche Angebot von ITT an die CIA, Geldmittel für den Kampf gegen Allende beizusteuern. Geneen antwortete:

> „Ich glaube, schon vorher vor dem Ausschuß ausgesagt zu haben, daß ich an dieses Thema keine Erinnerung habe. Vielleicht hätte ich sie haben sollen... Wegen des Schocks der Erkenntnis, daß unsere Investitionen in Chile den Bach hinuntergingen, hätte mir die Erinnerung vielleicht doch kommen können. ... Mr. Broe (Leiter der Untergrundaktivitäten der CIA in der westlichen Hemisphäre)... sagte, das sei nicht die Politik der Regierung... und ich muß hinzufügen, ich hätte sie bei ernsthafterem Überlegen vielleicht selbst verworfen. Aber ich überlegte, in die Sache einzusteigen und ein Hilfsangebot zu machen. Das wurde dann aber an Ort und Stelle aufgegeben, weil es nicht der Regierungspolitik entsprach."[21]

Geneen sagte später unter Eid aus, ITT habe keine politische Partei in Chile finanziell unterstützt. Dazu Church: „Es liegt auf der Hand... irgend jemand lügt hier. Wir müssen einen Meineid ernsthaft in Erwägung ziehen."[22] Später wurde nachgewiesen, daß ITT in Wahrheit mindestens 350000 Dollar an die rechtsstehende National-Partei des Jorge Allessandri Rodriguez gezahlt hatte.

Geneen und ITT waren durch die Hearings über Chile und durch den Watergate Skandal stark angeschlagen. Das Justizministerium leitete Anklagen wegen Meineids gegen zwei ITT-Zeugen ein. Obgleich Geneen am Ende einer Anklageerhebung entging, war er doch einer Anklage wegen Meineids sehr nahe, weil er bei den Hearings über Kleindienst und Chile geleugnet hatte, daß ITT Geld gespendet hatte, um die Wahl Allendes zu verhindern. Die Anklage hing wie ein Damoklesschwert über ihm bis zum Jahre 1978, als die Verjährungsfrist abgelaufen war.

Harold Geneen hatte die These nicht beachtet, daß ein Hauptgeschäftsführer seine Position verteidigen und das Mittel des Ableugnens einsetzen müsse, um nicht direkt in unethische oder illegale Praktiken verwikkelt zu werden. Er und seine Firma hätten nie in das chilenische Abenteuer verwickelt werden dürfen – das ist die Lehre aus dieser schmutzigen Angelegenheit. Doch wird allzuoft die ethische Substanz bei dem Versuch getrübt, dem Chef die Möglichkeit zu bewahren, alles abzuleugnen. Professionelle Manager konzentrieren ihr ganzes Interesse auf die Frage, was in juristisch unklaren Situationen (nicht unbedingt unklarer Moral) für das Unternehmen am besten ist. Individuelle Unehrlichkeit ist vom praktischen wie vom akademischen Standpunkt aus eine uninteressante Frage. Es wird immer Leute geben, die stehlen, wenn es den Einsatz lohnt und sie glauben, sie würden schon nicht erwischt werden. Die interessantere Frage stellt sich, wenn Menschen, die ihren Schuldkomplex leicht überwinden, etwas tun, was ihrer Meinung nach gut für die Interessen der Gruppe und der Firma ist. Hier haben Vorkämpfer für Ethik im Wirtschaftsleben und auf den Wirtschaftshochschulen wenig zu sagen, anders als die Humanisten, für die Wahrheit im menschlichen Zusammenleben eine absolute Tugend ist.

In einem ätzenden Kommentar bezweifelte Irving Kristol die Fähigkeit der akademischen Gemeinschaft, Moral und Ethik zu lehren, und sogar ihren moralischen Status. Kristol ist ein Anführer der neokonservativen intellektuellen Gemeinschaft. Die Spende John Shads an die Harvard Business School bezeichnete er abfällig als „nett, aber naiv".[23] Was immer der Grund für die Bitterkeit hinter Kristols Kritik gewesen sein mag, so wirft doch die intellektuelle wie die moralische Grundlage des Studierens und Lehrens von Ethik ernstzunehmende Fragen auf. Viele Personen innerhalb und außerhalb der akademischen Gemeinschaft halten sie für wertlos. Kristol sagt dazu:

> „Bei diesem Prozeß der Charakterformung spielt das, was wir „Erziehung zur Ethik" nennen, keine positive Rolle. Im Gegenteil, der Einfluß muß zwangsläufig negativ sein. Wenn promovierte Ethikforscher ihre Studien ernsthaft verfolgen, dann kann das zweifellos ihren Verstand schärfen, was an sich nicht schlecht ist. Wir haben jedoch ausreichend Gelegenheit zu der Erkenntnis gehabt – und John Shad weiß das besser als jeder andere –, daß Scharfsinn und Unmoral sich ausgezeichnet vertragen."[24]

Für akademische Forscher und Lehrer im Bereich der Ethik gibt es eine stärkere Herausforderung. Wie weit fühlt der Mensch sich der Wahrheit verpflichtet? Wie begründen Forscher jene Wahrheit, die voraussichtlich die Grundlage für ihre Lehrgänge über Ethik werden wird?

Jeffrey Sonnenfeld und Paul R. Lawrence haben, der eine als Doktorand über ein Thema des Verhaltens in Organisationen, der andere als Professor für Probleme des Verhaltens in Organisationen, vierzig leitende Manager in großen Firmen der Papierindustrie befragt.[25] Die beiden Autoren haben die Namen der Firmen und der interviewten Manager nicht preisgegeben. Ebensowenig offenbarten sie die Zahl der untersuchten Betriebe und die Aufgliederung der Manager nach Status oder Firma. Zweck des Interviews war es, etwas mehr Licht auf illegale Preisabsprachen zu werfen, wegen der 47 leitende Manager dieser Branche gerichtlich verurteilt worden waren. Untersuchungen durch Bundesbehörden enthüllten Preisabsprachen bei Packpapier, feinem Papier und Schreibwaren, Tragtaschen aus mehreren Papierschichten, Aufklebe-Etiketten, Kartons aus Wellpappe und andere Faltkartons. Bis zum Jahre 1978 waren insgesamt mehr als 100 Klagen gegen die Papierindustrie eingebracht worden.

Vor diesem Hintergrund extensiver illegaler Absprachen in vielen Teilen der Papierindustrie, die es an Umfang und Bedeutung mit denen in der Elektroindustrie im Jahre 1960 aufnehmen konnten, wäre es produktiver für die Autoren gewesen, die Beziehungen zwischen dem Topmanagement und den Mitarbeitern zu untersuchen, die solche Absprachen getroffen hatten. Statt dessen nahmen sie kritiklos die Behauptung der Topmanager hin, sie hätten die Verletzung ihrer Politik ethischen Verhaltens nicht gekannt, seien zutiefst bestürzt und verärgert darüber. Die Autoren schreiben:

> „Leitende Manager zittern innerlich vor dem, was draußen an der Vertriebsfront trotz interner Anweisungen und öffentlicher Erklärungen vor sich gehen mag. Ein Hauptgeschäftsführer schilderte den Frust von Managern gerichtlich belangter Firmen: ‚Wir haben uns sehr bemüht unseren Leuten klarzumachen, daß Preisab-

sprachen illegal sind, daß gegen das Wettbewerbsprinzip verstoßende Praktiken die ethischen Standards der Firma verletzen, ihr öffentliches Image, die innere Betriebsmoral und die Einkünfte schädigen. Und doch geraten wir immer wieder in Schwierigkeiten. Versuchen wir herauszufinden, warum unsere Angestellten sich darauf einlassen, dann haben sie die Stirn zu behaupten, sie hätten nur zum Wohl der Firma gehandelt. Sie scheinen zu glauben, die ethischen Grundsätze unseres Unternehmens gelten für alle anderen, nur nicht für sie selbst. Man wundert sich über die angebliche Intelligenz dieser Leute. Entweder hören sie nicht zu, oder sie sind ganz einfach dumm'."[26]

Die Autoren gingen an ihre Untersuchung mit der Anschauung heran, das Problem sei weder Taubheit noch Dummheit der unteren Manager und Mitarbeiter, die illegale Preisabsprachen tätigten, sondern der Umstand, „daß viele wohlmeinende und ethisch handelnde Topmanager ihre Botschaft einfach nicht bis zu den untersten Rängen vermitteln können."[27] Mit anderen Worten – das Topmanagement handelt ethisch, die Mitarbeiter der unteren Ebenen sind entweder unmoralisch oder über die moralischen Standards des Unternehmens schlecht informiert. Da haben wir wieder das vertraute „Versagen der Kommunikation". Um ihre vorgefaßten Meinungen zu bekräftigen und zugleich zuzugeben, was wirklich nicht zu leugnen war, boten die Autoren folgende beruhigende Versicherung an:

„Der Schock für diese Firmen mit starken und in der Öffentlichkeit gut bekannten ethischen Positionen ist vielleicht besonders groß. Skeptischen Lesern sei gesagt, daß Gespräche mit ihren leitenden Persönlichkeiten bei uns nicht den Hauch eines Zweifels an ihrer Aufrichtigkeit und ihrem persönlichen Engagement bei der Befolgung der Gesetze hinterlassen haben. Tatsächlich wollten die Topmanager in den großen Firmen für Forstprodukte nahezu verzweifelt wissen, wie und warum sie auf die falsche Seite des Gesetzes geraten sind, damit sie sicher sein können, daß dies nie wieder geschieht."[28]

Dieser Artikel macht deutlich, daß Wissenschaftler der Wirtschaftsfakultäten vor einem schwierigen persönlichen und professionellen Dilemma stehen, wenn sie so sensible strittige Fragen wie illegale Preisabsprachen und sonstiges ungesetzliches Verhalten untersuchen wollen. Aus obigem Beispiel könnte man schließen, Wirtschaftsprofessoren seien weltfremd, und es fehle ihnen ganz besonders an Kenntnissen der alltäglichen Geschäftstricks. Doch kann diese Schlußfolgerung ihrerseits naiv sein. Das tiefere Problem liegt bei der Einflußnahme der Sponsoren von Wirtschaftshochschulen. Die Wirtschaftsfakultäten können versehentlich zur Taktik des Ableugnens von Verantwortung beitragen und dadurch die moralische Grundlage von Forschung und Lehre verderben, nämlich die Suche nach der Wahrheit.

Was geht wirklich in den Unternehmen vor? Am 5. August 1988 berichtete die *New York Times* auf der Titelseite über fünf Fälle von Betrug, darunter das Schuldbekenntnis der Hertz Corporation, die angeklagt war, Kunden und Versicherungsgesellschaften durch aufgeblähte oder erfundene Reparaturrechnungen betrogen zu haben. Gemeldet wurde auch die Verurteilung von Mario Biaggi und fünf anderen Angeklagten im Wedtech Fall. Diese wahre Epidemie von Betrugsfällen ist symptomatisch dafür, wie nahe das moralische Fundament des Managements dem Zusammenbruch ist. Kein noch so großes Maß an Professionalismus und Tüchtigkeit kann die Verantwortung und die Pflicht, Rechenschaft abzulegen an der Spitze der Hierarchie ersetzen. Wenn Unternehmensleiter nicht wissen, was in ihren Betrieben vor sich geht, dann deswegen, weil sie bewußt vermeiden, es zur Kenntnis zu nehmen, oder weil sie weder das Können noch das rechte Gespür besitzen, andere Menschen bei ihrer Arbeit anzuleiten.

Die Hauptperson in Arthur Millers Drama *All My Sons* ist Joe Keller, ein einfacher Mann, der den größten Teil seines Lebens gearbeitet hat, um seine Familie zu ernähren und seinen Söhnen ein materielles Erbe zu hinterlassen. Seine individuellen Bemühungen wurden durch ein blühendes Unternehmen belohnt, auf das er stolz ist. Er ist weder gefühllos noch rücksichtslos oder habgierig, und auch nicht von der Lust nach Macht und großem Reichtum befallen. Zwei Wertvorstellungen bestimmen sein Leben: der Wert individuellen Bemühens und die Heiligkeit der Familienloyalität. Er besitzt einen starken Sinn für das Praktische, der sein Gefühl für Moral bestimmt: Seine Familie repräsentiert eine absolute Rechtfertigung all seiner Handlungen, und die Familienloyalität ist das moralische Ziel.

Keller beschließt, eine Lieferung fehlerhafter Zylinderköpfe für Flugzeugmotoren an die Luftwaffe zu billigen. Das Risiko nimmt er im Interesse der Firma und der Familie auf sich. Die Firma soll ja seinen beiden Söhnen ein angenehmes Leben sichern. Wegen der fehlerhaften Ersatzteile stürzen einundzwanzig Piloten ab und sterben. Joe entgeht einer Gefängnisstrafe, weil er seinem Partner erlaubt, die Schuld auf sich zu nehmen. Im weiteren Verlauf des Dramas kommt die Schuld Joe Kellers an den Tag, nicht nur gegenüber der Familie, sondern auch gegenüber sich selbst. Joe's älterer Sohn Larry, ein Pilot der Luftwaffe, begeht während einer militärischen Mission Selbstmord, um für das Verbrechen des Vaters zu sühnen.

Der jüngere Sohn Chris bemüht sich verzweifelt, seinem Vater klarzumachen, daß nichts die Schuld mildern kann. Ein Mensch ist *nicht nur* seiner Familie verantwortlich, sondern allen Menschen. Die Bürde individueller Verantwortung läßt sich auf nichts abwälzen. In den letzten Szenen des Dramas sagt Chris zu seiner Mutter: „Das ist nicht genug... tut mir leid. Jeder von uns kann besser sein! Ein für allemal kann man wissen, daß es ein ganzes Universum von Menschen da draußen gibt, und man dafür verantwortlich ist." Chris drängt seine Mutter, die moralische Seite des von seinem Vater begangenen Verbrechens zu begreifen: daß er nämlich sein Eingebundensein in eine umfassendere Welt und Gemeinschaft nicht eingesehen hat.

Die ständige Erinnerung an den Selbstmord seines Sohnes und die Enthüllung, daß die von ihm selbst gelieferten fehlerhaften Zylinderköpfe daran Schuld sein könnten, zwingen John, die verstandesmäßige Rechtfertigung, die er sich für sein Handeln gezimmert hatte, zu überdenken. Er begreift allmählich die Natur moralischer und familiärer Verpflichtungen, erkennt, daß persönliches Handeln niemals ausschließlich privat ist, weil die Konsequenzen seines Tuns (die Lieferung defekter Maschinenteile) weit über das hinausreichten, was er erwartet hatte. Joe begeht schließlich Selbstmord.

Diese eindrucksvolle und unbarmherzige Tragödie enthält eine Wahrheit, die nur wenige im Wirtschaftsleben in Frage stellen werden, auch wenn sie die vollen Implikationen vielleicht nicht akzeptieren. Moralische Fragen befassen sich mit Wechselwirkungen zwischen Menschen, Organisationen und einer weltweiten Gemeinschaft. Diese Fragen kommen zu kurz, wenn das Prinzip des Ableugnens der Verantwortung in den Unternehmen weiterhin überwiegt. Das Dilemma der Wirtschaftsfakultäten wird sich noch verstärken, wenn sie die Ausbildung zur Führung in der Wirtschaft auf sich nehmen, bei der die moralische Dimension eine große Bedeutung einnimmt.

Teil V
Schlußfolgerungen

Kapitel 16

Wie man Führung im Wirtschaftsleben wiederherstellt

Machiavelli, der erste moderne Anwender der Fallstudienmethode, hat folgendes beobachtet: Ein Führer, der sich die Achtung seiner Gefolgsleute sichern will, muß außergewöhnliche Begabung in Form großer Leistungen demonstrieren.

„Nichts verhilft einem Fürsten zu so hohem Ansehen, wie große Unternehmen und außergewöhnliche Beweise seiner Tatkraft... Ferner muß ein Fürst sich als Freund der Tüchtigkeit zeigen, indem er tüchtige Männer fördert und die Hervorragenden jedes Faches ehrt."[1]

Seine Begabung und die Wertschätzung durch andere pflegen einen Führer weit zu bringen. Abgesehen jedoch vom Sport und den Künsten, wo nach der sehr treffenden Metapher von Tom Wolfe der Einzelkämpfer dominiert, gilt die Wertschätzung der Gesellschaft heute dem Geschickten und nicht dem Begabten. Die Idealisierung der Geschicklichkeit reflektiert den naiven Glauben, eine gute Organisation mit normalen Mitarbeitern leiste mehr als eine normale Organisationsstruktur, die mit Stars durchsetzt ist.

Die amerikanische Gesellschaft schätzt Teamarbeit und ist voller Argwohn gegenüber allen Individualisten, die im Vergleich mit anderen Mitgliedern aus dem Team herausragen. Es gibt viele Arten von Begabung, eines jedoch ist gewiß: Individuelle Kreativität übertrifft stets die Erwartungen. Dieses Phänomen veranlaßte Professor M. Bass, Erforscher von Führungsproblemen, seinem neuesten Buch den Titel *Leadership and Performance Beyond Expectations*[2] zu geben. Management ist darauf eingestellt, Ziele festzusetzen, von denen es sicher ist, daß sie auch erreicht werden können. Über dieses Erwartungsniveau hinauszugehen, erfordert Vision und Inspiration; beides kann man nur von einer individuellen Begabung erwarten.

Einer der großen Gedanken der Managementmystik dreht sich um die Dichotomie von Ordnung und Chaos. Überläßt man die Menschen sich selbst, so glauben Manager, dann werden sie infolge irrationaler Motive, widersprüchlicher Interessen und ungehemmter Emotionen ins Chaos abgleiten. Zwingt man sie in bestimmte Strukturen und Verfahren, dann etabliert man Kontrollen und verhindert das Versinken im Chaos. Bei konstanter Überwachung zum Schutz der Leute vor abwegigen Neigungen herrscht Ordnung.

Manager erlassen selten Richtlinien und treffen daher auch selten Entscheidungen im klassischen Sinne, daß sie mehrere Alternativen überlegen und sich schließlich persönlich engagieren. Aktionen sind die Folge von Verfahren, und Macht bedeutet die Anwendung von Verfahren in Organisationen. Fehlerhafte Verfahren können korrigiert werden, anders als substantielle Entscheidungen, die nicht so leicht wieder umgestoßen werden können.

Führer sind wagemutig, wenn sie sich mit der Substanz des Geschehens identifizieren, aber auch anfällig dafür, sich in der Falle des eigenen Enthusiasmus für substantielle Ideen zu verfangen. Sie lehnen die eine große Wahrheit zugunsten der vielen kleinen Wahrheiten über die menschliche Natur und die Welt um sie herum ab. Sie akzeptieren Unvollkommenheit und die Vorstellung von Fortschritt durch Konflikte anstelle des Ideals vollkommener Harmonie und Ausgewogenheit. Isaiah Berlin formuliert das so:

> „Es hat bisher keinen strengeren Moralisten als Immanuel Kant gegeben. Doch sagte selbst er in einem Augenblick der Erleuchtung, aus dem krummen Holz der Menschheit sei noch nie etwas Gerades gezimmert worden. Es führt fast zur Inhumanität, wolle man Menschen in die sauberen Uniformen dogmatischer Gedankengebilde zwängen. Wir können nur tun, was möglich ist: müssen dabei aber auch gegen Schwierigkeiten ankämpfen."[3]

Auf den ersten Blick mag es seltsam erscheinen, im modernen Manager einen Ideologen zu sehen, der sich zu einer einzigen Wahrheit bekennt.

Ist es denn nicht gerade der Manager, der „die Kunst des Möglichen" praktiziert, und für den „das Beste der Feind des Guten ist"? Manager mögen vielleicht einmal begonnen haben, Organisationen pragmatisch zu leiten. Bei der schrittweisen Entwicklung einer Managementmystik fingen sie dann jedoch an, wie Ideologen zu denken, und glaubten dabei allmählich an ihre eigene große Wahrheit: Es gibt einen idealen Zustand der Ordnung. Zu seiner Sicherung und zum Vermeiden von Chaos existieren bestimmte Verfahrensregeln, mit denen man eine große Zahl von Menschen kontrollieren kann.

Die Angehörigen der heutigen Managementelite und wohl auch künftigen Inhaber von Macht, alles Absolventen amerikanischer Wirtschaftsfakultäten, fühlen sich sicherer, wenn sie sich ganz dem Gedanken der Ordnung verschreiben, vor allem angesichts der impliziten Verheißung von Erfolg und Geld. Der Begriff Begabung mit seinen unberechenbaren Ausdrucksformen, seinen Ergebnissen und seiner Stimulierung des Wandels ist dem modernen Manager zu riskant, um ihm das Wohlbefinden zu verschaffen, das er anscheinend braucht. Talent bzw. Begabung ist eine unsichere Angelegenheit, weil sie ein Geschenk zu sein scheint (nicht durch Studium erworben werden kann), und weil sie schwer, wenn nicht unmöglich zu kontrollieren ist. Manager ziehen es vor, über Strukturen, Ordnung und Voraussehbarkeit von Menschen und Geschehnissen nachzudenken. Fertigkeiten, die sie selbst beherrschen, ziehen sie der zufälligen Entdeckung eines Talents vor, das, sobald es sich offenbart hat, von anderen erwartet, daß diese sich seinem außergewöhnlichen Standard anpassen.

Die heimliche Gefahr für Manager ist Langeweile, eine Gefahr übrigens, die sie vor dem Hintergrund ihres strukturierten Lebens nur undeutlich wahrnehmen. Manager gehen den Botschaften aus dem Wege, die ihnen von der Langeweile übermittelt werden, daß nämlich die Ziele nicht weit genug gesteckt, die Beziehungen ohne Tiefe sind, und daß die selbstauferlegte Routine nicht die Illusion bewahren kann, erzwungene Arbeit sei das Äquivalent von produktiver Arbeit. Wie lange dauert es denn, bis alle Geschäftstricks angewendet sind, um die Anforderungen an das Budget durchzusetzen? Und wie oft läßt sich das wiederholen, bevor diese Aktivität zu einer leeren Formalität wird?

Es ist eine schwierige Erfahrung für Manager zu erkennen, wie leer zwischenmenschliche Beziehungen in ihrem Arbeitsleben sind. In großen Kapitalgesellschaften existiert ein erstaunlicher Mangel an Kameradschaftsgeist. Manager scheinen unfähig, Zuneigung bei anderen zu erwecken. Ohne Zuneigung gegenüber dem Chef kann es auch wenig Wärme in den Beziehungen zwischen ihm unmittelbar unterstellten gleichrangigen Angestellten geben. Je weiter man die Hierarchie eisiger Distanziertheit hinabsteigt, desto mehr fehlt auch die Freude an der Arbeit.

Diese Analyse gilt für die Welt der Politik ebenso wie für die des Wirtschaftslebens. Was werden die Historiker einmal sagen, wie weit Reagans Präsidentschaft seinen Charakter widerspiegelte? Man vergleicht ihn oft mit Franklin Delano Roosevelt, den er verehrte und sich wahrscheinlich zum Vorbild nahm, trotz der sehr unterschiedlichen politischen Parteien und Anschauungen. Beide Männer wurden als „große Kommunikatoren" bezeichnet, und beide führten, absichtlich oder unabsichtlich, die Nation durch eine Periode größeren Wandels. Im Falle von Roosevelt befand die Nation sich in einer Krise, zuerst infolge der monumentalen wirtschaftlichen Depression, und dann im Zuge des von Hitlers wirrem Geist verursachten internationalen Wahnsinns. Reagan mußte nicht so manifeste Krisen meistern. Dennoch hat er, zumindest zeitweilig, das Konzept des Verhältnisses der Regierung zu den Bürgern und damit die gegenseitigen Verpflichtungen der Bürger verändert.

Historiker mögen beim Vergleich der beiden Führer noch andere Unterschiede finden. Auf jeden Fall werden ihnen solche in den Beziehungen zu ihren Untergebenen auffallen. Roosevelts Untergebene standen loyal zu ihm, verehrten ihn und empfanden ihm gegenüber echte Zuneigung. Er arbeitete mit einem starken Kabinett und einem kleinen Stab, mit Leuten, von denen er Ideen wie auch persönliche Aufmunterung erwartete. Oft lud er die Mitglieder des inneren Kabinetts ein, ihn zum Ausspannen und zu Gesprächen an Feiertagen zu begleiten, für gutmütige Scherze aber auch für Diskussionen über Themen von erheblicher Bedeutung für das ganze Land.

Im Falle Reagan fällt auf, daß er von Untergebenen umgeben war, die erst in seiner Administration arbeiteten und später Enthüllungsgeschichten publizierten, in denen sie ein wenig schmeichelhaftes Bild von ihm entwarfen. David Stockman, Donald Regan, Larry Speakes, sein Stiefsohn Michael Deaver sowie sein leiblicher Sohn Michael Reagan nahmen sich alle die Freiheit, ihre privaten Interessen auf Kosten der Interessen des Präsidenten zu fördern. Es trifft zu, daß einzelne Untergebene so loyal waren, daß sie illegal handelten, siehe Edwin Meese, Oliver North und John Poindexter. Diese Loyalität war jedoch so kurzsichtig, daß man sie nicht mehr als solche bezeichnen kann. In zahlreichen Fällen stürzten diese Untergebenen ihren Chef in große Schwierigkeiten durch die Art, wie sie seine Programme und seine Politik zu fördern versuchten.

Es gibt nicht nur einen Persönlichkeitstyp, der Loyalität inspiriert. Die Arbeitsstile der obersten Chefs variieren erheblich, doch bezeugt das Fehlen von Loyalität und Kameradschaft in Regierungen und im Wirtschaftsleben eine fatale Schwäche im Führungswesen Amerikas. Wenn es an der Spitze der Machtstruktur an persönlichem Einsatz und entsprechender Rücksichtnahme mangelt, dann zeigt sich darin zwangsläufig das übelste Gesicht der Macht.

Anders als den Europäern fällt es Amerikanern schwer, mit einem machiavellistischen Charakter fertig zu werden. Wir sehnen uns ganz bewußt immer noch nach Wagemut und offenem Einsatz von Macht, und ziehen es vor, nicht an die Gerissenheit und Schlauheit des Führers als Manipulator zu denken. Die meisten Menschen reagieren auf diesen Aspekt der Persönlichkeit wie die vielzitierte vornehme Dame. Als sie von der Darwinschen Entdeckung erfuhr, daß der Mensch vom Affen abstamme, rief sie zunächst aus, sie hoffe, die These sei falsch. Sollte sie jedoch stimmen, dann hoffe sie, daß sich die Sache nicht herumspreche. In idealisierten Vorstellungen vom Führertum ist kein Platz für Gerissenheit. In Wahrheit jedoch kann kein Führer ohne einige Elemente jener taktischen Vorstellungskraft auskommen, die ihm sagt, wie er von hier nach dort gelangt.

Wie James MacGregor Burns in seiner Biographie nachweist, konnte Roosevelt unaufrichtig handeln und Rollen und Standpunkte je nach den Umständen schnell wechseln. Unter der Oberfläche von Schwächen, Flexibilität und Sanftheit existierte jedoch ein eisenharter Kern, der den Mann und seine Führung auszeichnete. Er war gekennzeichnet durch ein moralisches Gespür für Verantwortung, das zu tun, was richtig war, sowie eine Gesellschaft zu lehren und zu transformieren, die nahe daran war, sich selbst zu zerstören.[4]

In einer früheren Ära entwickelte sich dieses Verantwortungsgefühl aus dem aristokratischen Konzept *noblesse oblige*. In moderner Zeit entstand es nicht aus der Position der betreffenden Person in der Gesellschaft, sondern aus dem Gewahrwerden des Talents, dem Respekt vor ihm und dem Bedürfnis, dieses Talent in erkennbar guter Arbeit zu beweisen. Die Wirkung guter Arbeit besteht darin, den sie motivierenden Enthusiasmus auch anderen zu vermitteln und so die Produktivität auf allen Ebenen der Organisation zu fördern. Daß diese Auswirkung auf die oberen Ebenen der Organisation begrenzt bleibt, ist eine Herausforderung für die moderne Wirtschaftsführung, ein Zustand, der eher überwunden und transformiert werden muß, als daß man ihn als naturgegebene Ordnung akzeptiert, der die Menschen sich anpassen müssen.

Die industrielle Revolution hat die Wertschätzung der Arbeit vermindert. Das lag u. a. am beschränkten Denken der industriellen Führer des 19. und 20. Jahrhunderts. Sie waren alles andere als Lehrer, die bei dem dramatischen Aufbau gigantischer Unternehmen bereit gewesen wären, ihr Wissen mit anderen zu teilen und mit ihrer Macht sparsam umzugehen. Das Scheitern dieser frühen Führer in der Wirtschaft war das Ergebnis ihrer Unfähigkeit, begrifflich und abstrakt über ihre Arbeit nachzudenken. Henry Ford war das extremste Beispiel für starres Denken. Für ihn war das Produkt ein einzelnes, definitives Objekt und nicht, wie Vertreter der Marktwirtschaft es betonen, eine Kombination von Funktionen mit austauschbarem Wert für den Kunden. Andrew Carnegie teilte sein Denken in einzelne Sparten auf. In einer Sparte befand sich sein Tun als Industrieller und Financier, ohne jeden Zusammenhang mit dem Zweck seines Unternehmens, dem Verhältnis zu seinen Angestellten und zur Gesellschaft insgesamt. In einer anderen Sparte konnte er sein Verlangen unterbringen, den Zustand der Menschheit durch Büchereien, kulturelle Stiftungen und Unterstützung der Künste zu verbessern. In einer weiteren Sparte speicherte er seine Energie zur Restaurierung von alten Schlössern in Schottland. Alle drei Sparten und die vielen anderen, die zweifellos existierten, schienen durch Schotten abgedichtet, die verhinderten, daß Vorstellungen und Ideen von einem Abteil in ein anderes gelangten und einander beeinflußten.

Die großen patriarchalischen Führer der Vergangenheit haben modernen Managern Platz gemacht. Ausgerüstet mit ihren Handwerkskästen und ihrer Hingabe an die Managementmystik konnten moderne Manager tatsächlich koordinieren und kontrollieren. Im Laufe der Zeit verloren sie jedoch den Blick für den wesentlichen Inhalt der Arbeit im Wirtschaftsleben. Während ihre Vorgänger begrenzte Anschauungen von der Wirklichkeit hatten, entstellten die modernen Manager die Realität, indem sie den wesentlichen Gehalt des Unternehmens durch Verfahrensmethoden ersetzten.

Die Wirtschaftshochschulen, die neuerdings mit wachsendem Tempo MBA-Absolventen in Massen erzeugen, verstärken noch diese Entstellung der Wirklichkeit. In blinder Akzeptanz der Managementmystik sind sie der Wirtschaft hinterhergelaufen, statt sie anzuführen. Sie dienten als Sozialisationsfabriken, um Manager für ihre Tätigkeit in modernen Organisationen, deren Schwerpunkt auf bürokratischen Verfahren liegt, fitzumachen. Die Wirtschaftshochschulen haben gegenüber ihrer Hauptklientel einen unkritischen Standpunkt eingenommen und damit die Erforschung von Wirtschaftspraktiken aufgegeben.

Ob sich diese Tendenz bei Hochschulen und in den Unternehmen ändert, hängt von der Fähigkeit und Bereitschaft der Autoritäten ab, sich mit diesem Dilemma zu befassen. Manager glauben an organisatorischen Zusammenhalt. Um ihn zu erreichen, müssen ihre Kollegen sich ihrer Ansicht nach in der eigenen Haut wohlfühlen. Ein Managementberater hat das Problem so dargestellt: „Nehmen wir an, Lee Iacocca hätte Präsident Reagan nachgeahmt und die Angestellten von Chrysler öffentlich so kritisiert, wie Reagan die Beamten in Washington. Hätte das die Arbeitsmoral verbessert und die Angestellten motiviert, schwer zu arbeiten und ihm zu helfen, Chrysler zu retten?" Doch befanden Reagan und Iacocca sich in unterschiedlichen Situationen. (Reagan brauchte offensichtlich einen Sündenbock im „Washingtoner Establishment", um seine Position bei seinen konservativen Wählern zu stützen.) Alle Führer riskieren ihre Zukunft, wenn sie Beschäftigte als Gruppe offen kritisieren. Um den Leuten ein Gefühl von Zufriedenheit mit sich selbst zu vermitteln, kann es erforderlich sein, den Status quo zu bewahren. Läßt man ihn jedoch bestehen, dann können Probleme ungelöst bleiben; Wachstum wird behindert und eine Krise gefördert.

Dieses Dilemma wird in Krisenzeiten leicht beseitigt, wenn jedem klar ist, daß das Überleben vom Handeln und vom Wandel abhängt, vor allem, wenn die Führung einer neuen Situation gegenübersteht und nicht mit der Krise identifiziert werden kann. Zu dem Zeitpunkt, an dem die Symptome in einem Unternehmen sichtbar werden, ist die Krankheit leider schon so fortgeschritten, daß eine Heilung nur noch schwer, wenn überhaupt, zu erzielen ist. Führer müssen häufiger kritisieren als Beifall spenden, dabei jedoch jede grundsätzlich negative Haltung vermeiden. Kritisch und positiv sein, heißt die eigentliche Sache vertreten. Führer müssen daher Inhalt und Richtung des Wandels bestimmen. Wer nur kritisiert und nichts weiter tut, als Arbeitsmethoden zu koordinieren, der wird die Untergebenen deprimieren und sie besorgt machen.

In politischen Systemen mit einem symbolischen und einem operativen Chef der Regierung wird zumindest ein Aspekt dieses Dilemmas gelöst. Ein Monarch herrscht; er repräsentiert den Zusammenhalt und die Kontinuität. Ein Ministerpräsident regiert, kritisiert und drängt auf Aktionen und Veränderungen. Die Präsidentschaft der Vereinigten Staaten bewegt sich in zunehmendem Maße in Richtung einer Trennung von symbolischer und operativer Führung, mit gewissen unglückseligen Konsequenzen für Rechenschaft und Verantwortung. Als eine

Hinterlassenschaft der Managementmystik wird diese Tendenz zur Aufspaltung von symbolischer und operativer Führung zu verheerenden Konsequenzen führen, vor allem durch totale Politisierung der Arbeit und der zwischenmenschlichen Beziehungen.

Führung im Wirtschaftsleben ist die Fusion von Arbeit und menschlichen Beziehungen. Wer einem Unternehmen gute Ideen schenkt und ihm eine aufregend neue Richtung weist, bewirkt Enthusiasmus, Unterstützung und Zusammenhalt. Selbstachtung entsteht nicht, wenn man selbst ganz in einem Team aufgeht und sich an Verfahrensweisen klammert, sondern wenn man Problemen ins Gesicht schaut, Verantwortung übernimmt und gute Arbeit leistet.

Literaturverzeichnis

Einführung

1. *The Tower Commission Report* (New York: Bantam Books, 1987).
2. David Reisman, *The Lonely Crowd* (New Haven: Yale University Press, 1951); William H. Whyte, *The Organization Man* (New York: Simon & Schuster, 1956).
3. *Time*, July 15, 1974.
4. Ebenda
5. Ebenda
6. *Time*, November 8, 1976, 38.
7. Abraham Zaleznik, „Managers and Leaders: Are They Different?" *Harvard Business Review*, May–June 1977.
8. William James, *The Varieties of Religious Experience* (Cambridge, Mass.: Harvard University Press, 1985).
9. *Time*, November 8, 1976, 38.
10. Ebenda
11. Christopher Lasch, *The Culture of Narcissism* (New York: Norton, 1979).
12. Lee A. Iacocca, with William Novak, *Iacocca: An Autobiography* (New York: Bantam Books, 1984).

Kapitel 1

1. Unveröffentlichtes Manuskript.
2. Harold Geneen, with Alvin Moscow, *Managing* (Garden City, N.Y.: Doubleday, 1984), 182–196. Siehe auch Robert J. Schoenberg, *Geneen* (New York: Norton, 1985), 90.
3. Edward C. Meyer, „Executive Forum: Leadership – A Soldier's View," *The Washington Quarterly 6*, no. 3 (Summer 1983).
4. Zur Bestätigung von General Meyers Ansichten vgl. Richard A. Gabriel and Paul L. Savage, *Crisis in Command: Mismanagement in the Army* (New York: Hill & Wang, 1978).
5. Chester E. Finn, Jr., „Education That Works: Make the Schools Compete," *Harvard Business Review*, September–October 1987, 63.
6. Garry Wills, *Reagan's America: Innocents at Home* (Garden City, N.Y.: Doubleday, 1987).
7. *The Tower Commission Report* (New York: Bantam Books, 1987).
8. Eine ausführliche Beschreibung der Vorlesung über den Erfolg findet sich bei: Frank B. Copley, *Frederick W. Taylor: Father of Scientific Management*, vols. 1 and 2 (New York: Harper & Brothers, 1923).
9. Cary Reich, *Financier: The Biography of André Meyer* (New York: Morrow, 1983), 355–356.
10. An Wang, with Eugene Linden, *Lessons: An Autobiography* (Reading, Mass.: Addison-Wesley, 1986), 220.

Kapitel 2

1. Letters to the Editor, *Harvard Business Review,* July – August 1977.
2. Ebenda, 148–149.
3. Alfred North Whitehead, *Process and Reality* (New York: Macmillan, 1930), 11.
4. Cary Reich, *Financier: The Biography of André Meyer* (New York: Morrow, 1983).
5. Chester Barnard, *The Functions of the Executive* (Cambridge, Mass.: Harvard University Press, 1938), 168–169.
6. Michael B. McCaskey, *The Executive Challenge: Managing Change and Ambiguity* (Cambridge, Mass.: Ballinger, 1982).
7. Henry Murray, *Explorations in Personality* (London: Oxford University Press, 1938).
8. Abraham Zaleznik, Gene W. Dalton, and Louis B. Barnes, *Orientation and Conflict in Career* (Division of Research, Harvard Business School, 1970), 316.
9. Ebenda, 294.
10. Abraham Zaleznik, „Managers and Leaders: Are They Different?" *Harvard Business Review,* May – June 1977, 73.
11. H. Edward Wrapp, „Good Managers Don't Make Policy Decisions," *Harvard Business Review;* September – October 1967, 93.
12. Alfred P. Sloan, Jr., *My Years with General Motors* (Garden City, N.Y.: Doubleday, 1964), 93.
13. Michel Crozier, *The Bureaucratic Phenomenon* (Chicago: University of Chicago Press, 1964).
14. Richard E. Neustadt, *Presidential Power: The Politics of Leadership* (New York: Wiley, 1960), 6.
15. Morton Halperin, *Bureaucratic Politics and Foreign Policy* (Washington, D.C.: Brookings Institution, 1974).
16. David Stockman, *The Triumph of Politics: Why the Reagan Revolution Failed* (New York: Harper & Row, 1986), 278.

Kapitel 3

1. Alfred P. Sloan, Jr., *My Years with General Motors* (Garden City, N.Y.: Doubleday, 1964), 22.
2. Ebenda, 23.
3. Ebenda, 3.
4. Thomas J. Peters and Robert H. Waterman, Jr., *In Search of Excellence: Lessons from America's Best-Run Companies* (New York: Harper & Row, 1982).
5. Richard T. Pascale and Anthony G. Athos, *The Art of Japanese Management: Applications for American Executives* (New York: Simon & Schuster, 1981).
6. Sloan, *My Years with General Motors,* 23–24.
7. David Moment and Abraham Zaleznik, *Role Development and Interpersonal Competence* (Boston: Division of Research, Harvard Business School, 1963), 145–151.
8. Michael C. Jensen and William H. Meckling, „Theory of the Firm: Managerial Behavior, Agency Costs and Ownership Structure," *Journal of Financial Economics 3* (1976): 305–360.
9. Robert Lacey, *Ford: The Men and the Machine* (Boston: Little, Brown, 1986), 124–125.

10. Abraham Maslow, *Motivation and Personality* (New York: Harper & Row, 1970).
11. Abraham Zaleznik, C. Roland Christensen, Fritz J. Roethlisberger, and George Homans, *The Motivation, Productivity, and Satisfaction of Workers: A Prediction Study* (Boston: Divison of Research, Harvard Business School, 1958), 3–16.
12. S. A. Stauffer et al., *The American Soldier*, vol. 1, *Adjustment During Army Life* (Princeton, N.J.: Princeton University Press, 1949).
13. Niccolò Machiavelli, *The Prince*, trans. and ed. Mark Musa (New York: St. Martin's Press, 1946).
14. Machiavelli, *The Prince*, 213, 215.

Kapitel 4

1. Taylor's testimony before the Industrial Relations Commission, cited in Frank B. Copley, *Frederick W. Taylor: Father of Scientific Management* (New York: Harper & Row, 1923), 1: 216. Also cited in Sudhir Kakar, *Frederick Taylor: A Study in Personality and Innovation* (Cambridge, Mass.: MIT Press, 1970), 67.
2. Frederick W. Taylor, „Workmen and Their Management," Unveröffentlichtes Vorlesungsmanuskript (Cambridge, Mass.: Harvard Graduate School of Business Administration, 1909), 6. Also cited in Kakar, *Frederick Winslow Taylor*, 65–66.
3. Thomas J. Peters and Robert H. Waterman, Jr., *In Search of Excellence: Lessons from America's Best-Run Companies* (New York: Harper & Row, 1982), 42.
4. *The New York Times*, April 20, 1987.
5. Theodore Levitt, „Management and the ‚Post-Industrial' Society," *The Public Interest*, Summer 1976, 69–103.
6. Ebenda, 87–88.
7. Abraham Zaleznik, *Worker Satisfaction and Development* (Boston: Division of Research, Harvard Business School, 1956).
8. U.S. Congress, House Special Committee, *Hearings to Investigate the Taylor and Other Systems of Shop Management* (Washington, D.C.: Government Printing Office, 1912), 3: 1414. Also cited in Kakar, *Frederick Taylor*, 62.
9. David Halberstam, *The Reckoning* (New York: Morrow, 1986).
10. Alfred P. Sloan, Jr., *My Years with General Motors* (Garden City, N.Y.: Doubleday, 1964), 390.
11. Cecelia Tichi, *Shifting Gears: Technology, Literature, Culture in Modern America* (Chapel Hill, N.C.: University of North Carolina Press, 1987).

Kapitel 5

1. David Halberstam, *The Reckoning* (New York: Morrow, 1986).
2. Erik Erikson, *Gandhi's Truth* (New York: Norton, 1969), 229–392.
3. Richard C. S. Trahair, *The Humanist Temper: The Life and Works of Elton Mayo* (New Brunswick, N.J.: Transaction Books, 1984).
4. Fritz J. Roethlisberger and William Dickson, *Management and the Worker* (Cambridge, Mass.: Harvard University Press, 1947), 189–252.
5. William Dickson and Fritz J. Roethlisberger, *Counseling in an Organization: A Sequel*

to the Hawthorne Researches (Boston: Division of Research, Harvard Business School, 1966).
6. Abraham Zaleznik and David Moment, „The Lightner Company (A-G)," Casebook on Interpersonal Behavior in Organizations (New York: Wiley, 1964), 456–500.
7. Elton Mayo, Some Notes on the Psychology of Pierre Janet (Cambridge, Mass.: Harvard University Press, 1948).
8. Ralph White and Ronald Lippitt, „Leader Behavior and Member Reaction in Three ,Social Climates,'" in Darwin Cartwright and Alvin Zander, Group Dynamics, Research and Theory (New York: Harper & Row, 1951), 585–611. Siehe auch Kurt Lewin, Resolving Social Conflicts, ed. Gertrude Nussbaum (New York: Harper & Row, 1948), 71–83.
9. Douglas M. McGregor, The Human Side of Enterprise (New York: McGraw-Hill, 1954).
10. Abraham H. Maslow, Motivation and Personality (New York: Harper & Row, 1954).
11. Peter F. Drucker, Concept of the Corporation (New York: New American Library, 1983).
12. Ebenda, 134.
13. Ebenda, 135.
14. Chester Barnard, The Functions of the Executive (Cambridge, Mass.: Harvard University Press, 1938), 45.
15. P. Drucker, Concept of the Corporation, 173.
16. Barnard, Function of the Executive, 46–61.
17. Chester Barnard, Organization and Management (Cambridge, Mass.: Harvard University Press, 1949), 112.
18. T. Boone Pickens, Jr., Boone (Boston: Houghton Mifflin, 1987).

Kapitel 6

1. Douglas M. McGregor, The Human Side of Enterprise (New York: McGraw-Hill, 1960).
2. Richard Sennett, Authority (New York: Knopf, 1980), 84–121.
3. H. Thomas Johnson and Robert S. Kaplan, Relevance Lost: The Rise and Fall of Management Accounting (Boston: Harvard Business School, 1987), 16.
4. Ebenda, 19–46.
5. Ebenda, 209–224. Siehe auch Robert H. Hayes and William A. Abernathy, „Managing Our Way to Economic Decline," Harvard Business Review, July – August 1980, 67–77.
6. Robert N. Anthony, Management Accounting, Text and Cases (Homewood, Ill.: Irwin, 1960), 321.
7. Ebenda.
8. Johnson and Kaplan, Relevance Lost, 10–13, 191–223.
9. David Halberstam, The Reckoning (New York: Morrow, 1986), 204–206.
10. Die Darstellung der Entstehung des Management-Kontrollsystems der Air Force und der Statistischen Fakultät der Army Air Force an der Harvard Business School stützt sich auf Quellen aus dem Archiv der Baker-Bibliothek der Harvard Business School. Die Professoren Edmund P. Learned, Myles L. Mace und Kenneth R.

Andrews stellten zusätzlich auf ihren persönlichen Erfahrungen beruhende Informationen zur Verfügung.
11. Das Buch von John Von Neumann und Oskar Morgenstern zur Spieltheorie: *Theory of Games and Economic Behavior* (Princeton, N.J.: Princeton University Press, 1947), wurde erst 1947 veröffentlicht.
12. John F. Heplin, „Army Air Force Statistical School" (typescript, 311), included in U.S. Army Air Force Statistical School materials, 1942–1945 (Archives E4.4). Archives of Baker Library, Harvard Business School.
13. Halberstam, *The Reckoning*, 205.
14. Robert Lacey, *Ford: The Men and the Machine* (Boston: Little Brown, 1986), 358–363, 401–419. Siehe auch Anne Jardim, *The First Henry Ford: A Study in Personality and Business Leadership* (Cambridge, Mass.: MIT Press, 1970).
15. Halberstam, *The Reckoning*, 212.
16. Harold Geneen, *Managing* (Garden City, N.Y.: Doubleday, 1984), 118.
17. Ebenda.
18. Robert J. Schoenberg, *Geneen* (New York: Norton, 1985), 314–316.

Kapitel 7

1. Erving Goffman, *The Presentation of Self in Everyday Life* (Garden City, N.Y.: Doubleday [Anchor Books], 1959).
2. Max Weber, *The Protestant Ethic* (New York: Scribner's, 1952), 181.
3. Max Weber, *The Theory of Social and Economic Organization*, trans. A. M. Henderson and Talcott Parsons (New York: Oxford University Press, 1947).
4. Thorstein Veblen, *The Theory of the Leisure Class* (Boston: Houghton Mifflin, 1973), 133.
5. Robert Merton, *Social Theory and Social Structure* (Glencoe, Ill.: Free Press, 1968), 51.
6. Niccolò Machiavelli, *The Prince*, trans. and ed. Mark Musa (New York, St. Martin's Press), 127.
7. Chester Barnard, *The Functions of the Executive* (Cambridge, Mass.: Harvard University Press, 1935).

Kapitel 8

1. Michael Spence, *Market Signaling: Information Transfer in Hiring and Related Screening* (Cambridge, Mass.: Harvard University Press, 1974).
2. Arlene Glotzer and Bruce S. Sheiman, *Lovejoy's Guide to Graduate Business Schools* (Newark: Monarch, 1983).
3. Joel M. Stern, „In Defense of MBAs," *Fortune*, August 10, 1985, 223–237.
4. Ebenda, 233.
5. Frank C. Pierson et al., *The Education of American Businessmen* (New York: McGraw-Hill, 1959); Robert A. Gorden and James E. Howell, *Higher Education for Business* (New York: Columbia University Press, 1959).
6. Abraham Flexner, *Medical Education in the United States and Canada* (New York: Carnegie Foundation for the Advancement of Teaching, 1910).

7. „Business Fads: What's In and What's Out," *Business Week,* January 20, 1986.

Kapitel 9

1. *New York Times,* June 21, 1987.
2. Leo Tolstoy, *War and Peace* (New York: Penguin Books, 1978), 1339–1400.
3. George Breuer, *Sociology of the Human Dimension* (Cambridge: Cambridge University Press, 1982), 31–33.
4. George C. Homans, *Social Behavior: Its Elementary Forms* (New York: Harcourt Brace Jovanovich, 1974), 185.
5. Abraham Zaleznik, C. Roland Christensen, Fritz J. Roethlisberger, and George C. Homans, *The Motivation, Productivity and Satisfaction of Workers: The Predication Study* (Boston: Division of Research, Harvard Business School, 1958).
6. W. L. Bion, *Experiences in Groups* (New York: Basic Books, 1961).
7. *Fortune,* February 9, 1980.
8. *New York Times,* June 29, 1987, D2.

Kapitel 10

1. Lord John E. E. Dalberg-Acton, *Essays on Freedom and Power* (1861–1910), selected and with an introduction by Gertrude Himmelfarb (Boston: Beacon Press, 1948), 25, 28.
2. Ebenda, 364.
3. *Fortune,* July 1, 1966, 117.
4. Harold Geneen, with Alvin Moscow, *Managing* (Garden City, N.Y.: Doubleday, 1984), 97.
5. *Business Week,* May 15, 1978.
6. *Forbes,* May 1, 1968.
7. Robert J. Schoenberg, *Geneen* (New York: Norton, 1985), 200.
8. Ebenda, 86.
9. Geneen, *Managing,* 100–101.
10. Ebenda, 101.
11. *Dun's Review,* Novmeber 1965, p. 41.
12. Geneen, *Managing,* 54.
13. Schoenberg, *Geneen,* 239.
14. *Richard III,* act 1, sc. 1, lines 18–31.
15. William H. Whyte, *The Organization Man* (New York: Simon & Schuster, 1956).
16. Norman H. Holland, *The I* (New Haven, Conn.: Yale University Press, 1985).

Kapitel 11

1. „Wickes Company, Inc.," *Wall Street Journal,* August 2, 1985, 1.
2. Helen Tartakoff, „The Normal Personality in Our Culture and the Nobel Prize

Complex," in *Psychoanalysis: A General Psychology: Essays in Honor of Heinz Hartmann*, ed. Rudolph M. Lowenstein, Lottie M. Newman, Max Schur, and Albert J. Solnit (New York: International Universities Press, 1966), 222–252.
3. Robert Jay Lifton, „Protean Man," *History and Human Survival* (New York: Random House, 1961), 316, 319.
4. Warren G. Bennis and Philip E. Slater, *The Temporary Society* (New York: Harper & Row, 1968).
5. Ebenda, 11.
6. Ebenda, 12.
7. Ebenda, 82.
8. Milan Kundera, *The Joke* (New York: Penguin Books, 1983), 24–25.
9. Christopher Lasch, *The Culture of Narcissism* (New York: Norton, 1978), 41.
10. Ebenda, 38.

Kapitel 12

1. Lee Iacocca, with William Novak, *Iacocca: An Autobiography* (New York: Bantam Books, 1984).
2. Ebenda, 129–130.
3. Richard Neustadt, *Presidential Power: The Politics of Leadership* (New York: Wiley, 1960), 9.
4. Robert W. White, *Lives in Progress* (New York: Holt, Rinehart & Winston, 1975), 79–80. Dies war Teil einer Studie über normale Individuen, durchgeführt vom Institut für Persönlichkeitsstudien der Harvard University, das von Dr. Henry A. Murray im Jahre 1938 gegründet wurde.
5. Abraham Zaleznik, M. Kets de Vries, and J. Howard, „Stress Reactions in Organizations: Syndromes, Causes and Consequences," *Behavioral Science*, May 1977.
6. Austin E. Weir, *The Struggle for National Broadcasting in Canada* (Toronto: McClelland and Steward, 1965), 410.
7. Alexander L. George, *The „Operational Code": A Neglected Approach to the Study of Political Leaders and Decision-Making* (Santa Monica, Calif.: Rand Corporation, 1967). Siehe auch Nathan Leiters, *Kremlin Moods* (Santa Monica, Calif.: Rand Corporation, 1964).
8. Clifford Geertz, *The Interpretation of Cultures* (New York: Basic Books, 1973).
9. Ebenda, 127.

Kapitel 13

1. Brief von Thomas Jefferson an John Hay, in David Hounshell, *From the American System to Mass Production: 1800–1923* (Baltimore: Johns Hopkins University Press, 1984).
2. Daniel E. Whitney, „Real Robots Do Need Jigs," *Harvard Business Review*, May – June 1986, 110–116.
3. Ebenda, 111.
4. Cary Reich, *Financier, The Biography of André Meyer* (New York: Morrow, 1983).

5. J. C. Penney, *Annual Report*, 1983.

Kapitel 14

1. Julius Gould and William L. Kolb, ed., *Dictionary of the Social Sciences*, compiled under the auspices of UNESCO (New York: Free Press, 1964), 332.
2. Henry Fairlie, „The Lessons of Watergate: On the Possibility of Morality in Politics," *Encounter* 43, no. 4, 1974.
3. Ebenda, 13–14.
4. *New York Times*, Sunday, May 8, 1988, sec. 3, 1.
5. Jacob L. Moreno, *Who Shall Survive? A New Approach to the Problem of Human Interrelations* (Washington, D.C.: Nervous and Mental Disease Publishing Company, 1934).
6. *The American Heritage Dictionary*, ed. William S. Morris (Boston: American Heritage and Houghton Mifflin, 1969), 227.
7. *From Max Weber: Essays in Sociology*, ed. and trans. H. H. Gerth and C. W. Mills (London: Kegan Paul, Trench, Trubner, 1947), 245–252.
8. Sigmund Freud, „Group Psychology and the Analysis of the Ego," *The Standard Edition of the Complete Psychological Works of Sigmund Freud* (London: Hogarth Press, 1955), 18: 67–110.
9. Erik H. Erikson, *Gandhi's Truth* (New York: Norton, 1969), 402–406.
10. Harrison M. Trice and Janice M. Beyer, „Charisma and Its Routinization in Two Social Movement Organizations," *Research in Organizational Behavior* 8 (1986): 129.
11. Bernard M. Bass, *Leadership and Performance Beyond Expectations* (New York: Free Press, 1985), 43.
12. Richard Sennett, *Authority* (New York: Knopf, 1980), 50–83.
13. Aus einem Brief vom 5. April 1888, in dem die Geburt seines Sohnes William Hulme den Bevollmächtigten der Fa. Lever Brothers mitgeteilt wurde. Abgedruckt in: Andrew M. Knox, *Coming Clean* (London: Heinemann, 1976), 76.
14. Ebenda, 42.
15. Ebenda, 42.
16. Ebenda, 59–60.
17. Ebenda, 79.
18. James MacGregor Burns, *Leadership* (New York: Harper & Row, 1978).
19. Konosuke Matsushita, *Not for Bread Alone: A Business Ethos, a Management Ethic* (Tokyo: PHP Institute, 1984).
20. Ebenda, 17–18.
21. Elton Mayo, *The Social Problems of an Industrial Civilization* (Boston: Division of Research, Harvard Business School, 1945), 73–74.
22. Burns, *Leadership*, 457.

Kapitel 15

1. *Wall Street Journal*, February 7, 1987.

2. Ebenda.
3. *Wall Street Journal*, April 27, 1987.
4. Paul Desruisseaux, „Harvard Will Seek $30-Million for Program on Business Ethics," *Chronicle of Higher Education*, April 8, 1987, 1.
5. R. Foster Winans, *Trading Secrets* (New York: St. Martin's Press, 1986).
6. Richard Austin Smith, „The Incredible Electrical Conspiracy," 1, *Fortune*, April 1961, 133.
7. Ebenda, 136.
8. Ebenda.
9. Ebenda, 137.
10. Richard Austin Smith, „The Incredible Electrical Conspiracy," pt. 2, *Fortune*, May 1961, 225.
11. *Business Week*, February 24, 1986, 98.
12. Ebenda.
13. *Wall Street Journal*, August 29, 1985, 3.
14. *Wall Street Journal*, September 13, 1985, 5.
15. *New York Times*, September 6, 1985, D6.
16. *Cashflow*, September 1985, 32.
17. Robert J. Schoenberg, *Geneen* (New York: Norton, 1985), 239.
18. Ebenda.
19. Ebenda, 271–272.
20. Senate Committee on the Judiciary, *Hearings on Nomination of Richard G. Kleindienst of Arizona to Be Attorney General*, 92d Cong., 2d sess., 1972, 666.
21. House Antitrust Subcommittee of the Committee on the Judiciary, *Investigations of Conglomerate Corporations*, 91st Cong. 1970, pt. 3.
22. Senate Subcommittee on Multinational Corporations of the Committee on Foreign Relations, *Multinational Corporations and United States Foreign Policy*, Schoenberg, *Geneen*, 288; 93rd Cong., 1970–1971, 427.
23. Irving Kristol, „Ethics Anyone? Or Morals?" *Wall Street Journal*, September 15, 1987.
24. Ebenda.
25. Jeffrey Sonnenfeld and Paul R. Lawrence, „Why Do Companies Succumb to Price Fixing?" *Harvard Business Review*, July–August 1978, 146.
26. Ebenda, 146.
27. Ebenda.
28. Ebenda.

Kapitel 16

1. Niccolò Machiavelli, *The Prince*, trans. and ed. Mark Musa (New York: St. Martin's Press, 1946), 185, 191.
2. Bernard M. Bass, *Leadership and Performance Beyond Expectations* (New York: Free Press, 1985).
3. Isaiah Berlin, „On the Pursuit of the Ideal," *The New York Review of Books*, March 17, 1988, 18.
4. James MacGregor Burns, *Roosevelt: The Lion and the Fox* (New York: Harcourt Brace Jovanovich, 1956), 474–475.

Namen- und Stichwortverzeichnis

Acton, Lord John 220
Adams, Walter 197
Adelman, Asher 135
Agenturtheorie 66 f.
Aggressionen 38
Akademiker
–, Machtverhalten 52 ff.
Allegis 198
Allende, Salvador 347, 351
Amicitia 306 ff.
Anderson, Jack 350 f.
Anderson, Robert B. 335
Anfangsgehälter 180
Angst des Managers 236 ff.
Anpassungsfähigkeit 256 f.
Anreize, ökonomische 117
Anthony, Robert N. 136 f.
Arnold, H. H. 138
Ash, Mary Kay 302
Ausbildung, medizinische 184 f.
Ausbildungswesen
–, Einsatz von Fallstudien 192 ff.
–, Ethik 333
–, Indoktrinierung durch das 177
–, Kritik 183 f.
–, Qualität 175 f.
Ausbildungswesen 171 ff.
Autonomie 67
Autorität
–, im Unternehmen 50
–, Delegation 229 f.
–, Einfluß von Beziehungen auf die 309 f.
–, Grundlagen 319
–, Identifizierung mit der 113, 119
–, Schutz 344
–, Theorien 46
–, Versagen 220 ff.
Avondale Shipyards 294 f.

Ball, George 342
Barnards, Chester 37, 121, 166 f.
Bass, Bernard M. 312, 361
Batten, William 304
Beard, Dita 350
Bell, Griffin 341 ff.
Benett, Harry 70, 141
Bennis, Warren G. 256 f.
Berlin, Isaiah 362 f.

Biaggi, Mario 356
Bildungswesen
–, Bedeutung 25
Blanc, Honoré 289
Bradley, Bill 14
Brant, Peter 335 f.
Breech, Ernest R. 136 f., 141, 143
Bricolage 93 f., 96
Brock, James J. 197
Bucy, Fred 33
Burns, James MacGregor 321, 328, 366
Bündnispolitik
–, im Unternehmen 213

Canadian Broadcasting Corporation 272 ff.
Carnegie Foundation 184 ff.
Carnegie, Andrew 313 ff., 366 f.
Carter, Jimmy 24, 81
Charisma 311 f.
–, patriarchalisches 314 f.
–, Merkmale 320
Chomerics 119
Chruschtschow, Nikita 345
Chrysler Corporation 201
Chrysler Motor Company 265
Church, Frank 351 f.
Colorado Fuel and Iron 314
Computervision 65
Continental Illinois Bank 82, 219, 221
Corddry, Paul J. 309
Crow, Trammel 307 f.
Crozier, Michel 44
Cummins Engine 94

Davidson, George 274 f., 279
Deaver, Michael 365
Demokratisierung der Unternehmen 173
Denken
–, begriffliches 291 ff.
Dezentralisation 67, 208
–, als Streßfaktor 276 f.
–, Auswirkungen 213 f.
–, Probleme 103
Dolbin, Ron 77
Draper Laboratory 290
Drucker, Peter 115, 118 f., 122 ff.
Du Pont 135

du Pont, Pierre 43
Durant, William C. 61

Eaker, Ira 143
Effizienz 92, 97 f., 104 f.
Eguchi, Katsuhiko 322
Einfluß
–, persönlicher 305 ff.
–, Begriff 305
Einfühlungsvermögen 41 f.
Eisenhower, Dwight D. 12, 265, 345 f.
Emerson, Ralph Waldo 12
Emotionen 161 ff.
–, Streß durch Verdrängung von 278
Entscheidungsverhalten 47 ff.
–, im Unternehmen 56
Ethik 331 ff.
–, als Ausbildungsfach 332 f.
–, Einstellung der Gesellschaft zur 346 f.
–, Erziehung zur 353
Evans Product Company 33, 62 f.
Exxon 169

Fairlie, Henry 306 f.
Fallstudienmethode 192 ff.
Ferris, Richard 198
Finanzbuchhaltung
–, als Kontrollinstrument 132 ff.
Finanzmärkte 295 f.
First Boston Bank 308
Flexner, Abraham 185 ff.
Fomon, Robert 342
Ford Foundation 184 ff.
Ford Motor Company 37 f., 44, 61, 70, 136 f., 141 ff., 264
Ford, Henry I 39, 70, 291, 313
Ford, Henry II 66, 70, 141, 264 f., 266
Forschung und Entwicklung 197
Fowler, Robert E. 211
Fraser, Dean Cecil 139
Frauen
–, im Management 164 f.
Freud, Sigmund 248 f.
Fullbright, William 351
Fusion 197
Führer 182, 362 f.
–, charismatischer 119 f., 308, 310 ff.
–, patriarchalischer 315 f.
–, Autorität 327
–, Beziehungen zu Untergebenen 326 f.
–, Bindung zu Geführten 286
–, Charisma 310 ff.
–, Eigenschaften 13 f., 26

–, Einfluß 311, 321
–, Einfühlungsvermögen 42
–, Ideenreichtum 288 ff.
–, Narzißmus 15
–, Soziale Rolle 286
–, Traditionsverbundenheit 324, 328
–, Voraussetzungen 287 f.
–, Vorbildfunktion 327 f.
–, Wandlung 321 f.
Führung 22 f.
–, Eigenschaften 26, 36
–, Ideen 35
–, Kommunikationsstil 37 f.
–, Kreativität 262
–, Tradition 26
–, Wesen 285 ff.
–, Zielsetzungen 37
Führungslücken 19 ff.
Führungspakt 25 ff.

Gable, Robert 65
Gandhi, Mahatma 108
Gates, Byron E. 138 f.
Geertz, Clifford 279
Geneen, Harold 23 f., 114, 147, 224 ff., 300, 347 ff.
General Electric 31, 337 f., 347
General Motors 10 f., 43 f., 61 f., 66, 71, 102, 115, 123 f., 135, 208, 280
Gleichgewicht der Macht 101, 104
Gleichgültigkeit des Individuums
–, Ausnutzung 167
Goffman, Erving 151
Gruppe
–, Hierarchien 205
–, Macht 204 f.

H. J. Heinz Company 308 f.
Halberstam, David 101 f., 142
Halperin, Morton 48
Handelsdefizit 20
Hartford Fire Insurance Company 348 f.
Hawthorne-Effekt 191
Henson, Joe 65
Hertz Corporation 356
Hierarchie 202 ff.
–, Gegenstand 207
Hoffa, Jimmy 207
Holland, Norman 242
Honda Motor Company 292 f.
Honda, Soichiro 292 f.
Hughes Aircraft 143
Hughes, Howard 345

Hutton, E. F. 334, 340 ff.
Hyatt Roller Bearing Company 61
Hysterie 247 ff.

Iacocca, Lee 16, 37 f., 264 f., 266, 320, 368
Ich-Ideal 240
Identifizierung
–, mit dem Unternehmen 154
Identitätsstörung 255
Indifferenztheorie 71 f.
Individualität 257, 361
–, contra Professionalismus 157
Indoktrinierung
–, während der Ausbildung 177 ff.
Information
–, Kanalisierung 144
Interviewmethode 110 ff.
Iran-Contra-Affäre 12, 26 f., 219, 339, 341, 344
Irrationalität, individuelle 241
IBM 46
IHI Shipbuilding Company 293 f.
ITT 23 f., 143 ff., 224, 226 ff., 348

J. C. Penney 303 f.
Jasse, Robert 119
Jefferson, Thomas 289
Johnson, H. Thomas 133 f., 138
Johnson, Lyndon B. 74, 144
Junk Bonds 298 f.
Just-in-time Produktion 92

Kaplan, Robert S. 133 f., 138
Karriereorientierung 173 ff.
Katharsis 167 ff.
Kennedy, John F. 73 f., 143, 310
Kettering, Charles 43 f., 66
Kider Peabody 335
Kissinger, Henry 239
Kleindienst, Richard 350
Kneip, Richard 14 f.
Knox, Andrew M. 317 f., 319
Koalitionsbildung in Unternehmen 50 ff.
Kommunikation
–, als Leistungsanreiz 95 f.
Kommunikationsstil
–, des Managements 37 f.
–, von Führern 37 f.
Konfliktbewältigung 107 f.
Konflikte
–, innere 222 ff.
Konfliktverhalten des Managements 37, 44

Konsum 120
Kontrolle 127 ff., 151 f.
–, als Konfliktpotential 148 f.
–, als Managementprozeß 136 f.
–, als System 136 f.
–, durch das Rechnungswesen 132 ff.
–, durch Management 132
–, interne 135
Kontrollstruktur 130
Kooperation 107 ff., 119 f., 121
–, spontane 112
–, mit Insidern 78 f.
Kosten-Nutzen-Analyse 143 f., 145
Kravis, Kohlberg 51
Kreativität
–, Abgrenzung zur Vorstellungskraft 292
Kristol, Irving 353
Kultur
–, von Organisationen 245
Kundera, Milan 257 ff., 261

Lanc, Bert 81
Lasch, Christopher 15, 259
Lazard Frères 28, 36
Learned, Edmund P. 139
Lee, Iry 314
Leites, Nathan 279
Lever Brothers 316 f.
Lever, William Hesketh 316 ff.
Levesque, René 272 ff.
Levitt, Theodore 94
Lewin, Kurt 114
Lifton, Robert Jay 254 ff.
Likert, Rensis 118
Lincoln Electric Company 117
Litton Industries 143
Lowett, Robert 138 f.
Loyalität 210 ff.
Ludwig, Daniel Keith 294
Lundy, Edward 142

Machiavelli, Niccolò 79, 82 f., 159 f., 246, 361
Macht 263 ff.
–, als Streßtherapie 271 f.
–, durch Abhängigkeit 205 ff.
–, zerstörerische Nutzung 240
–, Isolation durch 230 ff.
–, Konsolidierung 234
–, Korruption 219, 241
–, Organisation durch Hierarchien 202 f.
–, Prinzipien der ökonomischen Nutzung 206

–, Verhältnis zum Streß 272 ff., 279
–, Verlust 263, 265 ff.
Machthunger 237
Machtpyramide 204
Machtsymbole 263
Management-Kontrollsysteme 146
Management
–, professionelles Verhalten 152 ff., 156
–, professionelles 129 f., 177, 198, 247
–, psychische Flexibilität 251 ff.
–, wissenschaftliches 27 f., 87 ff., 100 ff., 107, 116 f., 129 f.
–, Ableugnen durch 344 f., 352 ff.
–, Aktivitätszwang 268 ff.
–, Ausbildung 171 ff.
–, Autorität 31
–, Beziehung zu Arbeitnehmern 22
–, Charisma 313
–, Eigenschaften 13 f., 36, 64 f.
–, Einfühlungsvermögen 41
–, Haltung zu ethischen Verstößen 339 ff.
–, Identitätsfindung im 242 f.
–, Image 29
–, Kommunikation 37 f.
–, Konfliktverhalten 37, 44
–, Logik 63 f.
–, Macht 12
–, Manipulation durch 75
–, Proteismus 254 f.
–, Streßfähigkeit 276
–, Verantwortung 20 f.
–, Verfahren 35
–, Verhaltenskodex 162 ff.
Managementkontrolle 130, 143, 146 ff.
Managementkultur 80
Managementmystik 9 ff., 16, 22 f., 34, 56 f., 129, 243, 280 f., 305, 328, 362 f., 367
Managementpolitik 75
Managementstil 12, 24
Managementverfahren
–, fachorientierte 65 ff.
–, organisationsorientierte 65 ff., 70
Manager 182, 362 f.
–, ethisches Verhalten 334 ff.
–, persönliche Beziehungen 80 f.
–, psychische Konflikte 232 ff.
–, Angst 236 ff.
–, Auswahl 175 f.
–, Bedeutung von Emotionen 232
–, Denkfehler 291
–, Denkweisen 61 f.
–, Einsamkeit 235

–, Erwartungen an 69
–, Führungsverhalten 57
–, Großartigkeit 234 f.
–, Identität 245 ff.
–, Isolation 230 ff.
–, Loyalität 210 ff.
–, Machtstreben 228 f.
–, Ordnungsliebe 363
–, Selbstachtung 242
–, Selbstsicherheit 229
–, Streß 263 f., 267 f., 271
–, Verantwortung 231
–, Zielsetzungen 37
Manipulation 42, 44, 75
Maslow, Abraham 72, 115, 118, 169
Matrix-Management 48 f.
Matsushita Electric Industrial Company 321 f.
Matsushita, Konosuke 321 ff.
Mayo, Elton 69, 108 ff., 122, 326
McArthur, John 331
McCaskey, Michael 38
McDonald's 94 f.
McGregor, Douglas M. 115, 118, 127, 169
McKinsey & Company 264
McLaren, Richard W. 349
McNamara, Robert 141 f.
Meese, Edwin 365
Merton, Robert 158
Meyer, André 28, 36, 297
Meyer, Edward C. 24 f.
Miller, Arjay 141
Miller, Arthur 356 ff.
Mitarbeiterintegration im Unternehmen 70 f.
Mitchell, John 348 ff.
Moreno, Jacob 309
Morrow, Winston 348
Morton Thiokol 11
MBA-Schulung 171 ff.

Nader, Ralph 349 f.
Narzißmus 15, 124, 154, 259 f.
NASA 48 f.
National Training Laboratories 114
Neurosen 250 f.
Nippon Telephone & Telegraph Company 293
Nixon, Richard 219, 345, 347
North, Oliver 344, 365
N. V. Philips 323

Namen- und Stichwortverzeichnis

O'Reilly, Anthony 308 f.
Ogden Corporation 103 f.
Organisationspolitik 241 f.
Orloff, Monford 34, 62 f.
Ouimet, J. Alphonse 273 f.
Outputbeschränkung 99 f.

Pearce, John M. 343
Perella, Joseph 308
Perlman, Ronald 135
Persönlichkeit, flexible 251 ff., 260
Picard, Laurent 274 f., 279
Pickens, Boone 122, 135
Planung
–, strategische 208
Poindexter, John 344, 365
Portfolio-Konzept 121
Portfoliomanagement 123
Powers, Gary Francis 345
Prime Computer 65
Prinzip der Zufriedenheit 73 f.
Procter & Gamble 181
Produktmanager 181
Professionalismus 151 ff., 155, 198 f.
–, als Gegenmittel bei unethischem Verhalten 333 f., 338
–, Einfluß auf die Arbeits-
  atmosphäre 159 f.
–, Emotionslosigkeit 160 ff.
Proficenter 131, 208

Qualitätszirkel 113 f.

Rabb, Sidney 51
Rationalität 89 f.
–, Prinzip 107
Reagan, Michael 365
Reagan, Ronald 24, 26 f., 49 f., 74, 339, 341, 347, 364 f., 368
Rechnungswesen
–, als Kontrollinstrument 132 ff.
Regan, Donald 347, 365
Reich, Carey 297
Reuther, Walter 107
Riesman, David 12
Risikoverhalten von Managern 62 f., 74
Rockefeller, John D. 313 f.
Rockford Savings and Loan 77
Rodriguez, Jorge Allessandri 352
Rohatyn, Felix 28
Rollenexperimente 252, 257
Rollenflexibilität 260

Roosevelt, Franklin Delano 138, 293, 364 ff.
Rowan, Roy 210
Rubbermaid Inc. 210 f.
RCA 31

Scanlon, Joseph 117
Schoenberg, Robert J. 145
Scott, Bruce 19
Sears 303 f.
Securities and Exchange Commission 331, 340
Seibert, Donald V. 303 f.
Selbstisolierung 234
Sennett, Richard 129, 314 ff.
Shinto, Hisagi 293 f.
Shod, John 331 f.
Shultz, George 38
Sigiloff, Sanford 245
Slater, Philip E. 256 f.
Sloan, Alfred 12 f., 43 f., 61 f., 66, 98, 102, 123, 208, 280
Sonnenfeld, Jeffrey 354
Sorenson, Charles 141
Speakers, Larry 365
Spence, Michael 174
Spieltheorie 203
Steinem, Gloria 14
Stern, Joel M. 183 f., 186
Stil, proteischer 254 f.
Stockman, David 49 f., 365
Streß 263 ff.
–, Ursachen 267 ff., 271, 276, 278
–, Verhältnis zur Macht 272 ff.
Suggestion 110 f.
Sulley, David W. 309

Tartakoff, Helen 252
Taylor, Frederick Winslow 27 f., 87 ff., 98 ff.
Technologie
–, harte 92 f.
–, sanfte 93
Texas Instruments Inc. 33
Thayer, Paul 335
Thematic Apperception Test 40
Theorie der Motivation 72
Theorie X, Y 127 ff.
Thornton, Charles B. 138 f., 141
Tichi, Cecilia 105
Tolstoj, Leo 202
Totalitarismus in Unternehmen 70
Tower Commission 11 f., 26 f., 341
Truman, Harry S. 265

Unilever 316 f.
Unternehmen
–, Politisierung 44 f., 54 f.
Unternehmensführung 194
–, Kriterien 304
Unternehmenskultur 245 f.
Unternehmensstrategie 194
Urwick, Frank 109
US Army Air Force 138 f.

Veblen, Thorstein 157 f.
Verfahren, methodische 35
Verhalten
–, ethisches 331 ff.
–, politisches 200 ff.
–, professionelles 152 ff.
–, rationales 88
–, unethisches 335 f.
–, zwanghaftes 249 f.
–, Dynamik 191
–, Rechtfertigung von unethischem 336 f.
Verhaltenskontrolle 130
Verhaltenspsychologie 84
–, Einfluß auf die Wirtschaftswissenschaften 190
Verhaltenswissenschaft 187 ff.
Vogel, David 332
Vorstellung
–, begriffliche 290 ff., 295
Vorstellungskraft
–, finanzielle 295 ff., 299
–, marketingorientierte 300 ff., 304

W. R. Grace Company 119
Wal-Mart Stores, Inc. 214
Wal-Mart 25 f.
Walton, Sam 25 f., 214
Wang, An 30
Wasserstein, Bruce 308
Watergate-Affäre 219
Weber, Max 152, 157 f., 311, 319
Weinberger, Caspar 49 f.
Wettbewerb
–, interner 137
Whitney, Daniel E. 290
Whitney, Eli 88 f., 289
Whyte, M. 242
Whyte, William H. 12
Wickes Corporation 245
Wills, Garry 26
Wilson, Charles E. 71, 124
Winans, R. Foster 335 f.
Wirtschaft
–, amerikanische 19 f.
–, Substanz 54 f.
Wirtschaftshochschulen 176 f., 183
–, Einfluß 13, 16, 57
Wissenschaft
–, Untersuchungen illegalen Verhaltens durch die 354 ff.
Wolfe, Tom 361
Wrapp, H. Edward 42

Zufriedenheit in Organisationen 73 f.
Zuhören
–, Regeln für das 325 f.